视觉语音情感识别

詹永照　毛启容
林　庆　成科扬　著

科学出版社
北　京

内 容 简 介

情感识别是近年来模式识别和人机交互领域的研究热点之一，它对推动自然的人机交互和类人机器人等技术发展有着重要的作用。本书共8章，首先介绍当前视觉语音情感识别技术研究概况，接着介绍基于视觉信息的情感特征提取方法和情感识别方法、语音情感特征选择提取方法和情感类别识别方法，然后介绍视觉语音融合的情感识别方法，最后介绍情感分析在人脸动画生成和E-learning环境中的应用。

本书对于从事情感计算研究的科技工作者是一本系统的参考书，也可作为高年级本科生和研究生学习情感计算和新型人机交互等课程的教材。

图书在版编目(CIP)数据

视觉语音情感识别/詹永照等著. —北京：科学出版社，2013
ISBN 978-7-03-037321-2

Ⅰ. ①视… Ⅱ. ①詹… Ⅲ. ①视觉信息-情感-识别 Ⅳ. ①B842.2

中国版本图书馆CIP数据核字(2013)第078081号

责任编辑：王 哲 王 苏 / 责任校对：朱光兰
责任印制：张 倩 / 封面设计：迷底书装

科学出版社 出版
北京东黄城根北街16号
邮政编码：100717
http://www.sciencep.com
北京凌奇印刷有限责任公司 印刷
科学出版社发行 各地新华书店经销
*
2013年4月第 一 版 开本：B5(720×1000)
2013年4月第一次印刷 印张：16 1/4
字数：327 000

POD定价： 98.00元

前　言

计算机科学技术的迅速发展改变了人们的工作和生活方式。人机交互(human computer interaction,HCI)技术是突破计算机与人类交互瓶颈的重要技术,它有力地促进了计算机的普及应用。为了使人类与计算机之间进行更加智能、更加自然的交互,新型的人机交互技术正在逐渐成为研究热点。人们不仅希望能以更方便、更高效、更自然的方式操纵计算机,而且还希望计算机能理解人的情感,并提供有价值的增值服务。因此,情感识别已经成为人机交互领域亟待突破的关键技术之一。

所谓情感识别,就是利用计算机分析特定表演者的面部表情、姿势和语音信号及其变化过程,进而确定该表演者的内心情绪或思想活动,实现人机之间更智能、更自然的交互。情感分析在许多领域都有着潜在的应用价值,如心理学研究、图像理解、脸部动画合成、视频检索、机器人技术和虚拟现实技术等领域。随着多媒体技术的发展,基于音视频的情感分析、识别研究对增强计算机的智能化和人性化、开发新型人机环境,以及推动多媒体技术和信号处理等相关领域的发展有着重要的意义。

本书作者近几年来在国家自然科学基金项目(60673190、61003183、61272211)的支持下,开展了基于视频和音频的情感识别技术的研究,包括视频和音频的情感特征的提取、适合于音视频情感分析、分类和识别的算法或分类器、多分类器融合的情感识别方法以及情感分析、识别的应用等。本书是在这些项目的研究成果基础上,系统化地加以归类总结撰写而成的。

全书内容分为 8 章。第 1 章为绪论,简要地介绍了视觉语音情感识别产生的背景和意义、研究内容及其应用领域。第 2 章为视觉语音情感识别技术概况,包括情感识别的框架、情感的定义与分类、情感信号的预处理、常见的情感特征提取与选择、现有的情感识别方法,以及情感识别的难点及新动向。第 3 章为基于视觉信息的情感特征提取方法,内容包括基于视频、图像的表情特征提取的相关方法,这些方法是对已经提出的一些方法的改进,并提出自己所设计的方法。第 4 章为基于视觉信息的情感识别方法,内容包括了较有特色的相关表情分类、识别方法,如针对样本的不均衡性,提出并实现的最大间隔最小体积球形支持向量机的表情识别方法;针对细微表情的识别问题,提出并实现的混合特征结合分类树的细微表情识别算法;针对视频信息存在噪声和部分遮挡问题,提出并实现的基于模糊深隐马尔可夫模型的图像序列表情识别方法。第 5 章为语音情感特征选择提取方法,内容包括了语音情感测试库的构建、个性化和基于多重分形理论的语音情感特征提取方法、语音情感特征有效选择方法，以及基于流形学习的语音情感特征降维等方法。第 6 章为语音情感识别方法，内容包括了基于选择性特征的决策树的语音情感识别方法和基于改进有向无环图的分层语音情感识别方法。第 7 章为视觉语音融合情感识别方法，内容包括基于 D-S 证据理论的多粒度语段融合情感识别方法、多分类器融合方法和具有噪声过滤功能的分类器协同训练半监督主动学习方法等。第 8 章为情感分析的应用，内容包括基于表情动作单元参数的逼真表情动画方法和 E-learning 环境中的情感分析应用方法。

本书较全面地总结了课题组近年来的有关视觉语音情感识别的研究成果，内容系统、深入浅出、方法有新颖性和创新性。适合从事音视频信息的处理，特别是从事智能人机交互、计算机视觉与听觉、模式识别与人工智能以及智能动画等领域的科技工作者阅读参考。本书也可作为情感计算、新型人机交互和智能信息处理等课程的研究生教材。

本书由詹永照总体负责，毛启容负责组织实施。本书的第 1、2 章由毛启容和成科扬撰写，第 3 章由林庆撰写，第 5、6 章由毛启容撰写，詹永照负责了其余各章的撰写和全书的统稿工作。

完成这些项目的老师和合作者还有张建明、文传军、叶敬福、曹鹏、周庚涛、陈亚必、刘娟、李婷、陆捷荣、张娟、胡敏灵、徐莉婷、刘云、孔建等，他们在课题研究中刻苦钻研，做了有意义的探索性工作，也为本书的完成做出了重要贡献。在此谨向他们表示衷心的感谢。本书的撰写过程也参考了国内外研究者的研究成果和资料，也一并向他们致谢。

情感计算属于交叉学科的新兴研究领域，由于我们的水平有限，书中难免有疏漏之处，敬请读者不吝指正。

詹永照

2012 年 10 月于江苏大学

目　　录

第1章 绪　　论

1.1 视觉语音情感识别的产生背景

计算机科学技术的迅猛发展对人类社会产生了巨大的影响，一场信息革命正在酝酿。人们认知自然、改造自然的方式也随之发生变化。在众多领域，计算机正在逐渐代替人类完成一些极具挑战性的任务。为了使人类与计算机之间进行更加智能、更加自然的交互，新型的人机交互技术正逐渐成为研究热点。人类自然形成的与自然界沟通的认知习惯和形式必定是人机交互的发展方向。一方面要求计算机能看、能说、能听、能感觉，即能够智能地感知使用者的意图；另一方面，使用者可以不必坐在计算机前通过鼠标和键盘操作计算机，而是在三维空间中以更加自然和人性化的方式同计算机交流。总之，新型的人机交互环境要求计算机必须具有自然化、智能化和人性化等特点。

实时的多媒体信息在新型的人机交互环境中扮演着举足轻重的角色，计算机应该能够通过采集用户的图像信息和语音信息，形成计算机视觉和听觉，然后处理采集到的多媒体信息，并进行识别，从而感知使用者的意图，完成人机间的自然交互。实时的视频图像传递更加丰富的信息，这对于感知使用者的意图，判断其行为极具价值，因此，目前国内外众多研究学者将信号处理技术应用于实时的视频信息，使用计算机处理视觉语音信息，研究并开发新型的人机交互系统。在该研究领域，基于数字图像的人脸检测技术、人脸识别技术、手势识别技术、语音识别技术和基于音视频信息的情感识别技术等陆续被提出，相关的应用系统也将逐渐改变人们的工作与生活。

所谓情感识别，就是利用计算机分析特定表演者的面部表情、姿势或语音信号及其变化过程，进而确定该表演者的内心情绪或思想活动，实现人机之间更智能、更自然的交互。情感分析在许多领域都有着潜在的应用价值，如心理学研究、图像理解、脸部动画合成、视频检索、机器人技术和虚拟现实技术等[1]。随着多媒体技术的发展，基于音视频的情感分析、识别研究对于增强计算机的智能化和人性化、开发新型人机环境，以及推动多媒体技术和信号处理等相关领域的发展有着重要的意义。

表情是人类交流中信息传递的主要媒介，在人类的日常生活中扮演着重要的角色，是语言交流的重要补充和非语言交流的最主要方式之一。表情包含了丰富的情感信息，是情绪的外在表现[2]，即情绪在生理上、心理上和外在行为上所表现的一切变化或活动，同时也是人的社会行为的外在表现[3]。由于人的脸部表情是反映人的内心情绪和想法的最自然最直接的方式，因此，基于视觉信息的人脸表情识别技术的研究是继人脸检测与识别之后的又一研究热点。

语音是人类表达情感的重要通道之一，语音信号中包含了大量的情感信息。近年来，从语音信号的角度研究说话人情感状态的研究越来越多，已成为情感识别的一个重要分支。

1.2　视觉语音情感分析的研究内容

视觉语音情感分析的主要研究内容概括为六个方面[4]。

1）情感机理和描述

情感机理和描述即研究人的情感状态的判定以及生理和行为的关系，并以一套形式化或模型的方式加以表达，这方面的研究涉及心理学、生理学及认知科学等，其研究成果将为情感分析提供理论基础。人类情感的研究是一个非常古老的话题，心理学家、生理学家已经在这方面做了大量的工作。任何一种情感状态都可能伴随几种生理或行为特征的变化，而某些生理或行为特征也可能起因于数种情感状态。因此，确定情感状态与生理或行为特征之间的对应关系是情感分析理论的一个基本前提，这些对应关系目前还不十分明确，需要进一步探索和研究。

2）视觉语音情感信号的获取和量化

视觉语音情感信号的获取和量化即通过摄像头、麦克风等设备记录情感变化信号，如语音、面部表情、手势及姿势等声音和体态语的变化信息，并结合心理学、生理学及认知科学等关于情感状态的表征，研究各种情感状态特征的提取方法，便于计算机进行分析处理，力求能更准确分析、判断和理解人类的各种情感状态。

3）视觉语音情感信号的分析、建模与识别

一旦由各类有效传感器获得了情感信号，并针对情感状态可能的表征提取并量化出数字化信息，接下来的任务就是将情感信号与情感机理相应方面的内容对应起来，这里要对所获得的情感信息进行建模和识别。视觉语音情感信号的分析、建模与识别即对所获取的情感信息进行分析，基于情感机理建立各种情感状态模型，并获取欲分析识别的视觉语音所对应的情感信息，通过事先或训练得到的情感状态模型识别该视觉语音所对应的情感状态。由于情感状态是一个隐含在多个生理和行为特征之中的不可直接观测的量，不易建模，所以部分可采用诸如情感信息变化规则、隐马尔可夫模型、贝叶斯网络模式及支持向量机（support vector machines，SVM）等模型。情感信息的非线性关联关系的建模更能使模型具有泛化性和鲁棒性。如MIT媒体实验室给出了一个隐马尔可夫模型，可根据人类情感概率的变化推断得出相应的情感走向。因此，研究如何度量人类情感的深度和强度的、定性和定量的情感度量的理论模型、指标体系、计算方法及测量技术，将是视觉语音情感信号的分析、建模与识别的一个重要研究方向。

4）情感理解和反馈

情感理解和反馈即通过对情感的获取、分析与识别，计算机便可了解其所处的情感状态，同时理解情感信号识别的结果，分析人的情感产生的原因，并做出合理恰当的情感反应。情感分析的最终目的是使计算机在了解用户情感状态的基础上，做出适当反应，去适应用户情感的不断变化。因此，这部分主要研究如何根据情感信息的识别结果，对用户的情感变化做出最适宜的反应。在情感理解的模型建立和应用中，应注意以下事项：情感信号的跟踪应该是实时的，并保持一定时间间隔进行记录；情感的表达是根据当前情感状态进行适时的表达；情感模型是针对个人生活的并可在特定状态下进行更新；情感模型应具有自适应性，可通过理解情况适当反馈调节识别模式。

5）情感合成与表达

情感合成与表达即通过计算机交互设备向用户表达所对应对象的情感。上述的研究技术是从声音或行为特征来推断情感状态，而情感合成与表达则是研究其反过程，即给定某对象某一情感状态，研究如何使这一情感状态在该对象的声音或行为特征中表征出来。例如，如何在语音合成和面部表情合成中得以体现所交互的对象情感，使所交互的对象富有情感，能够方便与用户进行交流。情感的表达提供了用户与虚拟对象情感交互和交流的可能，对于单个用户，情感的交流主要包括人与人、人与机、人与自然以及人与虚拟对象的交互、交流。

6）情感人机交互的实现

情感人机交互的实现即形成一个完整的情感交流过程，实现自然和谐的人机交互。情感人机交互的实现主要在情感表达的基础上，进一步研究如何在计算机或机器人中，通过视觉和语音通道，分析、理解、模拟或生成情感模式，设计实现虚拟或实体的情感机器人或具有人工情感的计算机及其应用系统的情感生成、表达的方法和技术。

1.3　视觉语音情感识别的应用领域

1.3.1　表情识别的应用

人脸表情识别在许多领域都有着潜在的应用价值，这些应用领域包括智能人机交互、安全领域的智能监控、医疗领域与日常监护、数字娱乐等[5-7]。

1) 智能人机交互

在以人为中心的交互方式中，设计、构建自然和谐的智能人机交互界面，让计算机通过观察人脸表情，识别和理解人的情感，并能针对人的情感做出智能、灵敏、友好的回应，更好地服务人类。显然，在人机交互的许多应用场合，人脸表情识别是系统中十分重要的一环。例如，美国麻省理工学院和英国剑桥大学的开发人员联合开发一种“情绪意识”计算机，这种技术可以识别用户的面部表情，通过对人面部运动的综合分析，得出人的心理情绪活动并在电脑上做出相应的回应，这种技术将在广告、汽车驾驶和网络上具有广泛的用途。

2) 安全领域的智能监控

对于核电站管理、长途汽车司机等涉及重大安全的工作岗位，如果工作人员疲劳工作，很容易发生险情。表情识别非常适合这些安全领域的智能监控，通过动态监测工作人员的表情状态，一旦出现疲劳、瞌睡的征兆，识别系统会自动及时发出警示避免险情发生。表情识别还可用于公共场合安全监控，通过人们脸部表情分析，在发现有人出现精神异常或过激表情时，监控系统及时予以提示，预防犯罪或危险事件的发生，维护公共安全。例如，美国伊利诺斯大学的 Thomas 教授一直致力于通过面部表情的识别读取人物情绪状态的研究。他和他的学生于 2005 年年底建立的一套名为“声音、面部、情绪”的识别系统，已经引起了美国国土安全部的兴趣，准备在机场应用来识别恐怖分子。

3) 医疗领域与日常监护

在心理疾病治疗中，表情分析可作为辅助手段，帮助医生分析病人的精神状态，做出正确的诊断。在远程家庭、幼儿园和老人园的日常监护中，通过对儿童、老人监护或需监护人员的脸部表情变化，及时发现其情绪和身体状况的变化，避免不必要的事故发生。

4) 数字娱乐

微软亚洲研究院正在通过对人脸脸部表情的分析研究，完成一系列卡通人物模型，准备集成到下一代 Office 产品中，使人们在紧张的工作之余享受到快乐。另外，在游戏中，如果可以根据游戏者的喜、怒、哀、乐来做出相应的反应，那么这样的游戏肯定比那些传统游戏更加吸引人。动漫等影视产品，通过人脸表情识别、合成技术为角色赋予丰富的表情变化，比采用手工方式设计大大提高了制作效率。随着游戏产业和其他数字娱乐产业以惊人的速度迅猛发展，市场潜力巨大，表情识别、模拟技术具有相当大的应用价值。例如，索尼公司开发的 AIBO 狗可以通过同人进行交流来“学习”某些动作，对周围环境做出反应，表露某种感情如高兴、生气等。索尼公司的 T200 数码相机具有“笑脸快门”(smile shutter)的功能，在识别到被摄人微笑的表情时，可以自动记录下图像。

1.3.2 语音情感识别的应用

从语音中自动识别说话者的情感状态不仅可以应用于人机交互系统，在其他方面也具有广阔的应用前景[8]，其中包括如下几个方面。

1）交互电影中自发(spontaneous)交互的判定

在传统的被动式电影观看模式中，观众所能亲身经历、感受和学习到的东西是非常有限的。随着数字媒体的丰富和计算机技术的发展，这种电影模式已经不能满足观众的需求。交互式电影将为人们提供一种全新的感受。在这种电影中，人们不再只是预测其中人物的命运，而是能亲身经历日常生活中从未有过的剧情和故事。通过这种方式将为大家提供学习不同本领和课程的大好机会。交互电影的关键因素之一，就是能与作为主要角色的参加者进行交互。日本ATR媒体集成和通信研究实验室，通过用情感识别将自发交互能力引入到了交互电影中[9]，在研究过程中，他们同时使用语音识别和情感识别来决定是进行预先设计好的演出方式，还是进入自发交互方式。

2）辅助残疾人讲话

失语症是很多脑部疾病带来的直接后遗症，这些患者有着与健康人同样的情感却苦于无法表达。为此，有很多研究机构开始了辅助残疾人说话的相关产品的研究和开发，如VAESS(Voices Attitudes and Emotions in Synthesis Speech)工程开发研制了一种既能够辅助残疾人说话又能帮助他们表达情感的一种便携式情感语音合成器。文献[10]中给出了一个辅助残疾人进行情感语音输出的系统CHATAKO，该系统可根据用户输入的文本信息和所选择的情感选项，输出有情感的合成语音。

3）情感语音将使人机界面更具人性化

随着计算机技术和网络技术的发展，人们可以通过互联网获取大量的信息，在电子购物、网上医疗、网上聊天、电子会议和有声电子邮件等应用上，人们希望听到的已不再是枯燥的机器音，而是更具“人情味”的语音。传统的利用菜单命令和目录方式进行的信息管理已不能完全满足人们的需求，人们需要更自然、更智能、更人性化的人机界面。在不久的将来，人机之间的交互不仅依靠键盘和鼠标，简单、易学、更具“人性化”的语音操作界面应当更符合人们的实际需求。这种人机之间的交互离不开情感语音识别技术和情感语音合成技术。

4）情感语音与其他多媒体技术相结合

将情感语音配以相应面部特征的视频来传达情感，通过将一些视觉效果，包括人的头部建模、唇形同步技术和表情因素等视频信息加入，使声音、表情同步，这就是当前比较热门的“视觉语音”(visual speech)技术。视觉语音可以使输出效果更具表现力和感染力，虚拟主持人的实现就是利用了这一技术。

此外，情感语音识别还可以用于自动远程电话服务中心，及时发现客户的不满情绪[11]；用于远程教学和婴儿教育，及时识别学生的情绪并进行适当处理，从而提高教学质量；用于辅助临床精神分裂症的诊断和治疗；也可以用于刑事侦查中自动地检测犯罪嫌疑人的心理状态，辅助测谎[12]。语音情感识别还可以用于信息查询系统、电子商务、娱乐游戏和虚拟人对话等领域。

总之，自动语音情感识别的研究，不仅可以推动计算机技术的进一步发展，也将大大提高人们的工作和学习效率，更高效地帮助人们解决问题，同时也将进一步提高人们的生活质量。

参 考 文 献

[1] 王文成. 基于局部特征分析的人脸表情识别问题研究[博士学位论文]. 济南：山东大学，2008.

[2] Soleymani M, Pantic M, Pun T. Multi-modal emotion recognition in response to videos. IEEE Transactions on Affective Computing, 2011, 99(1): 267-276.

[3] Chin S, Kim K Y. Emotional intensity-based facial expression cloning for low polygonal applications. IEEE Transactions on Systems, Man, and Cybernetics, Part C: Applications and Reviews, 2009, 39(3): 315-330.

[4] 移动 Labs. 情感计算及分析. http://labs. chinamobile. com/mblog/382108_72248[2010-11-29].

[5] Dubussion S, Devoine F, Masson M. A solution for facial expression representation and recognition. Signal Processing: Image Communication, 2002, 17(9): 657-673.

[6] Otte M, Nagel H H. Estimation of optical flow based on higher-order spatiotemporal derivatives in interlaced and non-interlaced image sequences. Artificial Intelligence, 1995, 78(1/2): 5-43.

[7] Chen X W, Huang T. Facial expression recognition: a clustering-based approach. Pattern Recognition Letters, 2003, 24(9/10): 1295-1302.

[8] 韩纪庆，邵艳秋. 基于语音信号的情感处理研究进展. 语音技术，2006，5：58-67.

[9] Nakatsu R, Nicholson J, Tosa N. Emotion recognition and its application to computer agents with spontaneous interactive capabilities. Knowledge-Based Systems, 2000, 13: 497-504.

[10] Iida A, Campbell N, Higuchi F. A corpus-based speech synthesis system with emotion. Speech Communication, 2003, 40: 161-187.

[11] Batliner A, Fischer K, Huber R. How to find trouble in communication. Speech Communication, 2003, 40(1/2): 117-143.

[12] Cowie R, Douglas C E, Tsapatsoulis N, et al. Emotion recognition in human-computer interaction. IEEE Signal Processing Magazine, 2001, 18(1): 32-80.

第 2 章　视觉语音情感识别技术概况

2.1　情感识别框架

情感识别研究涉及的关键技术大致包括四个方面，即情感库的建立、基于视觉语音信号的情感特征提取、情感特征降维和情感识别方法，如图 2.1 所示。情感特征提取是从经过预处理以后的视觉语音情感信号中提取能够有效地反映情感变化的情感特征，它是情感识别的基础。特征提取是否准确直接影响情感识别的效果。情感特征降维是指经过一定的降维算法，去除所提取的大量情感特征中的冗余特征，在不影响情感识别率的前提下，减少所提取情感特征的个数，改善情感识别的实时性。在情感识别方法方面，现有的识别方法很多，从是否需要带情感标签样本对分类器进行指导的角度可分为无监督的、有监督以及半监督的情感识别方法。本书主要对有监督和半监督情感识别方法进行讨论。本章的其余部分将对情感数据库的建立、基于视觉语音的情感特征提取、情感特征降维以及情感识别方法四个方面的关键技术以及发展概况进行介绍。

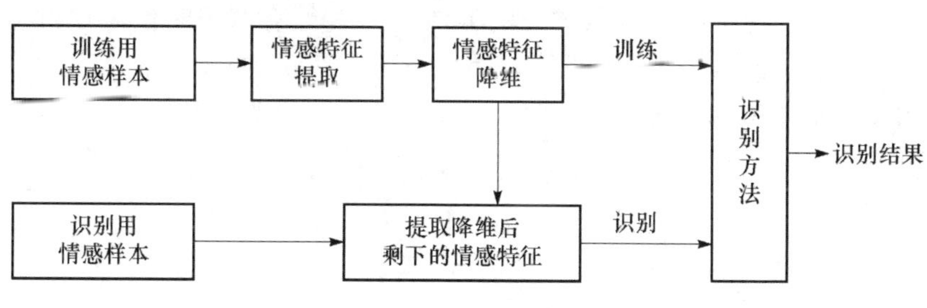

图 2.1　情感识别框架图

2.2　情感描述模型

2.2.1　情感的定义

究竟什么是情感？这是研究情感识别首先需要回答的问题。但这个问题比较复杂，虽然科学家对情感产生的机理进行了广泛的研究，但到目前为止，对于情感的定义仍然没有一个统一的说法。表 2.1 为《现代汉语词典》中情感、感情、情绪三个词汇的解释[1]。

表 2.1 “情感”及其相关词语在词典中的含义[1]

词语	解释	来源
情感	对外界刺激肯定或否定的心理反应，如喜欢、愤怒、悲伤、恐惧、爱慕和厌恶等	现代汉语词典
感情	对外界刺激的比较强烈的心理反应	现代汉语词典
情绪	人从事某种活动时产生的兴奋心理状态	现代汉语词典

表 2.1 中主要是对一些情感宏观上的定义，在实际应用中对情感的定义差别较大，比较复杂。在文献[2]中，作者统计了 100 多种对情感的不同定义，这些对情感的定义和划分存在较大的差异，均比较复杂。由此可见，情感的定义是比较复杂的。从情感定义相关的文献来看，有关情感的定义仅存在有限的一致性，很难给出情感的准确定义。

2.2.2 情感的分类

除了情感的定义外，情感状态的分类也是情感识别领域争论的焦点，目前情感类型的划分主要有离散的表示[3-4]和连续的维度表示[5-6]。离散的情感表示将情感划分为基本类和扩展类，也有学者将其称为主要情感(原始情感)和次要情感(派生情感)。扩展情感是由基本情感变化混合而成的，如同三原色可以混合生成多种色彩一样，所以也有学者将该情感生成理论称为情感的调色板理论，它覆盖了很大的情感空间。基本情感的数量从 2 种至 8 种不等，学术界尚未达成共识，不过比较常见的公认的基本情感是恐惧、生气、高兴、悲伤、吃惊、厌恶以及中性情感 7 种，表 2.2 列出了不同学者给出的主要情感的类别[7-8]。尽管有些研究者认为，由于情感产生于语言符号之前，用情感词语对情感分类不一定是很好的方法，然而语言毕竟是思维的外壳，情感词语能在很大程度上反映出不同类型的情感。

表 2.2 主要情感划分方法

提出者	主要情感类别
Arnold	愤怒、厌恶、勇敢、沮丧、期望、失望、害怕、希望、热爱、难过
Ekman、Friesen 和 Ellsworth	愤怒、厌恶、害怕、高兴、难过、惊奇
Fridja	期望、高兴、关心、惊奇、悲哀
Gray	愤怒、恐惧、焦急、高兴
Izard	愤怒、轻蔑、厌恶、悲痛、害怕、内疚、关心、羞愧、惊奇
James	害怕、悲痛、热爱、愤怒
McDougall	愤怒、厌恶、兴高采烈、害怕、征服、温柔、惊奇
Mower	痛苦、高兴
Oatley 和 Laird	愤怒、厌恶、焦急、高兴、难过
Panksepp	期待、害怕、愤怒、惊慌
Plutchik	赞同、愤怒、预期、厌恶、高兴、害怕、惊奇
Tomkins	愤怒、关心、轻蔑、厌恶、悲伤、害怕、高兴、羞愧、惊奇
Waston	害怕、热爱、愤怒
Weiner 和 Graham	高兴、难过

与此同时,一部分心理学家和人工智能专家认为情感可以用连续变化的维度表示。维度是指情感在固有的某种性质上,存在一个可变化的度量。维度理论通常将情感定义为一个维度空间上的点。不同研究者所定义的维度数目也有所不同,有二维的、三维的甚至四维的[6-7]。

19世纪末,Wundt[9]提出了情感的三维理论。20世纪50年代,Schlosberg引入一个二维模型(valence和strength)对人脸表情进行分类[10],后来又添加了一个维度(activity)来解决二维模型不足以描述的情感[11]。建立的三维模型如图2.2所示,椭圆切面的长轴为高兴维度,短轴为关注维度。

20世纪60年代末,Plutchik等经过多年研究,认为情感分布在一个圆形的结构上,圆的中心是自然原点。认为自然原点是一种具有各种情感因素的状态,由于这些情感因素在该点的强度太弱而得不到体现。自然原点通过向周围不同方向的扩展表现不同的情感。情感点同自然原点之间的距离体现了情感的强度。由于各种情感在自然原点的周围排成一个圆形,所以这种对情感进行分类的表示方法叫做情感轮[5],如图2.3所示。此后,Plutchik等又在情感轮理论基础上进行了扩展,认为情感具有8个基本的类别,分别为狂喜、警惕、悲痛、惊奇、狂怒、恐惧、接受和憎恨,分布在一个圆形的结构上,如图2.4(a)所示。所有的情感均可由这8种情感组合而成。再考虑情绪的强度,认为可以把情感模型扩展到三维空间,如图2.4(b)所示。此外,著名心理学家Izard[12]还提出了情感的四维理论,认为情感具有愉快度、紧张度、激动度和确信度。

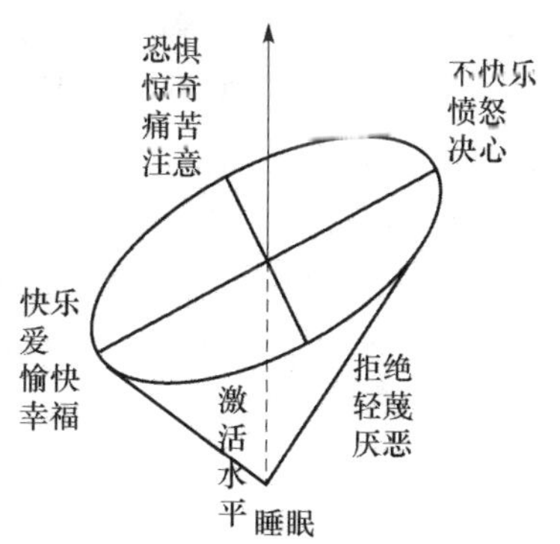

图2.2 Schlosberg的三维情感模型

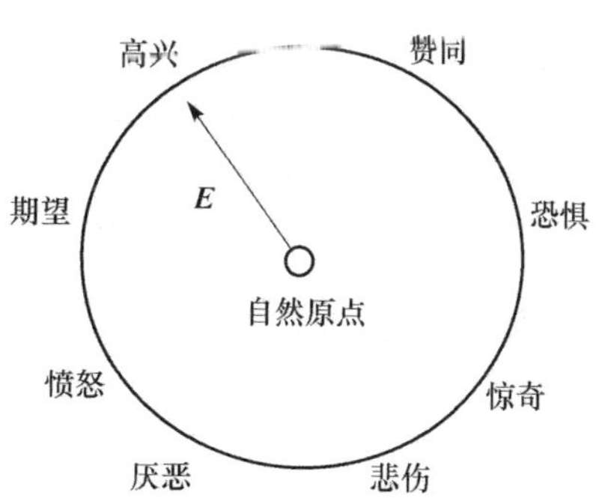

图2.3 情感轮

在这些情感模型中,受到广泛认可的有Schlosberg的三维情感模型和Plutchik的"激发维-评价维-强度维"的三维表示。离散表示和维度表示在某种程度上是可以相互转化的,连续情感模型之间也是相通的。情感的分类是一个非常复杂的课题,虽然经过了心理学、生理学以及人工智能等相关领域专家的长期努力,但目前对情感的分类仍没有一个统一的说法。目前报道的很多研究工作都是针对具体的

（a）8种基本情感

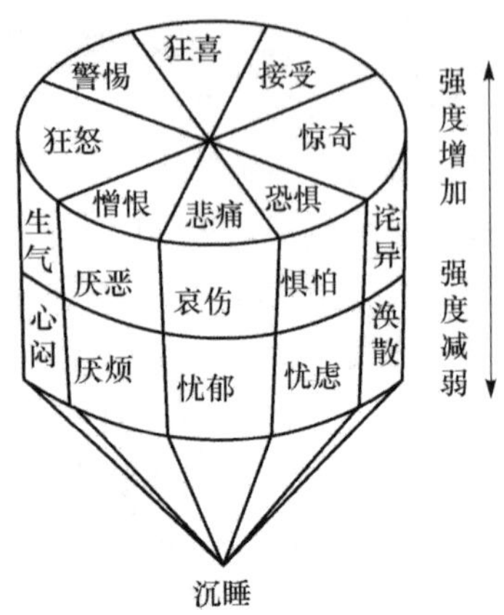

（b）情绪强度的三维情感模型图

图 2.4 Plutchik 情感模型图

应用领域和背景对情感进行分类的，根据实际应用需要确定情感分类是一种较好的折中处理手段。

2.3 视觉语音信号预处理

2.3.1 人脸表情图像预处理

实验用的表情图像数据会存在大小不同以及一定的旋转变形和姿态变化。此外，由于拍摄的环境不同，光照因素也会产生很大的干扰，所以要想得到理想的识别结果，就必须对姿势、尺寸以及光照进行调整，即对人脸表情图像进行预处理。

首先，对表情图像进行尺度归一化处理。虽然已经实现了人脸检测，分割出了脸部的主要区域，但分割后的图像大小不同，不利于特征维数的确定。尺度归一化的思想是将尺寸各不相同的人脸图像变换为统一的标准尺寸图像以便于人脸特征的提取。为使图像缩放具有较好的光顺性，可选择速度较快的双线形插值方法进行统一尺寸的图像缩放。具体算法如下所述。

1）尺寸的缩小

$$f'(x,y)=f\left(x\frac{l}{l'},y\frac{h}{h'}\right) \tag{2-1}$$

式中，f'为变换后图像的灰度值函数；f 为原图像的灰度值函数；l 和 l'，h 和 h'分别为变换前后图像的宽度和高度。

2）尺寸的放大

在尺寸放大的过程中，会出现一些原始图像中没有的像素点，这需要进行插值运算来计算出该点的像素值。为了能最有效地消除放大时出现的马赛克现象，采用双线性插值的算法，首先将原始图像中矩形顶点的灰度值复制到放大后的图像矩形对应的顶点；然后对原始图像中所有点的灰度值采用双线性插值算法计算，实现尺寸归一。假设点(x_0,y_0)和(x_1,y_1)分别是矩形的两个对角顶点，点(x,y)包含在该矩形中，且满足$x\in(x_0,x_1)$，$y\in(y_0,y_1)$，则求该点的灰度值$f(x,y)$的算法为

$$f(x,y_0)=f(x_0,y_0)+[(x-x_0)/(x_1-x_0)][f(x_1,y_0)-f(x_0,y_0)] \tag{2-2}$$

$$f(x,y_1)=f(x_0,y_1)+[(x-x_0)/(x_1-x_0)][f(x_1,y_1)-f(x_0,y_1)] \tag{2-3}$$

$$f(x,y)=f(x,y_0)+[(y-y_0)/(y_1-y_0)][f(x,y_1)-f(x,y_0)] \tag{2-4}$$

图 2.5 给出了表情图像尺度归一化操作前后的示意图。归一化后的图像尺度为 80×120 像素，即图片宽度为 80 像素，高度为 120 像素。实验表明，该尺寸包含了足够的表情特征信息，而且能满足系统的实时性要求。

(a) 尺度归一化前的表情图像

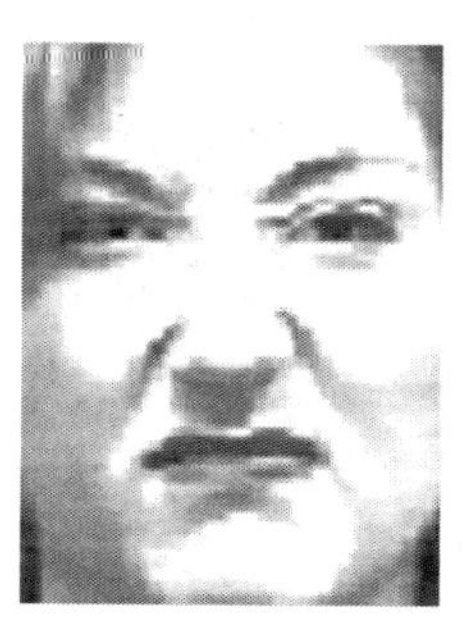

(b) 尺度归一化后的表情图像

图 2.5　表情图像的尺度归一化

人脸表情图像预处理的另一方面就是进行图像灰度均衡化处理。图像采集中光照的改变容易导致图像呈现不同的明暗程度，所以需要对人脸图像进行灰度均衡化处理。灰度均衡化的作用是增强人脸图像的整体对比度，并使灰度分布均匀，

以消除光照变化的影响，此外，还可以消除不同人种的肤色差异。

其计算步骤如下所述。

(1) 列出原始图像的灰度级 $f_j, j=0,1,\cdots,L-1$，其中，L 是灰度级的个数。

(2) 统计各灰度级的像素数目 $n_j, j=0,1,\cdots,L-1$。

(3) 计算原始图像直方图各灰度级的频数 $P_f(f_j)=\dfrac{n_j}{n}, j=0,1,\cdots,L-1$。其中，$n$ 为原始图像总的像素数目。

(4) 计算累计分布函数 $C(f)=\sum\limits_{j=0}^{k}P_f(f_j), j=0,1,\cdots,k,\cdots,L-1$。

(5) 应用以下公式计算映射后的输出图像的灰度级 $g_i, i=0,1,\cdots,P-1$，P 为输出图像灰度级的个数。$g_i=\text{INT}[(g_{\max}-g_{\min})C(f)+g_{\min}+0.5]$，其中，INT 为取整符号。

(6) 统计映射后各灰度级的像素数目 $n_i, i=0,1,\cdots,P-1$。

(7) 计算输出图像直方图 $P_g(g_i)=\dfrac{n_i}{n}, i=0,1,\cdots,P-1$。

(8) 用 f_i 和 g_i 的映射关系修改原始图像的灰度级，从而获得将直方图近似为均匀分布的输出图像。

图 2.6 为灰度均衡前后的效果图，由图中可以看出，光照变化引起的不同明暗程度图像得到了统一，对比度也得到有效改善。

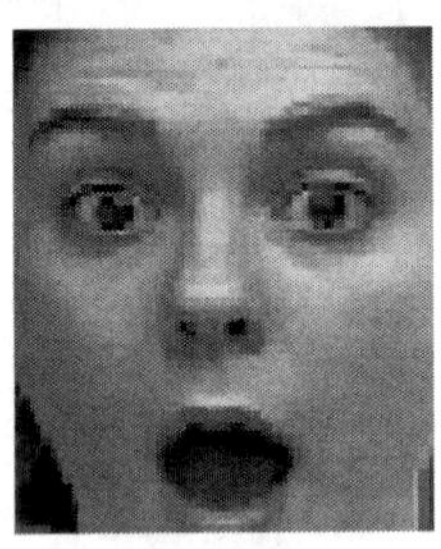

(a) 灰度均衡前

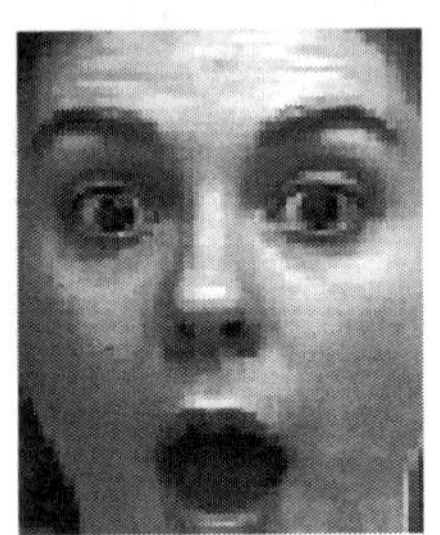

(b) 灰度均衡后

图 2.6 人脸图像灰度均衡示例图

2.3.2 情感语音信号预处理

将原始模拟语音信号变为数字信号，必须经过采样和量化两个步骤，得到时间和幅度上均离散的数字语音信号。根据采样定理，当采样频率大于信号的两倍带宽时，采样过程就不会丢失信息，利用理想滤波器可以从采样信号中无失真地重构原始信号波形。

语音是随时间而变的一维信号，它占据的频率范围可达 10kHz，但是对语音清晰度和可懂度有明显影响成分的最高频率约为 5.7kHz。根据国际电报电话咨询委员会提出的数字电话 G.711 建议，采样频率为 8kHz 时可采集到 3.4kHz 以内的信号分量，该标准为世界公认[13]。语音信号冗余度较大，该采样频率基本不影响语句可懂度，这里将采样频率提高到 11kHz，以利用更多的语音信息。

在将语音信号进行数字化之前，必须先进行防混叠滤波，此时信号中的高频成分将产生失真，需要滤除高于 1/2 采样频率的信号成分或噪声。这种防混叠滤波通常与模/数(A/D)转换器做在一个集成块内，因此，目前语音信号的数字化质量还是有保证的。市面上购买到的普通声卡在这方面做得都比较好，语音声波通过话筒输入到声卡后直接获得的是经过防混叠滤波、A/D 转换及量化处理后的离散数字信号。

在进行语音信号数字处理时，最先接触的是它的时域波形，为了获取一段语音信号的时域波形，先将语音用话筒转换为电信号，再用 A/D 转换器将其转换为离散的数字化采样信号后存入计算机的内存[2]。在实际工作中，用 Cool Edit 录制语音文件，声卡可以完成语音波形的 A/D 转换，获得 WAV 文件。通过对录制语音属性的设置，使用 11.025kHz、16bit 的单声道音频格式录制成标准 PCM 编码格式的 WAV 文件，用于后续的特征提取和分类识别。

1. 语音信号的预加重

在对语音信号进行分析和处理之前，必须对其进行预处理。预处理除了前面讨论的数字化外，还包括放大、增益控制和预加重等。

由于语音信号的平均功率谱受声门激励和口鼻辐射的影响，高频端大约在 800Hz 以上，按 6dB/倍频程跌落，为此，要在预处理中进行预加重。预加重的目的是提升高频部分，使信号的频谱变得平坦，以便进行频谱分析或声道参数分析。预加重可以在 A/D 转换之前、反混叠滤波之后进行，也可以在 A/D 转换后进行。预加重可以有效地提高信噪比。所以，为了尽量提高信噪比，可在 A/D 转换之后进行预加重，通过具有 6dB/倍频程的提升高频特性的预加重数字滤波器实现，预加重数字滤波器一般是一阶的，预加重数字滤波器为

$$H(z) = 1 - \mu z^{-1} \tag{2-5}$$

式中，μ 为预加重系数，本书中采用 0.9375。

预加重后的信号在分析处理后，需要进行去加重处理，加上 6dB/倍频程的下降的频率特征来还原成原来的特性。

2. 语音信号的加窗

语音信号在经过预加重后，就要对其进行分帧加窗。语音信号是一种非平稳

的时变信号，根据其发声机理可以知道，发声器官的状态变化速度较声音振动速度要缓慢得多，因此，语音信号可以认为是短时平稳的。在5～50ms内，语音频谱特性和一些物理特征参数基本保持不变。这样，可以将平稳过程的处理方法和理论引入语音信号的短时处理中，每个短时的语音段称为一帧。帧既可以是连续的，也可以采用交叠分帧的方法，一般帧长取10～30ms。

通常采用一个长度有限的窗函数来截取语音信号形成分析帧，窗函数$w(n)$将需要处理区域之外的样点置零来获得当前语音帧。理想窗函数的频率响应要求主瓣无限狭窄并且没有旁瓣(无频谱泄露)，但在实际工程中是无法实现的。由于汉明窗的旁瓣衰减较大，具有更平滑的低通特性，能够在较高程度上反映短时信号的频率特性，所以汉明窗是语音信号数字处理中最常用的一种窗函数，可采用汉明窗来提取特征参数。设N为帧长，汉明窗表达式为

$$w(n)=\begin{cases}0.54-0.46\cos\left(2\pi\dfrac{n}{N-1}\right) & 0\leqslant n\leqslant N-1\\ 0 & \text{其他}\end{cases}\tag{2-6}$$

对于汉明窗函数，主瓣宽度与窗长成反比。而窗函数参数的选择(形状和长度)，对于短时分析参数的影响很大。为此要选择合适的窗口，使其短时参数更好地反映语音信号的特性变化。

采样周期$T_s=1/f_s$、窗口长度N和频率分辨率Δf之间的关系为

$$\Delta f=\frac{1}{NT_s}\tag{2-7}$$

可见，采样周期一定，Δf随窗口宽度N的增加而减少，频率分辨率得到提高，但时间分辨率降低；如果窗口取短，频率分辨率下降，而时间分辨率提高，两者是矛盾的。要根据不同需要选择合适的窗口长度。例如，对于时域分析，若N很大，则等效于很窄的低通滤波器，信号通过时反映波形细节的高频部分被阻碍，短时能量随时间有急剧的变化，不能得到平滑的能量函数。综合相关研究及实验结果表明，汉明窗函数采用的窗长为23.22ms(256点)，窗移为10ms。这样，语音信号就被分割成一帧一帧加过窗函数的短时信号，然后再把每一个短时语音帧看成平稳的随机信号。在进行处理时，按帧从数据区中取出数据，处理完后再取下一帧，最后得到由每一帧参数组成的语音特征参数的时间序列。

3. 语音信号的端点检测

语音信号的端点检测就是从包含语音的一段信号中准确地确定语音的起始点和终止点，区分语音信号和非语音信号，它是语音处理技术中的一个重要方面。经过端点检测后，不仅能减少语音情感特征的采集量，节约处理时间，还能排除无声段或噪声段的干扰，提高语音情感识别系统的性能。

语音信号是时变非平稳信号，一般将其视为短时平稳信号进行处理，其特征依赖于时间。在识别时，由于噪声环境的引入，系统无法正确判断有效语音的起始点和终止点，从而造成起始点和终止点的虚检或漏检情况，甚至把一段噪声作为语音信号来进行识别。因此，端点检测的准确性在某种程度上影响了特征提取及其识别的好坏。可采用基于短时帧能量和过零率的双门限端点检测法[14]来进行端点检测。

在基于短时能量(energy)和过零率(zero cross ratio，ZCR)的双门限端点检测算法中，首先为短时能量和过零率分别确定两个门限，一个是比较低的门限，其数值比较小，对信号的变化比较敏感，很容易被超过。另一个是比较高的门限，数值比较大，信号必须到达一定的强度，该门限才可能被超过。超过低门限未必就是语音的开始，有可能是时间很短的噪声引起的。超过高门限基本确定是由语言信号引起的。

整个语音信号的端点检测可以分为四个阶段：静音段、过渡段、语音段和结束。在静音段，如果能量或过零率超过了低门限，就开始标记起始点，进入过渡段。在过渡段中，由于参数的数值比较小，不能确定是否处于真正的语音段，因此只要两个参数的数值都回落到低门限以下，就认为当前状态恢复到静音状态。而如果在静音段中两个参数的任何一个超过了高门限，就可以确定进入语音段。

一些突发性的噪声也可以引起短时能量或过零率的数值很高，但是往往不能维持足够长的时间。所以当前状态处于语音段时，如果两个参数的数值降低到低门限以下，而且总的计时长度小于最短时间门限，则认为这是一段噪声，继续扫描以后的语音数据，否则标记好结束端点。

可首先算出背景噪声能量的统计特性，定出能量门限，利用能量门限来确定语音信号的起止点。用过零率方法进行辅助处理来调整检测后的端点时，测出的端点位置是比较准确的。

由于语音信号的能量随时间而变化的，清音和浊音之间的能量差别相当显著。因此，对短时帧能量进行分析，可以描述语音的清浊音变化情况，在端点检测中，检测出浊音。短时帧能量为一帧采样点值的加权平方和。短时帧能量 E_n 表示为

$$E_n = \sum_{m=-\infty}^{\infty} [x(m)w(n-m)]^2 = \sum_{m=n-N+1}^{n} [x(m)w(n-m)]^2 \tag{2-8}$$

式中，$x(n)$为离散语音信号时间序列，$w(n)$为汉明窗函数，N 为窗长。在这里，汉明窗函数 $w(n)$平方的物理含义是一个冲激响应为 $w(n)^2$ 的滤波器。

对于清音段，由于口腔空气的摩擦，所造成的波形在幅度上变化比较剧烈，用短时过零率表示一帧信号中波形穿越零电平的次数。为了避免静音段的随机噪声产生过高的过零率，可首先设定一个门限，计算出语音信号的短时过零率 Z_n 为

$$Z_n = \sum_{m=-\infty}^{\infty} \{ | \operatorname{sgn}[x(n)-T] - \operatorname{sgn}[x(n-1)-T] | + | \operatorname{sgn}[x(n)+T] - \operatorname{sgn}[x(n-1)+T] | \} w(n-m) \tag{2-9}$$

式中，sgn 是语音信号 $s(n)$ 符号函数，$\operatorname{sgn}[s(n)]=\begin{cases}1 & s(n)\geqslant 0\\ 0 & s(n)<0\end{cases}$；$T$ 为计算得到的低门限值。根据录制的语音库，通过实验，T 取 0.02。

图 2.7 所示为某说话人所录制的语句"明天就是周末了"，通过基于短时帧能量和过零率的双门限端点检测后所检测出的语音段。

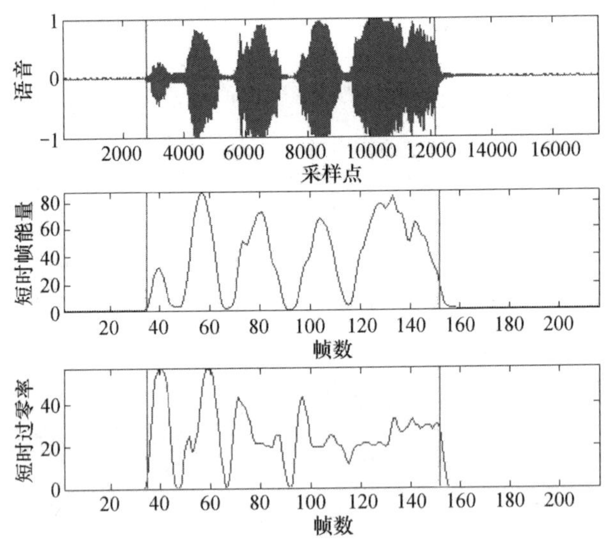

图 2.7　端点检测后的语音段

2.4　情感特征提取

2.4.1　视觉信息情感特征提取

1. 基于脸部几何结构的特征提取方法

要在计算机上实现脸部表情的识别，可对脸部几何结构给出一个正确、简洁的表示，即对人脸进行几何建模。众所周知，人脸的结构大体相同，只是一些细节上的差异。原始的人脸图像不仅数据量庞大，而且还会随拍摄条件的变化而变化。可通过几何测量的方法来表示人脸，即利用脸部结构的形状特征。虽然在日常生活中，人们记住或识别一张人脸并不是直接去测量脸部，但其实在脑海中已经利用几何关系对这个人的脸部特征进行了建模。心理学家对影响脸部识别的关键脸部特征进行了大量的研究并得出结论，主要有两类脸部特征影响脸部的认识。第一类是眼睛、眉毛、鼻子及嘴巴等器官在脸部中的位置；第二类是这些器官相互之间的空间距离，如眼睛与嘴巴之间的距离。这些脸部特征都是通过几何方法获得的，所以，在以脸部特征为基础的脸部识别系统中，主要的脸部特征基本就是一些几何特征。下面将介绍利用特征向量来表示脸部几何特征的方法。

目前，国内外已经有很多比较成熟的脸部器官特征点的提取方法，定义了 14 个特征向量来表示人的脸部，如图 2.8 所示。其中，对于第一类特征点可通过定义 12 个特征向量来定位影响表情的主要器官的眼睛和嘴巴，分别是图中的 V1～V8 以及 V11～V14；对于第二类特征点，可通过定义两个特征向量来描述眼睛和嘴巴的距离，具体的做法是分别把左右眼睛的底部特征点与嘴巴的顶部特征点相连接，于是得到图中的 V9 和 V10。每一个特征向量的值都包括两部分：长度和方向。假设特征向量的起点和终点分别为(x_1, y_1)和(x_2, y_2)，那么该特征向量的值即为(d, θ)，其中

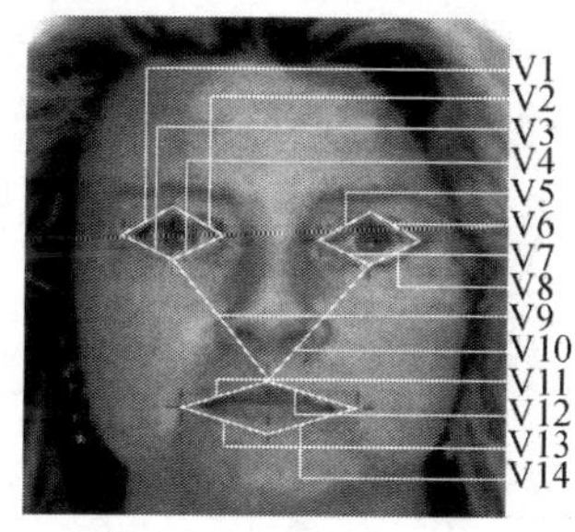

图 2.8　人脸特征向量图

$$\begin{cases} d = \sqrt{(x_1 - x_2)^2 + (y_1 - y_2)^2} \\ \theta = \arctan \dfrac{|y_1 - y_2|}{|x_1 - x_2|} \end{cases} \tag{2-10}$$

至此，得到了表示人脸特征的 14 个特征向量。这 14 个特征向量基本可以表示出一幅人脸的表情图像，在计算机上可以方便、快捷地计算出它们的值，同时模仿了人类识别面部表情的过程，是一种较好并且较简单的表示脸部特征的方法。

2. 基于像素的提取方法

基于像素的特征提取方法是用于视觉信息情感特征提取的一类重要方法。其中，LBP(local binary pattern)方法是具有代表性的方法。LBP 算子是一种有效的纹理描述算子，它具有旋转不变性和灰度不变性等显著优点。在近十年的时间内，LBP 算子已经广泛地应用于纹理分类、图像检索及人脸图像分析等领域[15]。

对于一幅图像中的某个局部区域内的任意像素 $f(x_c, y_c)$，以 g_c 为中心点，对 3×3 窗口内的 8 个点 $g_0, g_1, \cdots, g_7$，纹理 T 定义为

$$T:(g_0 - g_c, \cdots, g_7 - g_c) \tag{2-11}$$

以窗口中心点灰度值为阈值对窗口内其他像素进行二值化处理，其算式为

$$T \approx t[s(g_0 - g_c), \cdots, (g_7 - g_c)] \tag{2-12}$$

其中，$s(x) = \begin{cases} 1 & x \geqslant 0 \\ 0 & x < 0 \end{cases}$。得到一个 8 位的二进制数，再对像素的不同位置进行加

权求和,即可得到该窗口的 LBP 值,加权求和算式为

$$\mathrm{LBP}(x_c, y_c) = \sum_{i=0}^{7} s(g_i - g_c) \times 2^i \tag{2-13}$$

一个基本的 LBP 算子如图 2.9 所示。为了适应不同尺度的纹理特征,Ojala 等[16]对 LBP 算子进行了改进,将 3×3 邻域扩展到任意邻域,并用圆形邻域代替了正方形邻域,采用双线性插值算法计算没有完全落在像素位置的点的灰度值。此外,改进后的 LBP 算子允许在半径为 R 的圆形邻域内有任意多个像素点,如图 2.10所示。符号 $\mathrm{LBP}_{P,R}$表示在半径为R 的圆形邻域内有 P 个像素点。

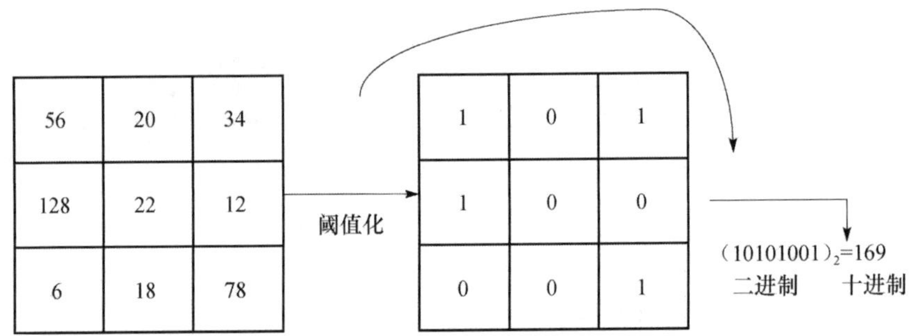

图 2.9 LBP 特征提取过程

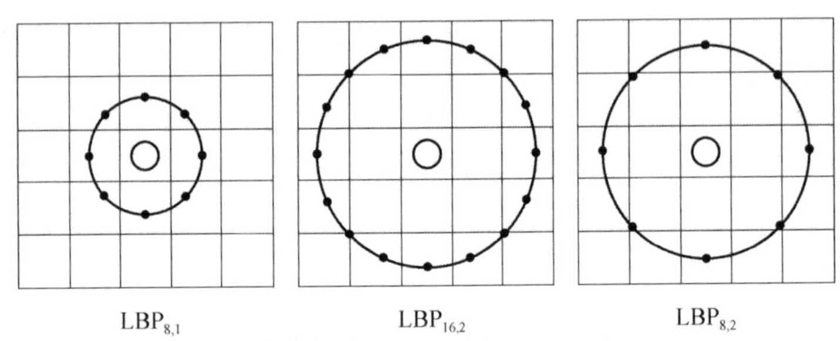

图 2.10 改进后的 LBP

LBP 算子是重要的纹理特征提取方法,国外在这方面已有大量的研究成果。Shan 等[17]使用加权人脸的 LBP 特征,结合模板匹配和支持向量机进行人脸表情识别,得到了较好的识别效果。贺亮华等[18]在小波分解的基础上,采用局部到整体的方法提取 LBP 特征,得到了较满意的识别效果。

3. 基于统计特征的提取方法

基于统计特征的提取方法包括主成分分析(principle component analysis,PCA)和独立成分分析(independent component analysis,ICA)等方法。其中,PCA 又称

为主分量分析法，是一种数学变换的方法，它把给定的一组相关变量通过线性变换转化成另一组不相关的变量，这些新的变量按照方差依次递减的顺序排列。

主成分分析法在特征提取中常用于对图像进行特征降维处理，对于表情特征同样可以使用该方法降维，通过 PCA 变换后可以用一个低维子空间描述人脸表情图像，尽量在去除分类干扰分量的同时保留有利于分类的判别信息。

Padgett、Cottrell 和 Metcalfe 在人脸局部区域（如眼睛、嘴巴）抽取表情特征，并用 PCA 对提取的表情特征进行降维。

4. 频域特征的提取方法

Gabor 小波变换方法是基于频域特征的视觉情感特征提取代表方法之一。在时频域分析中，采用有限宽度的基函数进行伸缩和平移变化，生成出一组函数，这种基函数称为基本小波(wavelet)，由基本小波"膨胀"出相应的小波族。小波变换是对傅里叶变换与短时(窗口)傅里叶变换的重大突破，在信号分析、图像处理及其他非线性科学的研究领域带来了革命性的影响。

在人脸表情识别等图像处理领域，使用最为广泛的是 Gabor 小波滤波器，它是一个由二维高斯函数衍生出的复数域正弦曲线函数。Gabor 小波变换有 3 个重要性质：一是有较强的频率选择性和较好的时空域定位特性；二是 Gabor 变换的结果能可视地表达人脸特定区域的轮廓信息；三是 Gabor 滤波器相当于一组带通滤波器，其方向、基频带宽及中心频率均可调。对二维图像 $I(\boldsymbol{x})$ 进行 Gabor 变换可定义为

$$J_j(\boldsymbol{w}) = \int I(\boldsymbol{x}) \cdot \psi_j(\boldsymbol{w} - \boldsymbol{x})\mathrm{d}\boldsymbol{x} \tag{2-14}$$

式中，Gabor 小波族函数定义为

$$\psi_j(\boldsymbol{x}) = \frac{\|\boldsymbol{k}_j\|^2}{\sigma^2} \cdot \mathrm{e}^{-\frac{\|\boldsymbol{k}_j\|^2\|\boldsymbol{x}\|^2}{2\sigma^2}} \cdot \left(\mathrm{e}^{\mathrm{i}\boldsymbol{k}_j \cdot \boldsymbol{x}} - \mathrm{e}^{-\frac{\sigma^2}{2}}\right) \tag{2-15}$$

式中，i 为复数运算符，$\sigma = 2\pi$，$\boldsymbol{k}_j$ 为每个 Gabor 滤波器的特征频率。

可构造一组 Gabor 滤波器对人脸图像进行处理，提取基于特定频带的图像成分，所以 Gabor 变换对光照、图像尺寸缩放、平移及旋转具有一定的不变性，可提高识别系统的鲁棒性。表情图像的预处理也常采用小波变换以消除光照及姿势的影响。基于 Gabor 小波变换的弹性图匹配(elastic graph matching，EGM)算法在人脸识别及表情识别领域备受重视。其基本思想是，采用二维属性拓扑图(见图 2.11)来表达人脸图像，拓扑图的任一点由人脸图像经小波变换后的特征矢量表达。在对表情变化较敏感的位置，如嘴角、眼睑等处，定义拓扑图的顶点，这些位置经小波变换后的特征矢量模较大，有利于表情的识别。用拓扑图分别表示已知表情

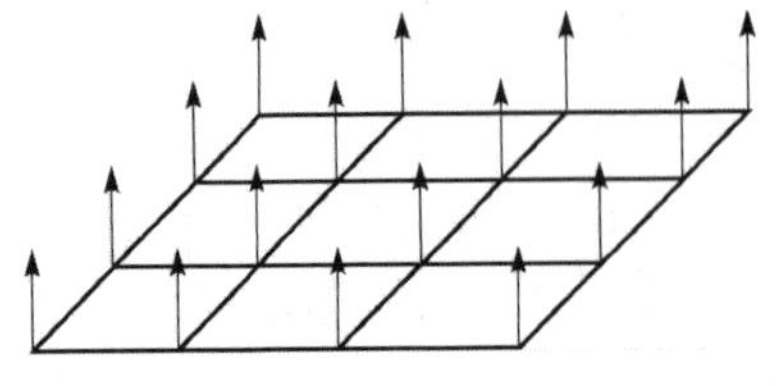

图 2.11 基于 Gabor 小波变换的二维拓扑

(通常训练得到)和被测表情图像,根据匹配拓扑图算出它们之间的距离,作为相似度准则,最后选择最佳匹配的人脸表情作为识别结果。

与基于 PCA 的方法相比,基于 Gabor 小波的弹性图匹配算法保留了二维图像空间相关性信息,其识别效果明显好于基于 PCA 的方法。但弹性图匹配算法的最大缺点是计算复杂,数据冗余度高。作为对这种方法的改进,可将 PCA 应用于小波变换,生成二维网格中顶点的特征矢量以降低其维数而不影响识别率。此外,还有其他的改进措施也能明显降低弹性图匹配算法的计算量。

5. 基于模型的特征提取方法

基于模型的特征提取方法包括点分布模型(point distribution model,PDM)和主动表现模型(active appearance model,AAM)等方法。其中,AAM 是由 Cootes 等在 1998 年提出的一种图像特征定位方法,该方法已被用于人脸识别等领域并得到了很好的效果。

AAM 建立了一种对目标对象变化程度的参数化描述。这种方法首先从已给定的训练集中提取对象的模型,再对模型通过某种规则进行组合以形成新的对象。这种机制能在新图像中搜索定位既定目标,并用较少的参数对新对象进行描述。AAM 中的模型描述了对象的形状和纹理两种属性,使其定位能力更加健壮,并具有更高的准确性。

英国曼彻斯特大学的 Cristinace 等提出一种特征响应成对增强算法(pairwise reinforcement of feature responses,PRFR)和 AAM 相结合的方法,用以检测面部眼眶、鼻尖及嘴角等局部区域的特征点及边缘的一些特征。Tang 等使用 AAM 来提取特征点,并结合局部形状特征识别表情。

6. 基于运动特征的提取方法

基于运动特征的提取方法包括光流法、特征点跟踪法和差分图像法等。

(1) 光流法是提取图像运动信息的重要方法,国外在这方面已有大量的研究成果。最早由 Mase 和 Pentland 使用基于区域的光流法,提取出脸部肌肉的运动,并使用 K 近邻规则(K-nearest neighbor rule)判别表情状态。光流(optical flow)是指图像的亮度模式引起的表观运动,即像素点的瞬时速度场。可通过分析图像序列,采用光流模型计算出表情图像特征点的瞬时速度场,从而估算出表情肌肉的运动强度和方向。通常图像噪声及光线变化对光流模型的影响很大,一般需要预先对图像用低通滤波器进行平滑处理。文献[19]概括了几种光流场的计算方法:

基于梯度的光流计算方法、基于区域匹配的光流计算方法、基于频域的光流计算方法、基于 Kalman 滤波器的速度场估计算法和基于多分辨率(multi-resolution)的 Gabor 小波变换方法。文献[20]详细讨论和总结了各种光流模型的计算方法。Yabcoob 和 Davis 使用光流模型跟踪眉毛、眼睛及嘴角等区域的运动,并使用决策表实现对 6 种基本表情的识别。Barlett 同时使用了 PCA 方法和光流法识别人脸表情。Otsuka 和 Ohya 对表情图像进行傅里叶变换,其系数作为光流场,并结合 HMM 识别人脸表情。此外,McCane 提出基准光流(benchmarking optical flow)算法从复杂的背景和多姿态表情序列中有效地获得运动场信息[21]。

(2) 特征点跟踪法主要是选择一组合适的点,然后在表情变化时跟踪这些点的变化,特征点的变化作为表情特征,根据这些表情特征建立表情模型。这些特征点是灰度变化较大的点,一般选取脸部的永久特征点,如嘴角、眼角等,这些点最能表征表情的变化。由于只考虑感兴趣的特征点来分析表情,不必理会背景等无关信息,从而减少了运算量。但是自动标记特征点比较困难,一般使用人工标记。此外,由于只提取部分特征点,所以会丢失部分有用信息。

(3) 差分图像法一般是针对运动的视频序列进行差分运算,获取作差后的差分图像,然后再对差分图像进行后续处理,进而检测出处于运动中的目标图像。差分图像法是检测复杂背景中运动目标的常用技术,其基本思想是将视频图像序列中的相邻两帧相减,或者将被测帧与标准帧相减,从而能有效地屏蔽作差的两帧图像之间的相同区域,而仅保留两帧间存在差异的区域。将相邻帧作差的目的是获取图像中运动像素点的时间梯度信息;而将被测帧与标准帧作差的目的是考察两帧间的相似性,进而捕获运动目标的区域。单一的差分图像法是存在缺陷的:其一,由于作差的两帧图像是原始的灰度图像,对应像素点相减时必须严格对应,当对应像素点稍有偏差时,即使两帧图像非常相似,其差分后的图像灰度值也不会趋于零,有时甚至很大,因此对图像的预处理及准确定位非常重要;其二,原始的灰度图像不可避免地受到噪声干扰,差分后的图像也会因此受噪声干扰,且噪声点比原始图像更多,影响对差分图像的后续处理。解决该问题的方法有很多,可以对采集到的连续多帧图像分别进行差分运算,再将多个差分图像相与,从而有效地抑制噪声;也可以使用中值滤波器或形态学滤波器进行去噪处理,图像差分的一般处理过程如图 2.12 所示。

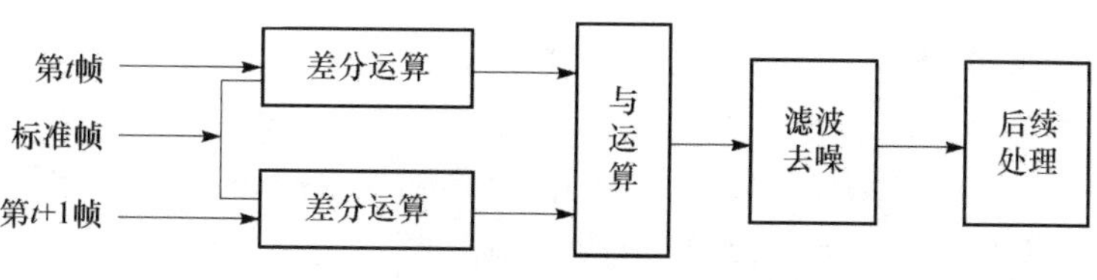

图 2.12　图像差分的一般流程

2.4.2 语音情感特征提取

总体上讲，人类的语音传达了两类信息。一类是语言学信息，它以某一种语言规范准确（或者近乎准确）地确定了说话人的定性目的。另一类是超语言学信息，它是以实现说话人定性目的方式的细微变化来传达的。超语言学信息不能传达语义信息，但它能传达有关说话人当前情绪和态度的信息。此外，它或许还能传达有关说话人口音和社会阶层特征等信息。超语言学信息包括韵律学相关的基频和响度的变化，以及语音质量相关的声音频谱上的变化，只要这些变化不会引起语言学信息的失真[1]。

目前，在语音情感特征提取领域中，情感特征可以粗略地分为基于超语言学的语音情感特征和基于语言学的语音情感特征（包括词汇、句法等）[22]。

1. 基于超语言学的语音情感特征

基于超语言学的语音情感特征可分为三大类：韵律学特征、音质特征和频谱特征。韵律学特征主要包括音调、音强和语速等。韵律学特征主要包括如下三类。

（1）基频相关特征：主要是指基音频率及其均值、变化范围、变化率与均方差等特征。

（2）能量相关特征：主要是指短时平均能量、短时能量变化率、短时平均振幅、振幅平均变化率及短时最大振幅等。

（3）时长相关特征：主要指语速、短时平均过零率等。

音质特征主要有呼吸声、明亮度特征（低频能量和高频能量的比值，用以反映语音的清亮特性）、共振峰和喉化音等；频谱特征主要包括 Mel 倒谱系数（Mel frequency cepstrum coefficients，MFCC）及其衍生参数等[23-24]。此外，基于这三类语音情感特征的不同语段长度的统计特征是目前使用最普遍的特征参数之一，如特征的平均值、变化率及变化范围等[25]。传统的基于声学的语音情感特征在整个语音情感特征中起着比较重要的作用，是使用最多的语音情感特征。但是这类情感特征中包含了说话者与生俱来的说话特征，如语速快、嗓门儿大等特点，也包含了说话内容的信息，使这类特征中的绝大部分特征参数的分布会随着说话者和说话内容的变化而产生较大的变化，从而使当待识别语音的说话者不在训练语音情感库中，说话内容发生变化时，识别率急剧下降。除了上述的基于声学的传统语音情感特征外，近年来，国内外研究者提出了新的基于声学的情感特征以及情感特征使用的新方法。

文献[26]提出了 Mel 频谱子带能量、全局谱动态特征、MS-LFPC（mean-subtraction LFPC）作为语音情感新特征，并将这些特征分别与传统的基音频率、短时能量和共振峰等相关特征相结合用于语音情感识别，获得了比仅使用传统声学情感特征更好的识别效果。

文献[27]提出了基于 Teager 能量算子(TEO)的语音情感新特征,该特征主要反映了情感语音信号中能量的非线性变化,作者提取了基于 Teager 能量算子的五个非线性语音情感特征:基于频域 TEO 的 Mel 倒谱系数(nonlinear frequency domain Mel,NFD_Mel)、基于幅频特性的 Mel 倒谱参数(amplitude and frequency property Mel,AF_Mel)、基于微分幅频特性的 Mel 倒谱参数(amplitude and frequency property Mel of differential,DAF_Mel)、基于幅度调制的子带倒谱参数(AM based SBCC,AM_SBCC)及基于幅频调制的子带倒谱参数,采用所提出的特征参数对 4 种语音情感进行识别,取得了较好的效果。

东南大学的蔡莉莉[28]将基频轮廓线的简单分形维数作为新的语音情感特征和其他的传统语音情感特征相结合进行语音情感识别,获得了较好的效果。

此外,基于这些语音情感特征,研究者还提出了一些融合各种粒度语段的语音情感特征的方法。例如,文献[29]中提出了基于基音频率、子带频谱能量与共振峰频率的短时特征矢量和一种反映能量频谱分布及动态的长时特征参数,分别利用隐马尔可夫模型和支持向量机两种方法进行识别;文献[30]中提出了全局语音情感特征和基于元音的时序结构特征并用的语音情感识别方法。

随着实际应用中对自然环境下语音情感识别的迫切需求,近年来已经有学者开始着力于自然环境下语音情感特征的研究,文献[31]和文献[32]也分别从情感特征和分类器的角度研究带噪声环境下的语音情感识别。在自然的语音环境中,语音情感的识别率除了受噪声的影响外,还受说话者与生俱来的个性化说话特点的干扰。即使在相同的情感状态下,不同的人语音情感特征参数的分布也存在较大的差异。例如,一个平时说话嗓门儿比较大的人处于中性情感时的短时能量很可能比一个平时说话嗓门儿比较小的人处于愤怒情感时的短时能量要高。因此,寻找说话者鲁棒的语音情感特征和消除个性化情感特征参数中的说话者个性化因素是提高自然环境下语音情感识别率的关键。目前,消除语音情感特征参数中说话者个性化因素最常用的方法是采用说话者的中性情感语音特征对情感特征参数进行归一化,例如,东南大学的赵力[30]和浙江大学的谢波[25]均采用情感特征与说话者平静语句的相应情感特征的差值作为识别用特征参数。这种采用中性情感语音特征对情感特征参数进行归一化的方法虽然能够在一定程度上消除说话者个性化说话特征的影响,但是必须要求待识别语音的说话者在识别前至少录制一句中性情感语句,这种要求在一定程度上限制了语音情感识别的实际应用。Vidhyasaharan 等[33]提出了将所有的情感特征映射到同一种概率分布(正态分布)上,以此消除说话者个人说话特点对情感特征参数的分布带来的干扰,但是该文献所报道的情感特征参数映射后对五类情感的平均识别率仍然很低,且未对情感特征参数映射的时间开销进行分析,同时,将所有说话者的情感特征参数映射到正态分布是否能够有效地消除说话者个人说话特点的干扰且不丢失其中的情感信息，还缺乏理论的分析。

2. 基于语言学的语音情感特征

基于语言学的语音情感特征主要包括情感语音的情感词汇、语法、句法以及语境等，主要利用情感语音中包含的词汇、语法以及句法所反映的情感色彩来推断情感语音所属的情感类别。例如，文献[31]中采用词汇和声学情感特征相结合来识别对话中的情感。基于语言学的语音情感特征与基于声学的情感特征融合后可提高语音情感的识别率，且不易受说话者个人说话特点的干扰，但这类特征的提取比较困难，词汇的识别率本身受环境、说话人变化等因素的干扰较大，同时还必须建立丰富、全面的情感词汇库。

综合前面的分析，目前对语音情感特征的研究虽然取得了一定的成果，但多数特征主要还是针对实验室环境下的录制情感语音进行研究，语音识别局限于特定的几个说话者，未充分考虑自然环境中说话者变化、背景噪声等因素的影响。

2.5 情感特征选择

特征选择是特征提取与识别的中间步骤，对特征提取阶段提取到的特征，目前无法明确揭示哪些特征才可以真正揭示各类表情的本质特征。一般情况下，根据社会科学、心理学和生物学研究总结的情感在视觉语音等方面的体现形式，运用图像和语音信号处理的技术尽可能多地提取相关特征，这样将得到许多特征，使情感分析的特征维数众多。而特征维数过多容易造成数据冗余，影响识别效果，并且造成识别速度减慢。对各种特征进行情感分析的有效性进行合理分析，选择出尽可能便于情感识别的特征，有效降低特征维数，减少特征提取所花费的时间，提高识别效果和速度。这是情感识别需要考虑的重要问题之一。所以，必须在有足够的情感数据样本集的前提下，提取各种可能的特征，考虑如何降低特征维数，选择对识别有用的特征，为情感分析模型的建立和快速识别打下良好的基础。一个合适的特征选择算法必须能有效降低特征维数，降低计算复杂度，提高特征所属类别的识别率。

目前，国内外已经有很多方法用于人脸图像特征的选择，主要有：①贡献分析选择法——将各种特征进行对情感状态决策的贡献率的分析，选择出贡献率较大的前几个特征作为情感分析识别的特征；②遗传算法优化选择法——设计相应的分类识别模型，采用自然进化的思想，进行特征的选择、交叉及变异等优化验证分析识别性能，最终选择产生一个较小的优化特征子集；③AdaBoost 算法的特征选择法——将相应的特征构造相应的弱分类器，通过不断迭代，从可能的特征空间中搜索出加权分类误差最小的弱分类器，该分类误差随后用来更新权值，以使得被错分类的样本权值增加，样本经过多次迭代后，一个优化的特征子集将被选择出来。例如，文献[34]采用神经网络和遗传算法融合技术对特征进行选择和分类，得到了较好的人脸识别效果；姚伟等[35]采用改进方差率和 AdaBoost 算法组成两层特征选择对 Gabor 特征进行选择，得到了较好的人脸表情识别效果；辛明辉[36]采用 MutualBoost 算法进行特征选择，得到了比 AdaBoost 算法更好的人脸表情识别效果。此外，还有其他的特征选择算法，如主成分分析法、序列前向法、模糊熵理论及流形学习等方法。

2.6　常用的情感识别模型

2.6.1　基于相似性的情感识别模型

基于相似性的情感识别模型主要有模板匹配和弹性模板匹配方法。模板匹配方法较简单，可通过选择有代表性的训练样本，依据所提取的特征，建立识别各种情感类别的相似度模型，在测试样本进行情感识别时，只要将所提取的特征与各类情感的相似度模型进行相似度计算，以与训练样本中相似程度最大的类别作为测试样本的情感类别判断依据。该方法简单，但不具有模型的泛化性和抵抗特征的不确定性。弹性模板匹配方法是模板匹配方法的改进，它可使模板匹配具有更好的泛化性和抵抗特征的不确定性。

弹性模板匹配分类识别算法是重要的基于相似性的情感识别模型的方法。弹性模板匹配算法的基本思想是，对于任何被测人脸表情图像的弹性图，通过逐个变形表情库中的弹性模板，寻找与被测人脸表情弹性图最佳匹配的弹性模板，即将该被测表情归入最佳匹配的模板所对应的表情类中。

表情模板库中的弹性模板包含了表情关键点的特征信息和位置信息，可最大程度地反映其对应图像的表情状态。因此，可采用弹性模板匹配算法实现表情识别，即通过改变弹性模板中表情关键点的位置，寻找弹性模板与被测表情弹性图的最佳匹配。例如，采用最小能量函数作为两者的最佳匹配度量，能量函数的定义为

$$E(M)=\sum_i\left(-\alpha_i\left|\frac{\langle \boldsymbol{c}_i,\boldsymbol{x}_j\rangle}{\|\boldsymbol{c}_i\|\ \|\boldsymbol{x}_j\|}\right|+\beta\sqrt{\Delta i_x^2+\Delta i_y^2}\right) \tag{2-16}$$

能量函数由两部分组成，前一部分表示弹性模板与被测表情弹性图的特征相似程度，其中，$\boldsymbol{c}_i$ 为弹性模板的第 i 个表情关键点的特征矢量，$\boldsymbol{x}_j$ 为被测表情弹性图中对应点的特征矢量，α_i 为第 i 个表情关键点的影响因子，可通过学习确定并动态修改权值以获得更好的识别结果；后一部分表示模板的变形量，Δi_x，Δi_y 分别为

第 i 个表情关键点在 x 和 y 方向的变形量，模板变形越大，该部分值也越大，β 是模板变形对整个能量函数的影响因子，可通过多次实验选择一个适当的影响因子。从该能量函数的定义可以看出，弹性模板匹配算法一方面考虑了弹性模板的每次变形时与被测表情弹性图的相似程度；另一方面考虑了弹性模板的变形程度，对于人脸表情这类非刚性模式的识别可以获得较好效果。

2.6.2 基于连接机制的情感识别模型

人工神经网络是一种性能优良的模式识别工具，也可作为情感识别的一种分类识别模型。常见的人工神经网络有 BP 神经网络、径向基函数神经网络和概率神经网络(probabilistic neural network，PNN)等。

1. BP 神经网络

BP 神经网络是 Rumelhart 等在 1985 年提出的一种单向传播的多层前向网络。该网络在输入层和输出层之间还有一层或多层的隐含层，层与层之间采用全连接的方式，处于同一层的神经元之间没有连接，进行识别操作时，网络中每层的神经元只能向与其相连的高层神经元输出数据。在训练网络时，通过各层反向传播误差来调整网络中的参数，若通过训练能得到有效的参数，则 BP 神经网络在识别时能够收敛到较小的均方误差，达到很好的识别效果。

BP 神经网络的结构由输入层、输出层和若干隐含层构成。每一层由一些神经元节点构成，层与层之间采用全连接方式。同一层的神经元之间不存在相互连接。图 2.13 所示为一个三层 BP 神经网络的结构。

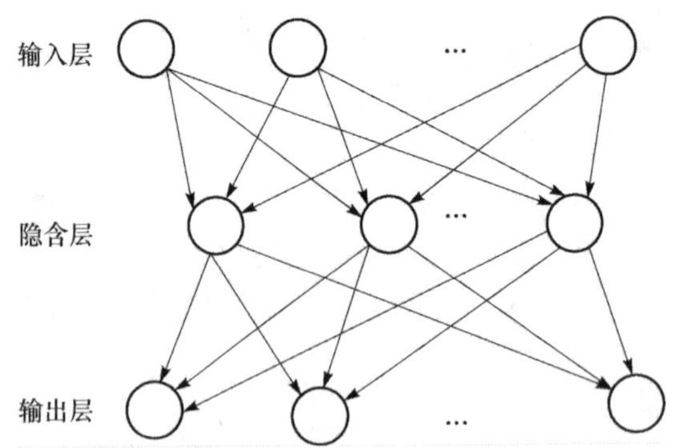

图 2.13　三层 BP 神经网络的结构

在此三层 BP 神经网络中，假设输入层的输入向量为 $\boldsymbol{X}=(X_1,X_2,\cdots,X_n)$，隐含层输出向量为 $\boldsymbol{C}=(C_1,C_2,\cdots,C_k)$，输出层的输出向量为 $\boldsymbol{O}=(O_1,O_2,\cdots,O_m)$，期望的输出向量为 $\boldsymbol{F}=(F_1,F_2,\cdots,F_m)$，输入层与隐含层之间的权值矩阵是 $n\times k$

维矩阵 $\boldsymbol{V}=[V_{ij}]_{n\times k}$，其中，$V_{ij}$ 代表输入层上第 i 个节点与隐含层上第 j 个节点之间的连接权值，隐含层与输出层之间的权值矩阵是 $k\times m$ 维矩阵 $\boldsymbol{W}=[W_{ij}]_{k\times m}$，其中，$W_{ij}$ 代表隐含层上第 i 个节点与输出层上第 j 个节点之间的连接权值。

BP 神经网络的训练算法是一种基于梯度下降思想的有监督的学习算法，其由正向传播和反向传播两个阶段组成。在正向传播阶段中，输入信息通过输入层经隐含层处理后，传至输出层，若此时输出层没有得到期望的输出，就转为反向传播阶段，即把误差信号沿连接通路逐层返回，通过此返回的误差值修改各层神经元之间的连接权值，这两个阶段反复执行，从而使误差信号达到最小。

BP 神经网络具有如下优点。

(1) 具有非线性映射的能力：只要向其提供足够多的样本模式对其进行训练学习，它便能完成任何复杂的输入空间到输出空间的非线性映射，这就使得它特别适合于求解那些内部机制非常复杂的问题。

(2) BP 神经网络具有自我调节的能力：它能通过适当的有监督训练，提高对模式的识别能力。

(3) BP 神经网络具有一定的泛化能力：BP 神经网络可以对未曾见过的数据进行处理，当向其输入不在训练样本中的数据时，只要经过适当的网络训练，BP 神经网络就可以完成输入空间到输出空间的正确映射。

(4) BP 神经网络具有一定的容错能力：当输入样本中含有一些错误的数据时，只要经过适当的网络训练，BP 神经网络依然可以完成输入空间到输出空间的正确映射。

BP 神经网络的缺点是收敛速度慢，易陷入局部最优，以及隐含层的层数和每个隐含层所含的节点数难以确定等。

2. 径向基函数神经网络

BP 神经网络是一种全局逼近的神经网络(其在训练时需要对网络的所有权值进行调整)，因为全局逼近网络的训练学习速度慢，所以在对实时性要求较高的环境下，很难得到应用。而径向基函数神经网络是一种局部逼近网络(其在训练时只需要对网络中的少量权值进行调整)，所以其训练速度较快，也具有很好的分类能力，因而在情感识别方面得到了广泛的应用。

1) 径向基函数神经网络的拓扑结构

径向基函数神经网络是一种具有单个隐含层的三层前馈网络，即其是由一个输入层、一个隐含层和一个输出层组成的，每层有多个神经元，相邻两层单元之间相互连接。输入层将输入向量非线性地传送给隐含层(隐含层用径向基函数作为隐含层单元的“基”，从而构成隐含层空间，通过非线性变换将输入向量直接映射到此隐含层空间)，而隐含层又将其输出线性地传送给输出层(输出层的输入向量是隐含层的输出向量的线性加权和)。可以看出,隐含层的作用是对输入层的向量进行非线性变换,即将低维的输入层向量变换到高维的空间中,使原本在低维空间中不可分的问题在高维空间内实现线性可分。径向基函数神经网络的网络结构如图 2.14 所示。

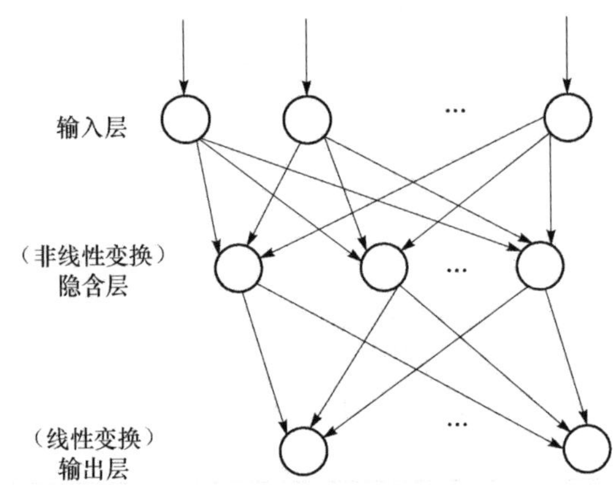

图 2.14　径向基函数神经网络的网络结构

第一层:输入层。

径向基函数神经网络输入层只起到把待分类的输入信号输入到网络中的作用,其对信号不进行任何处理。

第二层:隐含层。

径向基函数神经网络的隐含层中每个神经元的激活函数是一种径向对称的核函数。隐含层用这些核函数作为隐含层单元的"基",从而构成隐含层空间,通过非线性变换将输入向量直接映射到此隐含层空间。目前,常用的核函数一般为高斯核函数,表示为

$$\boldsymbol{G}_i(\boldsymbol{X}) = \exp\left\{\frac{\|\boldsymbol{X}-\boldsymbol{C}_i\|}{2\alpha_i^2}\right\} \tag{2-17}$$

式中,$\alpha>0$,为宽度函数,可以通过它调节径向基函数的敏感程度;$\boldsymbol{X}$ 为输入层传送过来的输入向量;$\boldsymbol{C}_i$ 为隐含层中第 i 个神经元的中心;$\|\boldsymbol{X}-\boldsymbol{C}_i\|$ 为向量 $\boldsymbol{X}-\boldsymbol{C}_i$ 的欧几里得范数,表示向量 $\boldsymbol{X}$ 与向量 $\boldsymbol{C}_i$ 之间的径向距离。

第三层:输出层。

径向基函数神经网络的隐含层到输出层实现的是线性映射,即对应于第 j 个输出节点的输入为隐含层各节点输出的线性加权和,表示为

$$\boldsymbol{Y}_j = \sum_{i=1}^{k}\boldsymbol{W}_{ij}\boldsymbol{G}_i(\boldsymbol{X}),\quad k=1,2,\cdots,m \tag{2-18}$$

式中，$\boldsymbol{Y}_j$ 为第 j 个输出节点的输入，k 为隐含层的节点数，$\boldsymbol{W}_{ij}$ 为隐含层上第 i 个节点到输出层上第 j 个节点的权值，$\boldsymbol{G}_i(\boldsymbol{X})$ 为第 i 个隐含层的输出，m 为输出层的节点数。

2）径向基函数神经网络的训练算法

通过分析径向基函数神经网络的网络结构可以发现主要有两个因素决定了它的分类性能：第一是隐含层中神经元节点的个数及每个神经元节点的中心，第二是隐含层与输出层的连接权值。所以，网络训练算法的第一阶段是确定网络隐含层神经元的个数及每个神经元节点的中心，第二阶段是确定网络隐含层与输出层的权值。

第一阶段中隐含层神经元节点的个数一般采用以下两种方法来确定：第一种方法称为“修剪法”，即先分配足够的隐含层神经元节点的个数，然后再按照一定规则删除或者合并那些作用类似的神经元，最终选取出最优的隐含层神经元个数；另一种方法称为“构造法”，即先分配一个隐含层神经元，然后通过检查网络输出的误差来逐个增加神经元个数，直到网络输出的误差达到要求为止。

每个神经元节点的中心 $\boldsymbol{C}_i$ 的确定有多种方法，可以通过随机选取的方法直接从训练样本集中随机选取，也可以采用优化方法，如采用遗传算法对初始的中心点 $\boldsymbol{C}_i$ 进行优化，从而选出最优的中心点。

第二阶段对径向基函数神经网络的隐含层与输出层的权值进行训练的过程与 BP 神经网络的权值训练过程很相似，即首先对每个输入样本求出其对应的输出向量，再由期望输出向量得到输出误差，根据此误差调整隐含层与输出层的权值，直至误差精度达到要求为止。

径向基函数神经网络的主要优点是：①径向基函数神经网络是一种局部逼近网络，即其在训练时只需要对网络中的少量权值进行调整，所以其训练速度非常快，适用于实时环境；②径向基函数神经网络具有唯一最佳逼近的特性，不存在 BP 神经网络中的局部极小值问题。

径向基函数神经网络的主要缺点是：对于一组样本，如何选择合适的隐含层的径向基函数，如何确定隐含层节点数以及隐含层节点的中心 $\boldsymbol{C}_i$，以保证网络学习达到要求的精度，是一个较困难的问题，有很多研究者提出了相应的方法，以克服其不足。

3. 概率神经网络

概率神经网络是 1989 年由 Specht 提出的一种模式分类方法[37]。它是在 Parzen 窗的概率密度函数估计方法和贝叶斯分类准则的基础上发展起来的，其主要思想是利用 Parzen 窗方法估计出分类时所涉及的先验概率和条件概率密度函数，然后再利用贝叶斯分类准则在多维的输入空间中进行分类，以降低分类出错的概率。

1) Parzen 窗方法

Parzen 窗方法的基本思想是利用训练样本来估计分类问题中所涉及的先验概率和条件概率密度函数。

设一个向量 $\boldsymbol{X}$ 的概率密度函数为 $p(x)$，则其落入区域 R 中的概率为 $P=\int_R p(x)\mathrm{d}x$，所以可以通过估计概率 P 来估计概率密度函数 $p(x)$。假设 n 个样本 $\boldsymbol{X}_1,\boldsymbol{X}_2,\cdots,\boldsymbol{X}_n$ 都是由概率密度函数为 $p(x)$ 的独立同分布抽取得到的样本，若这 n 个样本中有 k 个样本落入了区域 R，则可以用 k/n 来近似估计 $\int_R p(x)\mathrm{d}x$。当样本的个数 n 非常大时，这样的估计是非常准确的，若区域 R 足够小，则 $\int_R p(x)\mathrm{d}x$ 可以用 $p(x)V$ 来近似代替，其中，V 是区域 R 所包含的体积，这样就可以得到概率密度函数 $p(x)$ 的近似估计：$p(x)=\dfrac{\int_R p(x)\mathrm{d}x}{V}\approx\dfrac{k/n}{V}$。

假定区域 R 是一个 d 维的围绕 $\boldsymbol{X}$ 的超立方体，其边长为 h，则 $V=h^d$。若训练样本 $\boldsymbol{X}_i$ 落入这个超立方体的区域，则其与特征向量 $\boldsymbol{X}$ 的距离 $\boldsymbol{X}-\boldsymbol{X}_i$ 的任一维分量值 $|\boldsymbol{X}-\boldsymbol{X}_i|_j$ 均应小于 $h/2$，其中，$j=1,2,\cdots,d$ 为维数。通过定义如下的窗函数

$$\phi\left(\frac{\boldsymbol{X}-\boldsymbol{X}_i}{h}\right)=\begin{cases}1 & |\boldsymbol{X}-\boldsymbol{X}_i|_j\leqslant h/2, j=1,2,\cdots,d\\ 0 & \text{其他}\end{cases} \tag{2-19}$$

落入此超立方体区域的样本个数为

$$k=\sum_{i=1}^{n}\phi\left(\frac{\boldsymbol{X}-\boldsymbol{X}_i}{h}\right) \tag{2-20}$$

由式(2-20)和式(2-21)可知

$$p(x)\approx\frac{1}{nV}\sum_{i=1}^{n}\phi\left(\frac{\boldsymbol{X}-\boldsymbol{X}_i}{h}\right) \tag{2-21}$$

在实际计算中经常使用高斯核函数来代替式(2-19)定义的窗函数，这样就可得概率密度函数的一个估计值为

$$p(x)\approx\frac{1}{nV}\sum_{i=1}^{n}\exp\left\{-\frac{(\boldsymbol{X}-\boldsymbol{X}_i)^{\mathrm{T}}\cdot(\boldsymbol{X}-\boldsymbol{X}_i)}{2\sigma^2}\right\} \tag{2-22}$$

2) 贝叶斯分类准则

设有 c 个模式类别 $[\omega_1,\omega_2,\cdots,\omega_c]$，每类的先验概率为 $p(\omega_i)$，则对于任一个随机变量 $\boldsymbol{X}$，其在每一类下的条件概率为 $p(\boldsymbol{X}|\omega_i)$。根据贝叶斯定理，可求出相应的后验概率为

$$p(\omega_i \mid \boldsymbol{X}) = \frac{p(\boldsymbol{X} \mid \omega_i)p(\omega_i)}{p(\boldsymbol{X})} = \frac{p(\boldsymbol{X} \mid \omega_i)p(\omega_i)}{\sum_{j=1}^{c} p(\boldsymbol{X} \mid \omega_j)p(\omega_j)} \tag{2-23}$$

根据求出的随机变量 $\boldsymbol{X}$ 属于每一类的后验概率的大小，可以采用贝叶斯分类准则对 $\boldsymbol{X}$ 进行分类，即若存在 i，使 $p(\omega_i|\boldsymbol{X})>p(\omega_j|\boldsymbol{X})$，其中，$j$ 为除了 i 外的所有类别号，则 $\boldsymbol{X}\in\omega_i$。

3）概率神经网络的结构

概率神经网络的结构可以分为以下四层：输入层、模式层、累加层和输出层，如图 2.15 所示。

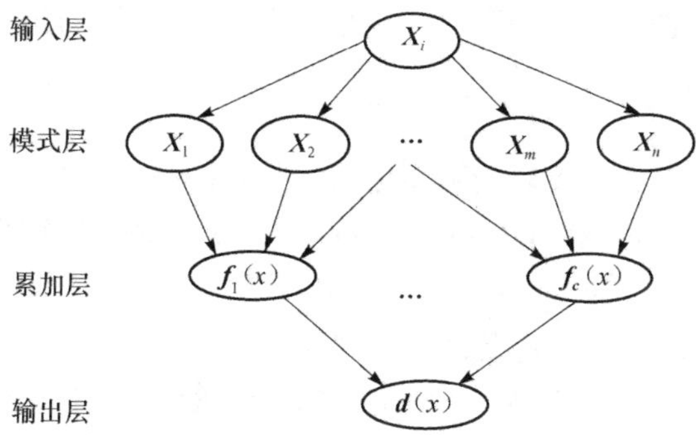

图 2.15　概率神经网络的结构

待分类的一个样本特征向量 $\boldsymbol{Y}_i$ 作为网络输入层的节点，$f_c(x)$所有的训练样本特征向量作为模式层的节点，模式层的功能是将待分类的样本向量与所有的训练样本向量（模式层的节点）相乘，并通过激活函数$\left(本书采用\ g(\boldsymbol{Y}_i)=\exp\left(\frac{\boldsymbol{Y}_i-1}{\sigma^2}\right)，\sigma\ 为平滑参数\right)$运算后传送给累加层，累加层中节点个数等于训练样本的类别总数，其功能是将模式层中属于同一类别的节点传来的输入进行累加求和，其中求和值最大的类别号就传给输出层的节点，输出层中得出的就是分类结果。

相比于 BP 神经网络和径向基函数神经网络，概率神经网络有以下几个优点。

（1）概率神经网络的学习过程简单，只需要把训练样本直接作为概率神经网络的模式层节点就可以了，不需要反复训练网络。

（2）概率神经网络的容错性好，它是通过最小风险的贝叶斯决策来进行分类的，所以具有较好的容错性。

（3）概率神经网络的分类性强[38]，只要具有足够多的训练样本数据对其进行训练，则不管待分类的类别之间有多么复杂的关系，概率神经网络都能保证实现最小错误的分类。

正因为概率神经网络具有以上优点，所以本书在对车牌汉字进行识别时用它作为分类器对输入的汉字特征进行分类。

概率神经网络的缺点是：虽然概率神经网络作为分类器相比 BP 神经网络和径向基函数神经网络有一定的优越性，但它仍然存在一些不足。例如，概率神经网络模式层的节点个数等于训练样本的个数，当使用大量的训练样本时，会占用很多的内存空间，识别时也较费时。

2.6.3 基于概率模型的情感识别模型

基于概率模型的情感识别模型有贝叶斯网络模型和隐马尔可夫模型。

1. 贝叶斯网络模型

贝叶斯网络是建立在贝叶斯推理之上的概率模型。

定义 一个贝叶斯网络(Bayesian network，BN)就是一个图，满足如下条件。

(1) 一组随机变量$\{x_1,x_2,\cdots,x_n\}$构成了网络的节点，$V=\{1,2,\cdots,n\}$表示有限节点集合，而与之对应的随机变量构成随机向量$\boldsymbol{x}=(x_1,x_2,\cdots,x_n)$。

(2) 一组有向边用于连接 V 中的两两节点，由节点指向 s 的边表示随机变量 z。直接影响随机变量 X，而 W 表示各节点间各有限有向边的集合。

(3) 每个节点都有一个局部条件概率表(local conditional probability table，LCPT)，用于定量描述其父节点对该节点的作用，所有变量的 LCPT 构成条件概率表(conditional probability table，CPT)。

(4) 该图不存在有向环，称为有向无环图(directed acyclic graph，DAG)。用$p(x_i)$代表节点 x 的条件概率密度，$V(x_i)$表示其父节点集合，由贝叶斯推理公式有

$$p(x_i) = p(x_i \mid V(x_i)) \tag{2-24}$$

由概率链规则和 n 个变量决定的联合贝叶斯概率为

$$p(x_1,x_2,\cdots,x_n) = \prod_{i=1}^{n} p(x_i \mid V(x_i)) \tag{2-25}$$

贝叶斯网络具有如下特性。①贝叶斯网络本身是一种不定性因果关联模型。贝叶斯网络与其他决策模型不同，它本身是将多元知识图解可视化的一种概率知识表达与推理模型，更为贴切地蕴涵了网络节点变量之间的因果关系及条件相关关系。②贝叶斯网络具有强大的不确定性问题处理能力。贝叶斯网络用条件概率表达各个信息要素之间的相关关系，能在有限的、不完整的、不确定的信息条件下进行学习和推理。③贝叶斯网络能有效地进行多源信息的表达与融合。贝叶斯网

络可将与决策相关的各种信息纳入网络结构中，按节点的方式统一进行处理，能有效地按信息的相关关系进行融合。

2. 隐马尔可夫模型

一个标准的隐马尔可夫模型由一个五元组表示[39]，即

$$\lambda = (N, M, \boldsymbol{\pi}, \boldsymbol{A}, \boldsymbol{B}) \tag{2-26}$$

(1) N：模型中马尔可夫链的状态项目。模型的状态在时刻 t 用 q_t 表示，则 $1 \leqslant q_t \leqslant N$，$1 \leqslant t \leqslant T$，$T$ 为观察值时间长度。

(2) M：每个状态对应的可能的观察值数目。设 o_t 是在时刻 t 可能的观察值，则有 $0 \leqslant o_t \leqslant M-1$。

(3) $\boldsymbol{\pi}$：初始状态概率矢量，$\boldsymbol{\pi}=(\pi_1, \pi_2, \cdots, \pi_N)$，其中，$\pi_i = P(q_1 = i)$，$1 \leqslant i \leqslant N$ 。

(4) $\boldsymbol{A}$：状态转移概率矩阵，$\boldsymbol{A}=(a_{ij})_{N\times N}$，表示从状态 i 到状态 j 的转移概率。其中，$a_{ij} = p(q_t = j \mid q_{t-1} = i)$，$1 \leqslant i, j \leqslant N$；并且满足 $a_{ij} \geqslant 0$，$\sum_{j=1}^{N} a_{ij} = 1$，$1 \leqslant i \leqslant N$。

(5) $\boldsymbol{B}$：观察值概率矩阵，$\boldsymbol{B}=(b_{jk})_{N\times M}$，表示观察值 o_t 在时刻 t 和状态 j 下的概率 $\boldsymbol{B}=\{b_j(o_t)\}$。其中，$b_j(o_t) = P(O_t = o_t \mid q_t = j)$，$1 \leqslant j \leqslant N$，$0 \leqslant o_t \leqslant M-1$；并且 $b_j(o_t) \geqslant 0$，$1 \leqslant j \leqslant N$，同时 $\sum_{o_t=0}^{M-1} b_j(o_t) = 1$，$1 \leqslant j \leqslant N$。

更形象地说，HMM 可分为两部分，一个是马尔可夫链，由 $\boldsymbol{\pi}$ 和 $\boldsymbol{A}$ 描述，产生的输出为状态序列，另一个是随机过程，由 $\boldsymbol{B}$ 描述，产生的输出为观察值序列，如图 2.16所示，T 为观察值时间长度。

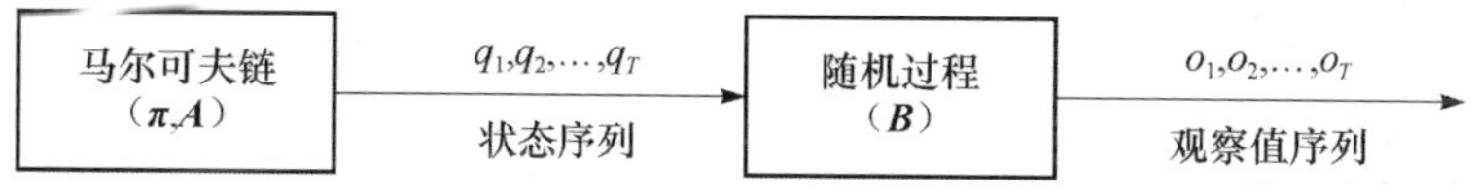

图 2.16 HMM 组成示意图

隐马尔可夫模型的建模有如下三个基本问题。

(1) 概率估计问题。如何有效地估计概率 $P(\boldsymbol{O}|\boldsymbol{\lambda})$，即给定隐马尔可夫模型 $\boldsymbol{\lambda}=(\boldsymbol{\pi}, \boldsymbol{A}, \boldsymbol{B})$，如何计算观察序列 $\boldsymbol{O}=(o_1, o_2, \cdots, o_T)$ 的概率 $P(\boldsymbol{O}|\boldsymbol{\lambda})$。

(2) 最优状态序列问题。如何根据观察值 $\boldsymbol{O}=(o_1, o_2, \cdots, o_T)$ 和模型参数 $\boldsymbol{\lambda}=(\boldsymbol{\pi}, \boldsymbol{A}, \boldsymbol{B})$ 确定一个最优状态序列。

(3) 参数估计问题。如何估计一组好的模型参数，使概率值 $P(\boldsymbol{O}|\boldsymbol{\lambda})$ 在观察样本 $\boldsymbol{O}=(o_1, o_2, \cdots, o_T)$ 下最大。

为了使用隐马尔可夫模型完成识别任务，需要根据观察向量 $\boldsymbol{O}=(o_1, o_2, \cdots, o_T)$ 和隐马尔可夫模型 $\boldsymbol{\lambda}=(\boldsymbol{\pi}, \boldsymbol{A}, \boldsymbol{B})$ 计算概率 $P(\boldsymbol{O}|\boldsymbol{\lambda})$。最直接的求取方法如下所述。

对一个固定的状态序列 $\boldsymbol{q}=\{q_1,q_2,\cdots,q_T\}$,有

$$P(\boldsymbol{O} \mid q,\boldsymbol{\lambda}) = \prod_{t=1}^{T} P(o_t \mid q_t,\boldsymbol{\lambda}) = bq_1(o_1)bq_2(o_2)\cdots bq_T(o_T) \tag{2-27}$$

而对于给定 $\boldsymbol{\lambda}$,产生 $\boldsymbol{q}$ 的概率为

$$P(\boldsymbol{q} \mid \boldsymbol{\lambda}) = \boldsymbol{\pi}_{q_1} a_{q_1q_2} a_{q_2q_3} \cdots a_{q_{T-1}q_T} \tag{2-28}$$

所以所求概率为

$$\begin{aligned} P(\boldsymbol{O} \mid \boldsymbol{\lambda}) &= \sum_{q_1q_2\cdots q_T} P(\boldsymbol{O} \mid \boldsymbol{q},\boldsymbol{\lambda})P(\boldsymbol{q} \mid \boldsymbol{\lambda}) \\ &= \sum_{q_1q_2\cdots q_T} \boldsymbol{\pi}_{q_1} b_{q_1}(o_1)a_{q_1q_2}b_{q_2}(o_2)\cdots a_{q_{T-1}q_T}b_{q_T}(o_T) \end{aligned} \tag{2-29}$$

显而易见,式(2-29)的计算量是十分惊人的,大约为 $2TN^T$ 数量级,这是完全不能接受的。在此情况下,要求出 $P(\boldsymbol{O}|\boldsymbol{\lambda})$ 还必须寻求更有效的算法,这就是 Baum 等提出的前向-后向算法[40]。

首先定义前向变量为

$$\alpha_t(i) = P(o_1,o_2,\cdots,o_t,q_t = i \mid \boldsymbol{\lambda}) \tag{2-30}$$

各个 $\alpha_t(i)$ 计算可按以下步骤进行。

(1) 初始化:给定模型参数 $\boldsymbol{\lambda}$,用时刻 $t=1$,状态 i 和初始观察值 o_1 的联合分布初始化前向变量 $\alpha_1(i)=P(o_1,q_1=i|\boldsymbol{\lambda})=\pi_i b_i(o_1)$,其中,$1\leqslant i\leqslant N$。

(2) 递归:时刻 $t+1$ 的状态 j 可以从时刻 t 的 N 个可能的状态 $i(1\leqslant i\leqslant N)$,依据状态转移概率 a_{ij} 转移过来。

$$\alpha_{t+1}(j) = P(o_1,o_2,\cdots,o_{t+1},q_{t+1} = j \mid \boldsymbol{\lambda}) = \left[\sum_{i=1}^{N}\alpha_t(i)a_{ij}\right]b_j(o_{t+1})$$

其中,$1\leqslant t\leqslant T-1,1\leqslant i,j\leqslant N$。

(3) 终止:对 N 最终时刻 T 的前向变量求和。

$$P(\boldsymbol{O} \mid \boldsymbol{\lambda}) = \sum_{i=1}^{N} P(o_1,o_2,\cdots,o_T,q_T = i \mid \boldsymbol{\lambda}) = \sum_{i=1}^{N} P(\boldsymbol{O},q_T = i \mid \boldsymbol{\lambda}) = \sum_{i=1}^{N} \alpha_T(i)$$

这种算法计算量大为减少,变为 $N(N+1)(T-1)+N$ 次乘法和 $N(N-1)(T-1)$ 次加法。前向算法 t 时刻递归关系如图 2.17 所示。

反向算法与前向算法类似。反向变量定义如下

$$\beta_t(i) = P(o_{t+1},o_{t+2},\cdots,o_T \mid q_t = i,\boldsymbol{\lambda}) \tag{2-31}$$

反向变量的递归计算过程可按以下步骤进行。

(1) 初始化:在时刻 $t=T$ 初始化反馈变量 $\beta_T(i)=1$,其中,$1\leqslant i\leqslant N$。

(2) 递归:状态 i 可由时刻 $t+1$ 的 N 个可能状态 j 依据转移概率 a_{ij} 转移过

来，利用观察值 o_{t+1} 和概率 $b_j(o_{t+1})$ 计算时刻 t 的反馈变量为

$$\beta_t(i) = P(o_{t+1}, o_{t+2}, \cdots, o_T \mid q_t = i, \lambda) = \sum_{j=1}^{N} a_{ij} b_j(o_{t+1}) \beta_{t+1}(j)$$

式中，$t=T-1, T-2, \cdots, 1, 1 \leqslant i \leqslant N$。

(3) 终止：$P(\boldsymbol{O}|\boldsymbol{\lambda}) = \sum_{i=1}^{N} \beta_1(i)$。

后向算法的计算量大约在 N^2T 数量级，反向算法 t 时刻递归关系如图 2.18 所示。

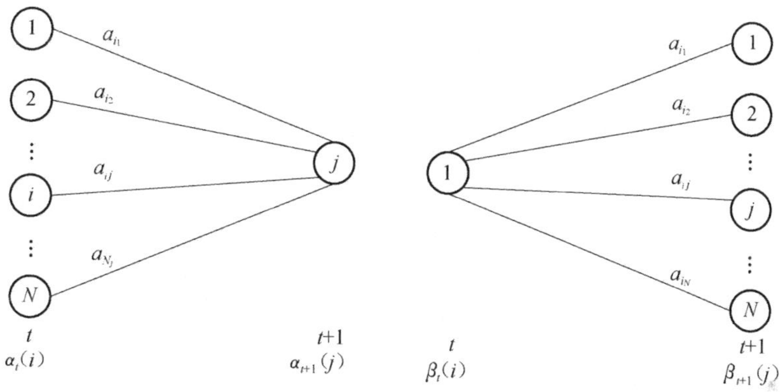

图 2.17　前向算法 t 时刻递归关系　　图 2.18　反向算法 t 时刻递归关系

对于最优状态序列问题，可以采用 Viterbi 算法[41]，在模型参数 λ 下根据观察序列 $\boldsymbol{O}=(o_1, o_2, \cdots, o_T)$ 寻找一个最优的状态序列 $\boldsymbol{q}=(q_1, q_2, \cdots, q_T)$ 使概率 $P(\boldsymbol{q}|\boldsymbol{O},\boldsymbol{\lambda})$ 最大。由于

$$P(\boldsymbol{q} \mid \boldsymbol{O},\boldsymbol{\lambda}) = \frac{P(\boldsymbol{q},\boldsymbol{O} \mid \boldsymbol{\lambda})}{P(\boldsymbol{O} \mid \boldsymbol{\lambda})} \tag{2-32}$$

所以，最大化 $P(\boldsymbol{q}|\boldsymbol{O},\boldsymbol{\lambda})$，就相当于最大化 $P(\boldsymbol{q},\boldsymbol{O}|\boldsymbol{\lambda})$。Viterbi 算法的思想与前向算法相似(见图 2.17)，每个时刻的计算仅考虑它的相邻时刻，初始时刻是 $t=1$，终止时刻是 $t=T$。主要的不同在相邻两个时刻的计算上。为了得到最优的状态序列保存操作代替了求和操作。在终止时刻，每个时刻保存的记录就是一个最优路径。在时刻 t 和状态 i，算法迭代变量定义为

$$\delta_t(i) = \max_{q_1, q_2, \cdots, q_{t-1}} P(q_1, q_2, \cdots, q_{t-1}, q_t = i, o_1 o_2 \cdots o_t \mid \boldsymbol{\lambda}) \tag{2-33}$$

式(2-33)表示一个当前时刻 t 具有最大概率的状态序列。此外，对每个时刻 t 的每个状态 j 还需要存储变量 $\psi_t(j)$，保存 $\delta_{t-1}(i) \cdot a_{ij}$ 的最大值，以便回溯时能够找到最优状态序列。Viterbi 算法的详细描述如下所述。

(1) 初始化：在时刻 $t=1$ 和状态 i 以及观察值 o_1 初始化迭代变量 $\delta_1(i)$。

$$\delta_1(i) = P(o_1, q_1 = i \mid \lambda) = \pi_i b_i(o_1)$$

$$\psi_1(i) = 0$$

$$\overline{q_1} = \arg\lfloor \max_{1 \leqslant i \leqslant N} [\delta_1(i)] \rfloor$$

式中，$1 \leqslant i \leqslant N$。

(2) 迭代：由时刻 t 的 N 个可能状态 i 经转移概率 a_{ij} 到达时刻 $t+1$ 的状态 j 的最优状态路径为

$$\delta_{t+1}(j+1) = \max_{1 \leqslant i \leqslant N} P(o_1, o_2, \cdots, o_{t+1}, q_{t+1} = j \mid \lambda) = \lfloor \max_{1 \leqslant i \leqslant N} [\delta_t(i) a_{ij}] \rfloor b_j(o_{t+1})$$

式中，$1 \leqslant t \leqslant T-1$，$1 \leqslant j \leqslant N$。

$$\psi_{t+1}(j) = \arg\lfloor \max_{1 \leqslant i \leqslant N} [\delta_t(i) a_{ij}] \rfloor$$

$$\overline{q_{t+1}} = \arg\lfloor \max_{1 \leqslant i \leqslant N} [\delta_{t+1}(i)] \rfloor$$

(3) 终止：时刻的最佳状态路径为

$$\overline{P} = \max_{1 \leqslant i \leqslant N} P(o_1, o_2, \cdots, o_T, q_T = i \mid \lambda) = \max_{1 \leqslant i \leqslant N} P(\mathbf{O}, q_T = i \mid \lambda) = \max_{1 \leqslant i \leqslant N} [\delta_T(i)]$$

$$\overline{q_T} = \arg\lfloor \max_{1 \leqslant i \leqslant N} [\delta_T(i)] \rfloor$$

(4) 回溯：依据每个时刻存储的状态进行最优路径回溯。

$$\overline{q_t} = \psi_{t+1}(\overline{q_{t+1}})$$

式中，$t = T-1, T-2, \cdots, 1$。

可以利用对数函数作用于模型参数简化 Viterbi 算法的计算。简化计算后的 Viterbi 算法过程描述如下[41]所述。

(1) 预处理：

$$\pi_i^* = \log(\pi_i)$$

$$a_{ij}^* = \log(a_{ij})$$

$$b_i^*(o_t) = \log[b_i(o_t)]$$

式中，$1 \leqslant i \leqslant N$，$1 \leqslant t \leqslant T$。

(2) 初始化：

$$\delta_1^*(i) = \log[\delta_1(i)] = \pi_i^* + b_i^*(o_1)$$

$$\psi_1^*(i) = 0$$

$$\overline{q}_1^* = \arg\lfloor \max_{1 \leqslant i \leqslant N} [\delta_1^*(i)] \rfloor$$

式中，$1 \leqslant i \leqslant N$。

(3) 迭代：

$$\delta_{t+1}^*(j) = \log[\delta_{t+1}(j)] = \lfloor \max_{1 \leqslant i \leqslant N} [\delta_t^*(i) + a_{ij}^*] \rfloor + b_j^*(o_{t+1})$$

$$\psi_{t+1}^*(j) = \arg\lfloor \max_{1 \leqslant i \leqslant N} [\delta_t^*(i) + a_{ij}^*] \rfloor$$

$$\overline{q}_{t+1}^* = \arg\lfloor \max_{1 \leqslant i \leqslant N} [\delta_{t+1}^*(i)] \rfloor$$

式中，$1\leqslant i\leqslant N,1\leqslant t\leqslant T-1$

(4) 终止：

$$\overline{P}^* = \max_{1\leqslant i\leqslant N}[\delta_T^*(i)]$$
$$\overline{q}_T^* = \arg\lfloor \max_{1\leqslant i\leqslant N}[\delta_T^*(i)]\rfloor$$

(5) 路径回溯：

$$\overline{q}_t^* = \psi_{t+1}^*(\overline{q}_{t+1}^*)$$

式中，$t=T-1,T-2,\cdots,1$。

最后一个问题是模型参数的估计，这是最关键的问题，参数估计的好坏直接影响识别的效果。Baum-Welch 算法是一种有效的参数估计方法[41]。它通过迭代过程选择一组隐马尔可夫模型参数 $\boldsymbol{\lambda}=(\boldsymbol{\pi},\boldsymbol{A},\boldsymbol{B})$，使概率 $P(\boldsymbol{O}|\boldsymbol{\lambda})$ 局部最大。为了简洁地描述隐马尔可夫模型迭代训练算法，需要定义后验概率变量为

$$\begin{aligned}\gamma_t(i) &= P(q_t = i \mid \boldsymbol{O},\boldsymbol{\lambda}) \\ &= \frac{P(\boldsymbol{O},q_t = i \mid \boldsymbol{\lambda})}{P(\boldsymbol{O} \mid \boldsymbol{\lambda})} \\ &= \frac{P(\boldsymbol{O},q_t = i \mid \boldsymbol{\lambda})}{\sum_{i=1}^{N} P(\boldsymbol{O},q_t = i \mid \boldsymbol{\lambda})} \\ &= \frac{\alpha_t(i)\beta_t(i)}{\sum_{i=1}^{N}\alpha_t(i)\beta_t(i)}\end{aligned} \tag{2-34}$$

式中，$P(\boldsymbol{O},q_t=i|\boldsymbol{\lambda})=\alpha_t(i)\beta_t(i)$，$\alpha_t(i)=P(o_1,o_2,\cdots,o_t,q_t=i|\lambda)$，$\beta_t(i)-P(o_{t+1},o_{t+?},\cdots,o_T|q_t-i,\lambda)$。这个变量表示时刻 t 时，状态为状态 i 的概率。此外，定义概率变量为

$$\begin{aligned}\xi_t(i,j) &= P(q_t = i,q_{t+1} = j \mid \boldsymbol{O},\boldsymbol{\lambda}) \\ &= \frac{P(q_t = i,q_{t+1} = j,\boldsymbol{O} \mid \boldsymbol{\lambda})}{P(\boldsymbol{O} \mid \boldsymbol{\lambda})} \\ &= \frac{P(q_t = i,q_{t+1} = j,\boldsymbol{O} \mid \boldsymbol{\lambda})}{\sum_{i=1}^{N} P(\boldsymbol{O},q_t = i \mid \boldsymbol{\lambda})} \\ &= \frac{\alpha_t(i)a_{ij}b_j(o_{t+1})\beta_{t+1}(j)}{\sum_{i=1}^{N}\sum_{j=1}^{N}\alpha_t(i)a_{ij}b_j(o_{t+1})\beta_{t+1}(j)}\end{aligned} \tag{2-35}$$

它表示在整个观察序列 $\boldsymbol{O}$ 和模型参数 $\boldsymbol{\lambda}$ 下，时刻 t 时状态为 i 和时刻 $t+1$ 时状态为 j 的联合概率分布。变量 $\gamma_t(i)$ 和 $\xi_t(i,j)$ 的关系为

$$\gamma_t(i) = \sum_{j=1}^{N}\xi_t(i,j) \tag{2-36}$$

对这两个变量分别从时刻 $t=1$ 到 $t=T-1$ 求和,可以得到

$$\sum_{t=1}^{T-1}\gamma_t(i) = \text{从状态 } i \text{ 转移出去的次数的期望值} \tag{2-37}$$

$$\sum_{t=1}^{T-1}\xi_t(i,j) = \text{从状态 } i \text{ 转移到状态 } j \text{ 的次数的期望值} \tag{2-38}$$

由式(2-37)和式(2-38)可以导出 Baum-Welch 算法中著名的重估(re-estimation)公式为

$$\bar{\pi}_i = \gamma_1(i) = \frac{P(\boldsymbol{O}, q_1 = i \mid \boldsymbol{\lambda})}{P(\boldsymbol{O} \mid \boldsymbol{\lambda})} = \frac{\alpha_1(i)\beta_1(i)}{\sum\limits_{i=1}^{N}\alpha_T(i)} \tag{2-39}$$

$$\begin{aligned}\bar{a}_{ij} &= \frac{\sum\limits_{t=1}^{T-1}\xi_t(i,j)}{\sum\limits_{t=1}^{T-1}\gamma_t(i)} \\ &= \frac{\sum\limits_{t=1}^{T-1}P(q_t = i, q_{t+1} = j, \boldsymbol{O} \mid \boldsymbol{\lambda})}{\sum\limits_{t=1}^{T-1}P(q_t = i, \boldsymbol{O} \mid \boldsymbol{\lambda})} \\ &= \frac{\sum\limits_{t=1}^{T-1}\alpha_t(i)a_{ij}b_j(o_{t+1})\beta_{t+1}(j)}{\sum\limits_{t=1}^{T-1}\alpha_t(i)\beta_t(i)}\end{aligned} \tag{2-40}$$

$$\begin{aligned}\bar{b}_j(o_t) &= \frac{\sum\limits_{\substack{t=1 \\ \text{s.t. } O_t = o_t}}^{T}\gamma_t(j)}{\sum\limits_{t=1}^{T}\gamma_t(j)} \\ &= \frac{\sum\limits_{t=1}^{T}P(q_t = j, \boldsymbol{O} \mid \boldsymbol{\lambda})\delta(O_t, o_t)}{\sum\limits_{t=1}^{T}P(q_t = j, \boldsymbol{O} \mid \boldsymbol{\lambda})} \\ &= \frac{\sum\limits_{t=1}^{T}\alpha_t(j)\beta_t(j)\delta(O_t, o_t)}{\sum\limits_{t=1}^{T}\alpha_t(j)\beta_t(j)}\end{aligned} \tag{2-41}$$

式中，$\delta(O_t,o_t)=\begin{cases}1 & O_t=o_t\\0 & 其他\end{cases}$，$P(q_t=i,\boldsymbol{O}\mid\boldsymbol{\lambda})=\alpha_t(i)\beta_t(i)$，$P(\boldsymbol{O}\mid\boldsymbol{\lambda})=\sum_{i=1}^{N}\alpha_t(i)\beta_t(i)=\sum_{i=1}^{N}\alpha_T(i)$，$P(q_t=i,q_{t+1}=j,\boldsymbol{O}\mid\boldsymbol{\lambda})=\alpha_t(i)a_{ij}b_j(o_{t+1})\beta_{t+1}(j)$。

当然需要满足如下概率分布条件

$$\sum_{i=1}^{N}\pi_i=1 \tag{2-42}$$

$$\sum_{j=1}^{N}a_{ij}=1,\quad 1\leqslant i\leqslant N \tag{2-43}$$

$$\sum_{o_t=0}^{M-1}b_j(o_t)=1,\quad 1\leqslant j\leqslant N,1\leqslant t\leqslant T \tag{2-44}$$

使用前向反向过程和式(2-42)～式(2-44)就可以很容易完成隐马尔可夫模型参数的估计。

除了上述三个隐马尔可夫模型的基本问题外，隐马尔可夫模型使用过程中还有一些其他需要解决的问题。模型的选择，即模型的拓扑结构，是与具体问题相关的。不同问题需要不同的拓扑结构，不同的拓扑结构对不同问题的效果不同。后面将根据表情识别的具体问题介绍使用的隐马尔可夫模型的拓扑结构。先选择状态数目 N，以及每个状态的观察值数目 M，然后计算初始概率分布向量、状态转移概率矩阵及观察值概率矩阵。

若取状态数目 $N=4$。考虑到模型的普适性，即同一个图像序列中不一定只是从中性帧到表情极大帧依次变化，表情状态之间的转换可能存在跳跃性，所以可采用四状态完全图作为隐马尔可夫模型的拓扑结构，如图 2.19 所示。同时，由于图像序列是从中性帧开始选取的，所以对 HMM 的初始状态分布做了一定限制，即 $\pi_i=1(i=1)$，$\pi_i=0(2\leqslant i\leqslant N)$。对于观察值的确定，由于嘴巴特征点可能沿着

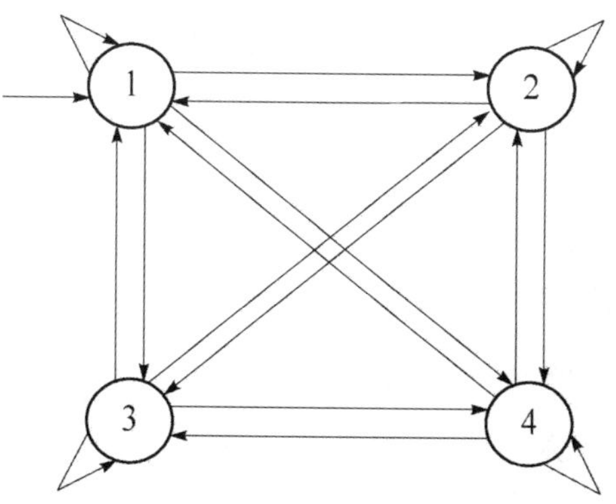

图 2.19　隐马可夫模型的拓扑结构

图像中 x 轴或 y 轴的负方向运动，所以得到的值可能是负数，不能直接输入 HMM 中进行计算，首先要进行归一化处理，使所有的数都要在 $[0,M-1]$。

3. 支持向量机

支持向量机[42-45]是从线性可分情况下的最优分类面发展而来的，其基本思想如图 2.20 所示，对应于一维空间中的点、二维空间中的直线、三维空间中的平面、以及高维空间中的超平面。图中圆形和四边形的标志分别代表两类样本，中间的实线为两类样本之间的分类超平面，两条虚线分别表示经过两个类别中距离分类面最近的样本且平行于分类面的超平面，它们之间的距离叫做分类间隔(classification margin)。

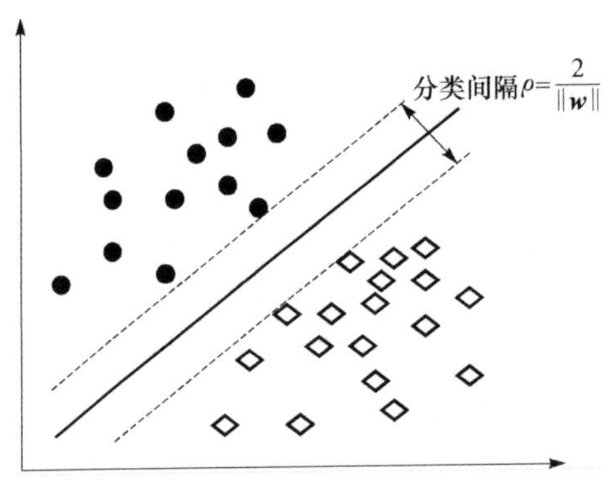

图 2.20　最优分类面示意图

最优分类面在把两类正确分开的同时保证分类间隔最大，根据结构风险最小化原则，前者是保证经验风险最小，而后者使分类间隔最大，导致 VC 维最小，实际上就是使推广性的界中的置信范围最小，从而达到真实风险最小。

假定给出一个样本集 $(\boldsymbol{x}_i,\boldsymbol{y}_i)$，$i=1,2,\cdots,n$，$x\in\mathbf{R}^d$，$y\in\{+1,-1\}$满足

$$\boldsymbol{y}_i[(\boldsymbol{w}\cdot\boldsymbol{x}_i)+\boldsymbol{b}]-1\geqslant 0,\quad i=1,2,\cdots,n \tag{2-45}$$

式中，$\boldsymbol{w}\cdot\boldsymbol{x}_i+\boldsymbol{b}=0$ 是分类超平面方程，此时分类间隔为 $\rho=2/\|\boldsymbol{w}\|$，最终目标是求一个分类面，使两类样本正确分类的同时保证分类间隔 ρ 最大，这等价于最小化 $\|\boldsymbol{w}\|/2$，可以通过最小化 $\|\boldsymbol{w}\|^2/2$ 来实现，如图 2.20 所示。中间的实线为最优分类面，两侧虚线上的样本即为支持向量。因而，在线性可分的情况下，得到的 SVM 求解最优超平面问题的目标函数是

$$\min\phi(\boldsymbol{w})=\frac{1}{2}\|\boldsymbol{w}\|^2 \tag{2-46}$$

$$\text{s.t.}\quad \boldsymbol{y}_i[(\boldsymbol{w}\cdot\boldsymbol{x}_i)+\boldsymbol{b}]-1\geqslant 0,\quad i=1,2,\cdots,n \tag{2-47}$$

为求式(2-46)的最小值,定义拉格朗日函数为

$$L(\boldsymbol{w},\boldsymbol{b},\alpha)=\frac{1}{2}\|\boldsymbol{w}\|^2-\sum_{i=1}^{n}\alpha_i\{\boldsymbol{y}_i[(\boldsymbol{w}\cdot\boldsymbol{x}_i)+\boldsymbol{b}]-1\} \tag{2-48}$$

式中,$\alpha_i\geqslant 0$ 为各样本对应的拉格朗日乘子。为了求解式(2-48)的最小值,可以令该泛函对 $\boldsymbol{w}$、$\boldsymbol{b}$ 求偏导,并令其等于零,得到式(2-48)相应的对偶函数为

$$\max Q(\alpha)=\sum_{i=1}^{n}\alpha_i-\frac{1}{2}\sum_{i,j=1}^{n}\alpha_i\alpha_j\boldsymbol{y}_i\boldsymbol{y}_j(\boldsymbol{x}_i\cdot\boldsymbol{x}_j) \tag{2-49}$$

$$\text{s.t.}\quad \sum_{i=1}^{n}\boldsymbol{y}_i\alpha_i=0,\quad \alpha_i\geqslant 0,\quad i=1,2,\cdots,n \tag{2-50}$$

在式(2-50)的约束下,求得式(2-49)的唯一最优解 α_i,其中,非零的拉格朗日乘子 α_i 所对应的样本就是支持向量。

若 α_i^* 为最优解,相应地求出最优分类面权系数向量 $\boldsymbol{w}^*$ 和分类器的阈值 $\boldsymbol{b}^*$:

$$\boldsymbol{w}^*=\sum_{x_i\in\text{sv}}\alpha_i^*\boldsymbol{y}_i\boldsymbol{x}_i \tag{2-51}$$

$$\boldsymbol{b}^*=\frac{1}{2}[\boldsymbol{w}^*\boldsymbol{x}^*(1)+\boldsymbol{w}^*\boldsymbol{x}^*(-1)] \tag{2-52}$$

式中,$\boldsymbol{x}^*(1)$、$\boldsymbol{x}^*(-1)$分别为两类中任意一个支持向量。由上面推导得出的参数 $\boldsymbol{w}$、$\boldsymbol{b}$ 可以得到分类器的决策函数为

$$f(x)=\text{sgn}[(\boldsymbol{w}\cdot\boldsymbol{x})+\boldsymbol{b}]=\text{sgn}\Big[\sum_{x_i\in\text{sv}}\alpha_i\boldsymbol{y}_i(\boldsymbol{x}_i\cdot\boldsymbol{x})+\boldsymbol{b}\Big] \tag{2-53}$$

上述方法可以确保在线性可分的情况下将全部样本正确分类,对于线性近似可分的情况,可以通过引入非负松弛变量 $\xi_i\geqslant 0(i=1,2,\cdots,n)$,允许错分样本的存在。相应地,式(2-46)～式(2-48)分别变为

$$\boldsymbol{y}_i[(\boldsymbol{w}\cdot\boldsymbol{x}_i)+\boldsymbol{b}]-1+\xi_i\geqslant 0,\quad i=1,2,\cdots,n \tag{2-54}$$

$$\min\phi(\boldsymbol{w})=\frac{1}{2}\|\boldsymbol{w}\|^2+C\Big(\sum_{i=1}^{n}\xi_i\Big) \tag{2-55}$$

$$\text{s.t.}\quad \boldsymbol{y}_i[(\boldsymbol{w}\cdot\boldsymbol{x}_i+\boldsymbol{b})]-1+\xi_i\geqslant 0,\quad i=1,2,\cdots,n \tag{2-56}$$

式中,$C>0$ 为一个自定义的惩罚因子,它表示对错分样本惩罚的程度,用来控制样本偏差与机器推广能力之间的折中。C 越大,对错分样本的惩罚就越大,对错分样本的约束程度就越大。

容许错分的分类面又称为软间隔分类面,求解式(2-55)的优化问题和求解式(2-56)的优化问题类似,都是通过引入相应的拉格朗日函数及其对偶问题并对其求解,最终得到最优分类判别函数。

在实际问题中,分类问题常常是非线性问题,理想的最优分类面应该是非线性

的。支持向量机解决非线性问题的思路是：首先将低维空间的训练样本通过非线性映射映射到高维特征空间中实现线性可分，然后用前面介绍的方法在高维空间中求解最优分类超平面，高维空间中得到的线性分类面对应低维空间的非线性分类面。如图 2.21 所示，支持向量机处理非线性分类问题时，只是比线性分类问题多了个非线性映射过程，设定该非线性映射为

$$x \to \varphi(x) \tag{2-57}$$

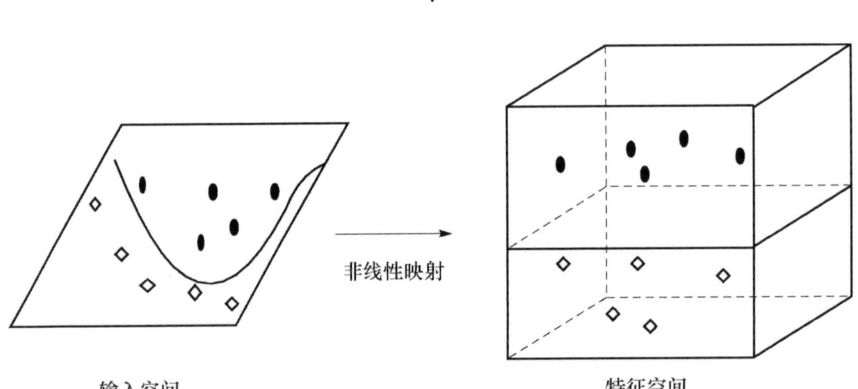

图 2.21　输入空间非线性可分映射到特征空间的线性可分

则式(2-49)的优化问题就转化为

$$\max Q(\alpha) = \sum_{i=1}^{n} \alpha_i - \frac{1}{2}\sum_{i,j=1}^{n} \alpha_i \alpha_j \boldsymbol{y}_i \boldsymbol{y}_j \varphi(\boldsymbol{x}_i) \cdot \varphi(\boldsymbol{x}_j) \tag{2-58}$$

式(2-58)只涉及高维空间中的内积运算，可以利用输入空间的一个核函数 K 来代替特征空间的内积运算，即

$$K(\boldsymbol{x}_i, \boldsymbol{x}_j) = \varphi(\boldsymbol{x}_i) \cdot \varphi(\boldsymbol{x}_j) \tag{2-59}$$

这样就省去了高维空间中复杂的内积计算，甚至不需要知道映射变换 $\varphi(\cdot)$ 的具体表示形式。式(2-58)转化为

$$\max Q(\alpha) = \sum_{i=1}^{n} \alpha_i - \frac{1}{2}\sum_{i,j=1}^{n} \alpha_i \alpha_j \boldsymbol{y}_i \boldsymbol{y}_j K(\boldsymbol{x}_i, \boldsymbol{x}_j) \tag{2-60}$$

相应的最优分类面的决策函数也转化为

$$f(x) = \operatorname{sgn}[(\boldsymbol{w} \cdot \boldsymbol{x}) + \boldsymbol{b}] = \operatorname{sgn}\Big[\sum_{x_i \in \mathrm{sv}} \alpha_i \boldsymbol{y}_i K(\boldsymbol{x}_i, \boldsymbol{x}) + \boldsymbol{b}\Big] \tag{2-61}$$

引入核函数使高维空间的内积运算被转化为低维空间的函数运算，很好地解决了高维运算的复杂性和维数灾难问题。

2.6.4　基于集成学习的情感识别模型

传统的机器学习方法是在一个由各种可能的函数构成的空间(称为假设空间)中寻找一个最接近实际分类函数的分类器 h[46]。单个分类器模型主要有决策树、人工神经网络和朴素贝叶斯分类器[46]等。集成学习的思路是在对新的实例进行分类的时候,把若干个单个分类器集成起来,通过对多个分类器的分类结果进行某种组合来决定最终的分类[47-48],以取得比单个分类器更好的性能。如果把单个分类器比成一个决策者,集成学习的方法就相当于多个决策者共同进行一项决策。如图 2.22 所示,集成分类器包括了 N 个单一的人工神经网络分类器,对于同样的输入,N 个人工神经网络分别给出各自的输出,然后这些输出通过整合以后得到集成分类器整体的输出结果作为最终分类。

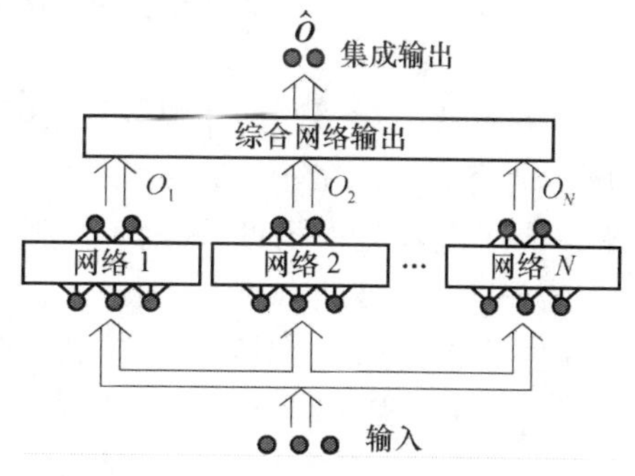

图 2.22　人工神经网络集成示意图

2.7　视觉语音情感识别的挑战

虽然有关情感识别的研究正蓬勃发展,并取得了一定的进步,但由于缺乏较大规模的情感数据资源,情感识别的发展受到一定的限制,而且多局限在语音、身体语言等具体而零散的研究领域,仅仅依靠视觉、语音通道的信息还难以准确地推断和生成一个人的情感状态,并进行有效的情感交互。情感识别所面临的问题归纳起来主要有如下几个方面。

(1) 缺乏公认、合理的情感建模方法。目前大多数研究均对几种典型的离散情感状态进行研究,且情感的划分标准也各不相同,大多数是根据自己的需求进行划分的。此外,除了划分标准,在情感类别、情感维度和情感量化标准上也没有统一的规定,这给情感识别研究成果的比较带来了极大的障碍。事实上,在现实生活中,人类的情感是比较复杂的,往往存在多种情感并存的情况,例如,悲喜交加、既爱又恨等。情感的合理建模需要认知学、心理学、数学以及计算机科学等多门学科的共同努力,是一个极具挑战的课题。

(2) 缺乏统一的、共享的情感数据库。目前,国际上已有不少共享的基于视觉语音通道的情感数据库[49],但这些公开的情感数据库在情感类别的数量和具体的情感类别上均存在差异,并且在国内还没有一个共享的基于普通话的视觉语音情感数据库。因此,目前大多数针对普通话的情感识别研究工作都是在自行录制的情感数据库上开展的，这又给研究成果的比较设置了屏障。

(3) 情感的表现会因为文化、性别、年龄和语言的不同而存在较大差异。不同的个体以及不同文化背景下的人表达情感的方式会有所不同，例如，有的人天生比较含蓄，而有的人表达情感的方式比较夸张。这给情感识别系统的通用性、鲁棒性带来很大的影响，如何消除个体的差异是提高情感识别效果的关键问题。

2.8 视觉语音情感识别的新动向

视觉语音情感识别在很多领域都具有广泛的应用前景，当前国内外已取得了不少研究成果并在一定的环境下开发出相应的应用支持系统。然而，目前许多研究均局限于特定的场景，限制了情感识别在更多方面的应用，视觉语音情感识别研究的深度和广度还有待于拓展。情感是人类对社会活动所处环境的刺激和反映。因此，对更复杂环境中的模拟人类视觉和听觉的情感识别问题进行广泛研究与开发，是当前视觉语音情感识别的迫切需要解决的问题。复杂环境中的视觉语音情感识别研究，必须首先研究探讨出一套普适环境下的情感识别的理论和方法。因此，情感体现差异性研究、非特定人群的情感识别研究和自然交互环境下的情感分析识别研究已成为当前视觉语音情感识别领域新的研究热点。

1) 情感体现的差异性分析

具有不同文化背景的人的情感表现可能是不太相同的，如欧美人情感比较丰富、夸张，而亚洲人的情感体现可能较为含蓄。同种文化背景的人们在表达情感时的体现方法也存在差别，如有些人表达情感时面部动作幅度较小，有些人情感体现较明显、丰富，有些人言语直率，情感即在言语中，而有些人言语与情感则正好相悖。所以，情感体现的差异性需要在更深的层面进行研究分析，包括从人的背景知识、所处环境、行为感受上下文等进行关联关系分析，以便建立情感分析识别的模型。

2) 与人无关的情感识别

情感分析识别模型需要事先训练建立，这必将使被用来训练人的情感体现个人特征因素施加于情感模型。因此，从特征提取、精简降维到情感分析模型的建立都需要考虑人类固有的本质特征，抽取能统一概括的普适特性，消除个人特性的影响，使情感分析方法真正做到与人无关，实现与人无关的情感识别目标。

3) 自然交互环境下的情感识别

目前的视觉语音情感分析识别研究大多是在特定的人脸表情数据库、语音情感数据库上开展的，情感库都是在一定约束条件下采集的，如背景较简单、环境无干扰、情感较夸张等，在现实生活中人的情感都是在自然交互中真情流露的，人脸表情变化常伴随着语音的产生，表情变化细微不显著，所以基于这些标准情感库的人脸表情识别和语音情感分析方法是难以推广到自然交互环境的应用中的。此外，自然交互环境下的情感体现还有许多其他通道，如人的姿势、手势、步态等，故自然交互环境下的情感识别必须从多通道、多特征和决策融合等方面进行研究，使情感识别在普适的自然交互环境下得到有效应用。

参 考 文 献

[1] 谢波. 普通话语音情感识别关键技术研究[博士学位论文]. 杭州:浙江大学,2006.

[2] Kleinginna P R,Kleinginna A M. A categorized list of emotion definitions with suggestions for a consensual definition. Motivation and Emotion,1981,5:345-379.

[3] Plutchik R. Emotion:A Psycho Evolutionary Synthsis. New York:Harper&Row,1980.

[4] Ekman P. Emotion in the Human Face. 2nd ed. New York:Cambridge University Press,1982.

[5] Cowie R,Cornelius R R. Describing the emotional states that are expressed in speech. Speech Communication,2003,40:5-32.

[6] 尤鸣宇. 语音情感识别关键技术研究[博士学位论文]. 杭州:浙江大学,2007.

[7] 金学成. 基于语音信号的情感识别研究[博士学位论文]. 合肥:中国科学技术大学,2008.

[8] Ortony A,Turner T J. What's basic about basic emotions? Psychological Review,1990,97(3):315-331.

[9] Wundt W. Outlines of Psychology. Leipzig:Wilhelm Engelmann,1897.

[10] Schlosberg H. A scale for the judgement of facial expressions. Experimental Psychology,1941,29(6):497-510.

[11] Schlosberg H. Three dimensions of emotion. Psychological Review,1954,61:81 88.

[12] Izard C F. Human Emotions. New York:Plenum Press,1977.

[13] 杨行峻,迟惠生,等. 语音信号数字处理. 北京:电子工业出版社,1995:135-143.

[14] 易克初,田斌,付强. 语音信号处理. 北京:国防工业出版社,2000:234-265.

[15] 王玮,黄非非,李见为,等. 使用多尺度 LBP 特征描述与识别人脸. 光学精密工程,2008,16(4):696-705.

[16] Ojala T,Pietikäinen M. Multiresolution gray-scale and rotation invariant texture classification with local binary patterns. IEEE Transactions on Pattern Analysis and Machine Intelligence,2002,24(7):971-987.

[17] Shan C F,Gong S G,McOwan P W. Robust facial expression recognition using local binary patterns. IEEE International Conference on Image Processing,2005,(2):370-373.

[18] He L H,Zou C R,Zhao L,et al. An enhanced LBP feature based on facial expression recognition. Proceedings of the 2005 IEEE Engineering in Medicine and Biology'27 Annual Conference,2006:3300-3303.

[19] 高文,陈熙霖. 计算机视觉. 北京:清华大学出版社,1998:203-206.

[20] Fermuller C,Shulman D,Aloimonos Y. The statics of optical flow. Computer Vision and Image Understanding,2001,82:1-32.

[21] 叶敬福. 基于视频图像的人脸表情识别技术的研究[博士学位论文]. 镇江：江苏大学，2004.

[22] Zeng Z H, Pantic M, Roisman G I, et al. A survey of affect recognition methods: audio, visual, and spontaneous expressions. IEEE Transactions on Pattern Analysis and Machine Intellegence, 2009, 31(1): 39-58.

[23] Dimitrios V, Constantine K. Fast and accurate sequential floating forward feature selection with the Bayes classifier applied to speech emotion recognition. Signal Processing, 2008, 88: 2956-2970.

[24] Dimitrios V, Constantine K. Emotional speech recognition: resource, features, and methods. Speech Communication, 2006, 48: 1162-1181.

[25] Xie B, Chen L, Chen G C, et al. Statistical feature selection for mandarin speech emotion recognition. International Conference on Intelligent Computing, 2005, 3644: 591-600.

[26] 林奕琳. 基于语音信号的语音情感识别研究[博士学位论文]. 广州：华南理工大学，2006.

[27] 高慧，苏广川，陈善广. 基于 Teager 能量算子(TEO)非线性特征的语音情绪识别. 航天医学与医学工程，2005，18(6)：427-431.

[28] 蔡莉莉. 基于数据融合的语音情感分析与识别[博士学位论文]. 南京：东南大学，2005.

[29] 林奕琳，韦岗. 基于短时和长时特征的语音情感识别研究. 科学技术与工程，2006，6(4)：1671-1815.

[30] 赵力，王治平，卢韦，等. 全局和时序结构特征并用的语音信号情感特征识别方法. 自动化学报，2004，30(3)：423-429.

[31] Chul M L, Shrikanth S N. Toward detecting emotions in spoken dialogs. IEEE Transactions Speech and Audio Processing, 2005, 13(2): 293-303.

[32] Hu H, Xu M X, Wu W. GMM supervector based SVM with spectral features for speech emotion recognition. ICASSP, 2007, 4: 413-416.

[33] Vidhyasaharan S, Eliathamb A, Julien E. Speaker normalization for speech-based emotion detection. Conference of 15th International Conference on Digital Signal Processing, 2007: 611-614.

[34] 吴建华，李娜，李静辉，等. 基于遗传神经网络的人脸识别分类器设计. 仪器仪表学报，2006，27(6)：2230-2231.

[35] 姚伟，孙正兴，张岩，等. 面向脸部表情识别的 Gabor 特征选择方法. 计算机辅助设计与图形学学报，2008，20(1)：79-84.

[36] 辛明辉. 结合 Gabor 特征与 MutualBoost 的人脸表情识别[博士学位论文]. 大连：大连理工大学，2007.

[37] Specht D F. Probabilistic neural networks. Neural Networks, 1990, 3: 109-118.

[38] 高仁祥，张世英，刘豹. 基于神经网络的变量选择方法. 系统工程学报，1998，13(2)：32-37.

[39] Rabiner L R. A tutorial on hidden Markov models and selected applications in speech recognition. Proceedings of the IEEE, 1989, 77(2): 257-285.

[40] Baum L E, Petrie T, Soules G, et al. A maximization technique occurring in the statistical analysis of probabilistic functions of Markov chains. Annals of Mathematical Statistics, 1970, 41(1): 164-171.

[41] Viterbi A J. Error bounds for convolutional codes and an asymptotically optimum decoding algorithm. IEEE Transactions on Information Theory, 1967, IT-13: 260-269.

[42] Cortes C, Vapnik V N. Support vector networks. Machine Learning, 1995, 20(3): 273-297.

[43] Vapnik V N. An overview of statistical learning theory. IEEE Transactions on Neural Networks, 1999, 10(5): 988-999.

[44] Burges C J C. A tutorial on support vector machines for pattern recognition. Data Mining and Knowledge Discovery, 1998, 2(2): 121-167.

[45] Cristianini N, Shawe-Taylor J. An Introduction to Support Vector Machines. Cambridge: Cambridge University Press, 2000.

[46] Mitchell T. Machine Learning. New York: McGraw Hill, 1997.

[47] Dietterich T G. Ensemble Methods in Machine Learning. //Kittler J, Roli F. Multiple Classifier Systems. Berlin: Springer-Verlag, 2000.

[48] Valentini G, Masuli F. Ensembles of learning machines. Series Lecture Notes in Computer Sciences, 2002, 2486: 3-20.

[49] Humaine A. Emotional database. http://emotional-research.net/wiki/Databases[2010-6-5].

第3章　基于视觉信息的情感特征提取方法

3.1　概　　述

人脸检测是指在任意图像中判断是否包含人脸，如果包含人脸，则需要确定每个脸部所在的位置和尺寸。该操作受光照变化、头部姿势变化、脸部表情及图像的旋转等因素的影响，有一定的检测难度。目前已存在的人脸检测方法，可以归纳为以下三种[1]：肤色区域分割与人脸验证的方法、基于启发式模型的方法、基于统计模型的方法。第一种方法处理的是彩色图像，根据图像的色度信息，建立肤色模型，分割出肤色区域，并用人脸区域的几何特征或灰度特征等先验知识验证，进而检测出人脸。后两种方法是基于图像的灰度特征。第二种方法首先抽取几何形状、灰度及纹理等特征，然后检验它们是否符合人脸的先验知识，常采用变形模板或灰度模板匹配等方法。第三种是目前备受重视的方法，该方法将人脸区域看成一类模式，使用大量的人脸与非人脸样本训练，构造分类器（二分类），通过判别被测图像中所有可能区域属于哪类模式以实现人脸的检测。这类方法很多，包括基于特征空间的方法[2-3]，基于人工神经网络的方法、基于概率模型的方法[1]以及基于支持向量机[4]的方法。

表情特征按照特征的性质可以分为表情形变（deformation）特征和表情运动（motion）特征。对于静态图像，通常要提取表情的形变特征，而对于图像序列，不仅要提取每一帧的表情形变特征，还要提取连续序列的运动特征。从处理图像范围的角度，表情特征还可分为基于局部操作和基于全局操作两类。基于全局特征提取方法是一次性提取所需的脸部形变特征和运动特征；而基于局部特征提取方法是将脸部划分成子区域或将脸部特征分解成一些局部特征，独立地对子区域或局部特征进行操作。

脸部形变特征提取方法采用中性脸作为参考脸，通过当前脸部与中性脸的比较得到脸部形变信息，这些信息反映在两方面：脸部纹理的变化和脸部形状的变化。这类特征的提取方法可分为三类：①基于几何特征的方法，这类方法对脸部特定区域建立几何模型，提取表情的几何特征，如眼角、嘴角、鼻尖等特征点构成的二维拓扑结构；②基于像素的方法，这类方法通常基于统计模型，对大量的典型表情训练，提取典型的表情图像灰度信息，如LBP[5]（local binary pattern）特征提取法；③基于频域的方法，即将时空域图像转换到频域进行分析，提取表情的频域特征，小波变换方法是研究的热点。

脸部运动特征提取方法着眼于表情出现时脸部区域的运动，提取相邻两时刻脸部相对运动信息。这类特征的提取一般采用光流、特征点跟踪、差分图像以及运动模型等技术。稠密光流是使用较早、应用较广泛的一种方法，同样也可以分为全局稠密光流和局部稠密光流。全局稠密光流用于提取整个脸部的运动信息，如 Lien 等使用基于小波的多分辨率稠密光流分析脸部整体运动。由于光流计算量大，同时对运动的不连续较为敏感，在整个人脸区域内计算光流可能会消耗很多时间，所以局部稠密光流有时是更好的选择。局部稠密光流通过缩小计算区域，减少计算方向来降低计算量。特征点跟踪是用于脸部运动特征提取的经典算法。不同于光流方法，它不能对图像中的每个像素点进行跟踪，只是对某些具有一定意义的特定点进行跟踪。特征点一般选取具有解剖学意义的点或某些具有交叉纹理的点。标志点方法与特征点跟踪方法类似，但是标志点方法多用于纹理信息不丰富的区域，如面颊。差分图像方法通过两幅图像相减得到整体变化信息，计算量少，但是它不能提供运动方向信息。为了保证差分图像的效果，精确的图像对齐是必不可少的[6]。

脸部特征提取方法的选择主要依赖所使用的分类方法和应用环境。不同分类方法需要不同特征，适用于不同的环境。特征提取算法应根据实际的应用背景进行选择和设计。本章主要介绍本课题组提出的基于小波分解和优选 VLBP 特征的表情特征混合提取方法[7]、基于多频域 LBP-TOP 的人脸表情特征提取方法[8]、基于 VLBP 与光流的混合情感特征提取、基于 Gabor 变换的表情图像特征提取方法[9]、基于积分图像的表情特征提取方法及一种加权矩形提取表情特征的方法[10]。

3.2　基于小波分解和优选 VLBP 的表情特征提取方法

3.2.1　表情图像的小波分解

小波分解是将待检测图像分别与一个低通滤波器、一个高通滤波器进行卷积运算。2-D 小波图像分解不仅保留整体信息又能体现相关边缘信息，故采用 2-D 小波分解对表情图像进行分解[11]。

对原人脸表情图像进行 2-D 小波分解过程如图 3.1(a)所示，图 3.1(c)是

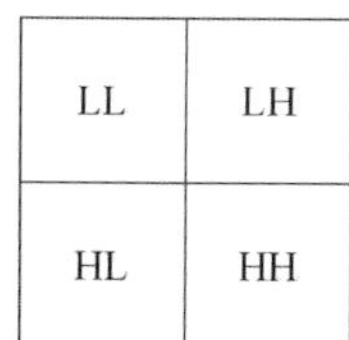

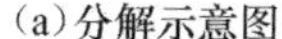
(a)分解示意图

(b)原图像

(c)分解后图像

图 3.1　人脸表情图像 2-D 小波分解

图 3.1(b)经过 2-D 小波分解得到的各频率的子图。由图 3.1(c)看出，其中子图 LL 保持了原图像的低频信息，子图 LH 保持了原图像的垂直边缘细节，子图 HL 保持了原图像的水平边缘细节，子图 HH 保持了原图像对角线的细节。而表情特征主要体现为形状变化和纹理变化特征，故可舍去子图 HH，仅考虑在子图 LL、LH、HL 上提取特征。

设 F_2 为图像序列的末帧，F_0 为序列中的某一帧，F_1 为 F_0 与 F_2 后间的中间帧，这样，人脸表情图像帧 $F_i(i=0,1,2)$ 经小波分解后取得的子图分别记为 F_i^{LL}、F_i^{LH} 和 F_i^{HL}，各子图大小均为 90×90 像素。

3.2.2 小波分解图像的情感特征提取

VLBP 特征与 LBP 特征一样，都是对图像的每个像素点进行提取的。若对小波分解后的图像提取 VLBP 特征，特征维数会很高，将达到 90×90×3。于是，我们提出了采用分块 VLBP 特征提取法。分块 VLBP 特征是在 F_i^{LL}、F_i^{LH} 及 $F_i^{HL}(i=0,1,2)$ 上提取的。P 为在子图中从目标像素点的一个小邻域中所选取点的个数。R 为在子图中选取点与目标像素点的距离。由于小波分解后的不同子图包含原图像中不同频率的信息，这些子图刻画信息的角度和精细程度是不同的，因此可对 F_i^{LL}、F_i^{LH} 及 $F_i^{HL}(i=0,1,2)$ 按照不同的分块大小进行分块特征提取。

对图像序列中的帧 F_0、F_1 及 F_2，同一频率子图同一位置的小块为同一个编号，存入向量 $\boldsymbol{\tau}=\{\tau_1,\tau_2,\cdots,\tau_n\}$ 中，其中，n 为分块总个数。设各子图为 $F_i^j(i=0,1,2;j=\mathrm{LL},\mathrm{LH},\mathrm{HL})$，分块 VLBP 特征提取算法描述如下。

1) 提取小块 τ_i 中所有像素的旋转不变 VLBP 特征

对 F_0^j 的 τ_i 中的像素点 β，按参数 P 及参数 R 逆时针均匀选择相应的像素点集，记为 A。同理得到 F_1^j 及 F_2^j 的 τ_i 中与 β 坐标相同的像素点 γ 及像素点 δ 的像素点集，分别记为 B、C。设 $g(M,i)$ 为集合 M 中第 i 个像素点的灰度值，其中，M 分别为 A、B、C，$i=0,1,\cdots,P-1$；$g'(x)$ 为像素点 x 的灰度值。$w_i^j=s[g(j,i)-g'(\beta)]$，其中，$s(x)=\begin{cases}1 & x\geqslant 0\\0 & x<0\end{cases}$；$i=0,1,\cdots,P-1$；$j=A,B,C$。将二进制位 w_{P-1}^j，$w_{P-2}^j,\cdots,w_0^j$ 由左到右组合成一个二进制数 ϖ^j，其中，$j=A,B,C$；记 $s[g'(\delta)-g'(\beta)]$ 为 $w'_{\beta\delta}$，则像素点 β 的旋转不变 VLBP 特征描述为

$$\begin{aligned}\mathrm{VLBP}_{L,P,R,\beta}^{ri2}=\min\{&(w'_{\beta\delta}\times 2^{3P+1})\\&+\mathrm{ROL}[\mathrm{ROR}(\varpi^C,i),2P+1]\\&+\mathrm{ROL}[\mathrm{ROR}(\varpi^B,i),P+1]\\&+\mathrm{ROL}[\mathrm{ROR}(\varpi^A,i),1]\\&+1\mid i=0,1,\cdots,P-1\}\end{aligned}\tag{3-1}$$

式中，$\mathrm{ROR}(x,i)$ 是将二进制数 x 按位向右旋转 i 次，$\mathrm{ROL}(y,i)$ 是将 $3P+2$ 位二

进制数 y 按位向左移 i 位。

由式(3-1)可知，像素点 β 的旋转不变 VLBP 特征是一个 $3P+2$ 位的二进制数 $\mathrm{VLBP}^{ri2}_{L,P,R,\beta}$，记其每个二进制数位为 $v_i(i=0,1,\cdots,P-1)$。为计数方便，将其转化为一个十进制数作为提取到的旋转不变 VLBP 特征，即

$$\mathrm{VLBP}^{ri}_{L,P,R,\beta}=\sum_{i=0}^{3P+1}v_i2^i \tag{3-2}$$

2）提取小块 τ_i 的 VLBP 特征

将 τ_i 中所有点的 VLBP 特征加起来作为 τ_i 的分块 VLBP 特征，记为 $\sum\limits_{i=0}^{S-1}\mathrm{VLBP}^{ri}_{L,P,R,i}$，其中，$S$ 为每个小块中点的个数。

为了确定各频率的分块大小，取 90 的约数 2,3,5,9 为待选分块大小。若三幅子图均采用 2×2 为分块大小，则其特征维数很高，达到 6075，故舍弃此种分块法。

对 F_i^{LL}、F_i^{LH} 及 $F_i^{\mathrm{HL}}(i=0,1,2)$，每个都分别采用 3×3、5×5、9×9 的分块大小，共有 27 种情形。对这些情形分别进行识别实验，识别方法如后所述，实验结果如图 3.2 所示。实验表明，当分块大小 F_i^{LL} 为 3×3、F_i^{LH} 为 3×3、F_i^{HL} 为9×9 时，识别效果最好，特征维数为 1900，分块后大大降低了特征维数。最后，采用神经网络贡献分析法选取了 1059 个特征。

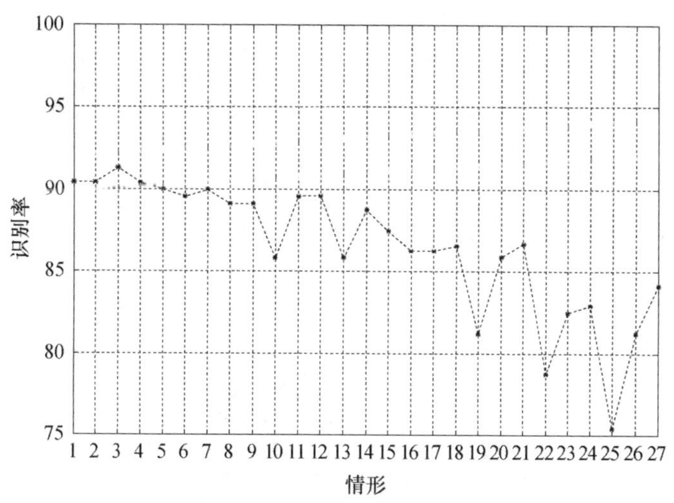

图 3.2　各分块情形的识别率

3.2.3　实验结果与分析

利用 Cohn-Kanade 人脸表情库[12]进行表情识别实验。首先对每种表情选择 10 个图像序列进行模型训练，再从表情库中为每种表情选择 40 个不同人的图像

序列进行识别测试，6 种表情一共 240 个图像序列，每个序列都有 10 帧。表 3.1 说明 6 种表情的不同识别率，平均识别率约为 91.25%。

表 3.1 实验结果

	生气	厌恶	害怕	悲伤	高兴	惊讶	识别率/%
生气	36	2	0	2	0	0	90
厌恶	0	37	0	1	2	0	92.5
害怕	2	0	34	0	4	0	85
悲伤	4	0	0	36	0	0	90
高兴	0	2	1	0	37	0	92.5
惊讶	0	0	1	0	0	39	97.5

为了验证基于小波分解和优选 VLBP 的图像序列表情识别方法的优点，对单纯的 VLBP 特征提取并用相同的神经网络贡献分析和 SVM 进行识别实验。训练模板和测试样本的选取同前。从图 3.3 中可看出，加入小波变换以后的总体识别率高于不加小波变换方法的识别率。同时，进行了算法执行速度的测试，运行环境为 Windows XP、Visual C++6.0 平台，计算机的配置为 CPU Intel PD925、主频 3.0GHz、内存 1GB。从一个待测图像序列特征提取到最后识别来统计耗时，基于小波分解的方法平均耗时为 0.092s。这表明，基于小波分解的方法处理速度快，适合于实时图像序列的表情识别。

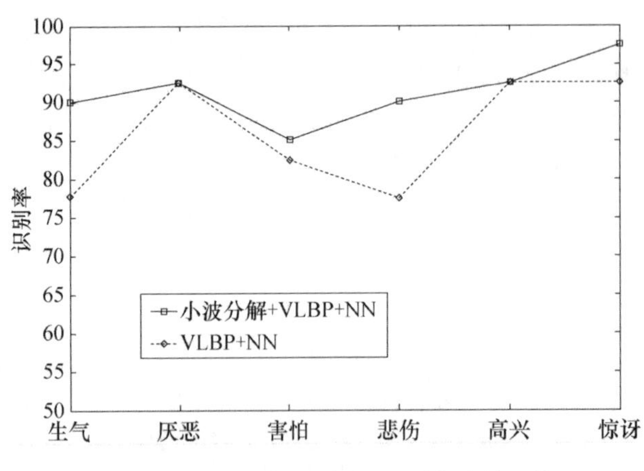

图 3.3 两种 VLBP+NN 识别方法的比较

有文献采用分块重叠法和 VLBP 特征提取，SVM 分类器与神经网络(NN)贡献分析结合进行表情识别，得到了较高的识别率。但是该方法的特征维数很高。以每块中特征维数为 256 为例，共有 9×8×256(18432)维。特征维数过高，在提取特征阶段会消耗相当长的时间，并且识别阶段也会耗去大量时间。而先对小波分解图像提取分块 VLBP 特征，而后采用神经网络贡献分析法进行特征选择，去掉了那部分对识别无贡献或贡献较小的特征，使得最后特征维数大为下降，系统运行速度快，同时获得了较好的识别效果。

3.3　基于多频域 LBP-TOP 的人脸表情特征提取方法

3.3.1　LBP-TOP 算子

LBP-TOP(local binary patterns from three orthogonal panels)[13]在 LBP 的基础上结合时空域角度考虑，从 3 个正交平面提取表情图像序列的动态纹理特征，能够更好地表达人脸表情的实质信息。由前面可知，LBP 算子主要提取的是静态图像的纹理特征，LBP-TOP 算子提取的则是图像时空域的纹理特征和运动特征，可用于图像序列的表情识别。如图 3.4 所示，xt 平面和 yt 平面提供了关于时空过渡的大量信息。

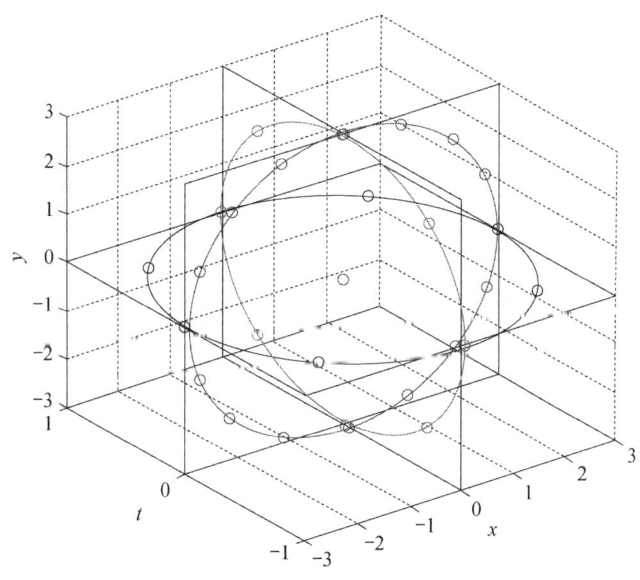

图 3.4　LBP-TOP 空间结构

选取表情图像序列中的 3 帧，在这 3 帧图像上同时提取 LBP 特征。选取表情图像序列中 3 帧的方法如下。

设一个表情图像序列共有 N 帧，选取的起始帧为 α，帧间间隔为 L。若取序列中的第 $\varepsilon\%$ 帧为起始帧，则

$$\alpha = N \cdot \varepsilon\% \tag{3-3}$$

$$L = (N - \alpha)/2 \tag{3-4}$$

那么,要取的帧在序列中的位置为

$$F_i = \alpha + iL, \quad i = 0,1,2 \tag{3-5}$$

对 $F_i(i=0,1,2)$,与 LBP 算子提取特征一样,LBP-TOP 算子也是在图像中某个像素点半径为 R 的邻域上均匀提取 P 个点,形成了循环对称的邻域集。若提取的点未精确地落在邻域的像素点上,则采用双线性插值法估计其灰度值。

对 F_0 帧中像素点 β,记 F_1 和 F_2 帧中与 β 坐标相同的点分别为 δ 和 γ,从 3 个不同的平面(xy,xt,yt)分别提取 P 个点按逆时针方向的 LBP 编码分别为 LBP_{xy}、LBP_{xt} 及 LBP_{yt}。这样就从 3 个纹理方向同时考虑了纹理和动作特征,融合了 LBP_{xy} 空域信息和 LBP_{xt}、LBP_{yt} 的时域统计信息。不同正交平面计算 LBP 值可以选择不同数量的邻域点,如图 3.5 所示。参数 P 在 xy、xt 和 yt 面上分别表示为 P_{xy}、P_{xt} 及 P_{yt},参数 R 在 3 个轴上分别表示为 R_x、R_y 及 R_t(图中的算子均为 LBP_8^1)。

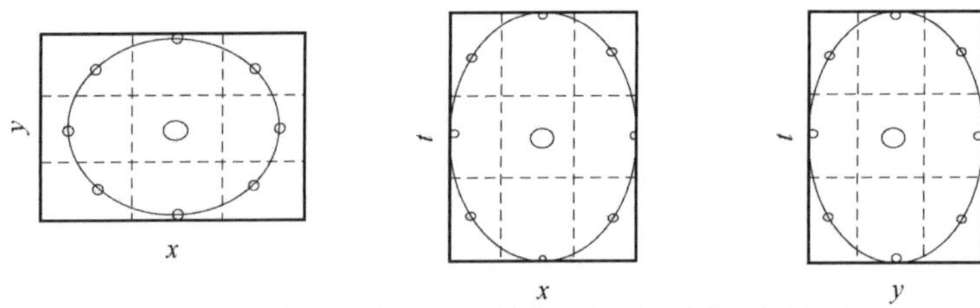

图 3.5 不同正交面的 LBP 算子

根据 LBP-TOP 中不同平面表情信息的差异性,对 LBP-TOP 特征进行改进,3 个交面的特征被划为两类,分别采用差分二元局部模式(DLBP)和中心化二元模式(CBP),最后将 3 个特征合并作为混合二元局部模式 MLBP-TOP(mixed local binary patterns from three orthogonal panels)。

由于 LBP-TOP 中的 xt、yt 平面特征主要表现为帧间的时域特征,提出差分二元局部模式,对于帧间的二元局部模式特征以新的方式计算:对于前后帧中的像素点,将中间帧的对应位置像素点作为中心,并计算像素差判断得到二进制值。相比传统的 LBP 特征,将时域的信息作为模式定义的标准,更准确地反映了表情动作的实质。

定义 g_i 为 LBP 中按逆时针方向排列的第 i 个像素点,g_c 为中心像素点,x_i 表示像素点的灰度差值,$v(y)$表示像素点 y 的灰度值,则 DLBP 可定义为

$$\mathrm{DLBP}(P,R) = \sum_{i=0}^{P-1} s(x_i) \times 2^i \tag{3-6}$$

其中

$$x_i = \begin{cases} v(g_i) - v(g_c) & i\%(R+1) = 0 \\ v(g_i) - v(g_{(i+1)\%P}) & (i+1)\%2^{R+1} = 0 \\ v(g_i) - v(g_{(i-1)\%P}) & (i-1)\%2^{R+1} = 0 \end{cases} \tag{3-7}$$

$$s(x) = \begin{cases} 1 & x \geqslant 0 \\ 0 & x < 0 \end{cases} \tag{3-8}$$

中心化二元模式是基于 LBP 改进的一种有效算子，CBP 比较满足其连线穿过中心点的“近邻点对”，同时考虑中心像素点并令其拥有最高权重。经研究分析，CBP 优于传统 LBP 表现在两个方面：维数的降低，CBP 算子产生的直方图维数远小于传统 LBP 算子产生的直方图维数；相比 LBP，CBP 增强了中心像素点的作用而且有益于提高鉴别能力，捕捉到更好的梯度信息，有利于提高识别率。由于 xy 平面提取的特征即为图像 F_2 的模式特征以及该帧的重要性，采用 CBP 来更好地提取图像的梯度信息，同时降低特征维数。

设 $g_{t_c,c}$ 表示序列中间帧图像 I_{t_c} 的像素点，$g^j_{t_c,i}$（$j=xy, xt, yt$；$i=0,1,\cdots,P_j-1$）表示不同正交面上 $g_{t_c,c}$ 的 P_j 个邻域像素点。

在 xyt 三维坐标系中，设 $g_{t_c,c}$ 空间坐标为 (x_c, y_c, t_c)，由下式计算每个正交平面上像素点的坐标。

$g^{xy}_{t_c,i}$ 空间坐标为

$$[x_c - R_x\sin(2\pi i/P_{xy}), y_c + R_y\cos(2\pi i/P_{xy}), t_c], \quad i = 0,1,\cdots,P_{xy}-1$$

$g^{xt}_{t_c,i}$ 空间坐标为

$$[x_c - R_x\sin(2\pi i/P_{xt}), y_c, t_c - R_t\cos(2\pi i/P_{xt})], \quad i = 0,1,\cdots,P_{xt}-1$$

$g^{yt}_{t_c,i}$ 空间坐标为

$$[x_c, y_c - R_y\cos(2\pi i/P_{yt}), t_c - R_t\sin(2\pi i/P_{yt})], \quad i = 0,1,\cdots,P_{yt}-1$$

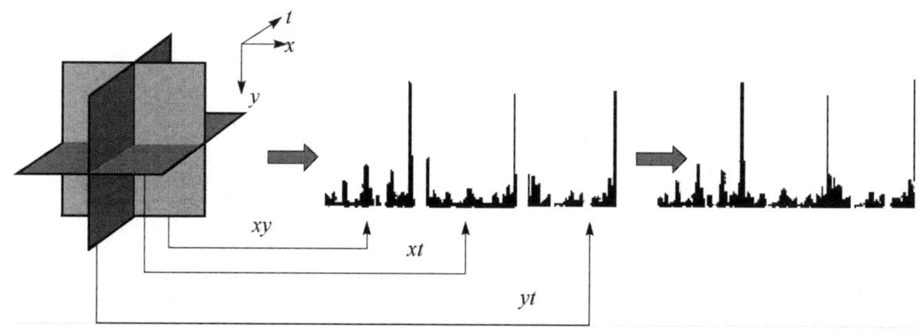

图 3.6　MLBP-TOP 级联直方图

因此，图像序列中像素点的 MLBP-TOP 特征可定义为

$$\mathrm{MLBP-TOP} = [\mathrm{DLBP}(P_{xt}, R_{xt}), \mathrm{CBP}(P_{xy}, R_{xy}), \mathrm{DLBP}(P_{yt}, R_{yt})]$$

3.3.2 多频率图像分块 LBP-TOP 特征提取

当 $\alpha=2$、$N=10$、$L=3$ 时，对提取到的 3 帧 $F_i(i=0,1,2)$进行预处理，尺度归一化之后，其大小均为 180×180 像素，如图 3.7 所示。

图 3.7 预处理之后的人脸图像序列

为了刻画人脸图像的局部信息，采用分块法对一定区域中像素点的 MLBP-TOP 特征进行直方图统计，考虑到图像的原始尺寸大小及二元局部模式总数等因素，将人脸图像划分为 9 块分别提取特征，如图 3.8 所示，则定义分块 b 在 j 正交面上的直方图为

$$H_{i,j}^{b} = \sum\nolimits_{x_c, y_c, t_c} f\{I_j(x_c, y_c, t_c) = i\}, \quad i = 0,1,\cdots,n_j - 1; j = xy, xt, yt$$

$$f(x) = \begin{cases} 1 & x \text{ 为真} \\ 0 & x \text{ 为假} \end{cases}$$

式中，$I_j(x_c, y_c, t_c)$为二元模式编码的十进制表示形式，(x_c, y_c, t_c)为分块 b 中的点，n_j 为 j 正交面所产生的模式总数。

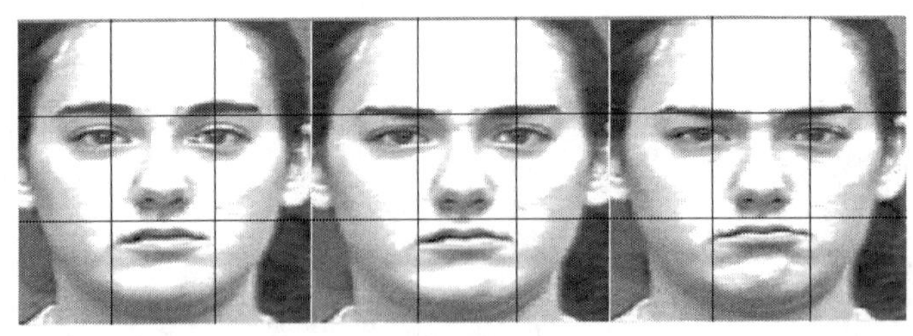

图 3.8 图像分块

设 b_c 为图像的网格小块，$c=1,2,\cdots,9$，则图像提取分块 MLBP-TOP 特征的方法可描述如下。

(1) 提取块 b_c 中所有像素的 MLBP-TOP 特征。

将 F_0 作为特征提取的第一帧，F_1、F_2 分别作为特征提取的第二、第三帧，以

F_1 作为参考帧计算特征值,设 F_1 帧中 b_c 块中当前像素点为(x_c,y_c,t_c),分别在 3 个正交面提取(x_c,y_c,t_c)二元模式特征,其中,在 xy 平面上用中心化二元模式计算邻域的二进制编码值,而在 xt、yt 平面上都采用差分二元局部模式,并计算它们的十进制值,分别记为 $I_{xy}(x_c,y_c,t_c)$、$I_{xt}(x_c,y_c,t_c)$、$I_{yt}(x_c,y_c,t_c)$。

(2) 对块 b_c 区域的所有像素点,在 3 个正交面上分别进行二元模式直方图统计。

在 b_c 中,依次对小块 3 个正交面的二元模式特征进行统计,$H_{i,j}^{b_c}=\sum\limits_{x_c,y_c,t_c} f\{I_j(x_c,y_c,t_c)=i\}$,$(i=0,1,\cdots,n_j-1;j=xy,xt,yt)$,因此,得到 3 部分直方图 $H_{i,xt}^{b_c}$、$H_{i,xy}^{b_c}$、$H_{i,yt}^{b_c}$,$(i=0,1,\cdots,n_j-1)$。

(3) 级联 3 个正交平面上的二元模式直方图作为最后的特征向量。

将人脸图像中所有分块的在 xy、xt 和 yt 方向上的二元模式直方图进行级联,令

$$\mathrm{DLBP}(P_{xt},R_{xt})=[H_{i,xt}^{b_1},H_{i,xt}^{b_2},\cdots,H_{i,xt}^{b_9}]$$

$$\mathrm{DLBP}(P_{yt},R_{yt})=[H_{i,yt}^{b_1},H_{i,yt}^{b_2},\cdots,H_{i,yt}^{b_9}]$$

$$\mathrm{CBP}(P_{xy},R_{xy})=[H_{i,xy}^{b_1},H_{i,xy}^{b_2},\cdots,H_{i,xy}^{b_9}]$$

则组成图像序列的 MLBP-TOP 特征向量为

$$[\mathrm{DLBP}(P_{xt},R_{xt}),\mathrm{CBP}(P_{xy},R_{xy}),\mathrm{DLBP}(P_{yt},R_{yt})]$$

3.3.3 实验结果与分析

在提取 MLBP-TOP 特征之前,需要对各正交面上的 LBP 算子设置不同的 P、R 参数。其中,P 为在目标图像中从目标像素点的一个小邻域内所取点的个数,R 为在目标图像中所取点距离目标像素点的半径。每个正交面的 P、R 参数的选择不同,提取特征的尺度也不同。因此,这里选取了几种常用的参数并进行了相关实验,进行 P_{xy}、P_{xt}、P_{yt}、R_x、R_y 及 R_t 的参数选择。图 3.9 的实验分析表明,在进行实验所选择的几种参数情况下,当 $P_{xy}=P_{xt}=P_{yt}=8$,$R_x=R_y=R_t=1$ 时,表情识别率达到最高;$P_{xy}=P_{xt}=P_{yt}=4$,$R_x=R_y=R_t=1$ 时的特征尺度过小,丢失了有效的梯度信息;$P_{xy}=P_{xt}=P_{yt}=8$,$R_x=R_y=R_t=3$、$P_{xy}=P_{xt}=P_{yt}=16$ 及$R_x=R_y=R_t=3$ 时的特征尺度过大,局部的表情信息没有得到有效利用。

选取 Cohn-Kanade 人脸表情库进行实验。每种表情选择 10 个图像序列作为训练样本进行模型训练,选择 40 个图像序列作为测试样本,每个序列都有 10 帧图像。基于以上所述的参数,进行了几种特征的比较实验,采用统一的 SVM 分类器进行表情识别,类型为 nu_SVC,核函数为线性核函数,参数 $C=10$、nu=0.49 来设计和训练 SVM 模型,其中分类器的选择仅为验证特征的有效性。表 3.2 给出不

同特征下 6 种基本表情的识别数据及识别结果，其中 MLBP-TOP 特征的平均识别率达到 90%。

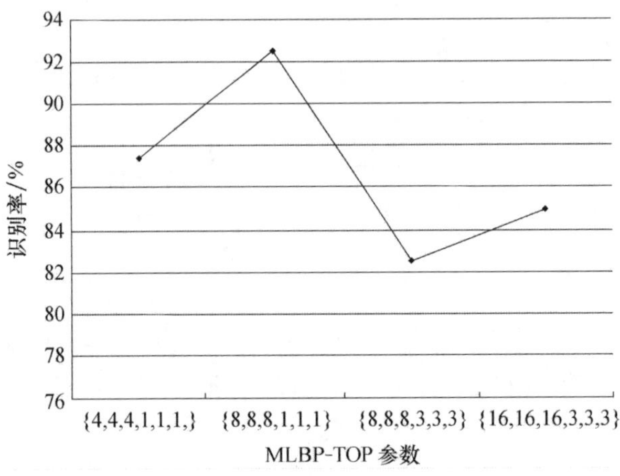

图 3.9 不同的参数识别率

表 3.2 几种特征的比较实验 单位：%

	高兴	惊讶	悲伤	害怕	生气	厌恶	平均识别率
VLBP+SVM	90	87.5	82.5	77.5	85	80	84
LBP-TOP+SVM	92.5	92.5	80	82.5	82.5	85	86
MLBP-TOP+SVM	95	92.5	87.5	80	92.5	90	90

从表 3.2 中可以看出，LBP-TOP 较 VLBP 特征有更好的效果，因为它结合了时空域的表情信息进行特征提取，而 MLBP-TOP 特征的人脸表情识别率与两者相比都有较明显的提高，表明该方法能更有效地提取面部表情信息，是一种有效的特征。

3.4 基于 VLBP 与光流的混合情感特征提取

3.4.1 眼睛区域的小波分解分块 VLBP 特征提取

对人脸图像的眼睛区域进行 2-D 小波分解，由于表情特征主要体现为纹理变化特征，仅考虑在子图 LL、LH、HL 上提取特征，分解结果如图 3.10 所示。这样眼睛区域 $E_i(i=0,1,2)$ 经小波分解后取得的子图分别记为 E_i^{LL}、E_i^{LH} 及 E_i^{HL}，各子图大小均为 72×30 像素。

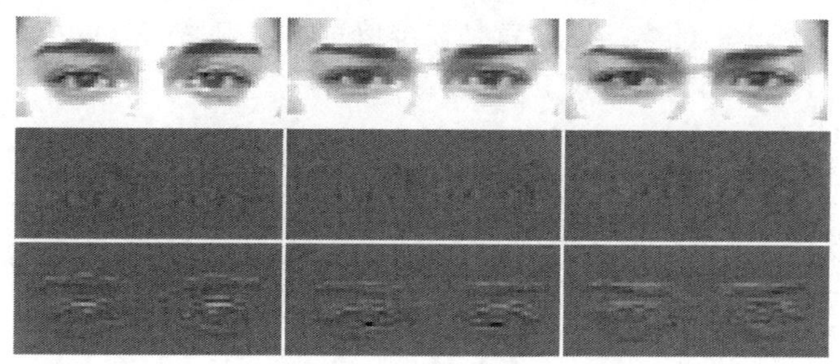

图 3.10　2-D 小波分解

若对小波分解后的图像直接提取 VLBP 特征，特征维数会很高，将达到 72×30×3。于是，采用分块 VLBP 特征提取法进行降维。

分块 VLBP 特征是在 E_i^{LL}、E_i^{LH} 及 E_i^{HL} 上提取的。由于小波分解后的不同子图包含原图像不同频率的信息，对 E_i^{LL}、E_i^{LH} 及 E_i^{HL} $(i=0,1,2)$ 分别按照不同的分块大小(3×3、3×3、6×6)进行分块特征提取，对每个分块提取旋转不变的 VLBP 特征。

对图像序列中的帧 E_0、E_1、E_2，同一频率子图同一位置的小块为同一个编号，存入向量 $\boldsymbol{\tau}=\{\tau_1,\tau_2,\cdots,\tau_n\}$ 中，其中，n 为分块总个数。设各子图为 E_i^j $(i=0,1,2;\ j=\text{LL},\text{LH},\text{HL})$，分块的旋转不变 VLBP 特征提取算法描述请参见 3.2.2 节中小波分解图像的情感特征提取。

3.4.2　特征点自动标注的嘴部光流特征提取

光流是空间运动物体的被观测表面上的像素点运动的瞬时速度场，包含了物体与成像传感器间相对运动的关系。在运动目标的跟踪方面，光流技术已经得到了广泛的应用。基于特征点和全局光流场的算法经常采用运动估计技术。特征点光流是通过特征匹配求得的特征点处的流速。同全局光流相比，这种算法有计算量小和快速灵活的特点。然而，目标特征点一般都是手工标记的，不利于自动化系统的实现，而且标记这些目标特征点的代价是昂贵的。在人脸表情的图像序列中，嘴巴部分的几何形变表现比较明显，为了能跟踪到嘴巴特征点的相对运动位置，首先对嘴巴区域进行角点检测，通过曲线拟合方法拟合出嘴巴的轮廓，选取相关的点作为目标特征点，采用 Lucas-Kanade 光流法对目标特征点进行跟踪。

Harris 算法是一种基于信号的点特征提取算法。角点检测公式为

$$E(u,v)\mid_{(x,y)} = \sum w(x,y)[I(x+u,y+v)-I(x,y)]^2 \tag{3-9}$$

式中，E 为在点 (x,y) 处移动一个 (u,v) 小窗口所发生的亮度变化值，$w(x,y)$ 为高

斯平滑因子。式(3-9)的本质其实就是二维信号的自相关。

将式(3-9)进行泰勒级数展开,并忽略高阶项得

$$E(u,v)\mid_{(x,y)}\approx[u,v]\boldsymbol{M}\begin{bmatrix}u\\v\end{bmatrix}\tag{3-10}$$

$$\boldsymbol{M}=\sum_{x,y}w(x,y)\begin{bmatrix}I_x^2 & I_xI_y\\ I_xI_y & I_y^2\end{bmatrix}\tag{3-11}$$

式中,I_x、I_y 分别为图像中该点的水平方向、竖直方向上的导数。将 $\boldsymbol{M}$ 相似对角化处理后得

$$\boldsymbol{M}\rightarrow R^{-1}\begin{bmatrix}\lambda_1 & 0\\ 0 & \lambda_2\end{bmatrix}R\tag{3-12}$$

式中,λ_1 和 λ_2 为四元矩阵 $\boldsymbol{M}$ 的特征值。每个像素对应着一个这样的四元矩阵。把 R 看成旋转因子,这样就可以仅根据特征值 λ_1 和 λ_2 来分析亮度变化值。当二者都较小时,定义为平坦区域;当二者中一个较大而另一个较小时,定义为边缘;当二者都较大时,定义为角点。将这一思想用公式具体表示为

$$\text{cornerness}=\det\boldsymbol{M}-k\,(\text{trace}\boldsymbol{M})^2\tag{3-13}$$

其中,$\det\boldsymbol{M}=\lambda_1\lambda_2$,$\text{trace}\boldsymbol{M}=\lambda_1+\lambda_2$,det 和 trace 分别为求行列式和直迹。系数 k 一般取 0.04~0.2。当 cornerness 大于某一个阈值且在某邻域内取得局部极大值时,则标记该点为候选角点。

去除伪角点时,首先去除孤立角点区域以提高运算速度。角点几乎都分布在边缘上且在边缘的“拐弯”处,除了“拐弯”处及其邻域,其他区域不可能出现角点候选点。其次,消除虚假角点。从微分几何学知,曲面上一点的主曲率是曲面在这点所有法曲率中的最大值和最小值,真正的角点具有这样的性质:$|\theta_A-\theta_B|\neq0°$或$|\theta_A-\theta_B|\neq180°$,其中,$\theta_A$ 和 θ_B 分别为正、负高斯曲率极值点 A 和 B 的旋转角,旋转角由$\theta=0.5\arctan\dfrac{2I_{xy}}{I_{xx}-I_{yy}}$确定。这样,可以利用 θ_A 和 θ_B 之差的绝对值作为角检测器的一个约束条件,以消除边界上可能出现的虚假角点。Harris 算法的最后一步是对所有的局部极值点进行排序,所以可以根据需要提取一定数量的最优点。

选取高斯窗口宽度为 5,高斯函数差为 0.8,非极大值抑制的邻域为 5,阈值为 5000 的参数,对嘴巴区域进行 Harris[14]角点检测。选取满足约束条件的 2 个角点作为目标特征点即左右嘴角点,然后利用 Robert 算子检测嘴巴区域轮廓,并进行阈值分割后使用水平投影法得出上唇点和下唇点,从而得到 4 个特征点。最后通过最小二乘曲线拟合方法拟合上唇和下唇 2 条曲线,从两条曲线上左右分别各取 2 个点作为另外 4 个特征点。于是得到 8 个特征点,如图 3.11 所示。

  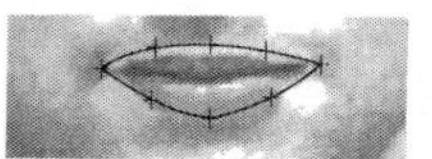

图 3.11 特征点检测

由于将单个像素作为特征点并不准确，而且跟踪效果也不稳定。因此，采用 Lucas-Kanade 光流法，它假设在一个小的领域中的像素点具有相同的光流，速度 (u,v) 通过求式(3-14)的极小值来估计：

$$\sum_{D} w^2(x,y)(I_x u, I_y u, I_t)^2 \tag{3-14}$$

其中，$w(x,y)$ 表示窗口函数，该函数中区域 D 中心点处取权值较大，远离中心点的点取权值较小，I_x、I_y 和 I_t 是点 (x_i,y_i) 在 x 方向、y 方向和 t 方向上的偏导数。使用最小二乘法，得到

$$u\sum_{D} w^2(x,y)I_x^2 + v\sum_{D} w^2(x,y)I_x I_x + \sum_{D} w^2(x,y)I_t I_x \tag{3-15}$$

$$u\sum_{D} w^2(x,y)I_y I_x + v\sum_{D} w^2(x,y)I_y^2 + \sum_{D} w^2(x,y)I_t I_x \tag{3-16}$$

式(3-15)和式(3-16)的解为

$$\begin{bmatrix} u \\ v \end{bmatrix} = \begin{bmatrix} \sum w^2(x,y)I_x^2 & \sum w^2(x,y)I_x I_y \\ \sum w^2(x,y)I_x I_y & \sum w^2(x,y)I_y^2 \end{bmatrix} \tag{3-17}$$

将每个目标特征点作为 13×13 光流窗口的中心，计算该特征点的光流向量，其中包括水平和垂直两个方向的光流。

图 3.12 为嘴巴区域的光流场，其中，光流窗口尺寸为 13×13 像素。可以看出高兴表情运动过程中嘴巴的光流场十分明显。

 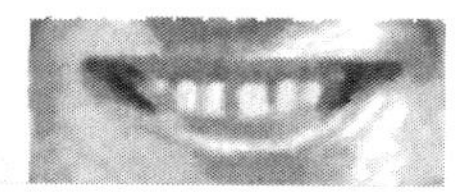

图 3.12 高兴表情的嘴巴区域速度场

采用 Lucas-Kanade 方法在图像序列中对这些特征点进行跟踪，如图 3.13 所示，将当前帧中特征点的位置与初始帧中相同点的特征点的位置相减作为得到该特征点的几何位移，因此得到 16 维的光流特征向量。

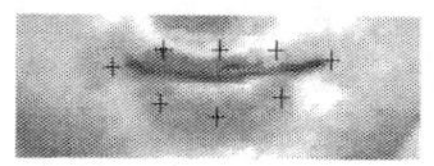 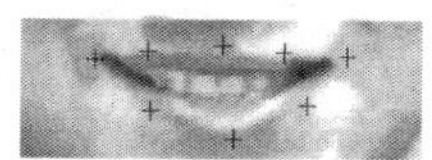 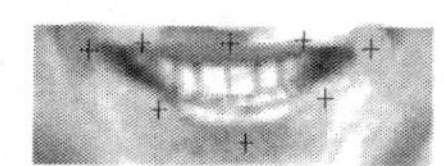

图 3.13 Lucas-Kanade 方法特征点跟踪

3.4.3 基于混合特征的表情识别

首先,对两个表情特征区域分别进行表情概率的计算,然后根据在训练阶段得到的两个表情区域的各表情权值进行加权融合,在表情样本训练阶段采用贡献分析法确定每个特征区域对各表情的贡献权值。本书采用了 10 个模板来训练,n 取 10。通过计算得到每个特征区域对各个表情的贡献权值如表 3.3 所示。

表 3.3 贡献权值

权重	生气	悲伤	厌恶	高兴	害怕	惊讶
眼睛区域的权重 ω_1	0.60	0.51	0.53	0.29	0.38	0.42
嘴巴区域的权重 ω_2	0.40	0.49	0.47	0.71	0.62	0.58

选择融合后的表情概率最大者作为识别结果,假设每个表情区域计算得到的各个表情概率为 $P_{ij}(1 \leqslant i \leqslant 2, 1 \leqslant j \leqslant 6)$,则对于 6 种表情分别计算融合概率 $P_j = \sum_{i=1}^{2} \omega_{ij} P_{ij}(1 \leqslant j \leqslant 6)$,若 $P_j = \max(P_1, P_2, P_3, P_4, P_5, P_6)$,则该图像序列识别为第 j 种表情。

3.4.4 实验结果与分析

选取 Cohn-Kanade[15] 人脸表情库进行实验。每种表情选择 10 个图像序列作为训练样本进行模型训练,选择 40 个图像序列作为测试样本,共 240 个图像序列,每个序列都有 10 帧图像。表 3.4 显示了 6 种表情的不同识别率,平均识别率约为 92%。从表 3.4 中可以看出高兴和惊讶表情的识别率较高,说明提取嘴巴区域的光流特征对这两种表情的识别影响较大。

表 3.4 识别结果

	高兴	惊讶	悲伤	害怕	生气	厌恶	识别率/%
高兴	39	1	0	0	0	0	97.5
惊讶	1	39	0	0	0	0	97.5
悲伤	0	0	35	2	1	2	87.5
害怕	0	1	2	35	1	1	87.5
生气	0	0	1	1	37	1	92.5
厌恶	0	0	1	1	2	36	90

与单纯的 VLBP 特征提取及单纯的光流特征提取进行了比较实验,选择相同的训练样本和测试样本。由图 3.14 中可看出,提取混合 VLBP 特征和光流特征的识别结果要优于前两者的识别结果。

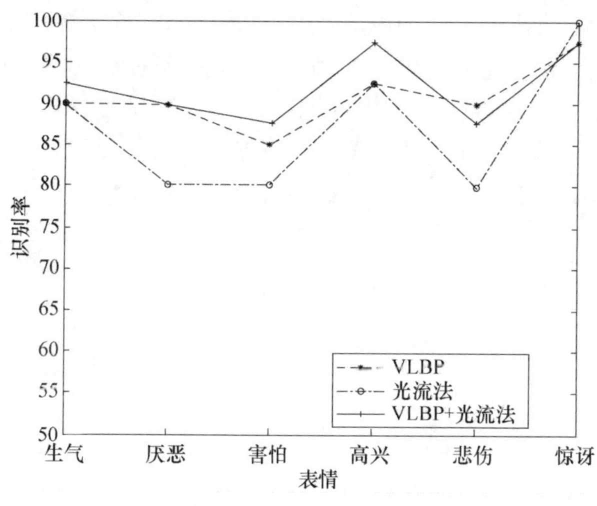

图 3.14 几种特征识别结果比较

3.5 基于 Gabor 变换的表情图像特征提取方法

3.5.1 小波变换与多分辨率分析

小波变换(wavelet transform)是近年来在图像处理领域中备受重视的新技术,面向图像压缩、特征提取和纹理分析的许多新方法,如多分辨率分析、时频域分析、金字塔算法等,最终都归于小波变换的范畴中。

线性系统理论中的傅里叶变换是以在两个方向上都无限伸展的正弦曲线波作为正交基函数的。对于瞬态信号或高度局部化的信号,如边缘特征、表情细节,由于这些成分并不类似于任何一个傅里叶基函数,因此它们的变换系数(频谱)不是紧凑的,频谱相当混乱。在这种情况下,傅里叶变换是通过复杂的安排,如构造窗口傅里叶变换函数,以抵消一些正弦波,从而构造出在大部分区间都为零的函数来实现瞬态及局部信号的处理和分析。

在图像处理中,经常需要对瞬态信号和边缘特征进行处理分析,而传统傅里叶变换具有上述的缺陷,无法胜任此类工作。在窗口傅里叶变换的基础上,采用有限宽度基函数的变换方法逐步发展起来了。这些基函数不仅在频率上可调节,而且在位置上也是可变化的,它们表现为有限带宽和频率可变的波,这种波被称为小波[16],基于它们的变换就是小波变换。

小波变换的应用领域非常广泛,主要包括信号分析、语音合成、图像识别、计算机视觉、数据压缩、CT 成像、地震勘探、大气与海洋波的分析、分形力学、流体湍流和天体力学等[17]。

小波是一个在有限周期内的波形,它的平均值为零。比较正弦波形和小波,如图 3.15 所示,正弦信号正是傅里叶变换的基础,它没有限定的周期,它可以从负无穷扩展到正无穷,而小波信号是有限周期的;正弦信号是平滑并且是可预知的,小波信号则是不规则的并且不对称。傅里叶变换是将信号分解为各种频率的正弦信号,而小波分析是将信号分解为滑动的、与母系小波成比例的各种译本。与傅里叶变换相比,小波变换具有更好的局部特性。

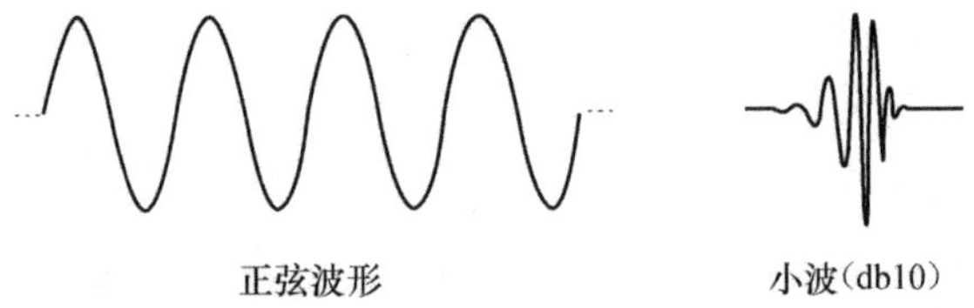

图 3.15　正弦波与小波的对比

通过对称为基本小波的函数进行尺度伸缩和位置的平移,得到一系列具有不同的中心频率、带宽和方向的小波函数。这些衍生出来的具有不同分辨率的小波组成了小波族。用符合某种要求的小波族处理信号,可以实现多分辨率的分析和处理,从而极大地增强了信号处理效果。

连续的一维小波变换是信号 $x(t)$ 被小波关于比例和平移位置函数 φ 在所有时间上的积分为

$$W_x(a,\tau)=\frac{1}{\sqrt{a}}\int x(t)\cdot\varphi\left(\frac{t-\tau}{a}\right)\mathrm{d}t=\langle x(t),\varphi_{a,\tau}(t)\rangle \tag{3-18}$$

其中,$\varphi(t)$ 为基本小波函数,也叫核函数,a 为缩放因子,τ 为尺寸因子;通过改变 a 和 τ 的值可以衍生出该小波族中的其他小波函数,衍生公式为

$$\varphi_{a,\tau}(t)=\frac{1}{\sqrt{a}}\varphi\left(\frac{t-\tau}{a}\right) \tag{3-19}$$

需要说明的是,在图像等二维信号领域,一般分别在两个方向上进行一维的小波变换代替复杂的二维小波变换,从而简化计算。

在数字信号领域使用最多的是二进离散小波族,即取二进伸缩(以 2 的因子伸缩)和二进位移(每次移动 $k/2^j$),定义为

$$\varphi_{j,k}=2^{-j/2}\varphi(2^{-j}t-k),\quad j=0,1,2\cdots;k\in\mathbf{Z} \tag{3-20}$$

著名的 Daubechies 小波就属于二进离散小波。

从小波的定义可以看出,小波变换没有固定的核函数,因此可根据需要灵活构造不同类型的小波函数,但并不是所有函数均适合做小波,小波函数一般要满足两个条件:容许性条件和正规性条件。前者指小波函数在频域上的能量有限,在时域

上的积分为零，从而保证了小波函数可以反演，即反变换存在，使经过小波处理的信号可以重建恢复以前的信号，这一特性已在图像压缩编码中得到充分体现。正规性条件指小波随缩放因子 a 的减小而迅速衰减，该条件保证小波在频域上表现出良好的局部性，这正是小波变换比傅里叶变换优越的地方。同族的所有小波可以看成一系列具有不同中心频率和带宽的带通滤波器。若将这些带通滤波器应用于信号分析，则可以在不同分辨率下处理信号，并从根本上克服传统傅里叶变换的频谱混乱的缺陷。由于这种灵活的“变焦”能力，小波被誉为“数字显微镜”。

基本小波通过伸缩构成一组小波函数，在大尺度上，膨胀的基函数搜索平滑的特征，而在较小的尺度上，缩小的小波则可寻找细节信息。这种信号处理方法称为多分辨率分析。在数字图像处理领域，针对原始的二维图像，构造低通的尺度函数 $\phi(x)$ 和高通的小波函数 $\varphi(x)$，逐级对图像进行变换处理，尺度函数得到每一级的图像平滑特征，而小波函数则得到相应的细节特征，这种多分辨率变换如图 3.16 所示。

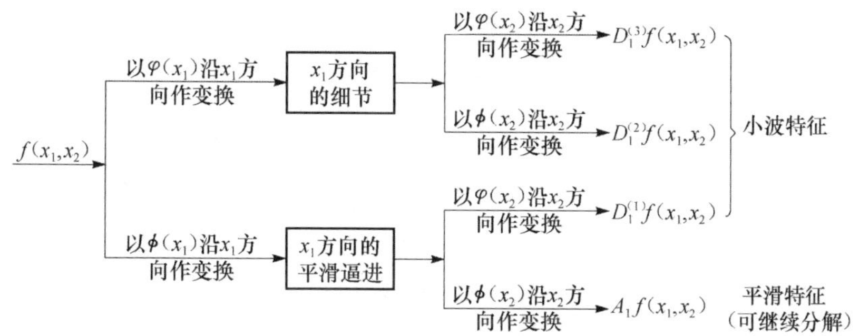

图 3.16　使用小波进行多分辨率分析

这种逐级进行多分辨率分析的好处是：小波函数单一，不需要衍生出其他的小波。取而代之的是对图像进行多级采样。即每次采样，都把图像分解成平滑特征和细节特征，而在下一级采样时又将对平滑特征进一步分解为平滑和细节两种特征，依次对平滑特征逐级分解，直到得到需要的细节程度为止。在 MATLAB 中，采用多分辨率的思想对一幅图像进行多级分解，结果如图 3.17 所示。左面是原始

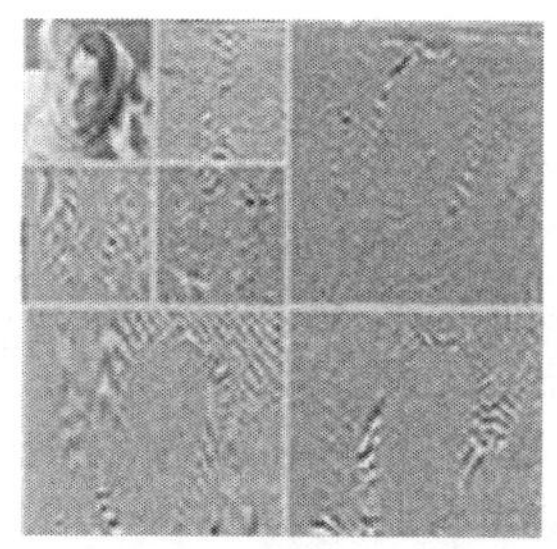

图 3.17　进行二级分解的小波变换分析(图片来自 MATLAB demo)

的数字图像,右面是对原图像二级分解后的所有子图,分别表示水平方向的细节、垂直方向的细节、对角方向的细节和平滑特征。

3.5.2 Gabor 变换

Gabor 变换源于窗口傅里叶变换,但其窗口可伸缩,核函数频率及带宽可调,这种特性与小波变换完全一致,因此被称为 Gabor 小波变换。Gabor 滤波在图像处理中的特征提取、纹理分析和立体视差估计等方面有许多应用,此外,Gabor 函数具有良好的生物学背景,视觉神经的感受就可以用 Gabor 函数来表示。

Gabor 变换对应的冲激响应是将复指数振荡函数乘以高斯包络函数所得的结果。其冲激响应为

$$g_{mn}(\boldsymbol{x}) = \frac{1}{2\pi a_n b_n}\exp\left(-\frac{1}{2}\boldsymbol{x}^{\mathrm{T}}\boldsymbol{A}_{mn}\boldsymbol{x}\right)\cdot\exp(\mathrm{i}\boldsymbol{k}_{0mn}^{\mathrm{T}}\cdot\boldsymbol{x}) \tag{3-21}$$

式中,i 是复数算子,$\boldsymbol{x}=(x_1,x_2)^{\mathrm{T}}$ 表示二维图像中像素点的坐标值。矩阵 $\boldsymbol{A}_{mn}$ 确定了该 Gabor 滤波器的带宽和方向特性,定义为

$$\boldsymbol{A}_{mn} = \begin{bmatrix}\cos\Phi_m & -\sin\Phi_m\\ \sin\Phi_m & \cos\Phi_m\end{bmatrix}\cdot\begin{bmatrix}a_n^{-2} & 0\\ 0 & b_n^{-2}\end{bmatrix}\cdot\begin{bmatrix}\cos\Phi_m & \sin\Phi_m\\ -\sin\Phi_m & \cos\Phi_m\end{bmatrix} \tag{3-22}$$

式中,a_n 和 b_n 为滤波器的带宽;Φ_m 为 Gabor 滤波器的方向;$\boldsymbol{k}_{0mn}$ 为滤波器的频率向量,定义为

$$\boldsymbol{k}_{0mn} = k_{0n}\begin{bmatrix}\cos\Phi_m\\ \sin\Phi_m\end{bmatrix} \tag{3-23}$$

式中,k_{0n}为滤波器的核频率。

根据冲激函数,Gabor 变换的传递函数定义为

$$G_{mn}(\boldsymbol{k}) = \exp\left[-\frac{1}{2}(\boldsymbol{k}-\boldsymbol{k}_{0mn})^{\mathrm{T}}\cdot\boldsymbol{A}_{mn}^{-1}\cdot(\boldsymbol{k}-\boldsymbol{k}_{0mn})\right] \tag{3-24}$$

式中,$\boldsymbol{k}=(k_1,k_2)^{\mathrm{T}}$ 为空间频率。

为了建立多分辨率分析框架,图像可以用一组 N 个不同带宽和核频率的 Gabor 滤波器来处理。核频率一般可表示为

$$k_{0n} = \frac{\pi}{2^{n+1}},\quad n\in[0,N-1] \tag{3-25}$$

当 $N=4$ 且所有滤波器取相同的带宽时,Gabor 滤波器的频率特性如图 3.18 所示。

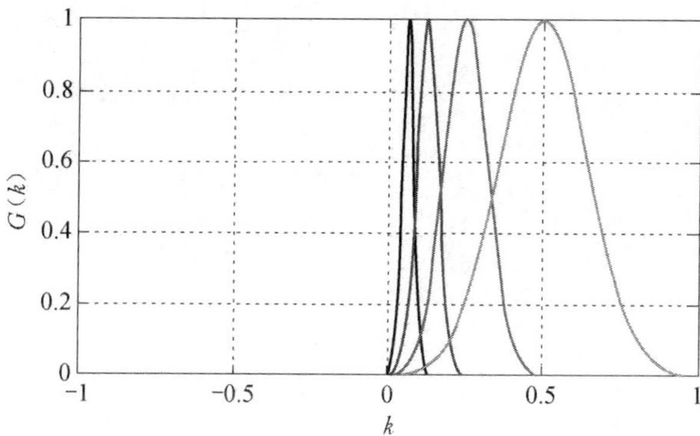

图 3.18　Gabor 滤波器的频率特性

图像可以用不同角度的 Gabor 滤波器进一步分解为 M 通道的不同方向的分量，假设 Gabor 滤波器定义在 M 个方向，即 $\Phi_m = m \cdot \Delta\Phi, m \in [0, M-1]$。图 3.19 表示了在频域半平面上，6 个相隔 30°的方向上不同频率的 Gabor 小波滤波器。

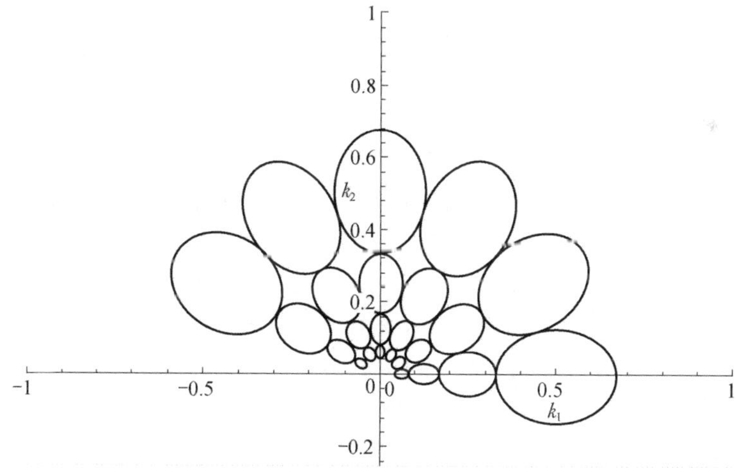

图 3.19　不同方向和频率的 Gabor 小波族

对图像在不同方向上进行 Gabor 变换的结果如图 3.20 所示。其中右侧的 6 幅图是 6 个不同方向的 Gabor 小波变换结果；左侧上图是原始图像，下图为所有方向上变换所得子图重叠后的结果。从该图可以看出，Gabor 小波变换能够通过定义不同的核频率、带宽和方向来对图像进行多分辨率分析，能有效地提取不同方向不同细节程度上的图像特征。因此，可采用二维 Gabor 小波变换以提取人脸图像中的表情细节特征，并在 Gabor 小波变换的基础上，采用弹性图匹配算法实现表情的分类识别。

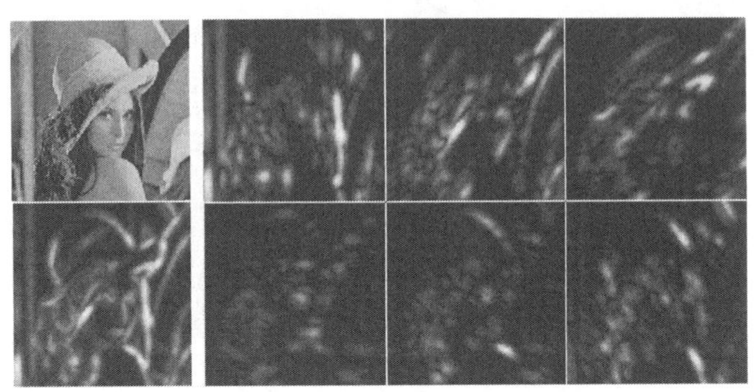

图 3.20 原始图像及 Gabor 小波变换后的图像

3.5.3 人脸表情图像的网格化

基于 Gabor 小波变换的弹性图匹配算法要求在二维空间定义小波特征矢量作为表情特征。因此，可以采用表情弹性图（也称为表情属性拓扑图）来表达人脸表情，拓扑图上的每一个顶点矢量由该点处 Gabor 小波变换后的系数组成，并代表了该点的局部表情特征。其位置信息则表示了表情特征的分布情况。

在表情图像的敏感位置，如嘴角、眼角、眉毛及额头等突出点处，其图像的灰度梯度较大，因此，小波变换后生成的特征矢量的模也较大，这些点则显著表达了表情特征。在表情识别阶段，构造表情模板时，可根据小波特征矢量的模信息，自动搜索这些点，并记录这些点的位置信息，作为表情的弹性模板，从而实现表情的弹性匹配和分类识别。

针对分割出来并归一化后的人脸表情图像，首先对其进行网格化处理，即使用较小尺寸的网格进一步分割和细化表情图像。对每一个网格进行 Gabor 小波变换，变换后形成一个特征矢量，作为人脸表情图像在该网格处的表情特征。网格的大小对于所提取的表情特征的详细程度及系统的计算量有重要的影响。网格尺寸过小将导致表情图像分割过细，虽然能更多地提取表情图像的细节特征，并在一定程度上提高系统的识别率，但会极大地增加计算量，影响系统的实时性要求。经过多次实验发现，采用 5×5 像素的矩形网格对表情图像网格化时，所提取的特征细节足够表达表情信息，且不会产生很大的计算量，满足系统的实时性要求。网格化的效果如图 3.21 所示，表示网格化后的表情图像及经 Gabor 小波变换后由特征矢量组成的表情弹性图的示意图。

从图 3.21 可以看出，网格虽然表达了人脸表情的整体属性拓扑特征，但更多网格点的引入不但增加了计算量，而且那些与表情变化无关的网格点还会影响表情的识别。因此，网格应尽量反映表情关键点信息，使关键点包含于某几个网格中。这样，在构造表情模板时，可以根据关键点特征矢量模较大的原则选取关键点以构成离散的网格,关键点间的距离动态变化。识别时采用弹性图匹配算法,通过适当改变表情模板的关键点间的距离,基于最小能量函数,找到表情模板与待识别表情图像的最佳匹配。

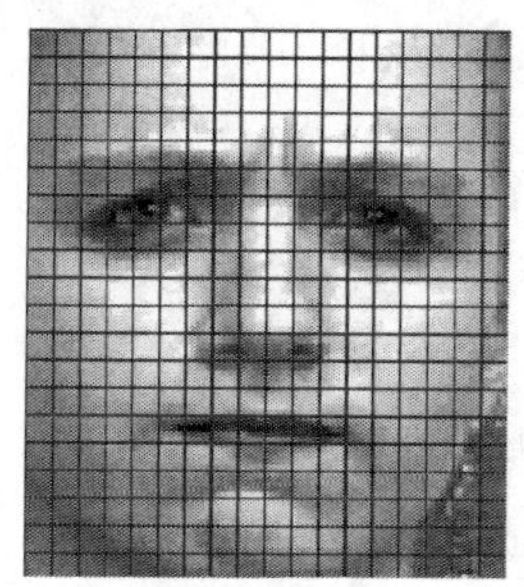
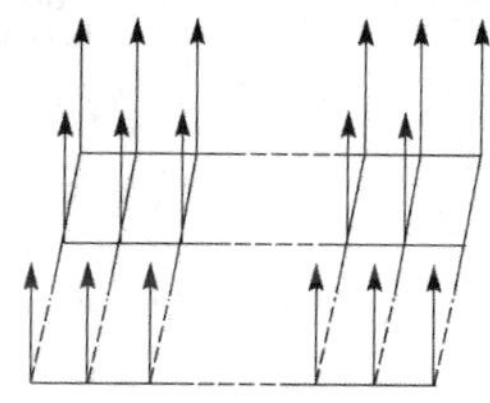

图 3.21 表情区域的网格化及经 Gabor 小波变换后得到的表情弹性图的示意图

3.5.4 基于 Gabor 小波变换的表情弹性图的构造

本阶段的任务是将经网格化后的表情图像转换为表情弹性图(或称为表情属性拓扑图)。对网格化后的表情图像的每一个网格进行 Gabor 小波变换,取变换后的小波系数作为该网格点的特征矢量,所有网格的特征矢量则构成了表情特征弹性图,如图 3.21 的右图所示。

借助 Gabor 小波变换构造人脸表情图像的表情弹性图是整个系统的核心,而 Gabor 小波函数的选择对表情特征提取的好坏有直接关系。选择基频带宽固定,具有 3 个较高核频率的小波族,其中每种频率的小波族又由均匀分布在半平面中 6 个方向上的小波组成。较高的核频率使小波函数能够更好地提取表情图像的细节部分,而不同方向使小波函数能够全面地考虑表情特征。

二维 Gabor 小波核函数定义为

$$\psi_j(\boldsymbol{k},\boldsymbol{x}) = \frac{|\boldsymbol{k}_j|}{\sigma^2}\exp\left(-\frac{|\boldsymbol{k}_j|^2|\boldsymbol{x}|^2}{2\sigma^2}\right)\left[\exp(\mathrm{i}\boldsymbol{k}_j\cdot\boldsymbol{x})-\exp\left(-\frac{\sigma^2}{2}\right)\right] \tag{3-26}$$

其中,i 为复数算子;σ 为小波滤波器的带宽,可取 $\sigma=2\pi$;$\boldsymbol{k}_j$ 为小波的波矢量,其不同取值构成了该小波族中不同小波函数,$\boldsymbol{k}_j$ 的定义为

$$\boldsymbol{k}_j = k_v(\cos\varphi,\sin\varphi)^{\mathrm{T}} \tag{3-27}$$

其中,$k_v=2^{-(v+2)/2}\pi$ 为小波的不同核频率。由于人脸表情表现为高频特征,故可取较高频率的小波函数与表情图像卷积,以提取高频信息并屏蔽掉与表情变化无关的低频信息。本书取 $v=0,1,2$。φ 为小波的不同方向,每种核频率的小波在半带宽平面上可进一步衍生出 6 个方向的小波,即 $\varphi=\frac{\pi}{6},\frac{2\pi}{6},\frac{3\pi}{6},\frac{4\pi}{6},\frac{5\pi}{6},\pi$。这样便

定义了由 3×6 个 Gabor 小波组成的小波族用于提取表情特征。

对表情图像的每一个网格进行 Gabor 小波变换是通过 Gabor 小波核函数与图像函数卷积来完成的。Gabor 小波函数族中的每一个小波与图像网格点的变换结果作为该网格点处的特征矢量的一个分量，因此，3×6 个小波所执行的 Gabor 变换产生的特征矢量将由 3×6 个分量组成。

第 j 个 Gabor 小波核函数 ψ_j（这里 j 的取值为 1～18）与表情图像网格的卷积定义为

$$G_j = \psi_j(\boldsymbol{k},\boldsymbol{x}) \cdot I(\boldsymbol{x}) = \iint \psi_j(\boldsymbol{k},\boldsymbol{x}) I(\boldsymbol{x}) \mathrm{d}x\mathrm{d}y \tag{3-28}$$

其中，$\boldsymbol{x}=(x,y)$为网格内的像素坐标，$I(\boldsymbol{x})$为对应坐标的像素值。由于小波函数是复值函数，为了计算方便，在程序设计中，将小波函数分解为实部和虚部两类 Gabor 函数，分别与图像函数卷积。因此，小波变换后的结果也是由实部和虚部两部分矢量组成，可通过取模运算将实部矢量和虚部矢量合为模矢量，并最终作为小波变换的结果。

对表情图像的每一个网格，按式(3-28)使用 3×6 个不同频率和方向的 Gabor 小波对其变换，并构造表情弹性图。令 S 表示经网格化后的表情图像，则其表情弹性图可表示为

$$\boldsymbol{X} = \{\boldsymbol{X}_m, m \in S\} \tag{3-29}$$

其中，$\boldsymbol{X}_m$ 是网格 S 中在 m 点处的特征矢量，其取值为

$$\boldsymbol{X}_m = (G_1, G_2, \cdots, G_{18})^{\mathrm{T}} \tag{3-30}$$

需要指出的是，在表情信息明显的关键点处，其特征矢量的模 $\|\boldsymbol{X}_m\|$ 较大。图 3.22 显示了原始表情图像及网格化后由特征矢量的模构成的 Gabor 小波变换的结果。

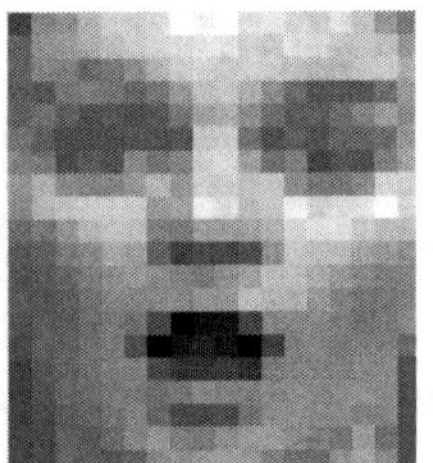

图 3.22　原始表情图像及经 Gabor 小波变换后的特征图像

从图 3.22 可以看出，经过 Gabor 小波变换后，由特征矢量模组成的灰度图（右图），在嘴角、眼角等突变点处的像素点较黑，即这些点的特征矢量模较大。可见，Gabor 小波变换能较好地提取表情特征。

3.5.5　实验结果与分析

为了验证 Gabor 小波变换提取表情特征的可行性，实验中采用由式(3-26)定义的 Gabor 小波函数族提取灰度图像中的表情特征。分别提取高兴、愤怒、悲哀、惊讶、厌恶及恐惧这 6 种基本情绪所对应的表情特征。为了分析 Gabor 小波矢量与不同表情状态的关系，研究表情特征与光照条件、个人特征等因素间的联系，在不同的光照环境及不同测试者的条件下提取与表情有关的 Gabor 小波特征，并对这些特征进行直观比较和分析。

由于表情信息主要集中在表情图像的关键点处，所以应重点分析关键点处的特征矢量。提取表情特征时，首先对灰度表情图像采用人工方式框出左眼、右眼及嘴角等区域作为表情图像的关键点；然后对这些区域进行归一化处理，缩放为5×5的正方形网格；最后对该网格根据式(3-28)进行 Gabor 小波变换，从而提取由小波系数组成的一维特征矢量，该特征矢量由 18 个分量组成，分别对应 3 个高频小波在 6 个不同方向上的小波变换系数。

分析比较不同表情特征矢量时，首先选择几种典型的表情图像进行 Gabor 小波变换，并将变换结果作为该类型的表情特征模板，然后随机选取不同光照下不同测试者的表情图像作为测试图像，将被测图像进行 Gabor 小波变换，最后比较被测表情特征与 6 种典型表情的特征模板。比较时，可简单地采用欧氏距离作为两特征矢量的相似性度量，欧氏距离的定义为

$$d = \| \boldsymbol{c} - \boldsymbol{x} \| \tag{3 31}$$

式中，$\boldsymbol{c}$ 为表情特征模板，$\boldsymbol{x}$ 为待识别的表情特征。当待识别的表情特征与某表情特征模板最相似时，欧氏距离达到最小。

1) 同一个人在相同的光照条件下做不同表情时的表情特征比较

在光照不变的条件下，对同一个人提取出不同表情所对应的左眼特征矢量，如图 3.23(a)所示，图中的 4 条特征曲线分别对应于同一个人的高兴、生气、悲伤和惊讶 4 种表情，横坐标为小波族的编号，纵坐标为表情特征向量的模。从图中的表情特征矢量的比较可以看出，即使在相同光照及相同的测试者条件下，不同表情图像所对应的表情特征差异也非常明显，其特征间的欧氏距离较大。

2) 不同人在不同光照条件下做相同表情时的表情特征比较

分别在明暗程度不同的光照环境中，对不同测试者做相同表情时提取其对应的左眼特征矢量，如图 3.23(b)所示，图中的 4 条曲线分别表示 4 名测试者在两种不同光照条件下做高兴表情时的左眼特征矢量。从图可以看出，不同人做相同表情时所对应的表情特征有着相似的变化趋势，其特征间的欧氏距离较小，且受光照变化的影响不明显。

实验通过对更多测试者的表情特征进行提取和比较，并进一步分析比较其他几种基本表情的特征矢量，表 3.5 列出了 10 位测试者表情特征的平均欧氏距离比较结果。在该表中，针对每位测试者的一种表情提取一幅典型表情图像，则共获取 60 幅图像，将这 60 幅图像同时作为表情模板和被测表情，计算两两特征间的欧氏距离，最后对两类表情间的欧氏距离取平均值，作为表中的测试结果。从该表的数据可以看出，不同表情特征间的欧氏距离较大，而不同测试者的相同表情的欧氏距离较小，有较好的相似性。因此可以得出结论：Gabor 小波变换能够有效地提取与表情变化有关的特征，这种特征对光照变化不敏感，且能屏蔽个人特征差异的影响，做到与人无关的表情特征提取。

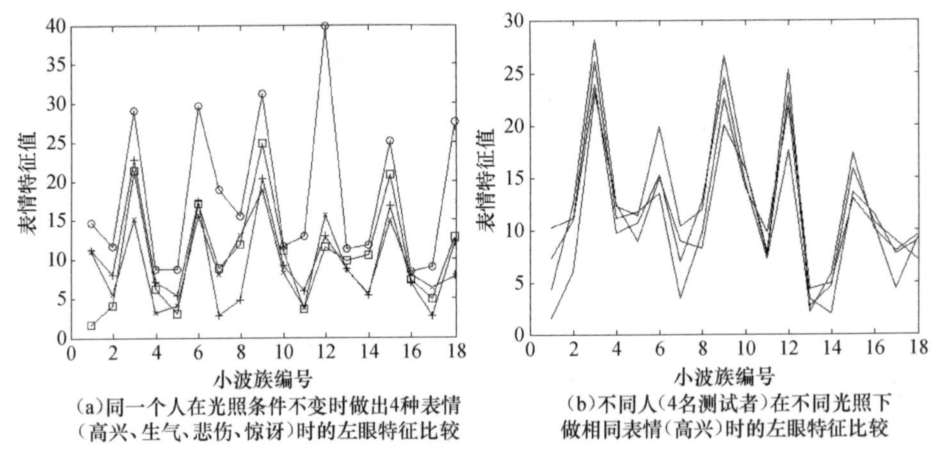

(a)同一个人在光照条件不变时做出4种表情（高兴、生气、悲伤、惊讶）时的左眼特征比较

(b)不同人(4名测试者)在不同光照下做相同表情(高兴)时的左眼特征比较

图 3.23　表情特征的提取及比较

表 3.5　六种基本表情特征的平均欧氏距离比较

	高兴	惊讶	悲伤	恐惧	愤怒	厌恶
高兴	13.5	42.2	43.5	50.4	44.7	43.5
惊讶		14.3	40.5	56.1	43	36.6
悲伤			13.8	48.5	38	36.8
恐惧				9.36	73.3	47.7
愤怒					17	66.7
厌恶						14.4

3.6　基于积分图像的表情特征提取方法

3.6.1　积分图像的概念

假设原图像中任意一点 (i,j) 的灰度值为 $p(i,j)$，则积分图像[18-19]中任意点

(x,y)的积分值 $\text{ii}(x,y)$表示该点左上角区域灰度值之和，如图 3.24 所示，定义为

$$\text{ii}(x,y) = \sum_{x' \leqslant x, y' \leqslant y} p(x', y') \tag{3-32}$$

从左到右，从上到下计算积分图像，随着像素矩阵的增大，计算量线性增长，也可根据递推公式

$$\text{ii}(x,y) = p(x,y) + \text{ii}(x-1,y) + \text{ii}(x,y-1) - \text{ii}(x-1,y-1) \tag{3-33}$$

从左到右，从上到下计算，利用积分值可以计算积分图像上任意大小矩形区域的像素和，无论矩形大小，只需取出矩形 4 个顶点的积分值即可。设矩形窗内灰度值总和为 W，矩形 4 个顶点分别为(i_1,j_1)、(i_2,j_2)、(i_3,j_3)、(i_4,j_4)，如图 3.25 所示，则有

$$W = \text{ii}(i_4,j_4) + \text{ii}(i_1-1,j_1-1) - \text{ii}(i_2,j_2-1) - \text{ii}(i_3-1,j_3) \tag{3-34}$$

因此，无论需要计算多大矩形区域内的像素和，或是多个矩形，均可以利用矩形 4 个点求出，算法时间度是常量，大大提高计算效率。

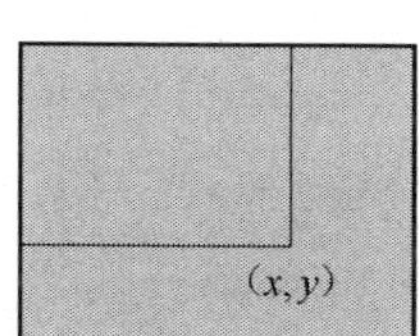

图 3.24　(x,y)的积分值区域

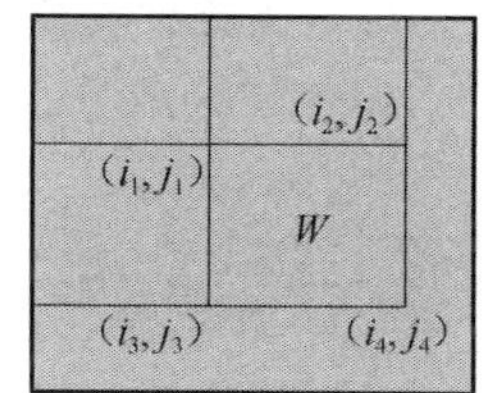

图 3.25　矩形 W 的灰度值区域

3.6.2　积分图像表情特征提取

特征提取是面部表情识别的一个关键步骤，特征提取的好坏对识别结果有直接的影响。另外，实时性也是面部表情识别领域的研究热点。Gabor 滤波器有效应用在特征提取和模式识别领域，但计算量相当大，即使使用 FFT，运算量仍然很大。这在实时性和准确率之间产生了瓶颈，在保证准确率的情况下，如何提高特征提取效率显得尤为重要。

利用日本女性人脸表情库 JAFFE，共 213 幅灰度图像，选取一部分作为训练集，另一部分作为测试集，对图像特征提取之前进行图像的预处理。由于人脸的主要变化表现在眉毛、眼睛、鼻子及嘴巴等区域，因此，只需要截取包含五官的人脸即可，头发等都属于噪声，要尽量减少这些噪声。截取图像前，必须先确定瞳孔的位置，保证瞳孔在一条水平线上，若不在一条水平线上，旋转图像使瞳孔的连线在水平线上。图 3.26 所示为原始图像和旋转图像。

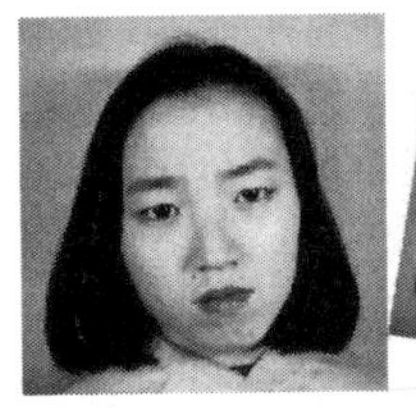
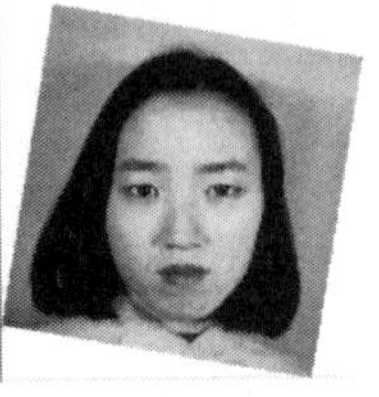

图 3.26 原始图像和旋转图像

设两眼瞳孔之间的距离为 d，以中心点为定点，上下左右分别截取 $0.5d$、$1.5d$、d、d。按照上述比例关系剪切以后，各个图像的长宽比是一定的，但是大小可能不同。以某一规格化图像为标准，所有的图像按比例得到统一的规范化图像，为了利用 FFT，图像大小取 2 的幂次方。图 3.27 所示为原始图像和剪切后的图像。

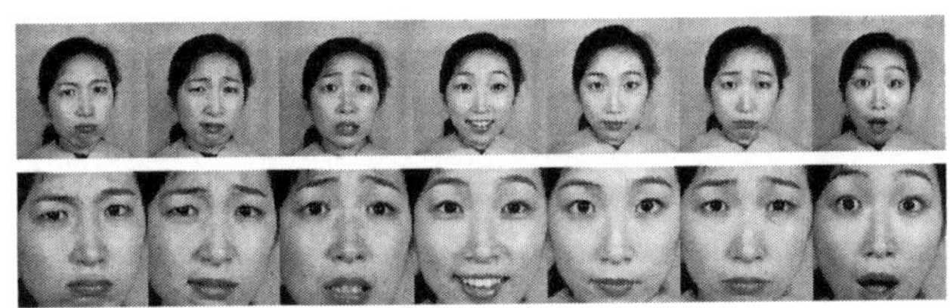

图 3.27 原始图像和剪切后的图像

人脸表情特征点的选取应该考虑能基本代表人脸表情变化信息的点，各个特征点代表的意义和所起的作用也应不同。人脸表情变化主要集中在五官上，根据表情变化的特征，主要在这些位置进行特征点的标定，如图 3.28 所示。

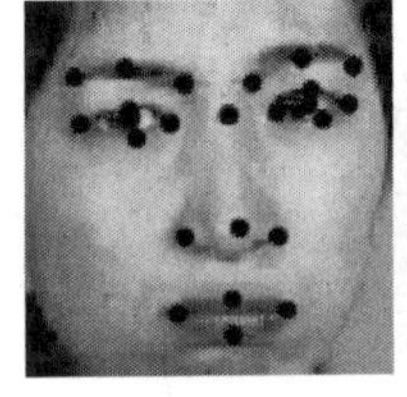
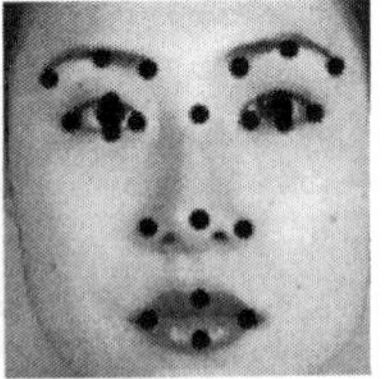

图 3.28 特征点的标定

可以在脸部增加一些点以增加特征信息，但是由于这些点不容易标定，标定错误不但降低效率，而且影响识别率。因此，在实时性和准确性之间寻求一种平衡，只在眉毛、眼睛、鼻子和嘴巴等处标定 24 个特征点，利用主动形状模型(active shape model，ASM)确定特征点的位置。

Gabor 滤波器利用不同尺度、不同方向的小波函数对图像进行特征提取，在时间域和空间域有很好的局部性，而且能够提取表情图像的细节信息，与图像卷积也是图像灰度值相乘、累加的结果，但是计算量大，采用 Gabor 滤波器进行特征提取，在积分图像基础上，利用多尺度、多方向的加权矩形模板提取表情特征。

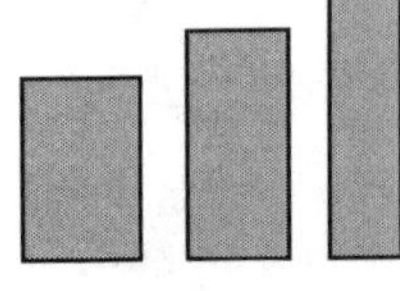

图 3.29 3 个尺度的灰度模板

矩形模板的宽和高分别由 Gabor 核函数的 k_v，λ 获得，其中，$\lambda=\frac{\pi}{2k_v}(v=0,1,2)$。这样得到 3 个不同大小的矩形模板，将 k_v 与 λ 的比值作为矩形模板的权值，矩形模板如图 3.29所示，然后采用 Gabor 核函数 6 个方向，在每个特征点将每个模板依次旋转 6 个方向，如图 3.30 所示。

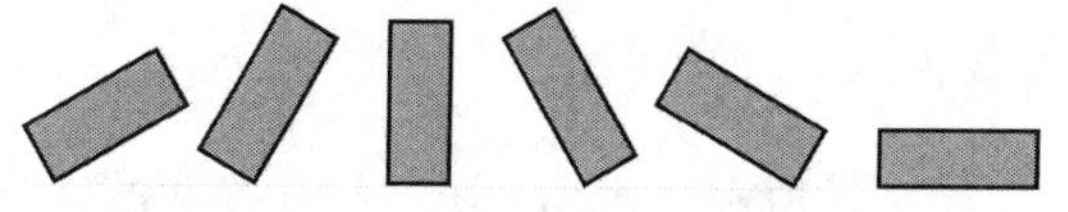

图 3.30　6 个方向的灰度模板

将每一个矩形模板的中心对准特征点(x_c,y_c)，利用积分图像计算矩形区域内的灰度值之和 $\mathrm{RSum}(x_c,y_c)$，利用权值与灰度值总和作卷积，卷积定义为

$$Y(x_c,y_c)=w*\mathrm{RSum}(x_c,y_c) \tag{3-35}$$

式中，w 为矩形模板的权值，共有 3 个大小的矩形模板，w 共有 3 个值；$\mathrm{RSum}(x_c,y_c)$ 为矩形区域灰度值总和，通过积分图像计算得到。

对于无旋转积分矩形模板，利用式(3-32)计算图像积分图；在积分图基础上，将矩形模板在积分图上移动，在每个特征点处，将矩形模板的中心对准特征点，利用式(3-34)计算矩形模板内部所有像素的灰度值总和，最后由式(3-35)得出此点的特征值。图 3.31 所示为匹配示意图。

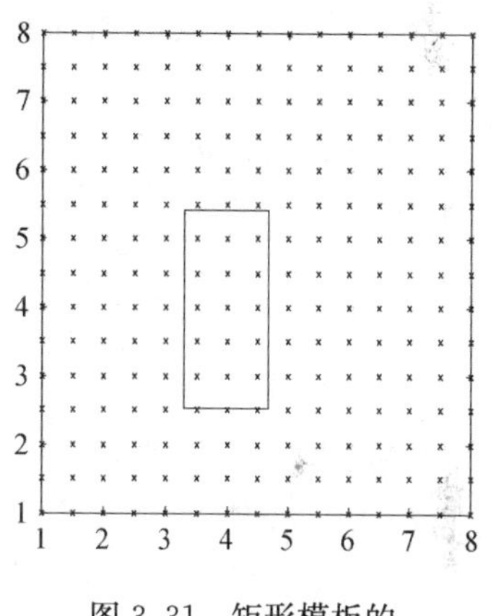

图 3.31　矩形模板的匹配示意图

对于旋转角度为 φ 的积分矩形模板，仍然可以利用式(3-32)计算积分图；然后将旋转 φ 的模板在积分图上移动，对准每个特征点，将矩形模板的 4 条边看成 4 条直线，4 个点看成交点，利用直线之间的几何关系计算模板的 4 个顶点(交点)位置，判断所围区域内像素的灰度值总和；最后利用式(3-35)计算此特征点的特征值。但是利用直线几何关系得到 4 个顶点的位置以后，判断区域内灰度值总和时容易遗漏像素点，显然会对结果引起一定的误差，甚至产生错误的结果。

对于旋转角度 φ 的积分矩形模板，保持模板总处于垂直状态，将图像旋转 φ，然后计算旋转 φ 角度后的图像的积分图。与无旋转积分矩形模板的步骤相同，将不变的垂直模板在积分图上移动，依次对准要提取的特征点的位置，计算矩形区域内灰度值总和，最后得出特征点的特征值。

因此，利用积分图像技术，结合矩形模板提取图像表情特征值时，根据矩形模板的旋转情况分两种情况：对于无旋转的矩形模板，直接利用积分图像技术计算特征点的特征值；当旋转角度为 φ 的矩形模板时，不再是将有旋转角度的模板在原图上匹配，而是把旋转角度为 φ 的矩形模板保持垂直，旋转原图像，计算旋转后角度为 φ 的新图像的积分图，然后将垂直的模板匹配新图像的积分图，此时计算原特征点在新坐标位置处的像素灰度值之和，从而得出各个特征点的特征值。

3.6.3 实验结果与分析

本部分将 Gabor 特征提取和利用积分图的特征提取的运算量进行分析比较。由于 Gabor 特征提取是复数运算，将它分为实部和虚部分别计算，将实部和虚部取模运算作为特征值，卷积过程是实数相加和相乘的过程，需要多次相加和相乘，且利用 FFT，图像必须是 2 的乘方的形式，对于积分图则无此限制。

1. Gabor 特征提取

假设图像大小是 $N\times N$，则 FFT 需要 $N^2\log_2 N^2$ 个复数加法，$\frac{N^2}{2}\log_2 N^2$ 个复数乘法，IFFT 需要同样大的计算量，点对点运算需要 N^2 个复数相乘，而一个复数加法需要两个实数相加，一个复数乘法需要两个实数相加、4 个实数相乘。因此，Gabor 特征提取共需要 $6N^2\log_2 N^2+2N^2$ 个实数相加、$4N^2\log_2 N^2+4N^2$ 个实数相乘。

2. 积分图特征提取

假设图像大小是 $N\times N$，无论是否为旋转后的图像，计算积分图像时，每个点的计算需要 3 个实数相加，则共有 $3N^2$ 个实数相加，设有 N_r 个矩形模板，计算一个矩形区域内像素和需要 $3N_r$ 个实数相加，每个特征点需要 N_r 个实数相乘，则共需要 $3N^2+3N^2N_r$ 个实数相加、N^2N_r 个实数相乘。标定一定量的特征点，特征点的数目设为 N_T，且 $N_T\ll N^2$，则有 $3N^2+3N_TN_r$ 个实数相加、N_TN_r 个实数相乘。因此，积分图像的特征提取运算量远小于 Gabor 特征提取。

从上面分析可知，对比 Gabor 特征提取和积分图像特征提取的计算量，利用积分图像技术计算量小，时间复杂度低，这在一定程度上提高了效率，提高了系统的实时性。

利用 JAFFE 进行实验，共有 213 幅图像，每人包含 2～4 幅图像，分别为生气、厌恶、恐惧、高兴、中性、悲伤和惊讶，均为 256×256 像素的灰度图像。由于只研究人脸表情，为了消除头发等的影响，提高实验效率，仅计算包含全部特征点的人脸图像，经过图像预处理后得到各组图像的纯人脸图像。

利用积分图像技术和矩形模板相结合的方法提取特征。为了验证此种方法的可靠性，利用最近邻方法对提取的特征值测量，将 7 种表情（生气、厌恶、恐惧、高兴、中性、悲伤和惊讶）训练为 7 个模板，分别为 k_1、k_2、k_3、k_4、k_5、k_6 和 k_7，将待测图像提取的特征（k_T）分别与 7 个模板比较，与哪个模板的值最接近，就把待测表情划分到此类中。

实验结果与利用 Gabor 特征值的识别结果对比，它们的测试准确性相当，而且从运算量的分析也可以看出特征提取所用的时间小于 Gabor 特征提取所用时间。实验表明利用积分图像技术和矩形模板相结合的方法可提高运算效率，一定程度上满足了实时性要求，缓解了实时性与准确性之间的瓶颈问题。

3.7　一种加权矩形提取表情特征的方法

3.7.1　矩形模板设计

Gabor 的频率和方向主要由 $k_v=2^{-(v+2)/2}\pi$ 和 $\varphi_u=u\pi/6(u=1,2,\cdots,6)$决定。为了模拟 Gabor 的这一性质，设想定义一组矩形模板，这组矩形的高度和宽度由 k_v 和 λ_v 决定，$\lambda_v=\pi/(2k_v)$，$v=0,1,2$。因此，每个矩形的面积不变，高度和宽度成比例变化。这里也有 3 种高度和宽度的矩形模板，它们的示意图如图 3.32 所示。将每个矩形模板高度和宽度的比值作为权值 w，用来表征该矩形模板的性质，实验证明带权值的矩形模板提取的特征值比不带权值的矩形模板提取的特征值识别结果好。它们的关系如表 3.6 所示。

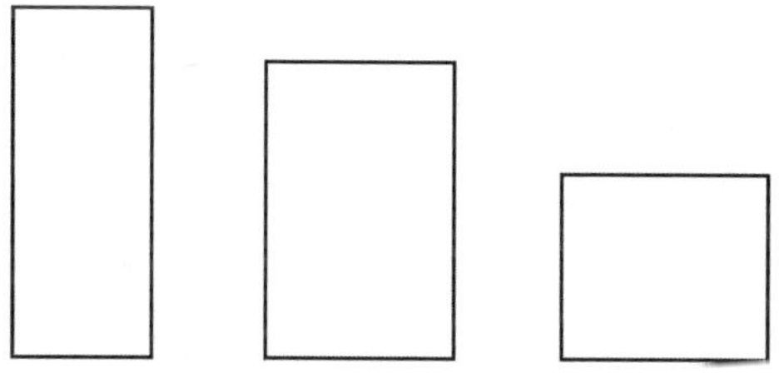

图 3.32　3 种比例的模板

表 3.6　k_v、λ_v 和 w 的关系

v	0	1	2
$k_v=2^{-(v+2)/2}\pi$	$\pi/2$	$\pi/2^{3/2}$	$\pi/4$
$\lambda_v=\pi/(2k_v)$	1	$2^{1/2}$	2
$w=k_v/\lambda$	$\pi/2$	$\pi/4$	$\pi/8$

每个矩形的高度和宽度由 k_v 和 λ_v 决定，但是不等于 k_v 和 λ_v。当模板高度和宽度过大时，矩形会包含相当多的像素值，每个特征点的特征值相差不大，不利于描述表情特征。特征点、矩形模板、图像三者之间的关系如图 3.33 所示，左图是 1/4 的 k_v 和 λ_v，右图为 1/8 的 k_v 和 λ_v。

从图 3.33 看出，左图的矩形包含相当多的像素点，当模板位于特征点较多的位置(如眼睛和嘴巴等)时，特征点的模板之间包含较多相同的像素点，这对提取特征是不适合的。从图中可以看出，$k_v/8$ 和 $\lambda_v/8$ 的情况比较符合特征提取的要求，提取特征的实验证明此种情况最优。

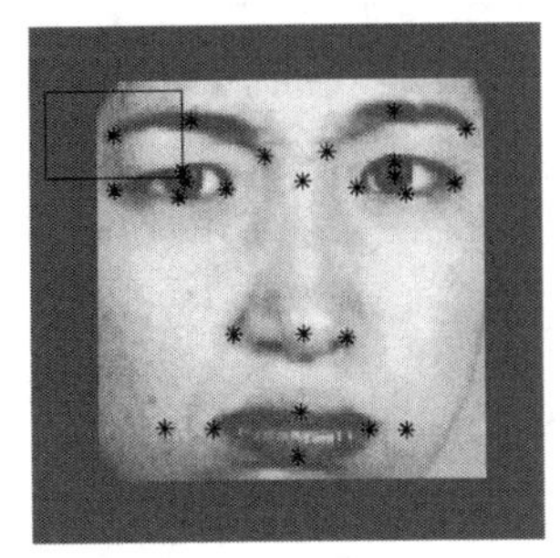
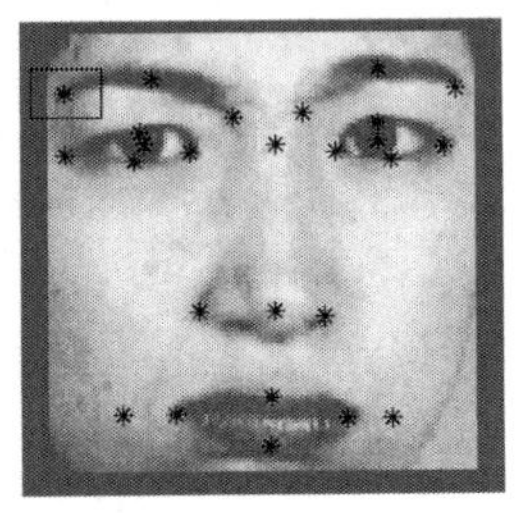

图 3.33　特征点、模板和图像的关系图

按照 Gabor 滤波器的性质，每个模板在每个特征点处按照 φ_u 旋转 6 个方向，取一种模板为例，旋转示意图如图 3.34 所示。

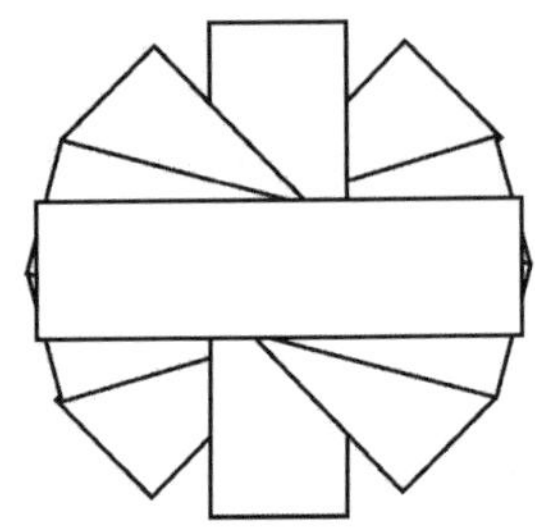

图 3.34　模板的旋转示意图

3.7.2　基于加权矩形的表情特征提取

基于基本积分图的几种特征提取方法有旋转模板法、旋转图像法及模板图像法。下面分别对这三种方法加以介绍。

1. 旋转模板特征提取

对于旋转角度为 φ 的矩形模板，计算步骤如下：首先利用式(3-32)和式(3-33)对原始图像计算积分图；然后将旋转 φ 的模板中心在积分图上移动，对准每个特征点，通过每个模板的宽和高计算模板的 4 个顶点位置坐标，判断所围区域内像素的灰度值总和。

当 $\varphi=\pi/2$ 或 π 时，矩形模板与图像的 x 轴、y 轴平行(或垂直)，此时模板覆盖的矩形区域的灰度值总和由式(3-34)求得，计算简单快速；但是当 $\varphi=\pi/6$、$\pi/3$、$2\pi/3$、$5\pi/6$ 时，矩形模板与图像分别成 φ 角，4 个顶点的位置确定以后，矩形的边落在部分像素方格上，这些方格的取舍根据插值方法确定，通过判断重新确定有缺口的矩形或是锯齿形矩形，这在一定程度上增加了运算时间，降低了运算效率。

此外，为了便于利用式(3-34)，对覆盖区域尽可能最大化的划分为与 x 轴、y 轴平行(或垂直)的矩形块，计算每个矩形块的灰度值之和，某些像素点可能不属于任意矩形块，这在判断模板覆盖区域内灰度值总和时容易遗漏，显然对结果有一定的误差，甚至产生错误的结果。

从上面分析可知,当旋转模板时,由于积分图是倾角 0°矩形积分图,因此,在计算模板内像素和时,需要最终根据该积分图的特点计算。该积分图矩形没有旋转角度,因此,对于倾角非 0°的需要转化为倾角 0°的形式计算,这就是上面的最大化矩形模板的思想。但是,此种方法效率低,并且容易产生误差。保持模板垂直不变,将表情图像旋转相应的角度,这就是下面的旋转图像表情特征提取。

2. 旋转图像特征提取

当旋转模板时,鉴于积分图的特点,求矩形内像素的灰度和时,效率会降低且有误差,可变换旋转对象,将模板保持不变,旋转图像。具体步骤如下。

(1) 需要旋转 6 个方向的模板始终保持垂直状态,将图像旋转 φ。

(2) 计算旋转 φ 角度的图像的积分图,由于旋转后图像范围变大,原图像范围之外的像素灰度值设为 0,这样不影响旋转后图像积分图的值。此外,每旋转一个角度需要计算一次积分图,6 个方向需要计算 6 次积分图。由于原图像范围之外的像素灰度值为 0,所以由图像范围增大而增加的计算量可以忽略。

(3) 旋转后确定特征点的新坐标位置,将方向不变的垂直模板在旋转后的积分图上移动,依次对准要提取的特征点的位置。此时,只需要判定矩形 4 个顶点所在的行和列,边缘与顶点所在的行列是否相同,这与旋转模板的方法相比节省了边缘像素点的判定时间。

(4) 利用式(3-34)计算矩形区域内灰度值总和,不需要将模板覆盖的区域分块,相比旋转模板节省了分块时间。

此种旋转图像方法,适用于任何旋转角度的图像,使用灵活。每旋转一个方向,图像的所有像素点都需要旋转,这增加了运算时间,但在有更多的旋转角度时,灵活性增加。两种方法的关系图如图 3.35 所示。

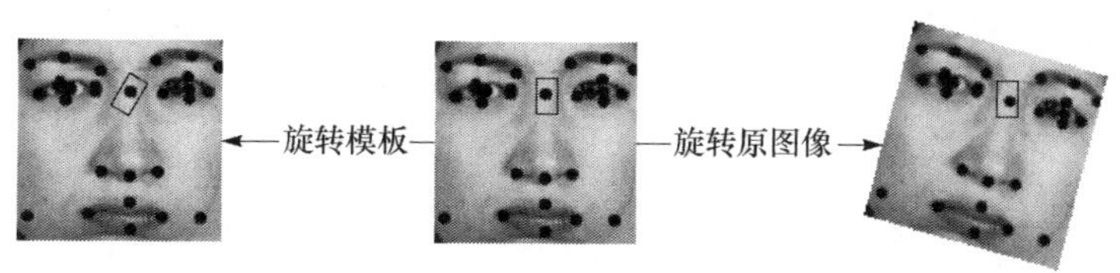

图 3.35　模板与原图像的旋转对照图

图 3.35 中圆点表示特征点,矩形框表示矩形模板,左边图表示旋转矩形模板 φ 角度,右边表示矩形模板不变,旋转原图像 φ 角度。

3. 模板图像特征提取

前面的方法都是模拟了 Gabor 的 6 个方向,$\varphi_u=u\pi/6(u=1,2,\cdots,6)$,由于在

积分图中没有这几个角度的计算，因此，利用积分图在这几个角度计算就需要分块或是变换旋转对象。目前，在积分图中，仅有 45°和 135°两种旋转角度，可以仅取 π/4、π/2、3π/4、π 这 4 个旋转角度下的特征值，步骤如下。

在 π/4 和 3π/4 两种情况下，由于 π/4 和 3π/4 是垂直的，在 3π/4 方向的矩形模板相当于 π/4 方向矩形模板宽度和高度的伸缩，因此，只需要计算 π/4 矩形积分图即可。

(1) 首先判断在哪个方向上提取特征，然后计算围绕特征点旋转后矩形 4 个顶点的坐标。

(2) 由此得到 π/4 积分图，每个点的灰度值是其左侧范围内的灰度值和，使用式(3-34)得到矩形域内的灰度值和。

此种方法不需要分块或旋转图像，可以快速计算模板内的积分图，计算简单快速。

3.7.3 实验结果与分析

采用日本女性表情库 JAFFE 进行实验，表情库共有 10 个日本女性提供的 213 幅图像，分为生气、厌恶、恐惧、高兴、中性、悲伤和惊讶 7 种表情，每人每种表情包含 2～4 幅图像，均为 256×256 像素的灰度图像。由于只研究人脸表情，为了消除头发等的影响，提高实验效率，剪切仅包含全部特征点的人脸图像，经过图像预处理后得到各组图像的纯人脸图像。实验在 MATLAB 环境下，使用同一类图像的相同特征点，对比 Gabor、模板旋转和图像旋转三个特征提取各自在每个方向上所用的平均时间。表 3.7 列出 Gabor 和图像旋转在每个方向上的提取特征的平均时间。

表 3.7 Gabor 与图像旋转在各个方向上提取特征平均时间 单位:ms

方法	π/6	π/3	π/2	π/6	5π/6	π
Gabor	0	30	30	29	30	29
图像旋转	30	30	0	30	29	0

表 3.7 是两种方法在某一类图像上特征提取所需要的平均时间，分别在不同方向上测试它们所需要的时间。从表 3.7 中可以看出：①Gabor 所用的总时间大于图像旋转所用的总时间；②角度不同，但每个方向所用时间基本相同，说明角度对提取特征花费的时间影响不大，两者相同；③在 π/2 和 π 两个方向上，与其他几个方向相比图像旋转所用时间极少，实验基本测量不到在这两个方向上所用的时间；④理论上 Gabor 每个方向所用时间基本相等，但是在 Gabor 的 π/6 方向上，与图像旋转在 π/2 和 π 方向相同，测量不到时间数据。

总体上,旋转图像时,旋转后图像范围变大,需要计算每个像素点旋转后的坐标,耗时较长,但与 Gabor 提取相比,图像旋转方法所用的总时间明显减少。因此,对数据库图像的所有特征点抽取特征值,图像旋转方法节省了大量的时间,提高了整个系统的识别效率。

为了验证加权矩形旋转图像方法提取的表情特征是否有效,将 7 种表情训练为 7 个模板,使用最近邻方法[20]对待测图像进行分类,将待测图像提取的特征分别与 7 个模板比较,待测图像与哪个模板的距离最近,就把待测图像划分到此类中,它们的识别率如表 3.8 所示。从表 3.8 可以看出,图像旋转方法的识别率略低于 Gabor 方法,相差 1.21 个百分点,相差不大,实验表明它们的识别性能相当。从表 3.7 可看出,对于每幅的特征提取,图像旋转所用的平均时间比 Gabor 小波变换所用的时间下降了 20%。因此,对于识别速度要求较高的情况下,此方法有较好的应用前景。

表 3.8　两种识别方法的识别率

识别方法	识别率/%
Gabor+近邻	85.57
图像旋转+近邻	83.36

3.8　本章小结

本章介绍了基于 MLBP-TOP 与光流多特征、小波分解的分块改进 VLBP 以及加权矩形积分图等几种人脸表情特征的提取方法。这些方法均是对传统方法进行了改进,实验表明均具有很好的应对实际特定应用场合的特点。

基于 MLBP-TOP 与光流多特征的人脸表情融合识别方法,提出了基于 MLBP-TOP 的表情特征提取方法。该方法对基本 LBP-TOP 特征算子进行改进,根据 LBP-TOP 中不同平面表情信息的差异性,3 个交面分别采用差分二元局部模式和中心化二元模式进行特征提取。实验表明,该方法能更有效地提取表情图像序列的时空域信息,得到较好的识别率。

基于小波分解的分块改进 VLBP 特征提取方法首先对获取到的不同频率的人脸表情图像采取不同分块大小进行分块,然后采用分块改进的 VLBP 算法提取特征。经过小波分解及分块后再提取特征,可有效降低特征维数,加快识别速度。

基于加权矩形积分图的人脸表情特征提取方法,采用多尺度、多方向的矩形模板模拟 Gabor 的多分辨率性质,按权重提取积分图像特征。实验证明该方法可提高表情特征提取时间,较适合实时的表情识别应用。

参 考 文 献

[1] 梁路宏,艾海舟,徐光祐,等. 人脸检测研究综述. 计算机学报,2002,25(5):449-458.

[2] 周杰,卢春雨,张长水,等. 人脸自动识别方法综述. 电子学报,2000,28(4):102-106.

[3] 梁路宏,艾海舟,徐光祐,等. 基于多关联模板匹配与人工神经网确认的人脸检测. 电子学报,2001,29(6):744-747.

[4] 卢春雨,张长水,闻方,等. 基于区域特征的快速人脸检测法. 清华大学学报(自然科学版),1999,39(1):101-105.

[5] Ojala T,Pietikäinen M. Multiresolution gray-scale and rotation invariant texture classification with local binary patterns. IEEE Transactions on Pattern Analysis and Machine Intelligence,2002,24(7):971-987.

[6] 武宇文. 基于脸部二维形状与结构特征的表情识别研究[博士学位论文]. 北京:北京大学,2005.

[7] 詹永照,刘娟. 基于小波分解和优选的 VLBP 特征的表情识别方法. 计算机应用研究,2009,26(9):3581-3583.

[8] 孔健,詹永照. 基于多频域 LBP-TOP 的人脸表情识别. 计算机工程,2010,36(15):176-178.

[9] 叶敬福,詹永照. 基于 Gabor 小波变换的人脸表情特征提取. 计算机工程,2005,31(15):172-174.

[10] 林庆,赵翔,胡瑞瑞,等. 一种加权矩形提取表情特征的方法. 计算机应用研究,2010,27(6):2364-2366.

[11] Kwak K C,Pedryczw W. Face recognition using fuzzy integral and wavelet decomposition method. IEEE Transactions on Systems Man and Cybernetics,Part B,Cybernetics,2004,34(4):1666-1675.

[12] Kanade T,Cohn J F,Tian Y. Comprehensive database for facial expression analysis. Proceedings of the Fourth IEEE International Conference on Automatic Face and Gesture Recognition,2000:46-53.

[13] Zhao G Y,Pietikäinen M. Dynamic texture recognition using local binary patterns with an application to facial expressions. IEEE Transactions on Pattern Analysis and Machine Intelligence,2007,29(6):915-928.

[14] Harris C G,Stephes M J. A combined corner and edge detector. Proceedings of the Fourth Alvey Vision Conference,1988:147-151.

[15] Kanade T,Cohn J F,Tian Y. Facial expression database. http://vasc. ri. cmu. edu/idb/html/face/facial_expression/index. html[2000-7].

[16] 艾海舟. 数字图像处理. http://media. cs. tsinghua. edu. cn/~ahz/digitalimageprocess/CourseImageProcess. html[2004-11].

[17] 陈武凡. 小波分析及其在图象处理中的应用. 北京:科学出版社,2002.

[18] Veksler O. Fast variable window for stereo correspondence using integral images. Proceedings of IEEE Computer Society Conference on Computer Vision and Pattern Recognition, 2003,1:1556-1561.

[19] 邵平,杨路明. 基于模板分解和积分图像快速 Kirsch 边缘检测. 自动化学报,2007,33(8):795-800.

[20] Duda R O,Hart P E,Stork D G. 模式分类. 2 版. 李宏东,姚天翔,译. 北京:机械工业出版社,2003.

第 4 章　基于视觉信息的情感识别方法

4.1　概　　述

表情分类是表情识别框架中的最后一个阶段，目的是将不同表情划入相应的表情类中。分类器选择和设计的主要不同来自是否使用时间信息。不使用时间信息的分类方法称为空域方法，使用时间信息的分类方法称为时域空域方法[1]。神经网络是典型的基于机器学习的空域方法，其输入数据或者是直接的人脸图像信息，或者是经过一些特征转化方法处理后的信息，常用的特征转化方法包括主成分分析方法、独立成分分析方法和 Gabor 小波方法。人工神经网络往往难以训练，基于规则的神经网络是一种折中选择，递归型神经网络在人脸表情识别系统中也有许多成功的应用。此外，还有许多空域方法。由于空域方法只使用特征向量，所以一般的分类方法都能被用做空域方法。常见的空域的分类器构造方法有[2]：使用支持向量机、AdaBoost 算法和线性规划的分类器构造方法。表情是一个动态过程，为了得到更好的识别率，分类方法设计和选择时考虑动态信息的利用。时域空域方法有效利用了动态信息。隐马尔可夫模型(hidden Markov model，HMM)对动态性序列有很好的描述能力，既可描述瞬态的随机过程又可描述动态的随机过程的转移特性，所以在表情识别中也常被采用。已有许多成功应用隐马尔可夫模型设计分类方法的表情识别研究[3-5]。此外，可以将脸部运动表示成一个二维的运动场，计算场之间的距离来获得脸部运动状况。本章主要介绍课题组近年来研究实现并采用的视觉信息的情感识别方法[6-7]。

4.2　最大间隔最小体积球形支持向量机

使用支持向量机的分类器进行情感状态分类识别时，其超平面中的正负类间间隔的确定是较难准确把握的，它们往往不均等。最大间隔球形支持向量机(maximal margin sphere SVM，MSSVM)分类器能较好地克服这一问题。因此，为了实现类间间隔的增大和正负两类类内体积的缩小，以期更有利于提高情感分类性能，研究并实现了最大间隔最小体积球形支持向量机(maximal margin minimal volume hypersphere SVM，MMHSVM)，并用于情感分类识别。

4.2.1　最大间隔球形支持向量机

最大间隔球形支持向量机[8]在分隔超球模型(seperating hypersphere，SH)的基础上，也利用两同心超球分隔正负类样本建模，但它的建模摆脱了 SVM 数学模型对称形式的要求，事先并不确定分类半径，而在求取双超球边界后，利用两超球半径的平均确定分类半径和分类超球面，避免了正负类间间隔不均等的问题。

MSSVM 的数学模型为

$$\min L(R^2, c, d^2, \xi_i) = R^2 - Md^2 + C_1 \sum_{y_i=+1} \xi_i + C_2 \sum_{y_j=-1} \xi_j \tag{4-1}$$

$$\text{s.t.}\quad \| \Phi(x_i) - c \|^2 \leqslant R^2 + \xi_i, \quad y_i = +1$$

$$\| \Phi(x_j) - c \|^2 \geqslant R^2 + d^2 - \xi_j, \quad y_j = -1$$

$$\xi_i \geqslant 0, \quad i = 1, 2, \cdots, n$$

MSSVM 的图形表示如图 4.1 所示，正类样本用圆点表示，负类样本用菱形点表示。设两类样本为超球可分，存在两个同心超球 S_1、S_2，球心为 c，S_1 为小超球，S_2 为大超球，S_1 将正类样本包裹其中，S_2 将负类样本排除其外。在超球 S_2 上任选一点 A 对超球 S_1 做切平面(在图 4.1 中对应为切线)，切点为 D，连接 AD、Dc 和 Ac，设 $\| Dc \| = R$，$\| AD \| = d$，则 $\| Ac \| = \sqrt{R^2 + d^2}$，超球 S_1 的半径为 $R_1 = R$，超球 S_2 的半径为 $R_2 = \sqrt{R^2 + d^2}$，则正负类类间间隔为 $\Delta = R_2 - R_1 = \sqrt{R^2 + d^2} - R$，MSSVM 的目标为最大化类间间隔 Δ，等价于最大化 d^2 和最小化 R^3。

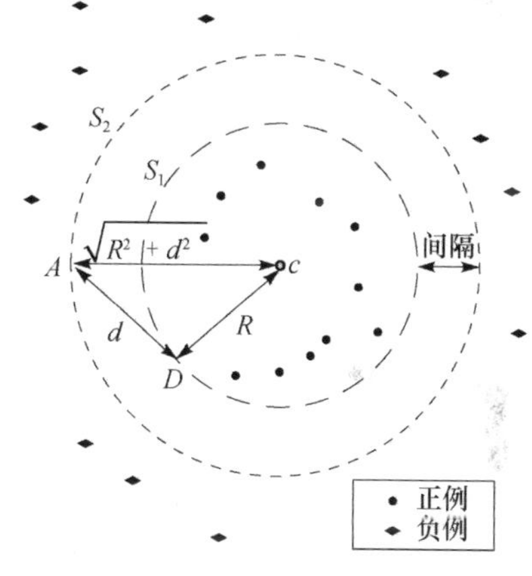

图 4.1　最大间隔球形支持向量机

MSSVM 通过最大化 d^2 和最小化 R^2 实现分类间隔 Δ 的最大化，同时也可最小化正类类内体积，但最大化 d^2 和最小化 R^2 并不能得到 $R_2 = \sqrt{R^2 + d^2}$ 的最大化，无法保证负类类内体积最小化，即数学模型考虑负类样本特征空间体积的减小，不能提高负类的聚类性。

4.2.2　最大间隔最小体积球形支持向量机

1. MMHSVM 建模思路

类间间隔和类内聚类性是影响分类器分类性能的两个重要因素，增大类间间隔和提高类内聚类性有利于分类能力的提高。支持向量机通过构造最优超平面寻找类间最大分类间隔以提高分类器的泛化能力，支持向量数据描述对模式样本建立紧致包裹超球，实现对一类样本的最小体积描述，即对包容一类样本的空间闭域体积最小化压缩——最小化类内体积，本质上等价于类内聚类性的最大化。一个很自然的想法就是将这两种方法结合起来，即在扩大分类间隔时，也提高类内聚类性，从而增强分类器的分类性能。在参考了其他有间隔 SVDD（support vector data description）模型的基础上，提出最大间隔最小体积球形支持向量机（maximal-margin minimal-volume hypersphere SVM，MMHSVM）。运用 SVM 基本理论和 SVDD 超球结构，构造两个大小不一的同心超球，小超球将正类样本包裹其中，大超球将负类样本排斥其外，模型目标函数优化两超球间隔，同时实现类间间隔的增大和正负两类类内体积的缩小，更有利于分类器性能的提高。

2. MMHSVM 模型构造

如图 4.2 所示，设正负类两类样本$\{\boldsymbol{x}_i, \boldsymbol{y}_i\}(i=1,2,\cdots,n, x_i\in\mathbf{R}^d, \boldsymbol{y}_i\in\{-1,1\})$，记正类训练样本为 $\boldsymbol{x}_i^+$，负类训练样本为 $\boldsymbol{x}_j^-$。设正负两类样本在输入空间中为超球可分状态，即存在两个同心超球 S_1、S_2，球心为 $\boldsymbol{c}$，S_1 为小超球，半径为 R_1，S_2 为大超球，半径为 R_2，$R_2\geqslant R_1$，S_1 将正类样本包裹其中，正类样本在超球体 V_1 中，S_1 为 V_1 的边界，S_2 将负类样本排除其外。设 S_2 所对应的超球体为 V_2，则负类样本位于 $V_3=\Omega\backslash V_2$ 中，Ω 为整个样本输入空间。

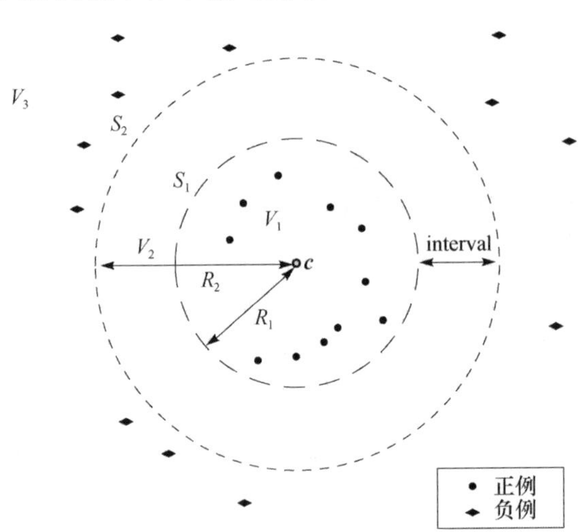

图 4.2　最大间隔最小体积球形支持向量机

正负类类间间隔为 $\Delta=R_2-R_1$，最大化类间间隔 Δ 等价于最大化 R_2 和最小化 R_1，亦即等价于最大化 R_2^2 和最小化 R_1^2，从而建立如下对应的数学模型

$$\max_{R_1^2, R_2^2, c, \xi_i^+, \xi_j^-} R_2^2 - MR_1^2 - C_1\sum_i \xi_i^+ - C_2\sum_j \xi_j^- \tag{4-2}$$

$$\begin{aligned} \text{s.t.}\quad & \|\boldsymbol{x}_i^+ - \boldsymbol{c}\|^2 = (\boldsymbol{x}_i^+ - \boldsymbol{c})^{\mathrm{T}}(\boldsymbol{x}_i^+ - \boldsymbol{c}) \leqslant R_1^2 + \xi_i^+ \\ & \|\boldsymbol{x}_j^- - \boldsymbol{c}\|^2 = (\boldsymbol{x}_j^- - \boldsymbol{c})^{\mathrm{T}}(\boldsymbol{x}_j^- - \boldsymbol{c}) \geqslant R_2^2 - \xi_j^- \end{aligned}$$

$$R_2^2 - R_1^2 \geqslant 0$$
$$\xi_i^+ \geqslant 0, \quad \xi_j^- \geqslant 0, \quad \forall i,j$$

其中，ξ_i^+、ξ_j^- 为松弛因子，分别用于约束正负类奇异点；C_1、C_2 为惩罚因子，用于控制正负类样本训练精度；参数 $M(M>0, M\neq 1)$ 用于 R_2^2 和 R_1^2 的折中。

由式(4-2)及拉格朗日辅助函数法可得模型对应的拉格朗日辅助函数为

$$\begin{aligned} L(R_1^2, R_2^2, c, \xi_i^+, \xi_j^-) = & R_2^2 - MR_1^2 - C_1\sum_i \xi_i^+ - C_2\sum_j \xi_j^- \\ & + \sum_i \alpha_i^+[R_1^2 + \xi_i^+ - (\boldsymbol{x}_i^+ - \boldsymbol{c})^{\mathrm{T}}(\boldsymbol{x}_i^+ - \boldsymbol{c})] + \sum_i \beta_i^+ \xi_i^+ \\ & + \sum_j \alpha_j^-[(\boldsymbol{x}_j^- - \boldsymbol{c})^{\mathrm{T}}(\boldsymbol{x}_j^- - \boldsymbol{c}) - R_2^2 + \xi_j^-] \\ & + \sum_j \beta_j^- \xi_j^- + \gamma(R_2^2 - R_1^2) \end{aligned} \tag{4-3}$$

其中，α_i^+、β_i^+、α_j^-、β_j^-、γ 为对应的非负拉格朗日乘子。令式(4-3)分别对 R_1^2、R_2^2、c、ξ_i^+、ξ_j^- 求偏导并令其等于 0，得

$$\frac{\partial L}{\partial R_1^2} = -M + \sum_i \alpha_i^+ - \gamma = 0, \quad 即\sum_i \alpha_i^+ = M + \gamma \tag{4-4}$$

$$\frac{\partial L}{\partial R_2^2} = 1 - \sum_j \alpha_j^- + \gamma = 0, \quad 即\sum_j \alpha_j^- = 1 + \gamma \tag{4-5}$$

$$\frac{\partial L}{\partial \xi_i^+} = -C_1 + \alpha_i^+ + \beta_i^+ = 0, \quad 即\ C_1 = \alpha_i^+ + \beta_i^+ \tag{4-6}$$

$$\frac{\partial L}{\partial \xi_j^-} = -C_2 + \alpha_j^- + \beta_j^- = 0, \quad 即\ C_2 = \alpha_j^- + \beta_j^- \tag{4-7}$$

$$\frac{\partial L}{\partial c} = 2\sum_i \alpha_i^+ \boldsymbol{x}_i^+ - 2\boldsymbol{c}\sum_i \alpha_i^+ - 2\sum_j \alpha_j^- \boldsymbol{x}_j^- + 2\boldsymbol{c}\sum_j \alpha_j^- = 0 \tag{4-8}$$

由式(4-4)、式(4-5)和式(4-8)可得球心 $\boldsymbol{c}$ 为

$$\boldsymbol{c} = \frac{1}{M-1}\left(\sum_i \alpha_i^+ \boldsymbol{x}_i^+ - \sum_j \alpha_j^- \boldsymbol{x}_j^-\right) \tag{4-9}$$

由式(4-4)～式(4-7)可知

$$M \leqslant C_1, \quad 1 \leqslant C_2 \tag{4-10}$$

将式(4-4)～式(4-7)和式(4-9)代入式(4-3)，得到模型的对偶二次规划问题为

$$\begin{aligned} \min\Big[& -\sum_i \alpha_i^+(\boldsymbol{x}_i^+ \cdot \boldsymbol{x}_i^+) + \sum_j \alpha_j^-(\boldsymbol{x}_j^- \cdot \boldsymbol{x}_j^-) + \frac{1}{M-1}\sum_{i,l}\alpha_i^+\alpha_l^+(\boldsymbol{x}_i^+ \cdot \boldsymbol{x}_l^+) \\ & - \frac{2}{M-1}\sum_{i,j}\alpha_i^+\alpha_j^-(\boldsymbol{x}_i^+ \cdot \boldsymbol{x}_j^-) + \frac{1}{M-1}\sum_{j,k}\alpha_j^-\alpha_k^-(\boldsymbol{x}_j^- \cdot \boldsymbol{x}_k^-)\Big] \end{aligned} \tag{4-11}$$

$$\text{s.t.}\quad \sum_i \alpha_i^+ \geqslant M;\quad 0 \leqslant \alpha_i^+ \leqslant C_1;\quad \forall i$$
$$\sum_i \alpha_i^+ - \sum_j \alpha_j^- = M-1;\quad 0 \leqslant \alpha_j^- \leqslant C_2;\quad \forall j$$

定理 4.1 在 $M>1$ 时，二次规划式(4-11)为凸二次规划，即对偶二次规划问题的解为全局最优解。

证明 对于二次规划问题有

$$\min\Bigg[-\sum_i \alpha_i^+(\boldsymbol{x}_i^+ \cdot \boldsymbol{x}_i^+) + \sum_j \alpha_j^-(\boldsymbol{x}_j^- \cdot \boldsymbol{x}_j^-) + \frac{1}{M-1}\sum_{i,l}\alpha_i^+\alpha_l^+(\boldsymbol{x}_i^+ \cdot \boldsymbol{x}_l^+)$$
$$-\frac{2}{M-1}\sum_{i,j}\alpha_i^+\alpha_j^-(\boldsymbol{x}_i^+ \cdot \boldsymbol{x}_j^-) + \frac{1}{M-1}\sum_{j,k}\alpha_j^-\alpha_k^-(\boldsymbol{x}_j^- \cdot \boldsymbol{x}_k^-)\Bigg] \tag{4-12}$$

令 $\boldsymbol{\alpha}=[\alpha_1^+,\alpha_2^+,\cdots,\alpha_{n^+}^+]^{\mathrm{T}}$，$\boldsymbol{\beta}=[\alpha_1^-,\alpha_2^-,\cdots,\alpha_{n^-}^-]^{\mathrm{T}}$，$\boldsymbol{x}^+=[x_1^+,x_2^+,\cdots,x_{n^+}^+]^{\mathrm{T}}$，$\boldsymbol{x}^-=[x_1^-,x_2^-,\cdots,x_{n^-}^-]^{\mathrm{T}}$，$\boldsymbol{H}=\left(\begin{bmatrix}\boldsymbol{x}^+\\ -\boldsymbol{x}^-\end{bmatrix}[(\boldsymbol{x}^+)^{\mathrm{T}}\quad(-\boldsymbol{x}^-)^{\mathrm{T}}]\right)$ 为对称矩阵，设 $\boldsymbol{X}=\begin{bmatrix}\boldsymbol{x}^+\\ -\boldsymbol{x}^-\end{bmatrix}$，则 $\boldsymbol{H}=\boldsymbol{X}\cdot\boldsymbol{X}^{\mathrm{T}}$，$\boldsymbol{f}_1=(\boldsymbol{x}_i^+ \cdot \boldsymbol{x}_i^+)_{(n^+)\times 1}$，$\boldsymbol{f}_2=(\boldsymbol{x}_j^- \cdot \boldsymbol{x}_j^-)_{(n^-)\times 1}$，其中，$(n^+)$ 为正类样本数，(n^-) 为负类样本数，$n^+ + n^- = n$，则式(4-12)可表示为

$$\min\,[-\boldsymbol{f}_1^{\mathrm{T}},\boldsymbol{f}_2^{\mathrm{T}}]\begin{bmatrix}\boldsymbol{\alpha}\\ \boldsymbol{\beta}\end{bmatrix}+\frac{1}{M-1}[\boldsymbol{\alpha}^{\mathrm{T}},\boldsymbol{\beta}^{\mathrm{T}}]\boldsymbol{H}\begin{bmatrix}\boldsymbol{\alpha}\\ \boldsymbol{\beta}\end{bmatrix} \tag{4-13}$$

要证明二次规划式(4-12)为凸二次规划，只需证明矩阵 $\frac{1}{M-1}\boldsymbol{H}$ 为半正定矩阵，即只需证：对任意向量 $\boldsymbol{y}\in\mathbf{R}^n$，有 $\boldsymbol{y}^{\mathrm{T}}\frac{1}{M-1}\boldsymbol{H}\boldsymbol{y}\geqslant 0$。

因为 $M>1$，则 $\boldsymbol{y}^{\mathrm{T}}\frac{1}{M-1}\boldsymbol{H}\boldsymbol{y}=\frac{1}{M-1}\boldsymbol{y}^{\mathrm{T}}(\boldsymbol{X}\cdot\boldsymbol{X}^{\mathrm{T}})\boldsymbol{y}=\frac{1}{M-1}\boldsymbol{y}^{\mathrm{T}}\boldsymbol{X}\boldsymbol{X}^{\mathrm{T}}\boldsymbol{y}=\frac{1}{M-1}(\boldsymbol{y}^{\mathrm{T}}\boldsymbol{X})^2\geqslant 0$。求解对偶二次规划问题，得到拉格朗日乘子的解 α_i^+、α_j^-，由式(4-12)可求得超球球心 $\boldsymbol{c}$。任一样本 $\boldsymbol{x}$ 与球心 $\boldsymbol{c}$ 的距离公式为

$$\|\boldsymbol{x}-\boldsymbol{c}\|^2=(\boldsymbol{x},\boldsymbol{x})-\frac{2}{M-1}\Big[\sum_i\alpha_i^+(\boldsymbol{x}\cdot\boldsymbol{x}_i^+)-\sum_j\alpha_j^-(\boldsymbol{x}\cdot\boldsymbol{x}_j^-)\Big]$$
$$+\frac{1}{(M-1)^2}\sum_{i,l}\alpha_i^+\alpha_l^+(\boldsymbol{x}_i^+\cdot\boldsymbol{x}_l^+)-\frac{2}{(M-1)^2}\sum_{i,j}\alpha_i^+\alpha_j^-(\boldsymbol{x}_i^+\cdot\boldsymbol{x}_j^-)$$
$$+\frac{1}{(M-1)^2}\sum_{j,k}\alpha_j^-\alpha_k^-(\boldsymbol{x}_j^-\cdot\boldsymbol{x}_k^-) \tag{4-14}$$

由 Karush-Kuhn-Tucker(KKT)条件和 MMHSVM 模型可知：

(1) 当 $0<\alpha_i^+<C_1$ 时，$\xi_i^+=0$，$R_1^2=\|\boldsymbol{x}_i^+-\boldsymbol{c}\|^2$，$\alpha_i^+$ 所对应的 $\boldsymbol{x}_i^+$ 为超球 S_1 的支持向量。

(2)当 $0<\alpha_j^-<C_2$ 时，$\xi_j^-=0, R_2^2=\|\boldsymbol{x}_j^- - \boldsymbol{c}\|^2$，$\alpha_j^-$ 所对应的 $\boldsymbol{x}_j^-$ 为超球 S_2 的支持向量。

当正负两类样本在输入空间中不为超球可分态时，可引入非线性映射 $\boldsymbol{\Phi}$，将输入样本映射到高维甚至无限维特征空间 H 中实现超球可分，而在特征空间 H 中，两个向量 $\boldsymbol{\Phi}(\boldsymbol{x}_i)$、$\boldsymbol{\Phi}(\boldsymbol{x}_j)$ 的内积可以利用 Mercer 核函数 $K(\boldsymbol{x}_i, \boldsymbol{x}_j)$ 来表示，即有 $K(\boldsymbol{x}_i, \boldsymbol{x}_j)=\boldsymbol{\Phi}(\boldsymbol{x}_i)\cdot\boldsymbol{\Phi}(\boldsymbol{x}_j)$。

分类判决规则如下：

(1) 正负二类分类问题，定义分类半径 $R=R_1+\dfrac{R_2-R_1}{2}=\dfrac{R_1+R_2}{2}$，对于测试样本 $\boldsymbol{x}$，当 $\|\boldsymbol{x}-\boldsymbol{c}\|\leqslant R$ 时，判决 $\boldsymbol{x}\in$ 正类；反之，$\boldsymbol{x}\in$ 负类。

(2) 多类分类问题，类似 SVM 的处理方法，可采用一对多(one against rest)、一对一(one against one)、决策树(decision tree)的方式将多类分类问题转换为多个二类分类问题进行类别判决。

需要指出的是，与 SVM 先确定分类超平面再得到均等分类间隔建模方式不同的是，MMHSVM 首先确定的是两类的类边界超球面及对应超球半径，然后反过来得到分类超球及分类半径，这是超球模型为了获得正负类均等分类间隔而不同于超平面建模之处。

4.2.3　模型性能分析

1. 分类性能比较分析

SVM 的目标函数为 $\min\dfrac{1}{2}\|\boldsymbol{w}\|^2$，类间间隔为 $\Delta-2/\|\boldsymbol{w}\|$，通过最大化正负类类间间隔以提高分类器分类性能。

SVDD 的目标函数为 $\min R^2$，追求一类样本类内体积最小描述，即最大化类内聚类性。

MSSVM 的目标函数为 $\min(R^2-Md^2)$，等价于 $\min R^2$ 和 $\max d^2$，也即等价于 $\max\Delta=\sqrt{R^2+d^2}-R$，则对分类间隔最大化；在 $\min R^2$ 时，也能实现正类类内体积的最小化；但对于负类的边界，$R_2=\sqrt{R^2+d^2}$，模型不能对其最大化，则不能对负类类内体积最小化，无法提高负类的类内聚类性。

MMHSVM 的目标函数为 $\max(R_2^2-MR_1^2)$，等价于 $\max R_2^2$ 和 $\min R_1^2$，由图 4.2 可知，$\Delta=R_2-R_1$ 为正负类的分类间隔，模型最大化类间间隔 Δ；R_1 表示包裹正类样本超球 S_1 的半径，V_1 为正类样本所在的投影区域，$\min R_1^2$ 即对 R_1 求取最小化，可以缩小正类类内体积，即提高了正类的类内聚类性；R_2 表示将负类样本排斥在外的超球 S_2 的半径，V_3 为负类样本所在的投影区域，对 R_2 求取最大化，从直观上可知，模型可以缩小负类类内体积，但在绝对量值上，无论 R_2 如何变化，只要 R_2 为有限值，V_3 的体积都为 $+\infty$，无法类似 (R_1,V_1) 说明 (R_2,V_3) 的变化情况。

为了严格说明 (R_2,V_3) 的对应变化关系，通过同构的方式，可将排斥于超球 S_2 外的映射空间 V_3，同构于一个超球体 V_2'，其对应的超球面为 S_2'，半径为 R_2'，如图 4.3 所示。

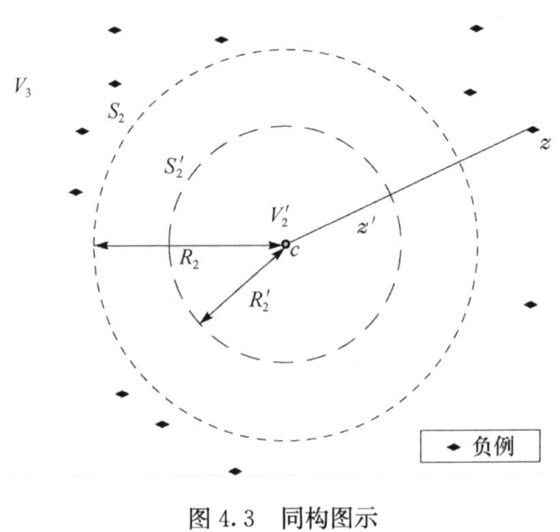

图 4.3 同构图示

其中，$V_3=\{z|d(z,c)\geqslant R_2, z\in \mathbf{R}^n\}$，$S_2=\{z|d(z,c)=R_2, z\in \mathbf{R}^n\}$，$R_2>0$，$d(z,c)$ 表示点 z 到球心 c 的距离。

设 z 为超球 S_2 外任意一点，即 $z\in V_3$，连接球心 c 与点 z，并向外延长为射线 l，在射线 l 上选取一点 z'，使得 $d(z',c)=1/d(z,c)$，点 z 与点 z' 是一一对应的，即存在双射映射 $f: z\leftrightarrow z'$，则 V_3 与 V_2' 同构，其中 $V_2'=\left\{z'\,|\,d(z',c)\leqslant\frac{1}{R_2}=R_2', z'\in \mathbf{R}^n\right\}$，即 V_2' 为一超球体，其对应的超球面为 $S_2'=\left\{z'\,|\,d(z',c)=\frac{1}{R_2}=R_2', z'\in \mathbf{R}^n\right\}$，$x_j^-\in V_2\Leftrightarrow x_j^-\in V_2'$。$\max R_2^2\Leftrightarrow \min(R_2')^2$，最大化 R_2 等价于 R_2' 最小化，则 V_2' 的体积缩小，又由于 V_3 与 V_2' 同构，说明了 V_3 的体积被压缩，即 MMHSVM 的目标函数中包含了负类类内体积的最小化。因此，MMHSVM能够同时实现类间间隔的增大和正负类类内体积的减小，即等价于类间间隔的增大和两正负类类内聚类性的提高。

2. 算法复杂度比较分析

SVM、SVDD、MSSVM、MMHSVM 的求解都归结于具有线性约束条件的二次凸规划问题。线性约束二次凸规划问题的算法复杂度主要取决于规划中变量的个数和线性约束方程的个数，采用符号 $Q(d,s)$ 表示一个线性约束二次凸规划问题，$C_Q(d,s)$ 为对应的复杂度表示，其中，d 为变量个数，s 为线性约束方程的个数，设训练样本数为 n，则 SVM、SVDD、MSSVM、MMHSVM 算法的复杂度可分别为$C_Q(n,2n+1)$、$C_Q(n,2n+1)$、$C_Q(n,2n+2)$及 $C_Q(n,2n+2)$，由文献[9]和文献[10]可知，SVM 在时间和空间上的复杂度为 $O(n^2)$，有

$$C_Q(n,2n+1)=O(n^2) \tag{4-15}$$

令式(4-15)中的 n 取值 $n+1$，有

$$C_Q(n+1,2n+3)=O[(n+1)^2]=O(n^2) \tag{4-16}$$

显然有下式成立

$$C_Q(n,2n+1)\leqslant C_Q(n,2n+2)\leqslant C_Q(n+1,2n+3) \tag{4-17}$$

由式(4-15)～式(4-17)可知，$C_Q(n,2n+2)=O(n^2)$，即 SVM、SVDD、MSSVM、MMHSVM 的算法复杂度是同级的。

4.2.4 基于最大间隔最小体积球形支持向量机的表情识别

为了验证 MMHSVM 对表情分类识别的有效性，在日本女性表情数据库 JAFFE 中进行了一系列的仿真实验，并将 MMHSVM 与 SVM、MSSVM 算法进行测试比较。

JAFFE 为静态表情图像库，图像库总计 213 幅图片，7 种表情(愤怒、厌恶、恐惧、高兴、悲伤、惊讶和中性)，通过对 10 个对象采集而成，每人每种表情采集了 3 幅图像。首先对原始图像进行人脸图像子区域分割，截取出纯人脸表情图像，并通过双线性插值算法和灰度直方图修正对人脸表情图像进行尺度和灰度归一化处理，经过处理后的人脸图像大小为 50×50 像素，利用 Gabor 小波变换进行特征提取，其中，Gabor 小波变换中的网格大小为 5×5。分类器所选核函数均为高斯径向基核函数，$K(\boldsymbol{x},\boldsymbol{y})=\exp[-(r^{-1}\|\boldsymbol{x}-\boldsymbol{y}\|)^2]$，$r=10$，SVM 的惩罚因子 $C=10$，MSSVM 的类决规则与 MMHSVM 类似，取 $C_1=C_2=10$，采用一对多方式构造多分类器，这里固定参数的目的在于只考虑算法的相对性能，而不考虑其绝对性能。采用三折交叉验证测试分类器的分类性能，平均测试结果如表 4.1 所示，其中 MS、MMS 分别为 MSSVM、MMHSVM 的简写。从表 4.1 可知，MMHSVM 能有效地提高表情分类器的分类能力。

表 4.1　各分类器在 JAFFE 数据集上的平均识别率　单位：%

	SVM	MS $M=1$	MS $M=1.5$	MS $M=2$	MS $M=2.5$	MS $M=3$	MMS $M=1.5$	MMS $M=2$	MMS $M=2.5$	MMS $M=3$
生气	89.7	90.7	90.7	90.7	90.7	90.7	95	95	95	95
厌恶	84.7	79	77.3	75.7	75.7	75.7	83.3	83.3	83.3	81.7
害怕	79.6	87.3	87.3	87.3	85.7	84	88.3	88.3	88.3	88.3

续表

	SVM	MS $M=1$	MS $M=1.5$	MS $M=2$	MS $M=2.5$	MS $M=3$	MMS $M=1.5$	MMS $M=2$	MMS $M=2.5$	MMS $M=3$
高兴	91.3	89	89	89	84	84	95	95	95	95
中性	81.3	85.7	85.7	85.7	84	84	83.6	83.6	83.3	83.3
悲伤	84.6	89	89	89	89	89	93.3	93.3	93.3	93.3
惊讶	78	89	89	90.7	90.7	90.7	90	90	91.7	90
平均	84.2	87.1	86.9	86.9	85.7	85.4	89.8	89.8	90	89.5

表 4.1 中 MSSVM 的 M 为控制模型中 d^2 和 R^2 的折中参数。从平均识别率可知，随着 M 的增大，MSSVM 的平均识别率有降低的趋势；MSSVM 的模型目标函数为 $\min(R^2-Md^2)$，随着 M 的增大，R^2 在目标函数中的变化率大于 d^2，模型类间间隔 $\Delta=\sqrt{R^2+d^2}-R=[d^2/(2R)][1+o(d/R)]$，$R$ 在类间间隔 Δ 最大化中仅起到一次方的作用，没有 d 在 Δ 最大化过程的作用明显，影响了 Δ 的最大化。MMHSVM 的 M 为控制模型中 R_1^2 和 R_2^2 的折中参数，模型的目标函数为 $\max(R_2^2-MR_1^2)$，而模型所追求的类间间隔 $\Delta=R_2-R_1$ 中，R_1 和 R_2 是同次的，M 的改变对类间间隔的最大化影响较小，表现为实验中的平均识别率相对稳定。

4.3　混合特征结合分类树的细微表情识别算法

表情在人脸上的体现主要表现在脸部情感区域的各种状态的变化，这些状态常见的变化有形状的变化和纹理的变化。因此，针对脸部表情的变化特性，提取这些变化的特征，分别分析这些特征对表情状态决策的影响，同时采用逐级分析，结合决策层融合的思想进行表情状态的分类识别，将有利于更细微的表情识别。

4.3.1　混合特征提取

眼睛及眉毛区域采用 Gabor 小波变换提取纹理变化特征，嘴巴区域采用改进的 AAM 提取形状变化特征，鼻子区域采用 2D-DCT 提取纹理变化特征。

1. 基于 Gabor 小波变换的眼睛及眉毛区域的表情特征提取

二维 Gabor 小波变换是在时频域进行信号分析处理的重要工具，其变换系数有良好的视觉特性和生物学背景，因此广泛应用于图像处理、模式识别等领域。

二维 Gabor 小波核函数定义为

$$\psi_j(\boldsymbol{k},\boldsymbol{x})=\frac{|\boldsymbol{k}_j|}{\sigma^2}\exp\left(-\frac{|\boldsymbol{k}_j|^2|\boldsymbol{x}|^2}{2\sigma^2}\right)\left[\exp(\mathrm{i}\boldsymbol{k}_j\cdot\boldsymbol{x})-\exp\left(-\frac{\sigma^2}{2}\right)\right]\tag{4-18}$$

式中，定义了小波滤波器的带宽，$\boldsymbol{k}$ 为小波的波矢量，$\boldsymbol{k}$ 定义为

$$\boldsymbol{k}_j = k_v(\cos\varphi, \sin\varphi)^{\mathrm{T}} \tag{4-19}$$

定义由 18 个 Gabor 小波组成的小波族用于提取表情特征。第 j 个 Gabor 小波核函数与表情图像网格 $x=(x,y)$ 的卷积定义为

$$G_j = \psi_j(\boldsymbol{k},\boldsymbol{x}) * I(\boldsymbol{x}) = \iint \psi_j(\boldsymbol{k},\boldsymbol{x}) I(\boldsymbol{x}) \mathrm{d}x\mathrm{d}y \tag{4-20}$$

在图像预处理后，在选择的眼睛及眉毛区域内进行 Gabor 小波变换，Gabor 小波变换中的网格大小为 5×5，如图 4.4 所示。最后选择每个网格进行 Gabor 小波变换后所得到的特征矢量的模作为表情特征参数。

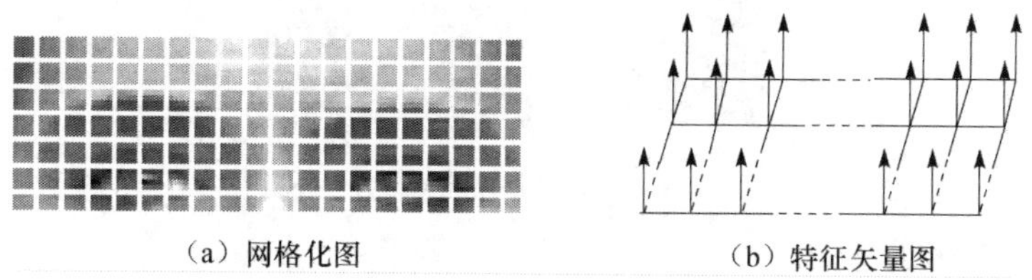

（a）网格化图　（b）特征矢量图

图 4.4　眼睛及眉毛区域的网格化及 Gabor 小波变换后的特征矢量示意图

对于 Gabor 小波变换提取的纹理特征，每帧有 7×20 个特征参数，设每个表情有 10 帧，共 1400 个特征参数，采用这些特征参数进行眼睛及眉毛区域的模型训练和分别输出属于各种表情状态的概率。

2. 基于 AAM 的嘴巴区域的表情特征提取

Cootes 等最先提出了 ASM 方法[11]。ASM 方法通过学习样本的形状信息建立样本的形状模型。对于物体的纹理信息（颜色或灰度信息）未进行充分的考虑。主动表观模型 AAM 方法在 ASM 方法的基础上添加了对物体纹理信息的训练。AAM 不仅包含目标物体的形状信息，还包含物体的内部纹理信息，这使 AAM 的检测能力更强，定位效果更加准确。

AAM 方法是一个最优化问题：根据图像和模型参数合成表观模型，通过调整模型参数使模型表观与实际图像的差别最小。差向量可以表示为：$\delta \boldsymbol{I} = \boldsymbol{I}_{\text{image}} - \boldsymbol{I}_{\text{model}}$，其中 $\boldsymbol{I}_{\text{image}}$ 是当前图像的纹理向量，$\boldsymbol{I}_{\text{model}}$ 是合成模型的纹理向量。为了得到和图像匹配的最优模型，需要通过调整模型参数来最小化模型和图像之间的灰度差向量 $\boldsymbol{\Delta} = |\delta \boldsymbol{I}|^2$。基于表观模型可能会有很多参数，导致这个优化问题是一个高维优化问题。一般选用迭代方法调整模型参数最小化。

人脸主动表观模型采用了 68 个特征点，嘴巴区域的 AAM 特征点如图 4.5 所示。为了减少 AAM 搜索的范围及计算量，将采用基于灰度信息与 Harris 角点检

测算法得到的眼睛位置作为 AAM 的初始搜索位置。在定位出嘴巴的位置以后，选取嘴巴张开的高度和宽度，嘴巴左右嘴角的水平和垂直运动距离以及上下嘴唇中点的垂直运动距离作为嘴巴区域的特征参数。AAM 提取的形变特征，每帧有 8 个特征参数，如表 4.2所示。假设每个表情有 10 帧，共 80 个特征参数，采用这些特征参数进行嘴巴区域的模型训练并分别输出属于各种表情状态的概率。

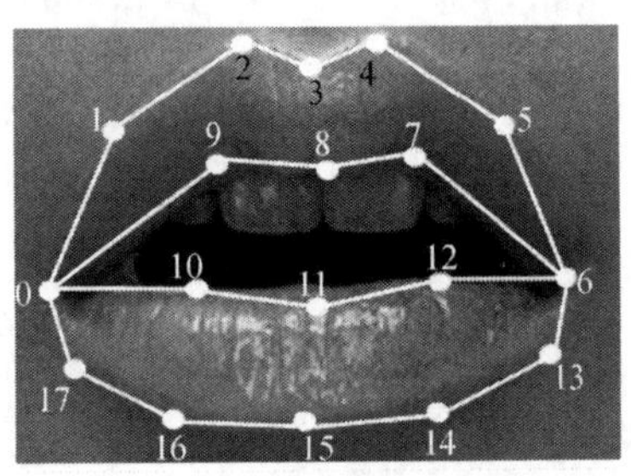

图 4.5　嘴巴区域 AAM 的特征点

表 4.2　嘴巴区域形变特征的定义

特征维数	物理意义	特征维数	物理意义
1	嘴巴张开的宽度	5	上嘴唇中点垂直运动距离
2	嘴巴张开的高度	6	下嘴唇中点垂直运动距离
3	左嘴角的垂直运动距离	7	左嘴角水平运动距离
4	右嘴角的垂直运动距离	8	右嘴角水平运动距离

3. 基于 2D-DCT 的鼻子区域的表情特征提取

离散余弦变换(discrete cosine transform，DCT)是一种常用的正交变换，广泛应用于图像处理和模式识别邻域，其处理方法是将图像从空域变换到频域。对于一幅数字图像，其二维的离散余弦变换定义为

$$F(u,v) = \left(\frac{2}{N}\right)^{\frac{1}{2}}\sum_{x=0}^{N-1}\left\{\lambda(x)\cos\left[\frac{\pi u}{2N}(2x+1)\right]\cdot\left(\frac{2}{M}\right)^{\frac{1}{2}}\sum_{y=0}^{M-1}\lambda(y)\cos\left[\frac{\pi v}{2M}(2y+1)\right]f(x,y)\right\} \tag{4-21}$$

$\lambda(\xi)$定义为

$$\lambda(\xi)=\begin{cases}\dfrac{1}{\sqrt{2}} & \xi=0\\ 1 & 其他\end{cases} \tag{4-22}$$

DCT 系数的选择如下：从变换矩阵的(0,0)点出发，沿每行的对角线方向顺次取出 DCT 系数组成行向量。采用聚类性分析方法，可知当每帧的鼻子区域图像采用 45 个特征参数时，该区域的表情聚类性能最好。

4.3.2　基于分类树的表情识别

隐马尔可夫模型是一组用于特征化信号的统计特性的模型，它具有十分丰富的数学结构，适用于动态过程时间序列建模并具有强大的时序模式分类能力。本算法采用的是离散的 HMM，考虑到模型的普适性，即同一个图像序列中不一定只是从中性帧到表情极大帧依次变化，表情状态之间的转换可能存在跳跃性，所以采用 4 状态完全图作为隐马尔可夫模型的拓扑结构，如图 4.6 所示。同时，由于图像序列是从中性帧开始选取的，所以对 HMM 的初始状态分布进行了一定限制，即 $\pi_i=1(i=1),\pi_i=0(2\leqslant i\leqslant N)$。由于特征值的范围不一致，所以首先要进行归一化处理，使所有的数都在[0,1]。

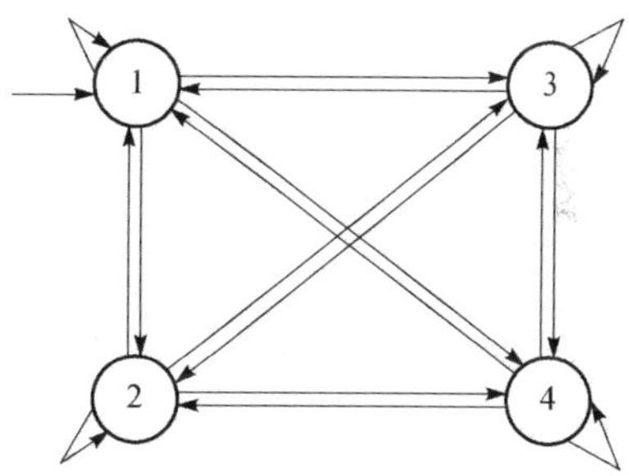

图 4.6　隐马尔可夫模型的拓扑结构

图像序列的细微表情识别是采用分类树进行识别的，将易混淆表情先归为一类进行表情的粗分类，然后对类内的表情选择相应表情贡献较大的特征子区域中的特征，进行表情细分类。在每级分类识别过程中，对每个区域采用离散 HMM 得出表情概率，最后对训练阶段得到的贡献权值进行加权融合得到分类结果。因此，首先进行表情粗分类，由于生气、厌恶和悲伤，大笑和微笑，吃惊和震惊通常都较容易混淆，故先把它们归一类进行粗分类，这里把表情分为 4 个子类：1(生气、厌恶和悲伤)、2(害怕)、3(高兴)、4(惊讶)，然后根据上一级的分类结果进入下一级的分类，同时考虑选择对这一级应分类的表情贡献较大特征子区域并进行特征提取，根据选择的特征子区域中的特征进行表情细分类，各级分类过程中所选择的特征子区域如表 4.3 所示，整个分类过程如图 4.7 所示。

在每级分类识别过程中，首先对每个表情特征区域分别进行各个表情概率的计算，然后根据在训练阶段得到的每个表情区域的各个表情权值进行加权融合，选择融合后的表情概率最大者作为识别结果，假设 m 个特征区域，n 类表情，每个表情区域计算得到的各个表情概率为 $P_{ij}(1\leqslant i\leqslant m,1\leqslant j\leqslant n)$，则对于每级分类中的各表情分别计算融合概率 $P_j=\sum_i w_{ij}P_{ij}$，若 $P_j=\max(P_1,P_2,\cdots,P_n)$，则该图像序列识别为第 j 类表情。

表 4.3　分类过程中的特征区域选择

分类层次	选择的特征区域
G_1(生气、厌恶、悲伤)、G_2(害怕)、G_3(高兴)、G_4(惊讶)	眼睛及眉毛区域、嘴巴区域
G_{11}(生气)、G_{12}(厌恶)、G_{13}(悲伤)	眼睛及眉毛区域、鼻子区域、嘴巴区域
G_{31}(微笑)、G_{32}(大笑)	眼睛及眉毛区域、嘴巴区域
G_{41}(吃惊)、G_{42}(震惊)	眼睛及眉毛区域、嘴巴区域
G_{131}(忧伤)、G_{132}(悲痛)	眼睛及眉毛区域、嘴巴区域

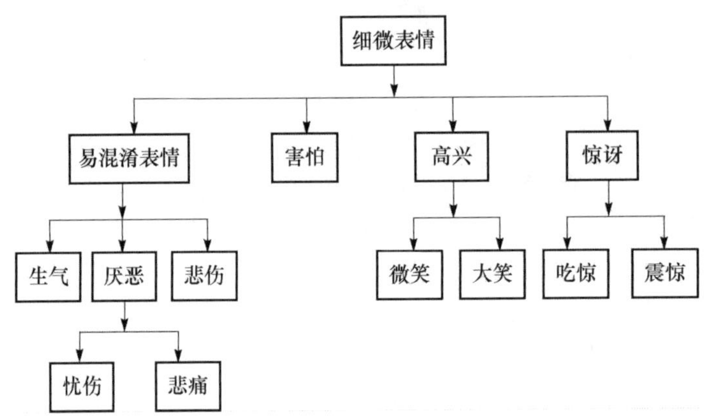

图 4.7　表情分类过程

每个特征区域对各个表情的贡献权值可在表情样本训练阶段采用贡献分析法确定[12]。这里每个区域对每一种表情的贡献权重值定义为

$$w_j = 1/n\sum_{i=1}^{n}\text{cov}[\hat{\theta}(y_i),\hat{\phi}_j(x_{ij})]/\text{var}\theta(y_i),\quad 1\leqslant j\leqslant m \tag{4-23}$$

式中，$\theta(y_i)=\sum_{j}^{m}\phi_j(x_{ij})+\varepsilon_i$，$\text{var}\theta(y)=\bar{E}\{\theta(y)-\bar{E}[\theta(y)]\}^2$。$\theta(y_i)$是第 i 个表情图像序列与模板之概率欧氏距离 y 的函数，$\phi_j(x_{ij})$是第 i 个表情图像序列在第 j 个特征区域呈现的概率的二次函数，ε_i 是随机误差，$\hat{\phi}_{ij}(x_{ij})$和 $\hat{\theta}(y_i)$是通过修正条件期望(amended conditional expectation，ACE)法迭代确定出的最佳函数。采用了 10 个模板来训练，则 n 取 10。通过计算分别得到各级分类的每个特征区域对各种表情的贡献权值如表 4.4 和表 4.5 所示。

表 4.4　粗分类表情区域的权重

	生气、厌恶、悲伤	害怕	高兴	惊讶
眼睛及眉毛区域	0.457	0.309	0.236	0.488
嘴巴区域	0.543	0.691	0.764	0.512

表 4.5　细分类表情区域的权重

	生气	厌恶	害怕	微笑	大笑	吃惊	震惊	忧伤	悲痛
眼睛区域	0.284	0.473	0.349	0.228	0.237	0.373	0.490	0.338	0.411
鼻子区域	0.136	0.189	0.145	—	—	—	—	—	—
嘴巴区域	0.580	0.338	0.506	0.772	0.763	0.627	0.510	0.662	0.589

4.3.3　实验结果与分析

选取9种细微表情(生气、厌恶、害怕、忧伤、悲痛、微笑、大笑、吃惊、震惊)进行图像序列的细微表情识别实验。由于Cohn-Kanade人脸表情图像数据库(Cohn-Kanade AU-coded facial expression database)[13]中关于细微表情的图像序列不够充足,所以添加了自己拍摄的一些细微表情的图像序列并入人脸表情库用于训练和测试。首先从原有的Cohn-Kanade人脸表情图像数据库中为生气、厌恶、害怕、忧伤和悲痛5种表情各选择10个图像序列进行模型训练,再为每种表情选择20个不同人的图像序列用于识别测试。然后选择拍摄的从中性到微笑、大笑、吃惊和震惊的4种表情。同样对每种表情各选择10个图像序列进行模型训练,选择20个不同的表情图像序列用于识别测试。表4.6是9种细微表情的识别结果,平均识别率约为81.1%。从表中可以看出,生气、厌恶、害怕、忧伤比较易混淆,虽然微笑、大笑和吃惊、震惊分别容易混淆,但是作为一大类即高兴和惊讶时能很好地和其他的表情区分开来。实验表明,基于混合特征和分类树的细微表情识别方法能够有效地识别图像序列的9种细微表情。

表 4.6　实验结果

	生气	厌恶	害怕	忧伤	悲痛	微笑	大笑	吃惊	震惊	识别率/%
生气	15	1	2	2	0	0	0	0	0	75
厌恶	2	15	0	1	2	0	0	0	0	75
害怕	0	0	17	0	0	1	1	1	0	85
忧伤	2	2	0	14	2	0	0	0	0	70
悲痛	1	1	0	3	15	0	0	0	0	75
微笑	0	0	3	0	0	15	2	0	0	75
大笑	0	0	0	0	0	1	19	0	0	95
吃惊	0	0	0	0	0	1	0	17	2	85
震惊	0	0	0	0	0	0	0	1	19	95

图4.8给出了采用分类树和没有采用分类树的细微表情识别方法所得到的识别率的比较图。从图4.8中可以看出,采用分类树的细微表情识别方法得到的平均识别率要比没有采用分类树识别方法得到的识别率高,并且,对于容易混淆的几类表情,基于分类树的细微表情识别方法的效果有明显改善。还进行了算法执行

速度的测试，运行环境是 Windows XP，Visual C＋＋ 6.0 平台，计算机的配置为 CPU Intel PD925，主频 3.0GHz，内存 1GB。从一个待测图像序列特征提取到最后识别来统计耗时，基于分类树的表情识别方法平均耗时为 0.208s。这表明基于分类树的表情识别方法处理速度快，适合于实时图像序列的细微表情识别。近年来在细微表情识别领域，已有一些研究成果。相关的工作有：文献[14]提取图像序列的光流特征和纹理特征并采用支持向量机的方法对 9 种细微表情进行识别；文献[15]提取表情图像的矩特征并采用基于 AdaBoost 的方法对 9 种细微表情进行识别。而基于分类树的表情识别方法分区域提取不同的特征，并结合分类树和采用贡献分析的方法确定各区域的表情贡献权重对图像序列进行细微表情识别，考虑了不同区域体现情感信息的主要特征形式，并对图像序列的 9 种细微表情进行由粗到细的分类识别。

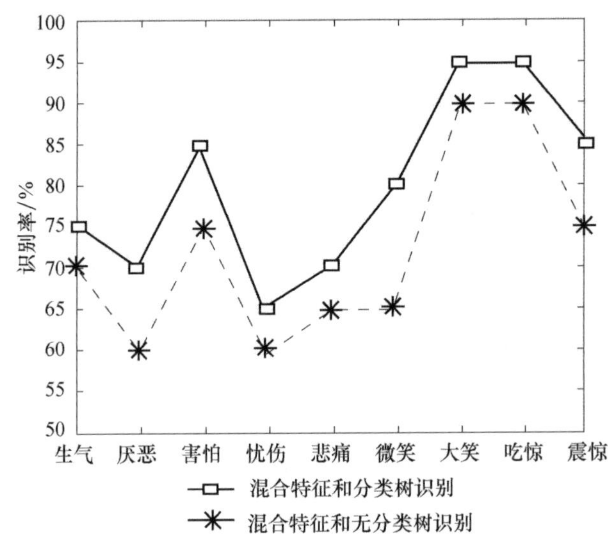

图 4.8　两种细微表情识别方法的实验结果比较

4.4　基于模糊深隐马尔可夫模型的图像序列表情识别方法

在视频采集传输过程中，可能出视频丢帧的情形。此外，由于头部的平移或旋转运动，也会造成部分表情关键区域信息丢失，而常用的 HMM 识别方法难以处理此类信息缺失的情形。在动态图形模型中，BMM 方法允许状态缺省，HSMM 方法则允许观察值缺省。因此，有必要深入研究这些动态图形模型，寻找构建允许状态和观察值缺省的动态图形模型的一般方法，用于基于视频的情感识别。课题组在 BMM 的基础上，提出并设计实现了模糊深隐马尔可夫模型(fuzzy buried Markov model,FBMM)并用于图像序列表情识别,该模型采用云分布来描述隐马尔可夫中的关联关系与转移,正确地描述状态集以及状态和观测值间的转移关系,将随机转移拓展为模糊随机转移,从而为模型容忍样本噪声和缺损提供了可能。对于参数的训练,模糊深隐马尔可夫模型采用最大互信息的方法,使每一个标识好的训练样本不仅能增大其所属模型的似然概率,还能减小其他模型的似然概率,提高类别识别的精准率。

4.4.1　模糊深隐马尔可夫模型

模糊深隐马尔可夫模型的定义如下所述。

如图4.9所示,FBMM的组成元素如下:

(1) 隐藏的状态集合 $Q=\{q_1,q_2,\cdots,q_n\}$,并记 t 时的状态为 Q_t,$Q_t\in\{q_1,q_2,\cdots,q_n\}$;

(2) 观察符号集合 $X=\{x_1,x_2,\cdots,x_m\}$,m 表示每一个状态对应的观测量个数;

(3) 状态转移概率分布 $\boldsymbol{A}=(a_{ij})$,其中,$a_{ij}=\mu(Q_t=q_j\,|\,Q_t=q_i)$,$1\leqslant i\leqslant n$,$1\leqslant j\leqslant n$,$\mu(\cdot)$为模糊随机映射;

(4) 状态 i 对应的观测量的概率分布 $\boldsymbol{B}=\{b_i(k)\}$,其中,$b_i(k)=\mu(X_t=x_k\,|\,Q_t=q_i,Z)$,$1\leqslant i\leqslant n$,$1\leqslant k\leqslant m$,$Z$ 为与 X_t 相关的上下文观测向量集合;

(5) 初始状态分布 $\boldsymbol{\pi}=\{\pi_i\}$,其中,$\pi_i=\mu(Q_t=q_i)(1\leqslant i\leqslant n)$。一个FBMM完全由 $\boldsymbol{A}$、$\boldsymbol{B}$、$\boldsymbol{\pi}$ 确定,为了方便,简记为 $\boldsymbol{\lambda}=(\boldsymbol{A},\boldsymbol{B},\boldsymbol{\pi})$。

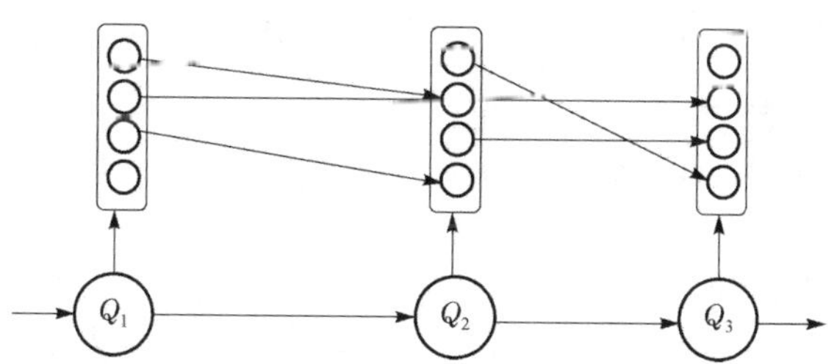

图4.9　模糊深隐马尔可夫模型

在拓扑关系上,模糊深隐马尔可夫模型也是由两层构成的。一层是内在的有限状态马尔可夫链,描述状态的转移;另一层为与状态对应的观测向量。除了状态与其对应的观测向量之间存在关联关系外,观测向量之间也存在上下文相关性。

为了正确描述状态集以及状态和观测值间的转移关系,模糊深隐马尔可夫模型采用云分布来描述隐马尔可夫中的关联关系与转移,将随机转移拓展为模糊随机转移,从而为模型容忍样本噪声和缺损提供了可能。

对于参数的训练,模糊深隐马尔可夫模型采用最大互信息的方法,这样,每一个标识好的训练样本不仅用于增大其所属模型的似然概率,还用于减小其他模型的似然概率，后面将比较其与传统隐马尔可夫模型所采用的最大似然估计的区别，并证明其优越性。

FBMM 也包含 Viterbi、前向-后向和 Baum-Welch 三大基本算法，以下给出了 FBMM 的这些基本算法。

FBMM 的 Viterbi 算法

begin Initialize 观测值序列 $\mathbf{V}^{\mathrm{T}}$，Path：$=\{\ \}$，$j:=1$，$t:=0$

for $t:=t+1$

for $j:=j+1$

$\alpha_i(t):=\alpha_i(t)$

until $j=N$

$\hat{j}:=\operatorname{argmax}\sum_{i=1}^{N}\alpha_i(t)a_{ij}z_j\prod_{k=1}^{t}b_{jk}$

将 $\tilde{\omega}_j$ 添加到 Path

until $t=T$

return Path

end

FBMM 的前向算法

begin Initialize $t:=0$，观测值序列 $\mathbf{V}^{\mathrm{T}}$，$\alpha_i(0)=1$，a_{ij}，b_{jk}

for $t:=t+1$

$$\alpha_i(t):=\sum_{i=1}^{N}\alpha_i(t)a_{ij}z_j\prod_{k=1}^{t}b_{jk}$$

until $t=T$

return $P(\mathbf{V}^{\mathrm{T}}):=$最终状态的 $\alpha_0(T)$

end

FBMM 的后向算法

begin Initialize $t:=T$，$d:=0$，观测值序列 $\mathbf{V}^{\mathrm{T}}$，$\beta_j(T)=1$，a_{ij}，b_{jk}

for $t:=t+1$

$$\beta_i(t):=\sum_{j=1}^{N}\beta_j(t)a_{ij}z_j\prod_{k=t}^{0}b_{jk}$$

until $t=1$

return $P(\mathbf{V}^{\mathrm{T}}):=$已知初始状态的 $\beta_i(0)$

end

FBMM 的 Baum-Welch 算法

begin Initialize $a_{ij}(t)$，$b_{jk}(t)$，$t:=0$，训练序列 $\mathbf{V}^{\mathrm{T}}$，收敛判据 θ

for $t:=t+1$

基于最大互信息准则计算 $\hat{a}_{ij}(t),\hat{b}_{jk}(t)$

max $[\hat{a}_{ij}(t)-a_{ij}(t),\hat{b}_{jk}(t)-b_{jk}(t)]<\theta$(达到收敛) break

$a_{ij}(t):=\hat{a}_{ij}(t),b_{jk}(t):=\hat{b}_{ij}(t)$

until　$t=T$

end

4.4.2　模糊深隐马尔可夫模型的特性

模糊深隐马尔可夫模型的计算复杂度特性如下所述。

性质 4.1　具有等量时间步、状态数的 FBMM 和 HMM、FBMM 的计算复杂度与 HMM 的计算复杂度相比,无明显加大。

证明　设存在时间步为 T、状态数为 N 的 HMM 和时间步为 T、状态数为 N、K 步内上文相关的 FBMM。

先求时间步为 T、状态数为 N 的 HMM 的计算复杂度。

设该 HMM 的结构图为 G_1,如图 4.10 所示,所对应的端正图如图 4.11 所示,其消元顺序集为$\{Q_1,X_1,Q_2,\cdots,Q_T,X_T\}$。

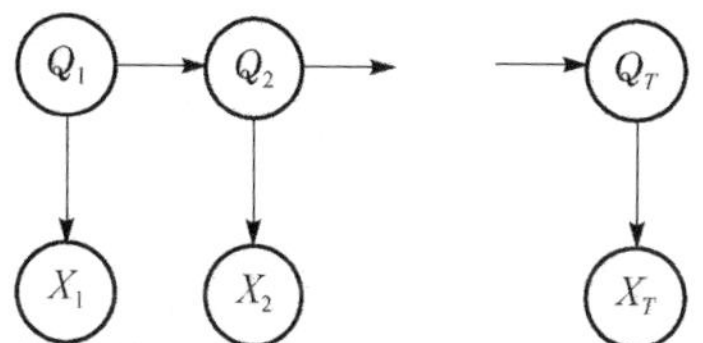

图 4.10　HMM 的结构图为 G_1

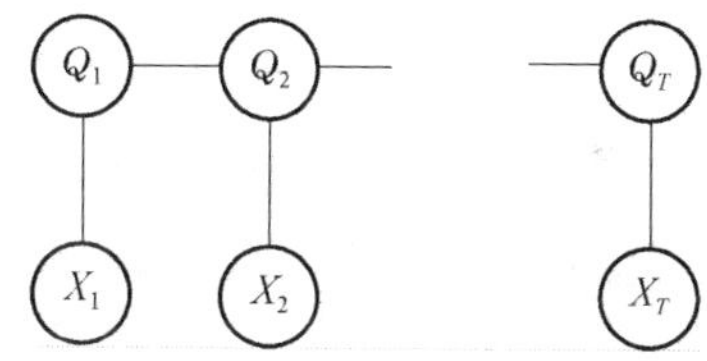

图 4.11　G_1 的端正图 G_1^m

消元

(1) 消去 Q_1,此时消元复杂度为

$$\theta=|Q_1|\cdot|Q_2|\cdot|X_1|=N^2$$

(2) 消去 X_1,此时消元复杂度为

$$\theta=N^2+|X_1|=N^2+1$$

(3) 消去 Q_2,此时消元复杂度为

$$\theta=N^2+1+|Q_2|\cdot|Q_3|\cdot|X_2|=2N^2+1$$

(4) 消去 X_2,此时消元复杂度为

$$\theta=2N^2+1+|X_2|=2N^2+2=2(N^2+1)$$

$$\vdots$$

$(2T-1)$消去 Q_T,此时消元复杂度为

$$\theta=(T-1)(N^2+1)+N^2$$

$(2T)$消去 X_T,此时消元复杂度为

$$\theta = T(N^2+1)$$

由此可见，时间步为 T，状态数为 N 的 HMM 的计算复杂度为 $O(TN^2)$。

再求时间步为 T、状态数为 N、K 步内上文相关的 FBMM 的计算复杂度。

设该 FBMM 的结构图为 G_2，如图 4.12 所示，所对应的端正图如图 4.13 所示，其消元顺序集为$\{Q_1, X_1, Q_2, \cdots, Q_T, X_T\}$。

消元

(1) 消去 Q_1，此时消元复杂度为

$$\theta = |Q_1| \cdot |Q_2| \cdot |X_1| = N^2$$

(2) 消去 X_1，此时消元复杂度为

$$\theta = N^2 + |Q_2| \cdot |Q_2| \cdot \cdots \cdot |Q_{1+k}| \cdot |X_1| \cdot |X_2| \cdot \cdots \cdot |X_{1+k}| = N^2 + N^k$$

(3) 消去 Q_2，此时消元复杂度为

$$\theta = N^2 + N^k + |Q_2| \cdot |Q_3| \cdot |X_2| = N^2 + N^k + N^2 = 2N^2 + N^k$$

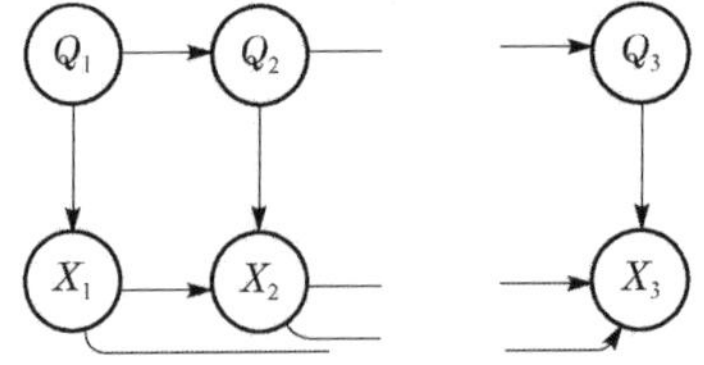

图 4.12　FBMM 的结构图为 G_2

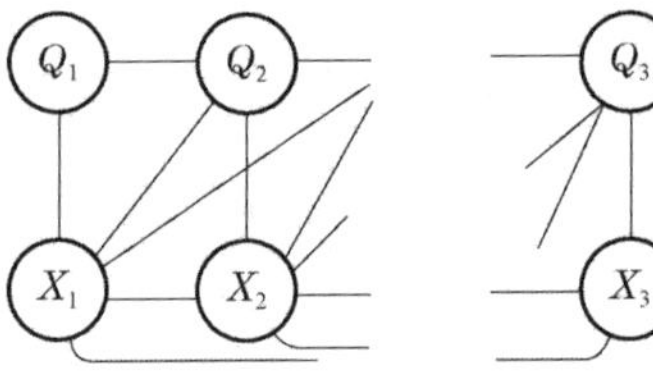

图 4.13　G_2 的端正图 G_2^m

(4) 消去 X_2，此时消元复杂度为

$$\theta = 2N^2 + N^k + |Q_3| \cdot |Q_4| \cdot \cdots \cdot |Q_{2+k}| \cdot |X_2| \cdot |X_3| \cdot \cdots \cdot |X_{2+k}| = 2(N^2 + N^k)$$

⋮

(2T−1)消去 Q_T，此时消元复杂度为

$$\theta = TN^2 + (T-1)N^k$$

(2T)消去 X_T，此时消元复杂度为

$$\theta = T(N^2 + N^k)$$

一般情况下 K 取值比较小，如 $K=1,2$ 时，$\theta \approx T(KN^2)$。所以，时间步为 T，状态数为 N，K 步内上文相关的 FBMM 的计算复杂度也为 $O(TN^2)$。

性质 4.1 得证。

模糊深隐马尔可夫模型的优化程度特性如下。

性质 4.2　对相同状态数、观测值变量的 FBMM 和 HMM 利用同一训练数据训练，FBMM 的优化程度优于 HMM。

证明　对于 HMM，由于观测值变量只与当前状态变量相关，因此状态变量 Q 对观测值变量 X 的支持度由 X，Q 间的互信息表征：$I(X;Q) = H(X) - H(X|Q)$。

对于 FBMM，由于观测值变量与相关上下文观测值变量集合和当前状态变量相关，因此，对于给定状态变量 Q 时，相关上下文观测值变量集合 Z 对观测值变量 X 的支持度，由给定 Q 时 Z 和 X 之间的条件互信息表征：$I(X;Z|Q)=H(X|Q)-H(X|Z,Q)$。

由于

$$
\begin{aligned}
& I(X;Z \mid Q)-I(X;Q) \\
=& [H(X \mid Q)-H(X \mid Z,Q)]-[H(X)-H(X \mid Q)] \\
=& 2H(X \mid Q)-H(X)-H(X \mid Z,Q) \\
=& -2\int p(X,Q)\log p(X \mid Q)\,\mathrm{d}X\mathrm{d}Q+\int p(X)\log p(X)\,\mathrm{d}X \\
& +\int p(X,Z,Q)\log p(X \mid Z,Q)\,\mathrm{d}X\mathrm{d}Z\mathrm{d}Q \\
=& -\int p(X,Q)\log p(X \mid Q)\,\mathrm{d}X\mathrm{d}Q+\int p(X,Q)\log p(X)\,\mathrm{d}X\mathrm{d}Q \\
& -\int p(X,Z,Q)\log p(X \mid Q)\,\mathrm{d}X\mathrm{d}Z\mathrm{d}Q+\int p(X,Z,Q)\log p(X \mid Z,Q)\,\mathrm{d}X\mathrm{d}Z\mathrm{d}Q \\
=& \int p(X,Q)\log\frac{p(X)}{p(X \mid Q)}\mathrm{d}X\mathrm{d}Q+\int p(X,Z,Q)\log\frac{p(X \mid Z,Q)}{p(X \mid Q)}\mathrm{d}X\mathrm{d}Z\mathrm{d}Q \\
=& \int p(Q \mid X)p(X)\log\frac{p(X)}{p(X \mid Q)}\mathrm{d}X\mathrm{d}Q \\
& +\int p(Z,Q)p(X \mid Z,Q)\log\frac{p(X \mid Z,Q)}{p(X \mid Q)}\mathrm{d}X\mathrm{d}Z\mathrm{d}Q \\
-& \mathrm{KL}[p(X),p(X \mid Q)]\int p(Q \mid X)\,\mathrm{d}X\mathrm{d}Q \\
& +\mathrm{KL}[p(X \mid Z,Q),p(X \mid Q)]\int p(Z,Q)\,\mathrm{d}Z\mathrm{d}Q
\end{aligned} \tag{4-24}
$$

因为 $\mathrm{KL}(X,Y)\geqslant 0$，$\int p(Q \mid X)\mathrm{d}X\mathrm{d}Q\geqslant 0$，$\int p(Z,Q)\mathrm{d}Z\mathrm{d}Q\geqslant 0$，所以式(4-24)大于等于 0。这就证明了增加观测值间依赖性的 FBMM 能比 HMM 提供更多的互信息，从而对于同一训练数据，FBMM 模型能更有效地优化模型。

模糊深隐马尔可夫模型的区分度特性如下。

性质 4.3 具有等量状态数、观测值变量的 FBMM 和 HMM、FBMM 的模型区分度优于 HMM，误识率低于 HMM。

证明 对于 FBMM：

设 $I_q(X_t;Z(q)|Q=q)$ 表示给定 t 时刻的状态 $Q=q$ 时，$Z(q)$ 与观测值变量 X 间的互信息(其中 $r\neq q$)表示对于非 t 时刻状态 $Q=r$ 时，$Z(r)$ 与 t 时刻观测值变量 X 间的互信息。

根据 FBMM 的定义知 $I_q(X_t;Z(q)|Q=q)>I_r(X_t;Z(r)|Q=r)$，要使 FBMM 的误识率低，则应使 $I_r(X_t;Z(r)|Q=r)$尽量大，而 $I_q(X_t;Z(q)|Q=q)$尽量小。

对于 HMM：

设 $I_q(X_t;Q=q)$表示 t 时刻的状态 $Q=q$ 与观测值变量 X 间的互信息，设 $I_r(X_t;Q=r)$（其中 $r\neq q$）表示非 t 时刻的状态 $Q=q$ 与 t 时刻观测值变量 X 间的互信息。

定义互信息差 $D=I_q-I_r$，则模型区分度$\propto D$，误识率$\propto\frac{1}{D}$。

由于

$$D_{\mathrm{FBMM}}=I_q(X_t;Z(q)\mid Q=q)-I_r(X_t;Z(r)\mid Q=r)$$

$$D_{\mathrm{HMM}}=I_q(X_t;Q=q)-I_r(X_t;Q=r)$$

$$\begin{aligned}
&D_{\mathrm{FBMM}}-D_{\mathrm{HMM}}\\
=&[I_q(X_t;Z(q)\mid Q=q)-I_r(X_t;Z(r)\mid Q=r)]\\
&-[I_q(X_t;Q=q)-I_r(X_t;Q=r)]\\
=&\{H(X\mid Q=q)-H(X\mid Q=q,Z=Z(q))\}-\{H(X\mid Q=r)\\
&-H(X\mid Q=r,Z=Z(r))\}-[H(X)-H(X\mid Q=q)]\\
&+[H(X)-H(X\mid Q=r)]\\
=&2H(X\mid Q=q)-H(X\mid Q=q,Z=Z(q))\\
&+H(X\mid Q=r,Z=Z(r))-2H(X\mid Q=r)\\
=&2\int p(X,Q=q)\log\frac{1}{p(X\mid Q=q)}\mathrm{d}X\\
&-\int p(X,Z=Z(q),Q=q)\log\frac{1}{p(X\mid Q=q,Z=Z(q))}\mathrm{d}X\\
&+\int p(X,Z=Z(r),Q=r)\log\frac{1}{p(X\mid Q=r,Z=Z(r))}\mathrm{d}X\\
&-2\int p(X,Q=r)\log\frac{1}{p(X\mid Q=r)}\mathrm{d}X\\
\geqslant&\int p(X,Q=q)\log\frac{p(X\mid Q=q,Z=Z(q))}{p(X\mid Q=q)p(X\mid Q=q)}\mathrm{d}X\\
&+\int p(X,Z=Z(r),Q=r)\log\frac{1}{p(X\mid Q=r,Z=Z(r))}\mathrm{d}X\\
&-2\int p(X,Q=q)\log\frac{1}{p(X\mid Q=r)}\mathrm{d}X\\
=&\int p(X,Q=q)\log\frac{p(X\mid Q=q,Z=Z(q))p(X\mid Q=r)p(X\mid Q=r)}{p(X\mid Q=q)p(X\mid Q=q)}\mathrm{d}X\\
&+\int p(X,Z=Z(r),Q=r)\log\frac{1}{p(X\mid Q=r,Z=Z(r))}\mathrm{d}X
\end{aligned}$$

$$\geqslant \int p(X, Z = Z(r), Q = r)$$

$$\times \log \frac{p(X \mid Q = q, Z = Z(q))p(X \mid Q = r)p(X \mid Q = r)}{p(X \mid Q = q)p(X \mid Q = q)p(X \mid Q = r, Z = Z(r))} \mathrm{d}X$$

$$\geqslant \int p[X, Z = Z(r), Q = r]$$

$$\times \log \frac{p(X \mid Q = r, Z = Z(r))p(X \mid Q = r)p(X \mid Q = r)}{p(X \mid Q = q)p(X \mid Q = q)p(X \mid Q = r, Z = Z(r))} \mathrm{d}X$$

$$= \int p(X, Z = Z(r), Q = r) \log \frac{p(X \mid Q = r)p(X \mid Q = r)}{p(X \mid Q = q)p(X \mid Q = q)} \mathrm{d}X \geqslant 0$$

注：以上推导中利用了如下公式。

$$p(X, Q = q) \geqslant p(X, Z = Z(q), Q = q)$$

$$p(X, Q = q) \geqslant p(X, Z = Z(q), Q = q) \geqslant p(X, Z = Z(r), Q = r)$$

$$p(X \mid Q = q, Z = Z(q)) \geqslant p(X \mid Q = r, Z = Z(r))$$

$$p(X \mid Q = q) \geqslant p(X \mid Q = r)$$

这是由于 $Q=q$ 是 t 时刻的当前状态，其对应的各相关概率必显然大于非当前时刻 t 对应状态下的各相关概率值。这就证明了 FBMM 模型的区分度优于 HMM，误识率低于 HMM，而这两者正是评价模型优劣的主要标准。

同时，由于 FBMM 参数训练采用最大互信息法，训练时各模型相互制约，即 $\operatorname{argmax}[\log p(\boldsymbol{O}|\boldsymbol{\lambda}^{(c)}) - \log \sum_{t=1}^{M} p(\boldsymbol{O}|\boldsymbol{\lambda}^{(t)})p(\boldsymbol{\lambda}^{(t)})]$，从而确保了其模型区分度要好于使用最大似然估计 $\arg\max_{\lambda^{(i)}} \log p(\boldsymbol{O}|\boldsymbol{\lambda}^{(i)})$ 训练参数的 HMM。

综上可知，在具有等量状态数、观测值变量的前提下模糊深隐马尔可夫模型的区分度优于隐马尔可夫模型，而误识率却低于隐马尔可夫模型。

模糊深隐马尔可夫模型的鲁棒性特性如下。

性质 4.4　FBMM 比 HMM 具有更高的鲁棒性。

证明　要证明 FBMM 比 HMM 具有更高的鲁棒性，即是证明对于同样的样本集，当识别结果为真时，$p_{\mathrm{FBMM}}(\boldsymbol{O}|\boldsymbol{\lambda}) \geqslant p_{\mathrm{HMM}}(\boldsymbol{O}|\boldsymbol{\lambda})$。

$$b_{\mathrm{HMM}\,j}(O_i) = \sum_{k=1}^{M} c_{jk}(2\pi\Xi)^{-1/2} \exp[-(\boldsymbol{o}_i - \boldsymbol{E}_x)^{\mathrm{T}}(2\Xi)^{-1}(\boldsymbol{o}_i - \boldsymbol{E}_x)]$$

$$b_{\mathrm{FBMM}\,j}(O_i) = \sum_{k=1}^{M} c_{jk}(2\pi E'_{ni})^{-1/2} \exp[-(\boldsymbol{o}_i - \boldsymbol{E}_x)^{\mathrm{T}}(2E'_{ni})^{-1}(\boldsymbol{o}_i - \boldsymbol{E}_x)]$$

其中，$E'_{ni} = \mathrm{NORM}(E_n, H_e)$，$\mathrm{NORM}(E_n, H_e)$是生成期望值为 E_n、方差为 H_e 的正态随机数函数。

对于 HMM：

$$
\begin{aligned}
& p_{\text{HMM}}(\boldsymbol{O} \mid \boldsymbol{\lambda}) \\
&= \sum_{j=1}^{N}\Big[\sum_{i=1}^{N}\alpha_t(i)a_{ij}\Big]b_j(O_{t+1}) \\
&= \sum_{j=1}^{N}\Big[\sum_{i=1}^{N}\alpha_t(i)a_{ij}\Big]\sum_{k=1}^{M}c_{jk}(2\pi\Xi)^{-1/2}\exp[-(\boldsymbol{o}_i-\boldsymbol{E}_x)^{\mathrm{T}}(2\Xi)^{-1}(\boldsymbol{o}_i-\boldsymbol{E}_x)]
\end{aligned}
$$

对于 FBMM：

$$
\begin{aligned}
& p_{\text{FBMM}}(\boldsymbol{O} \mid \boldsymbol{\lambda}) \\
&= \sum_{j=1}^{N}\Big[\sum_{i=1}^{N}\alpha_t(i)a_{ij}\Big]b_j(O_{t+1}) \\
&= \max_{E'_{ni}}\sum_{j=1}^{N}\Big[\sum_{i=1}^{N}\alpha_t(i)a_{ij}\Big]\sum_{k=1}^{M}c_{jk}(2\pi E'_{ni})^{-1/2}\exp[-(\boldsymbol{o}_i-\boldsymbol{E}_x)^{\mathrm{T}}(2E'_{ni})^{-1}(\boldsymbol{o}_i-\boldsymbol{E}_x)]
\end{aligned}
$$

由于 $\Xi\in E'_{ni}$，所以 $p_{\text{FBMM}}(\boldsymbol{O}|\boldsymbol{\lambda})\geqslant p_{\text{HMM}}(\boldsymbol{O}|\boldsymbol{\lambda})$。

另外，FBMM 还能够对训练数据中的部分缺失进行优化填充，因此，其鲁棒性优于 HMM 是显而易见的。

4.4.3 基于模糊深隐马尔可夫模型的图像序列表情识别

FBMM 的本质是基于统计分布一致性的聚类分析，每个隐含的状态就是一个聚类，对 FBHMM 进行训练的过程就是寻找每个聚类之间统计关联的过程。转移矩阵反映了聚类之间的关联，而每个聚类的性质由概率分布矩阵决定，并通过观测序列来表现。因此，可以利用 FBMM 来表示特征值之间的相互关联，并把它用于人脸表情识别。图 4.14 给出了 FBMM 人脸表情识别流程图。

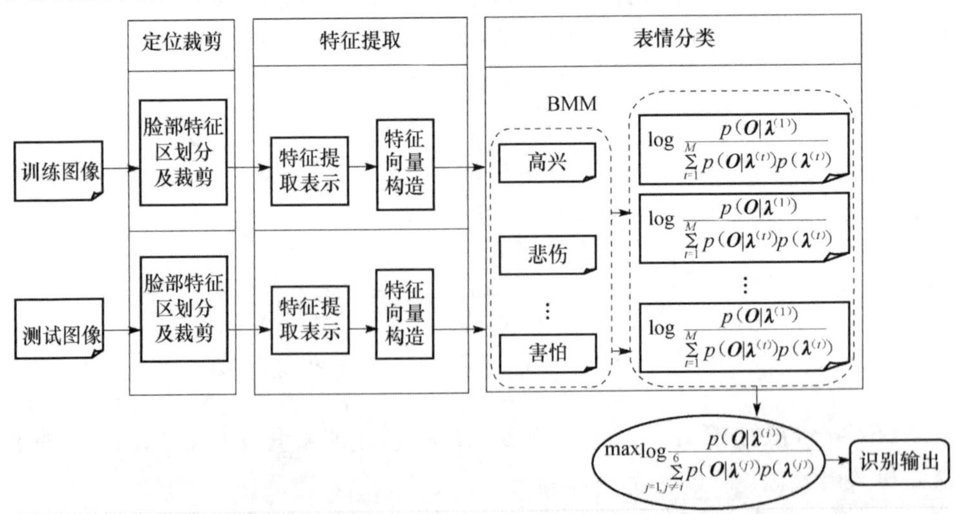

图 4.14　基于 FBMM 的人脸表情识别流程图

1) FBMM 训练

FBMM 训练是要为每个类别确定一组经过优化的 FBMM 参数,每个模型可以用表情图像序列进行训练,如图 4.15 所示,其训练步骤如下。

(1) 对人脸进行小波变换,求出变换后的特征值,并将其作为观测向量。

(2) 建立 FBMM 的一个通用的模型 $\boldsymbol{\lambda}=(\boldsymbol{A},\boldsymbol{B},\boldsymbol{\pi})$。

(3) 将训练数据均匀分割,与 N_t 个状态对应,计算模型的初始参数。对于状态转移矩阵 $\boldsymbol{A}=\{a_{ij}\}$,当 $j<i$ 或 $j>i+1$,可以使 $a_{ij}=0$。对于初始概率分布 $\boldsymbol{\pi}=\{\pi_i\}$,可以使 $\pi_1=0,\pi_i\neq 0(i\neq 1)$。FBMM 从第一个状态开始。概率分布矩阵 $\boldsymbol{B}=\{b_j(\boldsymbol{o}_i)\}$可依据下式计算

$$\boldsymbol{B}=\sum_{k=1}^{M} c_{jk}(2\pi E'_{ni})^{-1/2}\exp[-(\boldsymbol{o}_i-\boldsymbol{E}_x)^{\mathrm{T}}(2E'_{ni})^{-1}(\boldsymbol{o}_i-\boldsymbol{E}_x)] \tag{4-25}$$

即用混合云模型来对分布矩阵 $\boldsymbol{B}$ 建模。

(4) 用 Viterbi 分割取代均匀分割,求出混合云模型的参数,迭代调整初始模型参数。

(5) 基于最大互信息准则对参数进行重新估计,并用最后得到的优化模型参数表示人脸表情中的某个类别。

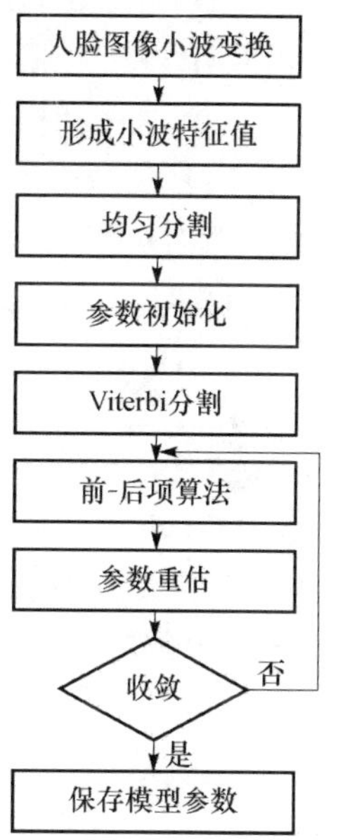

图 4.15　FBMM 训练流程图

2) 基于 FBMM 的识别

在人脸表情识别阶段,首先要对待识别的人脸表情图像进行小波变换,计算它的小波特征值,形成观测序列 $\boldsymbol{O}$,然后使用前项-后项算法计算每个训练模型 λ_i 产生该列的概率 $\log\dfrac{p(\boldsymbol{O}\mid\boldsymbol{\lambda}^{(c)})}{\sum_{t=1}^{M}p(\boldsymbol{O}\mid\boldsymbol{\lambda}^{(t)})p(\boldsymbol{\lambda}^{(t)})}$,最大值所对应的模型就是待识别人脸表情所属的类别,该类别值可以表示为

$$\operatorname{argmax}\log\frac{p(\boldsymbol{O}\mid\boldsymbol{\lambda}^{(c)})}{\sum_{t=1}^{M}p(\boldsymbol{O}\mid\boldsymbol{\lambda}^{(t)})p(\boldsymbol{\lambda}^{(t)})} \tag{4-26}$$

4.4.4　实验结果与分析

运行环境是 Windows XP,Visual C++ 6.0 平台,计算机的配置为 CPU P4,主频 3.6GHz,内存 2GB。

测试表情数据库来源:Cohn-Kanade 人脸表情图像数据库。

训练样本集：120 套样本集，每套样本集包含 6 个表情组，每组包含 11 幅图片，共计 7920 幅图片。

测试样本集：120 套样本集，每套样本集包含 6 个表情组，每组包含 11 幅图片，共计 7920 幅图片。

图片大小及格式：80×120 像素（图像预处理后）BMP 格式。

实验时，采用同样的训练样本集和测试样本集分别对 FBMM、BMM、HMM 进行训练和测试，并就模型训练收敛速度、识别效果、识别时间、鲁棒性和模型区分度进行了比较实验。下面分别给出相应的实验结果与分析。

1. FBMM、BMM、HMM 收敛速度比较

直接比较模型的收敛速度比较困难，因此，实验中利用同样的训练样本分别训练 FBMM、BMM、HMM 模型，比较其识别率，即通过等量训练样本情形下模型优化程度来反映模型的收敛速度。显然，等量训练样本情形下模型优化程度高的模型，其收敛速度较快。反映在实验数据上是在等量训练样本情形下模型识别率高的模型，其收敛较快。图 4.16 反映的实验数据表明 FBMM 在等量训练样本情形下，不仅模型识别率高于 BMM、HMM，即其具有较高的收敛速度，而且其收敛加速度也高于其他两者。

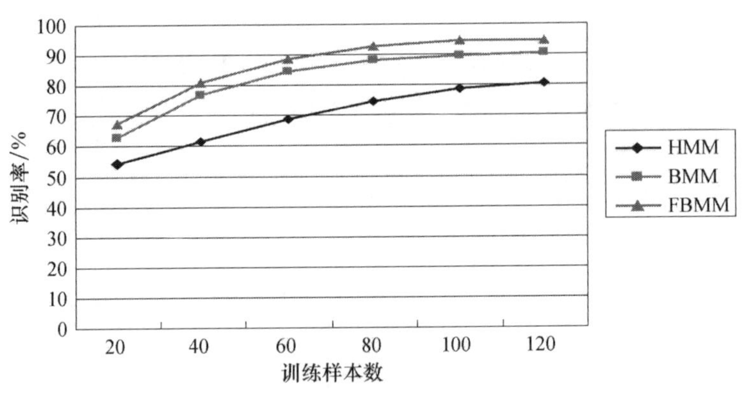

图 4.16　等量训练样本情形下模型识别率比较

2. FBMM、BMM、HMM 识别率比较

实验表明，在识别表情序列过程中，FBMM 与 BMM、HMM 相比，识别结果最为理想，如表 4.7～表 4.9 所示，其中对高兴、害怕和惊讶表情的识别率较好，总体识别率达到了 94.9%。这表明，FBMM 是一种非常有效的基于统计的表情识别的方法。

表 4.7　FBMM 识别率

	高兴	愤怒	悲伤	厌恶	害怕	惊讶	识别率/%
高兴	115	0	1	1	2	1	95.8
愤怒	1	114	2	2	0	1	95.0
悲伤	1	2	112	2	2	1	93.3
厌恶	2	2	3	112	1	0	93.3
害怕	2	1	1	0	114	2	95.0
惊讶	1	1	1	0	1	116	96.7
平均							94.9

表 4.8　BMM 识别率

	高兴	愤怒	悲伤	厌恶	害怕	惊讶	识别率/%
高兴	111	2	0	0	3	4	92.5
愤怒	2	107	3	4	2	2	89.2
悲伤	1	4	106	3	5	1	88.3
厌恶	4	5	4	105	1	1	87.5
害怕	4	1	1	0	112	2	93.3
惊讶	3	1	1	0	2	113	94.2
平均							90.8

表 4.9　HMM 识别率

	高兴	愤怒	悲伤	厌恶	害怕	惊讶	识别率/%
高兴	107	3	0	0	5	5	89.2
愤怒	0	105	6	4	3	2	87.5
悲伤	1	11	94	4	7	3	78.3
厌恶	8	8	9	90	2	3	75.0
害怕	12	1	3	3	94	7	78.3
惊讶	5	0	1	1	4	109	90.8
平均							83.2

3. FBMM、BMM、HMM 识别时间比较

在同样的实验环境和测试样本下，HMM 方法的识别时耗为 0.12s，BMM 方法的识别时耗为 0.14s，FBMM 方法的识别时耗为 0.15s，如图 4.17 所示。实验表明，FBMM 较之于 HMM，识别率增加 9.2%，而识别时耗仅增加 20.0%。

4. FBMM、BMM、HMM 鲁棒性比较

为了验证实施了云模型的 FBMM 的鲁棒性，实验首先使用同样的样本集合

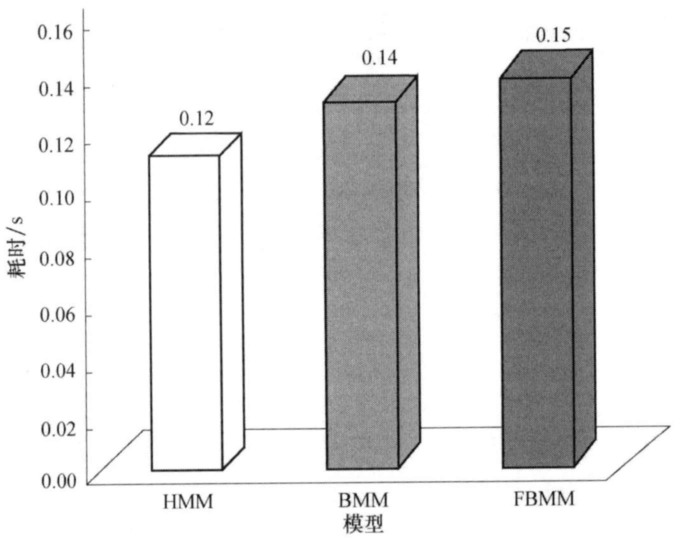

图 4.17 FBMM、BMM、HMM 识别时间比较

分别对 HMM、BMM 和 FBMM 进行训练，然后分别对测试样本进行如图 4.18 所示的施加椒盐噪声处理和如图 4.20 所示的部分区域遮挡处理，并利用这些处理后的测试样本分别对 HMM、BMM 及 FBMM 进行识别测试。图 4.19 和图 4.21 所示的测试结果表明：施噪和部分区域遮挡处理后，三种模型的识别率均有下降，其中对于施噪的图像样本，HMM 的识别率下降 12.1%，BMM 下降 9.3%，FBMM 下降 6.7%；对于缺损的图像样本，HMM 的识别率下降 13.9%，BMM 下降 11.2%，FBMM 下降 7.8%。由此可见，由于 FBMM 实施了基于云分布的改进，其鲁棒性好于 HMM 和 BMM。

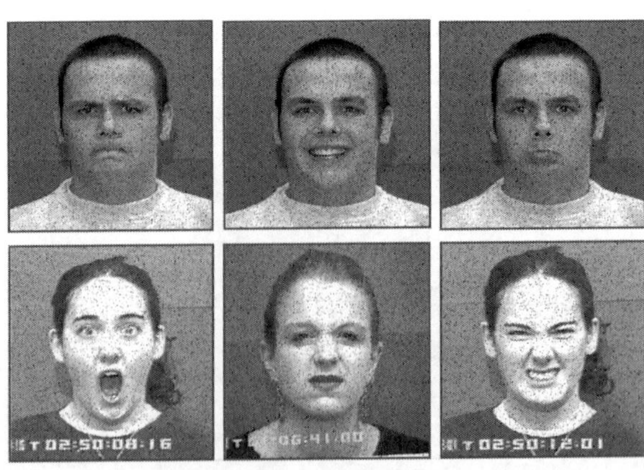

图 4.18 部分施加椒盐噪声后的表情图像

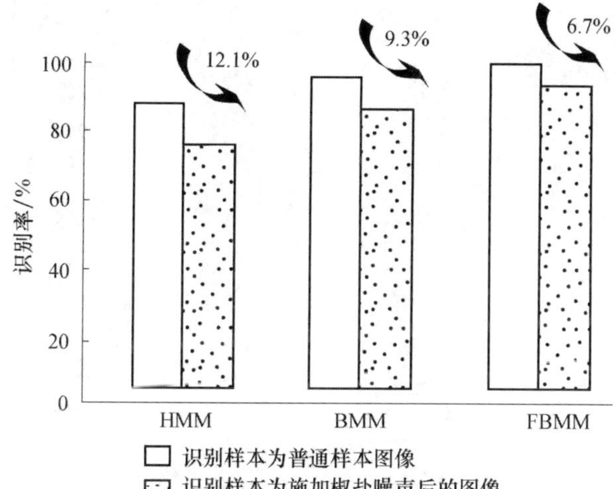

图 4.19　施噪图像训练后 HMM、BMM 与 FBMM 识别率比较

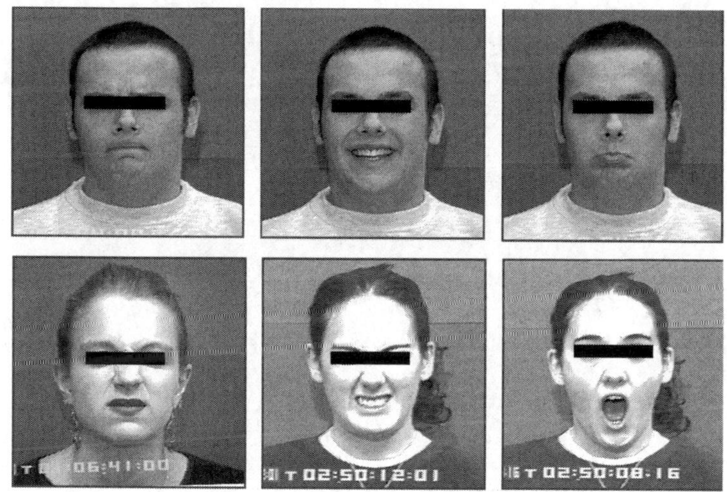

图 4.20　部分特征缺损的表情图像

5. FBMM、BMM、HMM 模型区分度比较

实验中，某表情模型若将另一表情的图片误识成该表情，则记录该模型误识一次。根据表 4.10～表 4.12 分别统计出了 6 个表情模型 FBMM、BMM 和 HMM 下的误识别个数，并计算了误识的均值、标准差及其比值，如表 4.10～表 4.12 所示。实验表明：FBMM 较之于 BMM、HMM，在总误识率明显较小的情况下，其 6 个表情模型的误识率比较平均(误识标准差与均值比值较小)。可见，由于 FBMM 采用基于最大互信息的参数优化方法进行模型训练，各表情模型间彼此关联制约，从而确保了识别率的均优。

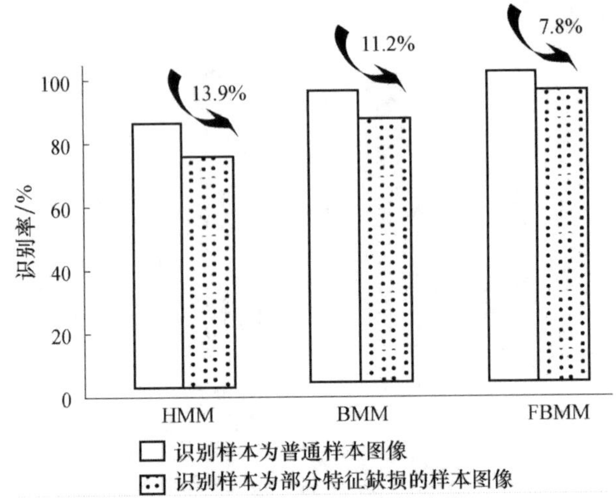

图 4.21　部分特征缺损的 HMM、BMM 与 FBMM 识别率比较

表 4.10　FBMM 误识别标准差与均值比

	高兴	愤怒	难过	厌恶	害怕	惊讶	均值	标准差	标准差/均值	总误识率
误识为该表情个数	7	6	8	5	6	5	6.2	1.07	0.17	5.1%

表 4.11　BMM 误识别标准差与均值比

	高兴	愤怒	难过	厌恶	害怕	惊讶	均值	标准差	标准差/均值	总误识率
误识为该表情个数	14	13	9	7	13	10	11.0	5.29	0.48	9.2%

表 4.12　HMM 误识别标准差与均值比

	高兴	愤怒	难过	厌恶	害怕	惊讶	均值	标准差	标准差/均值	总误识率
误识为该表情个数	26	23	19	12	21	20	20.2	10.53	0.52	16.8%

4.5　本章小结

本章主要介绍了针对提高表情识别效果的各种情况课题组研究实现的最大间

隔最小体积支持向量机表情识别方法、混合特征结合分类树的细微表情识别方法、基于模糊深隐马尔可夫模型的图像序列表情识别方法以及这些方法在人脸表情图像数据库上的识别效果，并对结果进行了分析，表明了这些方法的有效性，可在相应的场合下实施应用。

参考文献

[1] 武宇文. 基于脸部二维形状与结构特征的表情识别研究[博士学位论文]. 北京：北京大学，2005.

[2] 李婷，詹永照，周庚涛. 基于混合特征和分类树的细微表情识别方法. 计算机工程与设计. 2008，29(22)：5798-5801.

[3] Lien J. Automatic recognition of facial expression using hidden Markov models and estimation of expression intensity. Pittsburgh，PA：Carnegie Mellon University，1998.

[4] Zhou X，Huang X S，Wang Y S. Real-time facial expression recognition in the interactive game based on embedded hidden Markov model. Proceedings of the International Conference on Computer Graphics，Imaging and Visualization，2004：144-148.

[5] Muller S，Wallhoff F，Hulsken F，et al. Facial expression recognition using pseudo 3-D hidden Markov models. Proceedings of 16th International Conference on Pattern Recognition，2002，2：32-35.

[6] 文传军，詹永照，陈长军. 最大间隔最小体积球形支持向量机. 控制与决策，2010，25(1)：79-83.

[7] Zhan Y Z，Cheng K Y，Chen Y B，et al. A new classifier for facial expression recognition：fuzzy buried Markov model. Journal of Computer Science and Technology，2010，25(3)：641-650.

[8] Hao P Y，Chiang J H，Lin Y H. A new maximal-margin spherical structured multi-class support vector machine. Applied Intelligence，2009，30(2)：98-111.

[9] Collobert R，Bengio S. SVM Torch：support vector machine for large-scale regression problems. Journal of Machine Learning Research，2001，1(2)：143-160.

[10] Collobert R，Bengio S，Bengio Y. A parallel mixture of SVMs for very large scale problems. Neural Computation，2002，14(5)：1105-1114.

[11] Cootes T F，Taylor C J，Cooper D H，et al. Active shape models—Their training and application. Journal of Computer Vision and Image Understanding，1995，61(1)：38-59.

[12] 詹永照，曹鹏. 语音情感特征提取和识别的研究与实现. 江苏大学学报，2005，26(1)：72-75.

[13] Kanade T，Cohn J F，Tian Y. Comprehensive datebase por facial expression analysis. http://vasc. ri. cmu. edu/idb/html/f ace/facial_ex pression/index. html[2006-9-2].

[14] Skelley J P. Experiments in Expression Recognition. MIT，2005.

[15] 薛雨丽，毛峡，张帆. BHU 人脸表情数据库的设计与实现. 北京航空航天大学学报，2007，33(2)：224-228.

第 5 章　语音情感特征选择提取方法

5.1　概　　述

语音情感特征是语音情感识别的基础，语音情感特征提取是否准确直接影响语音情感的最终识别率。目前，对语音情感特征的提取主要针对超语言学和语言学两个方面[1-4]，到底哪些特征最能体现不同情感之间的差异，还没有形成统一的说法。研究者总是尽可能地提取大量的包含情感信息的语音特征，然后采用一定的特征选择方法选择对区分不同情感状态有用的语音情感特征。此外，研究者也发现语音情感的表现形式受说话人个人特征的影响比较大，当待识别情感语音的说话人不在训练库中时，语音情感识别率下降明显。进而提出了一些能够抗说话人变化干扰的语音情感特征和方法[2,5-8]。在语音情感特征选择方面，很多特征选择方法都已经被应用于语音情感特征选择中，如序列前向（sequential forward selection，SFS）特征选择方法、优先选择（preferential feature selection，PFS）[9]、遗传算法[10]等。但目前针对语音情感识别的特征选择方法未充分考虑特征选择算法中特征重要性的评判标准与所采用的分类器的可分性判据之间的关系，选择的特征在不同的分类器上所取得的识别效果相差较大，不同的特征选择方法所选择的有效特征子集也存在较大的差异。目前语音情感识别的特征选择方法大部分研究都是针对英语等西方语种的，普通话的相关研究较少。

近年来，课题组在语音情感特征提取和选择方面进行了研究。录制情感语料库[4]，提出从传统声学[11]、导数以及多重分形三个方面提取语音情感特征的方法[12]，并分析所提取的语音情感特征对语音情感识别的贡献。针对所提取特征受说话人变化的影响，提出个性化语音情感特征和非个性化语音情感特征的概念，并分析这些特征受说话人变化的干扰情况[13]。针对语音情感特征，提出基于类集/类对的两级语音情感特征选择方法[14]以及基于流形学习的语音情感特征降维方法[15]。

5.2　情感语音库的录制

为了便于语音情感识别实验，录制了两个情感数据库。一个是只包含语音信号的语音情感数据库（Speech Emotion Database，SED），另一个是包含视觉语音信号的情感数据库(audio-visual emotion database,AVED)。

5.2.1　语音情感数据库

在语音情感数据库SED中,仅包含了体现情感的语音信息,鉴于男女生发声差异较大,邀请了5名男性和5名女性非专业表演者在专门的录音室录制完成,分别录制了高兴、悲伤、惊奇、愤怒、害怕、厌恶和平静7种情感语音,选择的13条语音脚本没有明确的语义倾向性并能够加入说话人的7种不同情感,具体的语音脚本如表5.1所示。实验者对每条语音脚本按照不同的情感要求分别录制3遍,录制前采用相应情感的故事片段进行情绪的引导。录制软件为cool edit,保存格式为11025Hz、16bit的单声道音频格式的wav文件。

表5.1　SED情感数据库中语音脚本

脚本序号	语句内容	脚本序号	语句内容
1	明天就是周末了	8	那个人出来了
2	昨天晚上我做了一个梦	9	小张去医院了
3	好像快要下雨了	10	咱们现在就走
4	有一辆大卡车向我们开过来	11	你说什么
5	他马上就快来了	12	Good morning
6	你全都说出来了	13	Oh,my God
7	他知道这件事了		

5.2.2　音视频情感数据库

由于实际实验的需要,对仅包含情感语音的语音情感数据库进行了扩充,录制了包含音视频信息的音视频情感数据库AVED,该数据库和SED一样,包含了高兴、悲伤、惊奇、愤怒、害怕、厌恶和平静7种情感。邀请了9名与SED数据库表演者不同的非专业表演者,其中包括5名女性和4名男性。每位实验者必须采用预先设计好的15条不同的语音脚本去表演7种情感,每种情感每条语音脚本表演3遍。为了增加表演者表演的真实性,在每一种情感表演之前,先通过阅读一段具有该情感色彩的文字来进行情感引导。情感数据库的录制是在专门的录音室内采用专业的录制设备完成,录音设备的采样频率为48000Hz。情感语句的部分语音脚本是参考文献[16]设计的。

5.2.3　音视频情感的有效性分析

为了检验所录制的情感数据的有效性,进行试听实验并对情感数据进行Mc-nemar检定。要求除表演者以外的10名实验者坐在电脑前,然后随机地播放所录制的带有各种情感的音视频情感片段,让实验者通过主观判断所放音视频片段所体现的情感类型，对其判断结果进行 Mcnemar 检定，对检定无效的片段进行删除和重新录制。通过重复录制和筛选，得到最终的情感数据。其中，SED 包含 2730 条情感语音，而 AVED 数据库则由 1890 条音视频情感片段组成。

5.3 语音情感特征提取方法

5.3.1 传统声学语音情感特征分析与提取

在传统声学方面，分别从时间构造、能量构造、基音构造、共振峰构造、MFCC 和 Mel 频谱能量动态系数 6 个方面提取了 101 个统计语音情感特征。表 5.2 为所提取的情感特征。下面分别对这几个方面的特征提取方法进行介绍。

表 5.2 提取的情感特征

	具体特征	特征个数
时间构造	短时平均过零率、无声部分时间比率	2
振幅构造	短时平均能量、短时能量变化率、短时平均振幅、振幅平均变化率、短时最大振幅	5
基频构造	基频轨迹曲线的最大值、整个曲线的基频平均值、平均变化率、均方差，基音频率的 1/3 分位点、1/4 分位点以及基音变化的 1/3 分位点、1/4 分位点	13
共振峰构造	第一共振峰频率、第二共振峰频率、第三共振峰频率的最大值、平均值、动态变化范围、平均变化率、均方差、1/3 分位点以及 1/4 分位点	39
MFCC 系数	12 阶的 MFCC 系数、一阶差分 MFCC 系数和二阶差分 MFCC 系数	36
Mel 频谱能量动态系数	12 个等间隔的频带上的频谱能量动态系数	6

1. 基音构造分析

浊音信号是一种准周期性信号，基音是指发浊音时声带振动所引起的周期性，基音周期是声带振动频率的倒数。由于它只是准周期的，所以只能采用短时平均方法估计其周期。研究表明，不同情感的基频构造有其各自的特征。例如，与平静语句相比，高兴、愤怒、害怕和惊奇的平均基频、动态范围及平均变化率比较大，而悲伤和厌恶则较小。

基音周期估计也称为基音检测。基音的检测和估计是语音处理中一个非常重要的问题，尤其在汉语语音处理中更是如此。因为汉语是一种有调语音，基音的变换模式称为声调，它携带非常重要的情感信息。在语音情感识别中，准确的基音估计是非常关键的，它直接影响整个系统的性能。

在基音检测方面，采用自相关基音检测法。首先利用自相关法逐帧求出基音频率，并对基频曲线进行中值滤波和线性平滑处理，然后提取情感信号基频轨迹曲线的一些统计特征。

1）基音检测预处理

为了提高自相关检测基音周期的可靠性，采用两种预处理方法对原始信号进行中心削波和滤波预处理。

（1）中心削波。

使用式(5-1)和如图 5.1 所示的中心削波函数进行处理。

$$y(n)=C(n)=\begin{cases}x(n)-L & \text{当 } x(n)>C_L \text{ 时}\\ 0 & \text{当 } |x(n)|\leqslant C_L \text{ 时}\\ x(n)+L & \text{当 } x(n)<-C_L \text{ 时}\end{cases} \tag{5-1}$$

式中，$x(n)$是语音信号，削波电平 C_L 一般取最大信号幅度的 60%～70%。图 5.2 给出了中心削波处理后的结果。中心削波后，再用自相关检测基音频率，错判为倍频或分频的情况就大大减少了。

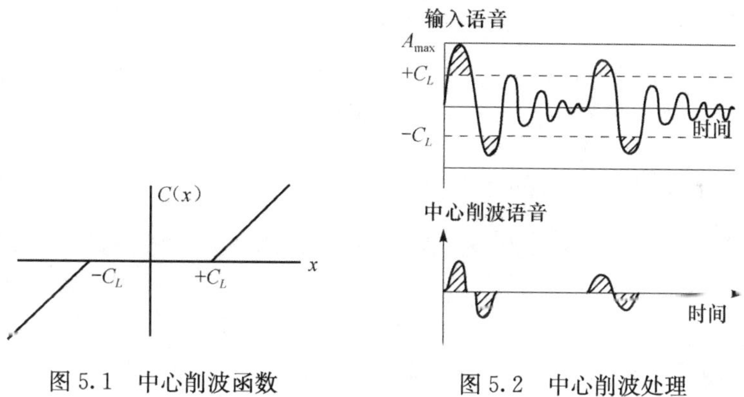

图 5.1　中心削波函数　　图 5.2　中心削波处理

（2）滤波。

用一个通带 900Hz 的线性相位低通滤波器滤除高次谐波分量。经过滤波处理后的信号，基本上只含有第一共振峰以下的基波和谐波分离。实验表明，用这种方法进行预处理，对改善自相关法的基音检测有明显的效果。

2）自相关法基音检测算法

经过上述两种预处理，已经可以用自相关法检测基音周期了。但是，自相关计算中的乘法运算比较复杂，所以可以把上述中心削波后的信号 $y(n)$的自相关用两个信号的互相关代替，其中一个信号是 $y(n)$，另一个信号是对 $y(n)$进行三电平量化产生的结果 $y'(n)$

$$y'(n)=C'[y(n)]=\begin{cases}+1 & \text{当 } y(n)>0 \text{ 时}\\ 0 & \text{当 } y(n)=0 \text{ 时}\\ -1 & \text{当 } y(n)<0 \text{ 时}\end{cases} \tag{5-2}$$

显然,$y'(n)$只有-1、0、$+1$三种可能的取值,因而这里的互相关计算只需要做加减法,而这个互相关序列的周期性与$y(n)$的自相关性序列是近似相同的。

下面介绍自相关基音检测算法的计算步骤。这里,采用的语料库信号的采样率为11025Hz,加上窗长23.22ms(256点)、窗移10ms的汉明窗。截止频率为900Hz的低通滤波器是一个20阶线性相位的有限冲激响应滤波器。下面是对每一帧进行基音周期估计的计算步骤。

(1) 用900Hz的低通滤波器对一帧语音信号$x(n)$进行滤波,并去掉开头20个输出值(置0),得到$x'(n)$。

(2) 分别求$x'(n)$的前部90个采样点和后部90个采样点的最大幅度,并取其中较小的一个,乘以因子0.68作为门限电平C_L。

(3) 用式(5-3)和式(5-4)分别进行中心削波和三电平削波,即

$$y(n)=\begin{cases}C[x'(n)] & 20<n<256\\ 0 & \text{其他}\end{cases} \tag{5-3}$$

$$y'(n)=\begin{cases}C'[y(n)] & 20<n<256\\ 0 & \text{其他}\end{cases} \tag{5-4}$$

(4) 用式(5-5)求$y(n)$和$y'(n)$的互相关值

$$R(k)=\sum_{n=21}^{256}y(n)y'(n+k),\quad k=0,20,21,22,\cdots,128 \tag{5-5}$$

其中,k的取值范围为20～128,相应于基音频率范围为60～500Hz,$R(0)$相应于短时能量。

(5) 求出$R(20)$,$R(21)$,…,$R(128)$中的最大值$R_{\max}$。

(6) 如果$R_{\max}<0.25R(0)$,则认为本帧为清音,令基音周期值$p=0$,否则基音周期即为使$R(k)$取最大值$R_{\max}$时的位置的k值,即

$$p=\arg\max_{20\leqslant k\leqslant 128}R(k) \tag{5-6}$$

其中,p就是基音周期估值。

3) 基音检测后的平滑处理

语音中浊音信号的周期性从波形上可以观察并看得很明显,但是其形状表现得比较复杂,使自动基音检测算法很难做到处处准确可靠。清音和浊音的误判、基音周期估值落在其实际基音的倍频或分频所对应的周期等情况时有发生。这种在求得的基音周期轨迹中有一个或几个基音周期偏离了正常轨迹(通常是偏离到正常值的2倍或1/2)的偏离点也称为基音轨迹的"野点"[17],如图5.3所示。

好在语音信号的基音频率通常是连续缓慢变化的,因此,可以采用某种平滑技术[18]来纠正个别估值的错误。

采用窗口宽度为5的中值滤波器对去噪后的语音信号进行平滑处理。中值平

滑处理是一种采用滑动窗的直方图统计处理的方法，其基本原理是：设 $f(n)$ 为输入信号，$y(n)$ 为中值滤波器的输出信号，窗长为 $2L+1$，那么，n_0 处的输出值 $y(n_0)$ 就是将窗的中心移到 n_0 处时的窗内输入样点的中值，所谓中值就是将窗口内的 $2L+1$ 个输入样本 $f(n_0-L)$，$f(n_0-L+1)$，…，$f(n_0)$，$f(n_0+1)$，…，$f(n_0+L)$ 进行统计，求出一个累计直方图，其中 1/2 分位数就是中值。对于窗长为 5 的中值滤波器，若窗中心处于 n_0 处时，相应的 5 个输入样本值依次为 $f(n_0-2)$，$f(n_0-1)$，$f(n_0)$，$f(n_0+1)$，$f(n_0+2)$，假设其值分别为 5，4，0，6，6。显然，它们的中值为 5，那么中值滤波器的输出值为 $y(n_0)=5$，而原始输入信号 $f(n_0)=0$，通过中值滤波器滤波后得到纠正。然后，滤波器窗口向后移动一个样点，用同样的方法求窗口内样本的中值，即得到 $y(n_0+1)$。如此进行下去，中值滤波可以纠正个别奇异点而不影响周围的采样点值。图 5.4 是采用中值滤波算法对语音信号中值滤波处理前后的波形对比图。

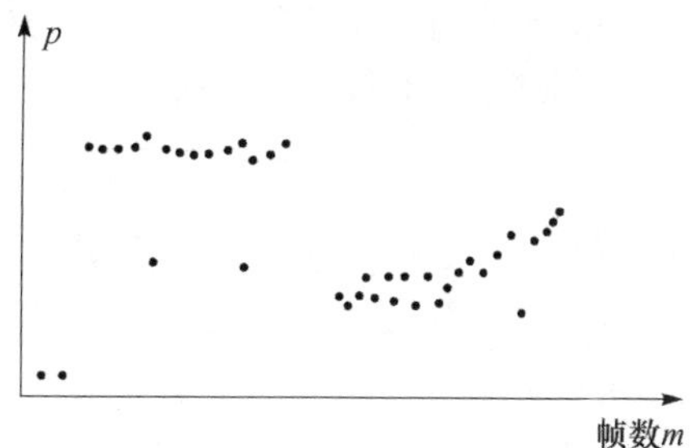

图 5.3　基音的野点

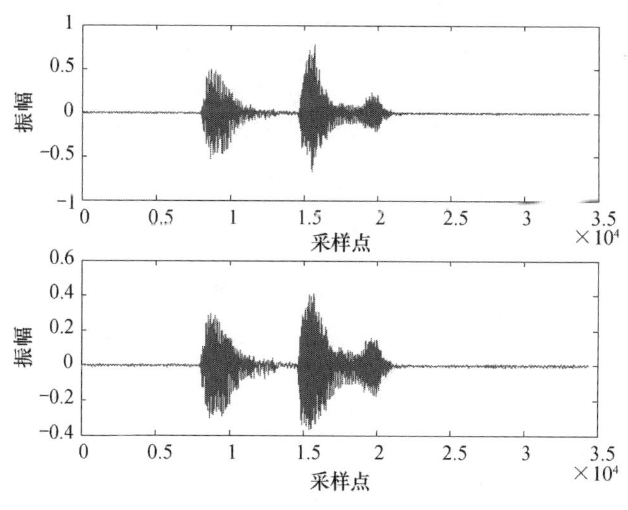

图 5.4　波形对比图

4）基音特性的统计分析

在检测了基音周期后，提取情感信号基频轨迹曲线的最大值，整个曲线的基频平均值、平均变化率、均方差，基音频率的 1/3 分位点、1/4 分位点以及基音变化的 1/3 分位点、1/4 分位点等统计特征作为情感识别用的备用特征。这里的基频平均变化率是指各帧语音信号基频差分的绝对值的平均值。基音频率的 1/3 分位点就是基音动态范围的 1/3 点的值，定义如式(5-7)所示，基音频率的 1/4 分位点就是基音频率的平均值与最小值的平均值，定义如式(5-8)所示

$$F0_{1/3} = [\max(F0) - \min(F0)]/3 + \min(F0) \tag{5-7}$$

$$F0_{1/4} = [\mathrm{avg}(F0) - \min(F0)]/2 + \min(F0) \tag{5-8}$$

在基音的众多统计特征中，以基频的均值为例对情感语音库中的各类情感语句进行分析。在情感语音数据库 2730 条剪辑语音中，随机抽取了每个情感状态类别各 50 条女性语音进行基频的均值分析。根据基频曲线所提供的基频均值信息，对各类情感状态的基频进行分析，如图 5.5 所示。

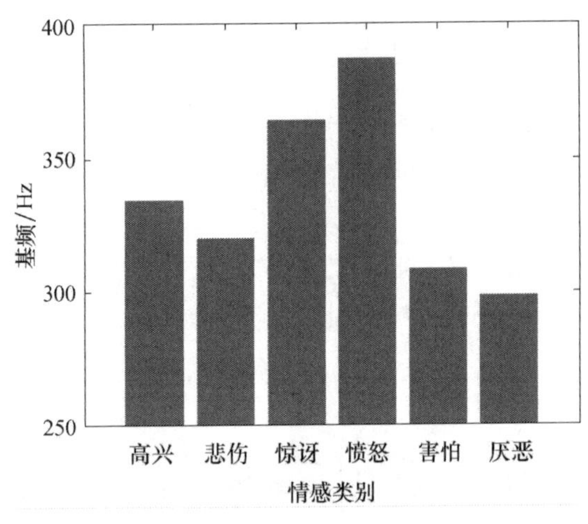

图 5.5　情感语音基音分析图

由图 5.5 可知，6 类情感的基频的均值相差很大，愤怒和惊讶的平均基频最高，害怕和厌恶的平均基频最低，这也是符合各类情感的发声规则的。例如，人在愤怒的时候，比较激动，声带振动也比较明显，相应的平均基频会比较大。

2. 共振峰构造分析

当一个空腔物体作受迫振动，所加驱动(激励)频率等于振动体的固有频率时，便以最大的振幅来振荡，这种现象被称为共振。声波的共振也称为共鸣，实际上，共振体的共振作用，常常不只是在一个固有频率上起作用，它可能有多个响应强度不同的共振频率，对于激励信号的响应，可以用一个含有多对极点的线性系统来近似描述，每对极点都对应一个共振峰频率。这个线性系统的频率响应特性称为共振峰特性。人类发音的重要器官声道，可以看成由不同截面的管道串接而成，每一段声管都有其固有频率，因此，人说话时也有类似的共振现象。

共振峰是反映声道特性的一个重要参数。很显然，当人处于不同的情感状态

时，人的神经所处的紧张程度不同，导致声道在发同一个声音的时候发生形变，产生了差异，从而改变了声道的固有频率，这一点反映在语音信号中，必然表现出不同的共振峰峰值。因此，能够预料，不同情感发音的共振峰位置不同。

采用线性预测方法来提取每帧语音信号的共振峰参数[19]。首先用线性预测(linear predictive coding，LPC)法求出预测系数，用预测系数估计声道的功率谱和中心频率，再用峰值检出法(peak-picking)较为精确地检出功率谱和中心频率。

有文献表明，情感状态的变化反映在共振峰峰值的第一共振峰、第二共振峰、第三共振峰上的变化较大，这里选取了第一共振峰频率(F_1)、第二共振峰频率(F_2)、第三共振峰频率(F_3)的平均值、最大值、动态变化范围、平均变化率、均方差，共振峰频率的 1/3 分位点、1/4 分位点以及共振峰变化的 1/3 分位点、1/4 分位点等统计特征作为情感识别用的备用特征。这里，共振峰频率的平均变化率是指各帧语音信号的共振峰频率差分的绝对值的平均值。共振峰频率的 1/3 分位点就是共振峰频率动态范围的 1/3 点的值，定义如式(5-9)所示，共振峰频率的 1/4 分位点就是共振峰频率的平均值与最小值的平均值，定义如式(5-10)所示

$$F_{1/3} = [\max(F) - \min(F)]/3 + \min(F) \tag{5-9}$$

$$F_{1/4} = [\mathrm{avg}(F) - \min(F)]/2 + \min(F) \tag{5-10}$$

F_1、F_2 和 F_3 对于 6 种情感均有一定的区分效果。以第一共振峰为例，从语音库 SED 中抽取了其中一名说话者的每种情感的 10 条语句对第一共振峰的部分统计特征进行分析。表 5.3 对不同情感状态的第一共振峰的部分特征进行统计。

表 5.3　第一共振峰部分特征　　单位：Hz

第一共振峰频率	高兴	悲伤	惊讶	愤怒	害怕	厌恶
平均值	620	556	579	680	500	375
最大值	705	675	659	750	590	495
均方差	186	201	179	224	190	195
动态变化范围	160	224	154	138	179	248

3. Mel 频率倒谱系数 MFCC

研究表明，基于频域的参数对于情感识别是非常有效的[20]。现代语音处理技术中建立在语音的短时频谱基础上的特征有很多，常见的有 Mel 频率倒谱系数(Mel-frequency cepstral coefficients，MFCC)、LPC 倒谱系数和差值倒谱等。“共振峰构造分析”小节所提取的共振峰参数也是基于语音信号的频谱特性提取出来的，但它不能很好地反映频谱中不同频带的变化情况。在语音情感识别中，愤怒和高兴常表现为频谱中高频成分的增加，而悲伤则与此相反，对应于频谱中高频成分的降低。对于体现能量在不同频段的分布情况，Mel 频率倒谱系数无疑是非常成

功的一种，它通过多个滤波器组求出各个频段的能量，大大减小了频谱矢量的维数，且有较好的噪声鲁棒性。

Mel 频率倒谱系数将人耳的听觉感知特性和语音信号的产生机制有效地结合，由于人耳的滤波作用是在对数尺度上进行的，在 1000Hz 以下为线性尺度，而 1000Hz 以上为对数尺度，这就使人耳对低频信号比对高频信号更加敏感。根据这一原则，研究者得到了类似于人耳作用的一组滤波器组，这就是 Mel 频率滤波器组。Mel 频率与普通频率的关系如下

$$f_{\mathrm{Mel}} = 2595 \times \log(1 + f/700) \tag{5-11}$$

MFCC 参数首先在频域将频率轴变换为 Mel 频率刻度，再变换到倒谱域得到倒谱系数。它的计算过程如下所述。

(1) 将信号进行分帧和加汉明窗处理，然后进行快速傅里叶变换得到其频谱。

(2) 求它的频谱幅度的平方，即能量谱，并用一组三角形滤波器在频域对能量谱进行带通滤波。这组带通滤波器的中心频率是按 Mel 频率刻度均匀排列的，间隔 150Mel，带宽 300Mel，每个滤波器的三角形的两个底点的频率分别等于相邻的两个滤波器的中心频率。设滤波器数为 M，滤波后得到的输出为 $X(k)$，$k=1,2,\cdots,M$。

(3) 将滤波器组的输出取对数，然后对它进行反离散余弦变换即得 MFCC。由于对称性，此变换式可简化为

$$C_n = \sum_{k=1}^{M} \log X(k) \cos[\pi(k-0.5)n/M], \quad n = 1,2,\cdots,L \tag{5-12}$$

MFCC 系数的个数 L 一般取 12～16。应注意的是，通常状况下零阶倒谱系数并不加以利用，因为它是反映频谱能量的。滤波器组中滤波器的个数取为 24 个，所覆盖的最高频率为 13.5kHz，选取了 12 维 MFCC 参数作为特征矢量。图 5.6

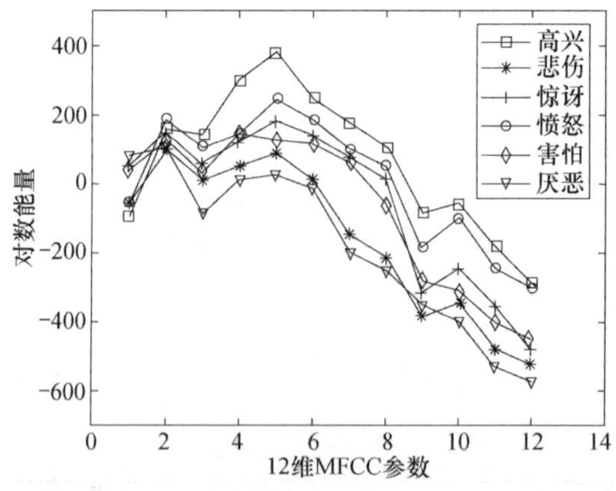

图 5.6 不同情感的对数能量均值

为相同文本的语句在不同情感状态下 12 个 Mel 频带的对数能量均值的对比，可以看出，低频带中各种情感的对数能量差别不大，但在高频带中的对数能量差别较大，愤怒和高兴的情感状态在高频带中的能量最大，惊奇和害怕次之，厌恶和悲伤的高频能量最小。

有研究表明，尽管 MFCC 可以在干净语音情况下获得较高的识别率，但当语音信号的信噪比较低时，单用 MFCC 特征作为静态特征，其识别性能往往不能令人满意。而瞬态参数（如 Delta 参数）则具有明显的环境鲁棒性，所以提取了 MFCC 的一阶 Delta 参数和二阶 Delta 参数。

MFCC 的一阶 Delta 参数，即将前后帧的 MFCC 系数进行差分运算所得

$$\Delta C_n(m) = \frac{\partial}{\partial m}C_n(m) \approx \frac{1}{T_s}\left[\sum_{t=-s}^{s} tC_{n-1}(m)\right] \tag{5-13}$$

式中，$T_s = \sum_{t=-s}^{s} t^2$；$s$ 是求差分的范围，选取 $s=2$。二阶 Delta 参数和一阶 Delta 参数相似，即将前后帧的 ΔMFCC 系数进行差分运算所得。

4. Mel 频谱能量动态系数

有文献分析表明，语音的频谱特征是语音情感的一个极其重要的特征，因为不同情感的频谱特征差异较大。从语音在频率尺度上的动态特性出发提取了 Mel 频率能量动态系数（Mel frequency energy dynamics coefficients，MFEDC）。MFEDC 的计算过程如图 5.7 所示。

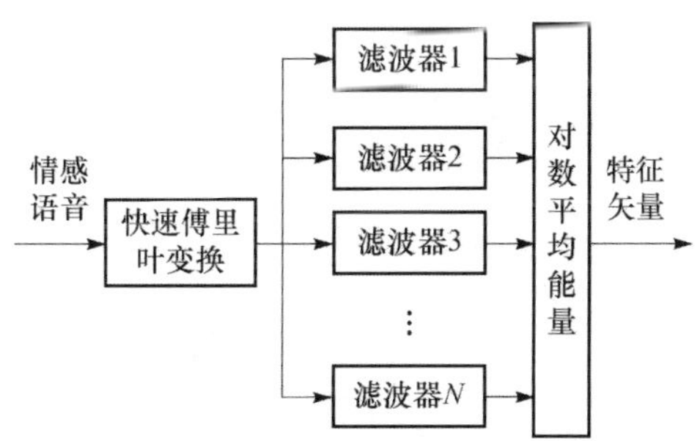

图 5.7　MFEDC 特征的计算流程

具体计算过程如下所述。

(1) 通过快速傅里叶变换方法估计每一情感短句 $X(i)$ $(i=1,2,\cdots,L)$ 的平均长时谱 $X(k)$，再令其通过 N 个均匀分布在 Mel 频率尺度上的滤波器，如式(5-14)所示。

$$W_j(k) = \begin{cases} 1 & \mathrm{Lf}_j < k < \mathrm{Hf}_j \\ 0 & \text{其他} \end{cases}, \quad j = 1,2,\cdots,N \tag{5-14}$$

式中，Lf_j 和 Hf_j 分别为第 j 个滤波器的上下边界。

(2) 计算每一个滤波器输出的对数平均能量，计算方法如下

$$E_n(i)=\frac{10\log\left[\sum_{k=\mathrm{Lf}_i}^{\mathrm{Hf}_i}\mid W_j(k)X(k)\mid^2\right]}{K_i},\quad 1\leqslant i\leqslant N \tag{5-15}$$

式中，K_i 为第 i 个滤波器的离散频率分量数；$N=6$。

由于人耳对频率的感知不是呈线性关系的，而是满足近似的对数关系，为了更好地利用人耳的这一特性，令滤波器组均匀地分布在 Mel 频率尺度上，并将 Mel 频率范围分成 $N=6$ 个等间隔的频带，实验结果表明，若滤波器组过多，将 Mel 频率范围划分过细，则不能很好地体现不同情感的对数平均能量的差异性；反之，若滤波器组数过少，则无法很好地划分不同的情感在低频和高频上的对数平均能量上的不同。通过实验，当 $N=6$ 时，效果较好。

图 5.8 列出了一位说话者在愤怒和悲伤 2 种情感状态各 10 条语句的各个子带能量的平均值。从图中可以看出，在高频带和低频带，愤怒情感状态的子带能量都比悲伤情感状态高。另外，在悲伤时，频谱能量随着频率的升高而降低，在高频部分，频谱能量较小。而愤怒情感状态的频谱能量随着频率的升高而升高。这说明，愤怒情感状态的总体能量要比悲伤情感状态的总体能量高。另外，在悲伤情感状态下，语音的能量大部分分布在低频子带上，而在愤怒情感状态下，高频子带和低频率子带都有较高的平均能量。

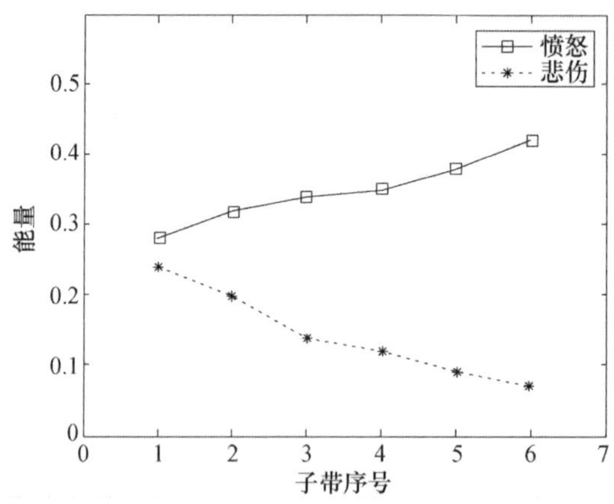

图 5.8 悲伤和愤怒的子带能量

5.3.2 基于导数的非个性化语音情感特征提取方法

在现实生活中，不同的说话者说话的特点和风格存在一定的差异，如有的人

天生说话嗓门儿比较高，而有的人天生说话语速比较快，这种差异就是说话者的个性化说话特点。正是由于说话时个体间存在差异，导致了语音情感特征值在情感空间的分布会随着说话者的变化而发生一定的变化，给情感识别带来了很大的困难。这也是在目前的语音情感识别研究中，当待识别语音的说话者不在训练库中时，情感识别率会急剧下降的原因之一。消除语音情感特征中说话者个性化因素的干扰，是提高与人无关语音情感识别率，使语音情感识别走向实用化的关键一步。目前，已有部分研究者提出了一些消除语音情感特征中说话者个性化说话特点的方法，但这部分工作尚处于起步阶段，有待于进一步研究。首先，提出个性化语音情感特征和非个性化语音情感特征的概念，并给出了基于导数的非个性化语音情感特征提取方法。然后，将所提取的情感特征分为个性化语音情感特征和非个性化语音情感特征两类，并分别分析说话者个性化说话特点对这两类情感特征在情感空间分布的影响。最后，分别采用个性化语音情感特征、非个性化语音情感特征以及全部特征进行语音情感识别实验，并对实验结果进行讨论。

通过实验分析发现：在传统的基于声学的语音情感特征中，根据特征是否受说话者个人说话特征的影响，可将表 5.2 中所提取的基于声学的语音情感特征分为两类。第一类特征是直接反映情感语音某个声学特征大小的特征，如基音频率、短时能量、振幅等的平均值、最大值、MFCC 系数、Mel 频谱能量动态系数等，这部分情感特征包含了大量的情感信息，但同时也是反映说话者个人说话特点（如语速、音量、对数能量分布等）的特征。即使在同一种情感下，不同的说话者说话的语速、音量也有可能相差较大，这部分情感特征的值受说话者个人说话特点的影响较大，其在不同情感状态下的分布会因为说话者的变化而产生较大的变化。因此，将这部分特征称为个性化语音情感特征。第二类特征是反映情感特征在说话过程中变化情况的特征，如基音频率、短时能量、MFCC 系数等特征的一阶、二阶变化率、变化范围等，这类特征包含了一定的情感信息，同时不易受说话者个性化说话特征的影响，将这类特征称为非个性化语音情感特征。按照个性化语音情感特征和非个性化语音情感特征的定义，将表 5.2 中的语音情感特征划分为个性化和非个性化语音情感特征两类，具体划分情况如表 5.4 所示。

表 5.4　个性化与非个性化语音情感特征

特征类型	个性化语音情感特征	特征个数	非个性化语音情感特征	特征个数
时间构造	短时平均过零率	1	无声部分时间与有声部分时间比率	1
振幅构造	短时平均能量、短时平均振幅、短时最大振幅	3	短时能量平均变化率、振幅平均变化率	2

续表

特征类型	个性化语音情感特征	特征个数	非个性化语音情感特征	特征个数
基频构造	基频轨迹曲线的最大值、整个曲线的基频平均值,变化范围以及基音频率的 1/4 分位点、3/4 分位点、1/3 分位点、2/3 分位点	7	基频平均变化率、标准方差,基频变化率的 1/4 分位点、3/4 分位点、1/3 分位点、2/3 分位点	6
共振峰构造	第一、二、三共振峰频率的最大值、平均值、动态变化范围、1/4 分位点、3/4 分位点、1/3 分位点和 2/3 分位点	21	第一、二、三共振峰频率的平均变化率、标准方差,第一、二、三共振峰频率变化率的 1/4 分位点、3/4 分位点、1/3 分位点和 2/3 分位点	18
MFCC 系数	12 阶的 MFCC 系数	12	一阶差分 MFCC 系数和二阶差分 MFCC 系数	24
Mel 频谱能量动态系数	12 个等间隔的频带上的频谱能量动态系数	6		
总的特征个数		50		51

1. 基于导数的语音情感特征提取方法

短时能量曲线和基频轮廓线是反映情感变化的两个重要方面,如高兴情感语音的基频曲线尾部一般是向上翘的。基频轮廓曲线和短时能量曲线的变化趋势蕴涵了大量的情感信息。由数学知识可知,导数能够反映曲线的变化趋势,因此,欲提取短时能量曲线和基频轮廓线的导数相关特征作为新的非个性化语音情感特征。由于语音信号是短时平稳的,语音信号的波形是由离散采样点的振幅构成的,短时能量曲线和基频轮廓线也是由离散的值构成的。因此,先将情感语音的短时能量曲线和基频轮廓线进行 3 次样条拟合,将曲线变化到连续空间,然后再分别求它们的导数特征。图 5.9 为处于中性情感时语音"明天就是周末了"的基频轮廓线、基频轮廓线的拟合曲线以及拟合曲线的导数曲线。图 5.10 为该语音脚本中性情感时的短时能量曲线、短时能量曲线的拟合曲线以及拟合曲线的导数曲线。从图 5.9 和图 5.10 中可以看出,基频轮廓线和短时能量曲线的导数曲线能分别反映它们的变化情况。图 5.11 为愤怒和悲伤情感状态下某情感语音的基频轮廓线的导数曲线对比图,从图中可以看出,悲伤的基频轮廓线的导数曲线比愤怒的基频轮廓线的导数曲线波动频繁,而愤怒的导数曲线波动主要集中在语音的尾部。图 5.12 为同一语音脚本在愤怒和悲伤情感状态下短时能量曲线的导数曲线对比图,从图中可以看出两种情感状态下的导数曲线存在较大的差异,愤怒情感状态下的导数曲线变化明显,导数值也比较大,而悲伤情感状态下导数变化不明显,导数值也比较小。

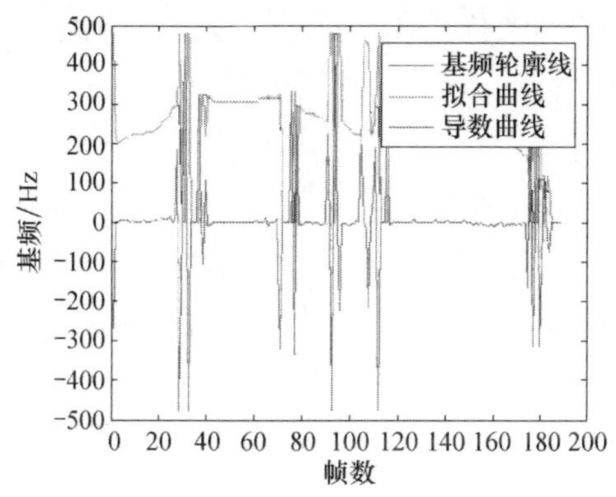

图 5.9　基频轮廓线及其拟合曲线、导数曲线对比图

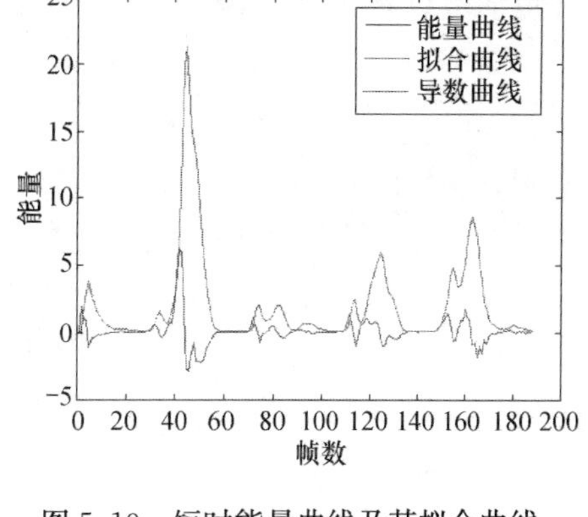

图 5.10　短时能量曲线及其拟合曲线、导数曲线对比图

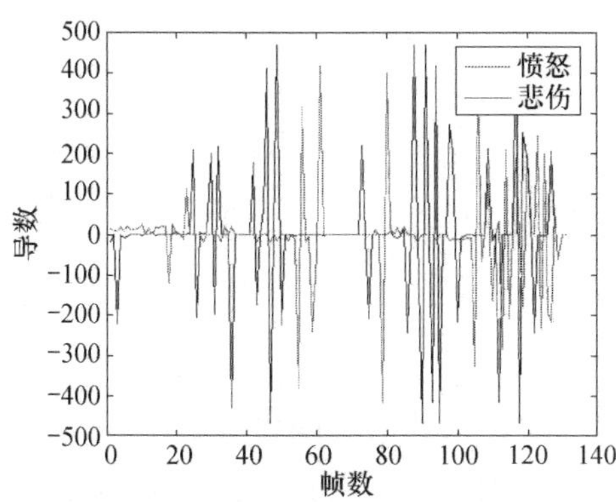

图 5.11　愤怒和悲伤情感下基频轮廓线的导数曲线对比图

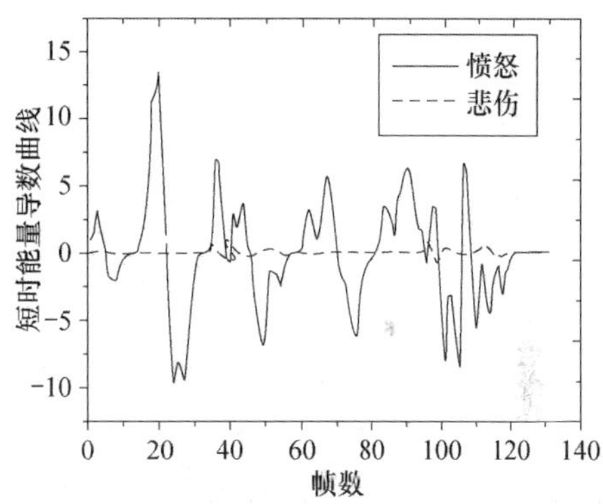

图 5.12　7 种情感状态下短时能量曲线的导数曲线对比图

针对短时能量曲线和基频轮廓线，分别求取曲线处于上升趋势的导数平均值、处于下降趋势的导数的绝对值的平均值、处于上升趋势的导数平均值与处于下降趋势的导数绝对值的平均值之差、最后 10 帧所对应的导数的平均值，共 4 个特征作为新的语音情感特征。下面分别介绍这些特征的具体提取方法。

1）正导数的平均值

导数反映了相邻两点之间的变化趋势，导数为正表示该点处于上升趋势，选择基频轮廓线和短时能量曲线正导数的平均值作为特征之一，用 $f_{\text{slopeincrease}}$ 表示

$$f_{\text{slopeincrease}} = \frac{1}{\text{pn}} \sum_{f_{\text{daoshu}}>0} f_{\text{daoshu}} \tag{5-16}$$

式中，f_{daoshu} 为曲线上某点对应的导数值；pn 为大于 0 的导数的个数。

2）负导数绝对值的平均值

和正导数的平均值相反，导数为负表示该点处于下降趋势，基频轮廓线和短时

能量曲线负导数绝对值的平均值也作为一个情感特征，用 $f_{\text{slopedecrease}}$ 表示为

$$f_{\text{slopedecrease}} = \frac{1}{\text{nn}} \sum_{f_{\text{daoshu}}<0} | f_{\text{daoshu}} | \tag{5-17}$$

式中，nn 表示小于 0 的导数的个数。

3）正负导数绝对值的均值之差

正负导数绝对值之差体现了曲线的总体走势，基频轮廓线和短时能量曲线总的峰值走势也是体现情感差异的重要特征之一，用 $f_{\text{slopetendency}}$ 表示为

$$f_{\text{slopetendency}} = f_{\text{slopeincrease}} - f_{\text{slopedecrease}} \tag{5-18}$$

4）最后 10 帧语音信号的导数平均值

不同情感的基频轮廓线和能量曲线的最后部分变化趋势存在较大的差异，基频轮廓线和短时能量曲线最后 10 帧的变化趋势也是语音情感识别关注的重点，因此，将基频轮廓线和短时能量曲线最后 10 帧的导数平均值作为语音情感特征，用 f_{endslope} 表示为

$$f_{\text{endslope}} = \frac{1}{10} \sum_{\text{最后10帧}} f_{\text{daoshu}} \tag{5-19}$$

2. 导数特征在不同情感状态下的分布分析

为了分析导数特征对情感识别的贡献，随机选择了 SED 情感数据库中的 5 个说话者，其中包括 3 个男生、2 个女生，每个说话者每种情感随机选择了 10 条语音，共 350 条情感语音，分别提取这些情感语音的导数特征，并求取不同情感状态下每种导数特征的平均值进行分析。图 5.13 和图 5.14 分别为基频轮廓线和短时能量曲线的 4 个导数特征在不同情感状态下的分布图。从图 5.13 中可以看出，悲伤情感状态下基频轮廓线上升的趋势最明显，其次是厌恶和害怕，上升趋势最不明显的是高兴和愤怒。下降趋势最明显的是惊讶和悲伤，下降趋势最不明显的是害怕和高兴。从基频轮廓线总的走势来看，厌恶和害怕的上升趋势明显大于下降趋势，而愤怒和惊讶的下降趋势更明显。对于最后 10 帧语音信号的导数均值，厌恶、惊讶和悲伤的最后 10 帧的导数均值的绝对值比较大，这说明这 3 种情感的基频轮廓线在最后 10 帧的上升趋势和下降趋势中有一个占主导地位。在图 5.14 中，愤怒情感状态下短时能量曲线的正导数均值最大，其次是惊讶，而害怕和悲伤最小。短时能量曲线的负导数均值在不同情感状态下的分布和正导数均值基本类似。从短时能量曲线总的走向来看，害怕和厌恶上升趋势比较明显，而惊讶和愤怒则下降趋势比较明显。厌恶、悲伤和惊讶的短时能量曲线后 10 帧的导数均值较大，而中性最小，这说明在厌恶、悲伤和惊讶情感状态下，短时能量曲线尾部的波动比较大，其中，厌恶和惊讶下降趋势明显，而悲伤上升趋势明显，中性情感时短时能量曲线

尾部基本没有波动，或者说上升和下降的趋势相差不大。总体来说，从这两个图中可以看出，基频轮廓线和短时能量曲线的导数特征在不同情感之间存在较大的差异，对语音情感识别有重要的作用。

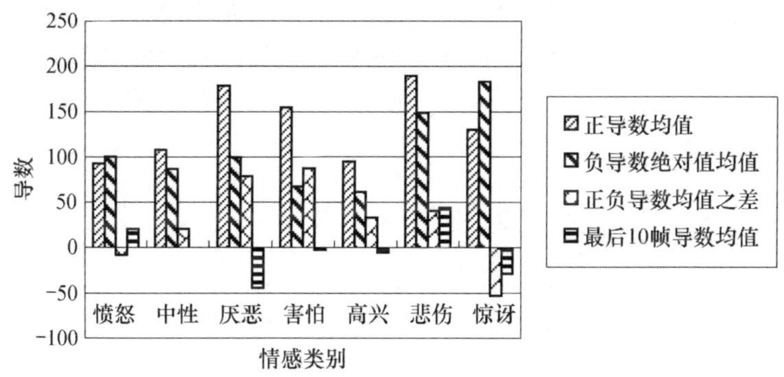

图 5.13　基频轮廓线导数特征在不同情感状态下的分布图

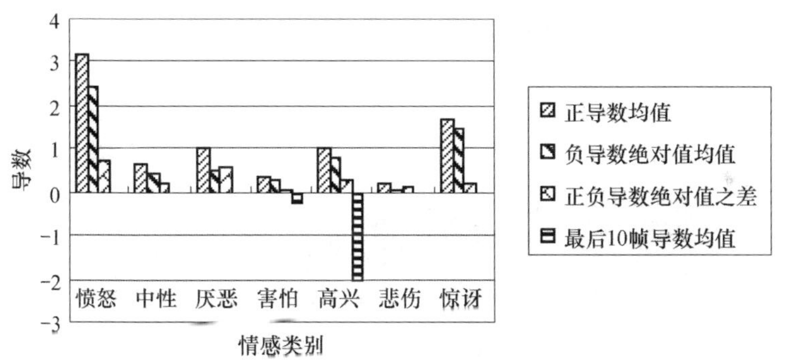

图 5.14　短时能量曲线导数特征在不同情感状态下的分布图

3. 语音情感特征受说话者个性化因素影响分析

为了分析非个性化语音情感特征和个性化语音情感特征受说话者个性化说话特点的影响，随机选择了 SED 情感数据库中的 6 个说话者，其中包括 3 个男生和 3 个女生，分别提取每个说话者中性情感状态下具有相同说话内容的情感语音的个性化情感特征和非个性化情感特征，分析它们随说话者变化而发生变化的情况。在个性化特征方面，为了方便，主要考察了基频均值、短时能量均值以及第一共振峰频率均值。在非个性化特征方面，主要考察了基频轮廓线和短时能量曲线的正负导数均值之差以及最后 10 帧导数均值，第一共振峰频率平均变化率。为了消除特征之间量纲的差异，各分量的特征均采用它们的均值进行归一化，其归一化公式为

$$f_{\text{stan}} = \frac{f}{\bar{f}} \tag{5-20}$$

式中，f_{stan}表示归一化以后的参数值；f 为原始特征值；$\overline{f}$ 表示特征分量中所有特征的平均值。图 5.15 和图 5.16 分别为中性情感状态下基频和短时能量的个性化语音情感特征与非个性化语音情感特征在不同说话者之间的对比图，图 5.17 为第一共振峰频率的变化范围和标准方差在中性情感状态下不同说话者之间的对比图。从这 3 个图可以看出，体现基频均值的个性化语音情感特征在不同的说话者之间存在较大的差异，而其他两个非个性化语音情感特征在不同说话者之间差异较小。

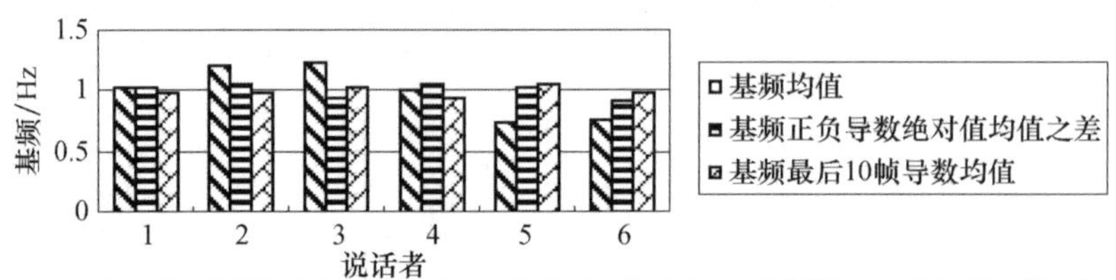

图 5.15　中性情感状态下基频的个性化语音情感特征与非个性化语音情感特征在不同说话者之间的对比图

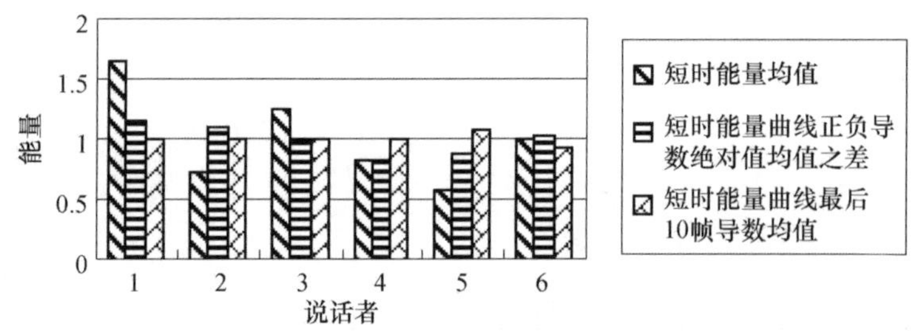

图 5.16　中性情感状态下短时能量的个性化语音情感特征与非个性化语音情感特征在不同说话者之间的对比图

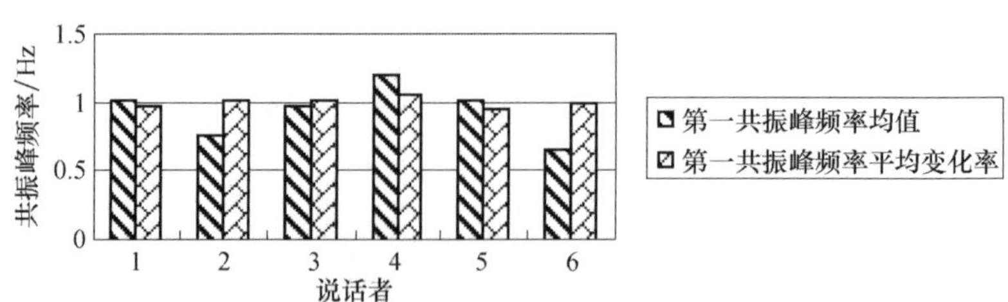

图 5.17　中性情感状态下第一共振峰频率的个性化情感特征与非个性化情感特征在不同说话者之间的对比图

为了进一步反映在同一种情感状态下，个性化情感特征和非个性化情感特征受说话者个性化说话特点的影响，分别计算基频、短时能量以及第一共振峰频率的均值、导数特征和平均变化率在 6 个说话者之间的变化范围和标准方差。为了消除量纲的影响，特征均采用式(5-20)进行归一化。表 5.5 列出了这些特征在 6 个说话者之间的标准方差和变化范围，由数理统计的知识可知，变化范围和标准方差越大，表明样本特征值的波动程度越大。从表 5.5 可以看出，基频、短时能量和第一共振峰频率均值的标准方差和变化范围均比它们的平均变化率或者导数特征的标准方差和变化范围要大，从而进一步说明了个性化语音情感特征受说话者变化的干扰较大，而非个性化语音情感特征受说话者变化干扰较小。

表 5.5　中性情感下不同说话者个性化和非个性化情感特征相对变化范围和标准方差对照表

特征类型	具体特征	相对变化范围	标准方差
个性化语音情感特征	基频频率均值	0.4774	0.2072
	短时能量均值	1.0799	0.3921
	第一共振峰频率均值	0.5647	0.2025
非个性化语音情感特征	基频正负导数均值之差	0.1223	0.0554
	基频最后 10 帧导数均值	0.122	0.0428
	短时能量正负导数均值之差	0.3275	0.1266
	短时能量最后 10 帧导数均值	0.1422	0.0456
	第一共振峰频率平均变化率	0.09698	0.038

以上以基音频率、短时能量以及第一共振峰为代表分析了个性化语音情感特征和非个性化语音情感特征在不同说话者之间的分布以及特征参数的变化范围和标准方差，分析实验证实了基音频率均值、短时能量均值以及第一共振峰频率均值等个性化语音情感特征随说话者的改变变化较大，说明这些特征中除了包含情感信息以外，还包含了大量的说话者个人说话特点。因此，这部分特征参数值在情感空间的分布情况易受说话者自身说话特点的干扰。而基音频率、短时能量的导数特征以及第一共振峰频率平均变化率等反映变化的非个性化语音情感特征受说话者变化的干扰较小。在同一种情感状态下这些特征的值分布相对比较稳定，是用来进行语音情感识别的理想特征。

4. 实验及结果分析

为了进一步说明个性化和非个性化语音情感特征分别对情感识别的贡献以及受说话者个性化说话特点的影响，分别采用表 5.4 中的个性化和非个性化语音情感特征作为识别用特征，其中非个性化情感特征除了表 5.4 中所列举的非个性化情感特征以外，还包括 5.3.2 节提取出的基频轮廓线和短时能量曲线的 4 个导数特征。在 SED 和 AVED 两个情感数据库上分别进行与人相关和与人无关两组情感识别实验。所采用的分类器为 multi-SVM，SVM 分类器的核函数为径向基函数,由于个性化情感特征和非个性化情感特征的数量不是很大,因此,特征选择和SVM分类器参数的优化采用基于遗传算法的特征选择和参数优化方法。表5.6列出了分别采用个性化情感特征、非个性化情感特征以及所有特征在SED和AVED两个情感数据库上与人无关和与人相关的情感识别结果。

表5.6 个性化与非个性化语音情感特征的识别率 单位:%

特征类型	数据库	识别环境	高兴	悲伤	惊讶	愤怒	害怕	厌恶	中性	平均
非个性化语音情感特征	SED	无关	50.5	48.1	51.3	61	52.7	66	42.8	53.2
		相关	51.4	52.8	54.8	62.5	53.4	67.2	45.2	55.3
	AVED	无关	44.7	43.5	46.6	58.9	51.5	61.2	41	49.6
		相关	45.6	47.4	48.6	55.7	56.2	64.2	41.5	51.3
个性化语音情感特征	SED	无关	38.6	34.5	42.4	48.6	40.5	51.5	32.3	41.2
		相关	55.2	54.3	56.6	65.9	55.7	63.4	43.6	59.2
	AVED	无关	35.1	30.2	38.1	45.3	43.5	46.7	29.6	38.3
		相关	53.4	53.3	54.5	61.6	58	66.3	50.6	56.8
全部特征	SED	无关	64.8	61.4	62.4	72.5	63.1	78.2	54.2	65.2
		相关	72.7	72.7	78.7	88.6	73.9	92	67.4	78
	AVED	无关	58.9	58.2	60	71.4	60.4	75.4	52.5	62.4
		相关	71.5	70	76	87.2	75.4	85.4	63.4	75.6

从表5.6的识别结果可以看出,在SED和AVED两个情感数据库上,在与人无关情况下,非个性化情感特征的识别率要高于个性化的语音情感特征,在SED和AVED两个数据库上前者比后者分别高12%和11.3%。而在与人相关的情况下,个性化特征的情感识别率要高于非个性化特征。当采用同一种情感特征时,非个性化情感特征在与人相关和与人无关两种情况下的识别率相差不是很大。在SED和AVED两个数据库上,两种情形下的情感识别率分别相差2.1%和1.7%。而个性化情感特征在与人相关和与人无关两种情况下的识别率却相差很大,在SED数据库上,与人相关的识别率比与人无关的识别率高18%;在AVED数据库上,与人相关的识别率比与人无关的识别率高18.5%。这说明非个性化语音情感特征对说话者变化不敏感,受说话者的变化影响比较小,是说话者鲁棒的语音情感特征。当两种特征组合在一起进行情感识别以后,在与人无关和与人相关两种情形下,识别率的差距比单独采用个性化特征时缩小了,但是差距仍然挺大的。在SED和AVED数据库上与人相关情形下的识别率比与人无关情形下的识别率分别高12.8%和12.2%。此外,从表中的识别结果还可以看出,无论是在与人相关还是在与人无关的情况下,采用全部特征的识别率均高于单独采用个性化语音情感特征或者非个性化语音情感特征的识别

率，这说明单独采用个性化语音情感特征或者非个性化语音情感特征对语音情感识别的贡献还不全面，它们都是语音情感识别中不可或缺的情感特征，必须对它们进行有效结合，并消除个性化情感特征中的说话者个性化说话特点，才能提高语音情感的总体识别率和鲁棒性。

5. 相关工作比较

目前，越来越多的研究者投入语音情感特征的研究中，所提出的情感特征可以粗略地分为基于超语言学的声学语音情感特征和基于语言学的语音情感特征。基于超语言学的声学语音情感特征主要是从语音信号本身去提取反映情感变化的声纹特征，如文献[21～27]所提出的从基频相关、能量相关、时长相关和共振峰相关等角度提取语音情感特征以及衍生特征的方法。这类特征在语音情感识别方面取得了较好的效果，它们对语音情感识别的贡献得到了广泛的认同，但这类特征中有部分特征极易受说话者个性化因素的影响。为了消除这部分特征中说话者个性化说话特点的干扰，文献[23]和文献[27]中提出采用说话者中性情感状态下的语音情感特征对其他情感状态下的情感特征进行归一化的方法，用以消除说话者个性化说话特点的干扰。但这种方法必须要求提供说话者的中性情感语音，给语音情感识别的实际应用带来困难。基于语言学的语音情感特征主要利用情感语音中所包含的词汇、语法以及句法所反映的情感色彩来推断情感语音所属的情感类别。例如，文献[28]中采用词汇和声学情感特征相结合识别对话中的情感。这类特征不易受说话者个人说话特点的干扰，但这类特征的提取比较困难，词汇的识别率本身受环境、说话人变化等因素的干扰较大，同时还必须建立丰富、全面的情感词汇库。

纵观目前语音情感特征领域的发展可以看出：基于声纹的语音情感特征依然是语音情感识别的主流特征，但这些特征中，哪些特征易受说话者变化的干扰，哪些特征抗说话者变化的能力强，还未见这方面报道。根据导数反映对象变化的特性，提出了基于基频轮廓线和短时能量曲线的导数特征提取方法，并提出了个性化语音情感特征以及非个性化语音情感特征的概念，将所提取的101个声学情感特征和导数特征划分为个性化语音情感特征和非个性化语音情感特征两组，并分别分析了这两组特征受说话者变化的干扰情况。统计分析和最后的情感识别实验表明：非个性化语音情感特征受说话者变化的干扰较小，在与人无关的条件下的识别效果好于个性化情感特征，而个性化语音情感特征易受说话者个性化说话特点的干扰，但在与人相关的条件下的识别率高于非个性化情感特征的识别率。个性化和非个性化语音情感特征均对语音情感识别有贡献。这些对语音情感特征性质的研究将有助于进一步研究如何提高语音情感识别的鲁棒性，为特定背景下的语音情感识别提供有益的参考。

5.3.3 基于多重分形理论的语音情感特征提取方法

基频相关、能量相关以及频率相关的语音情感特征是目前研究者公认的对语音情感识别具有较大贡献的情感特征[29]。但是目前的语音情感特征提取方法中对基频、能量、频率的变化主要通过统计的方法反映出来，这种反映变化的方法粒度较粗，不能精确地反映所研究对象的变化情况。

声学和空气动力学理论早就证明语音信号是一个复杂的非线性过程[30]，其中存在着产生混沌的机制[31]。这一结果使人们将混沌理论引入语音信号分析[32]。而描述混沌信号特征的一种有效手段就是分形理论。文献[33]求取情感语音的基频轮廓线的计盒维数作为情感特征，但单一的计盒维无法全面地反映波形的变化。因此，以分形理论中的多重分形为工具，研究情感语音信号的轮廓线、频域波形以及基频轮廓线的多重分形谱及其提取方法，提出基于多重分形理论的语音情感新特征。通过对高兴、悲伤、惊奇、愤怒、害怕、厌恶及平静 7 种情感类别的聚类分析和识别实验验证基于多重分形谱的语音情感特征对语音情感识别的有效性。首先对多重分形理论进行简单回顾，在此基础上给出基于多重分形的语音情感特征的提取方法，并对所提取的特征进行聚类性能分析。最后，给出采用提出的多重分形情感特征结合声学情感特征对 7 种情感进行情感识别实验的实验方案和实验结果，并对实验结果进行了分析和讨论。

1. 多重分形理论

通常，讨论某个物理量在一个几何结构上的分布时，是将该几何结构分为若干小的部分如 n 个部分(n 可以很大)。第 i 个部分($i=1,2,\cdots,n$)用它的尺度 δ 来表示。分形体生长界面在该区域的生长几率为 P_i，不同部分生长几率不同，可用不同标度指数 α_i 来表征

$$P_i = \delta_i^{\alpha_i}, \quad i = 1,2,3,\cdots,n \tag{5-21}$$

如果这些区域足够小，尺度 δ_i 的大小趋于 0，则式(5-21)可写为

$$\alpha_i = \lim_{\delta_i \to 0} \frac{\ln P_i}{\ln \delta_i} \tag{5-22}$$

式(5-22)表明 α_i 是表征分形体某一区域的分形维，称为局部分形维。其值的大小反映了该局部生长几率的大小。若把分形结构上具有相同奇异指数 α_i 标识的区域数记为 $N_{\alpha_i}(\delta)$，则在无标度的自相似区域内也存在着如下的标度关系

$$N_{\alpha_i}(\delta) \sim \delta^{-f(\alpha_i)} \tag{5-23}$$

式中，$f(\alpha_i)$为用奇异性标度指数 α_i 标识的分形子集的维数。多重分形正是由一系列的奇异性标度指数为 α_i 的集合相互交织组合而成的，其中每一个子集具有一

个确定的分维 $f(\alpha_i)$，不同 α_i 对应的 $f(\alpha_i)$ 便构成了一个刻划多重分形性质的维数谱，简称多重分形谱[34]。

假定在 d 维空间中，点呈概率分布。把空间分割成边长为 δ 的 d 维立方体，并且假定点进入每个立方体内的概率为 P_i。对任意的正数 $q(q\neq1)$，定义信息量 $I_q(\delta)$ 为

$$I_q(\delta)=\frac{1}{1-q}\ln\sum_i P_i^q \tag{5-24}$$

对于 $I_q(\delta)$，当 $\delta\rightarrow0$ 时，可表示为

$$D_q=\lim_{\delta\rightarrow0}\frac{I_q(\delta)}{\log(1/\delta)} \tag{5-25}$$

也即

$$D_q=\frac{1}{1-q}\lim_{\delta\rightarrow0}\frac{\log\sum\limits_i P_i^q}{\log(\delta)} \tag{5-26}$$

式中，$q\neq1$。由式(5-26)决定的 D_q 即为广义维数，也称其为 q 次信息量维数[34]。

由式(5-26)可以看出，具有不同标度指数的子集，可通过 q 值的改变来区分。当 $q=0$ 时，D_0 表示分数维。当 $q=1$ 时，D_1 的值难以从式(5-26)直接计算。如果考虑 $q\rightarrow1$ 极限时，根据 $P_i{}^q=\exp(q\ln P_i)$，可将式(5-26)改写为

$$D_q=\frac{1}{1-q}\lim_{\delta\rightarrow0}\frac{\log\sum\limits_i P_i\exp[(q-1)\ln P_i]}{\log(\delta)} \tag{5-27}$$

又因为 $\sum\limits_i P_i-1$，则式(5-27)改写为

$$D_q=\lim_{\delta\rightarrow0}\frac{\sum\limits_i P_i\log P_i}{\log(1/\delta)} \tag{5-28}$$

其中，$q=1$。式(5-28)为 Renyi 信息维数的定义。当 $q=2$ 时，式(5-28)表示的是相关维数。因此，广义维数 D_q 包含了分形理论所涉及的全部维数。同时，q 和 D_q 也是描述多标度分形的另一套参量。D_q、$f(\alpha)$ 和 α 之间的关系可用统计物理中的勒让德(Legendre)变换来描述，如式(5-29)和式(5-30)所示

$$\alpha(q)=\frac{\mathrm{d}\tau(q)}{\mathrm{d}q} \tag{5-29}$$

式中，$\tau(q)=(q-1)D_q$。

$$f(\alpha)=q\alpha(q)-\tau(q)=q\frac{\mathrm{d}\tau(q)}{\mathrm{d}q}-\tau(q) \tag{5-30}$$

利用这种关系，通过计算程序测定并计算概率测度 $P_i(\delta)$进而求得 D_q，由式(5-29)和式(5-30)得到分形结构的多重分形谱 $f(\alpha)$[35]。

多重分形谱 $f(\alpha)$可以反映被考察的物理量在分形结构上不均匀分布的性质，从而给出比简单分维更丰富的结构信息。例如，大的 α 反映的是小概率测度区域的性质；小的 α 反映的是大概率测度区域的性质；多重分形谱的宽度 $\Delta\alpha=\alpha_{\max}-\alpha_{\min}$ 的大小反映了整个分形结构上概率测度分布的不均匀性的程度，从而全面地描述了分形结构上不同区域、不同层次以及不同局域条件的特性。因此，$f(\alpha)$的物理意义是对分形结构上的复杂程度、不规则程度以及不均匀程度的一种度量。

2. 基于多重分形的语音情感特征提取方法

研究表明，语音的大部分情感信息反映在基频、能量以及频率的变化中[36]，其中，能量的变化可以通过语音包络反映出来，因此，更精确地描述语音包络、频域波形以及基频轮廓线是提高语音情感识别率的关键。语音信号的包络线、频域波形以及基频轮廓线可以被视为二维空间中的开曲线，难以用传统的几何语言进行描述。这种信号在一定尺度下，整体与局部、局部与局部之间具有统计自相似性，可对其进行多标度分形建模[35]。下面以语音包络线为例，介绍对语音信号的多重分形谱的计算方法，进而得出基于多重分形谱的语音情感特征。

将语音包络线视为二维空间子集，用 abs_speechwave(x)表示，空间上的每一个点的坐标用(x_j, m_j)表示，$x_j=1,2,3,\cdots,n_l$。其中，x_j 表示横坐标上的采样点，m_j 表示第 j 个采样点所对应的幅值，n_l 表示一段情感语音信号的采样点的个数。假设 S 代表区间 $0\leqslant x_j\leqslant n_l$，在区间 S 内，从 $x_j=0$ 开始沿 x 轴方向用尺度 $\delta[i]$对 x 轴进行等距划分，则除了最后一次划分以外，区间 S 被划分成若干个等距离的线段，称这些线段为单元，令 $M_i(\delta)$代表第 k 个单元上所有的采样点的语音幅值之和与该段语音总的幅度值之比，其计算方法如下

$$M_i(\delta)=\frac{\sum\limits_{x=k\cdot\delta[i]}^{\delta[i+1]\cdot(k+1)}\text{abs\_speechwave}(x)}{\sum\limits_{x=0}^{n_l}\text{abs\_speechwave}(x)} \tag{5-31}$$

定义如下函数

$$\chi_q(\delta)=\sum_i M_i^q(\delta) \tag{5-32}$$

式中，q 可以为$-\infty\sim+\infty$，但在实际应用中，$|q|=10\sim50$ 就完全可以了[37]。此处，q 称为权重因子，不同的 q 表示各个划分单元中不同大小的语音幅值之和 $M_i(\delta)$在整个语音信号总的幅值$\chi_q(\delta)$中所具有的比重，从而突出特定单元的幅度占总幅度的比例 $M_i(\delta)$对$\chi_q(\delta)$的贡献。因为 $0<M_i(\delta)<1$，所以当 $q\gg1$ 时，具有

较小幅度比例的 $M_i(\delta)$ 对 $\chi_q(\delta)$ 的贡献占优势；相反地，当 $q \ll -1$ 时，具有较大幅度比例的 $M_i(\delta)$ 对 $\chi_q(\delta)$ 的贡献占优势。

根据多重分形的定义，$\chi_q(\delta)$ 与尺度 δ 应满足如下关系

$$\chi_q(\delta) = k\delta^{\tau(q)} \tag{5-33}$$

式中，$\tau(q)$ 为 q 的函数。对式(5-33)左右取对数，在 $\log_{10}\delta - \log_{10}\chi$ 双对数平面上，$\log_{10}\delta$ 与 $\log_{10}\chi$ 呈线性关系，$\tau(q)$ 是直线的斜率。取不同长度的尺码 δ 对区间 S 作多次划分，q 取一系列的整数值，利用最小二乘法进行线性拟合，可求得 $\tau(q)$，再利用差分法由式(5-29)求得 $\alpha(q)$，由式(5-30)求得 $f(\alpha)$。

特别说明的是，采样后的语音不是连续信号，因此，将 $\delta \to 0$ 是不现实的。有人试图对采样后的语音信号进行插值。一方面，对于语音信号进行插值并不一定真实；另一方面，当 δ 较小时，斜率已趋于一个定值，所以没有必要将 δ 取得很小[38]。研究表明，最小标度 $\delta_{\min}$ 应大于语音信号内采样点的间隔，最大标度 $\delta_{\max}$ 一般不超过语音信号总采样点的 1/4，而且尺度变化的间隔最好是均匀的[39]。因此，尺码 δ 取为 $\delta[i] \in n_l\{0.01, 0.02, 0.04, 0.06, 0.08, 0.1, 0.12, 0.14, 0.16, 0.2\}$（$n_l$ 为语音的采样点数）。q 的取值为 $|q| = 10 \sim 20$。语音包络线的多重分形谱 $f(\alpha)$ 的具体计算方法如表 5.7 所示。

表 5.7　语音包络线的多重分形谱计算算法

1. 输入情感语音信号 speechwave(x)，求该信号的包络线 abs_speechwave(x)，初始化 $q[k] = \{-20, -19, -18, -17, -16, -15, -14, -13, -12, -11, -10, 1, 2, 3, 4, 5, 6, 7, 8, 9, 20\}$ 和 $\delta[i] = n_l\{0.01, 0.02, 0.04, 0.06, 0.08, 0.1, 0.12, 0.14, 0.16, 0.2\}$，$n_l$ 为语音信号 speechwave(x) 的采样点个数。
2. 每一个尺码 $\delta_i (i=1,2,3,\cdots,n_\delta)$，其中，$n_\delta$ 表示尺码的个数。

(1) 对区间 S 作划分，得到一个划分单元的集合，在 x 方向所划分的单元数为 $n_{\delta_i} = \left[\dfrac{n_l}{\delta_i}\right] + 1$，计算每一个分划单元内采样点的幅度值之和与该段语音总的幅度值之和的比值，存入矩阵 $\boldsymbol{M}_i[n_{\delta_i}]$；

(2) 对于每一个 q 值，计算 $\chi_{q,i} = \sum_{k=1}^{n_{\delta_i}} (\boldsymbol{M}_i[k])^q$，得到矩阵 $\boldsymbol{\chi}[n_\delta][n_q]$，其中，$n_q$ 表示 q 的个数。

3. 用最小二乘法进行线性拟合，计算 $\tau(q)$。

(1) δ，χ 中各元素的常用对数求解，即 $\log\_\delta[i] = \log_{10}\delta[i]$，$\log\_\chi[i][j] = \log_{10}\chi[i][j]$ $(i=1,2,3,\cdots,n_\delta; j=1,2,3,\cdots,n_q)$；

(2) 计算 $\log\_\delta[i]$ 中所有元素之和，并保存为 sx，即 $\text{sx} = \sum_{i=1}^{n_\delta} \log\_\delta[i]$；

(3) 计算 $\log\_\chi[n_\delta][n_q]$ 中每一列元素之和，并保存为 sy，即 $\text{sy}(j) = \sum_{i=1}^{n_\delta} \log\_\chi[i][j]$ $(j=1,2,3,\cdots,n_q)$；

(4) 将 $\log\_\delta[i]$ 和 $\log\_\chi[n_\delta][n_q]$ 相乘并保存为 sxy，即 $\text{sxy} = \log\_\delta \cdot \log\_\chi$，其中，“·”表示矩阵的乘法；

(5) 计算 $\log\_\delta$ 各元素的平方和并记为 sxx，即 $\text{sxx} = \sum_{i=1}^{n_\delta} (\log\_\delta[i])^2$；

续表

(6) 根据最小二乘法，计算 $\tau(q)=\dfrac{\mathrm{length}(\delta)\cdot \mathrm{sxy}-\mathrm{sx}\cdot \mathrm{sy}}{\mathrm{length}(\delta)\cdot \mathrm{sxx}-\mathrm{sx}^2}$。
4. 采用差分法计算 $\alpha(q)=\tau(q+1)-\tau(q)$，进而计算 $f(\alpha)=q\cdot\alpha(q)-\tau(q)$

对情感语音信号的频域波形和基频轮廓线的多重分形谱的求法与语音包络的求法类似，只是将式(5-31)和表 5.7 中语音包络线的多重分形谱计算算法第(2)步中的对幅值的运算改成对应的频率和基频的运算即可。图 5.18 为惊奇情感语音“他知道这件事了”的语音包络、频域波形以及基频轮廓线的多重分形谱。

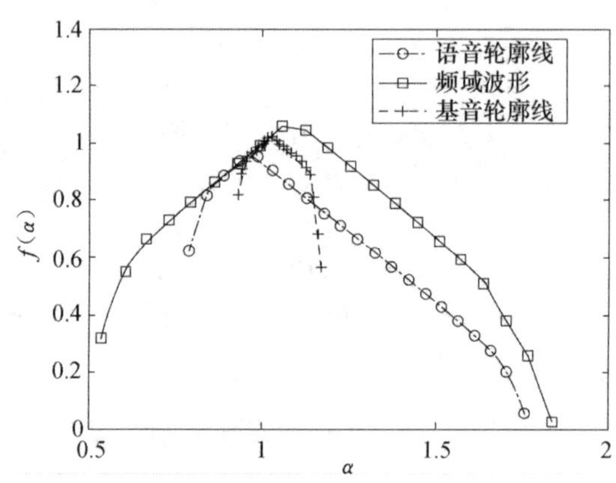

图 5.18 语音轮廓线、频域波形和基音轮廓线的多重分形谱示意图

分别提取情感语音的语音包络、频域波形以及基频轮廓线的多重分形谱的 $f(\alpha)$ 和 α 的最大值、最小值以及变化范围共 18 个多重分形特征作为新的情感特征，组成特征向量 $\boldsymbol{F}$。具体的特征如表 5.8 所示。

表 5.8 基于多重分形的语音情感特征表

波形	特征
语音包络	$f(\alpha)$的最大值，$f(\alpha)$的最小值以及 $f(\alpha)$的最大值与最小值之差，α 的最大值，α 的最小值，α 的最大值与最小值之差
频域波形	
基频轮廓线	

3. 基于多重分形的语音情感特征分析

为了分析所提出的基于多重分形的语音情感特征对情感识别的有效性，采用基于扩展测地距离的语音情感特征有效性分析方法对多重分形特征的聚类性能进行分析。

在情感语音库 SED 中，随机选择 3 个男生和 2 个女生，每人每种情感随机选择 10 条情感语音，共 350 条情感语音，采用表 5.7 中的多重分形特征提取算法和文献[40]的计盒维计算方法分别提取这 350 条情感语音的多重分形特征以及计盒维特征，并采用式(5.46)和式(5.47)分别计算这两种特征以及所选择的 27 个声学语音情感特征对每种情感的聚类性参数和平均聚类性参数，结果如表 5.9 所示。

表 5.9　多重分形特征、计盒维特征和声学语音情感特征的聚类性参数对照表

语音情感特征	高兴	悲伤	惊讶	愤怒	害怕	厌恶	平静	平均
计盒维特征	1.01	0.9	1.17	0.99	0.89	0.81	0.95	0.96
多重分形特征	0.86	0.9	0.89	0.9	0.9	0.95	0.87	0.9
声学情感特征	0.9	0.92	0.71	0.59	0.72	0.52	1.1	0.78

从表 5.9 中的数据可以看出，多重分形特征对 7 种情感的平均聚类性参数比计盒维数低 0.12，且多重分形特征对于每种情感的聚类性参数都小于 1，对于悲伤、中性等情感，基于多重分形的特征的聚类性参数比基于声学的语音情感特征的聚类性参数小，这说明多重分形特征比较适合识别这些情感，此外，多重分形语音情感特征对 7 种情感的聚类性参数相差不大，与基于声学的情感特征相比，多重分形特征的平均聚类性参数仅高 0.12，充分说明多重分形特征对语音情感识别是有效的，在悲伤、中性情感的识别上可作为声学情感特征的补充。

对所选择的 350 条情感语音的语音包络、频域波形以及基频轮廓线分别提取它们的多重分形特征 $\max(\alpha)-\min(\alpha)$ 和 $\max(f)-\min(f)$，再对每种情感状态下的情感语音样本的各类特征求平均值，得到它们在不同情感状态下的分布情况如图 5.19 和图 5.20 所示。从图 5.19 和图 5.20 中各种情感状态下 $\max(\alpha)-\min(\alpha)$ 和 $\max(f)-\min(f)$ 特征值的分布情况来看，语音包络和基频轮廓线的相应特征在不同情感状态下特征值的差距较大，对情感的区分性较好，而频域波形的相应特征在不同情感状态下的特征值差异不是很大，对情感的可区分性较弱。

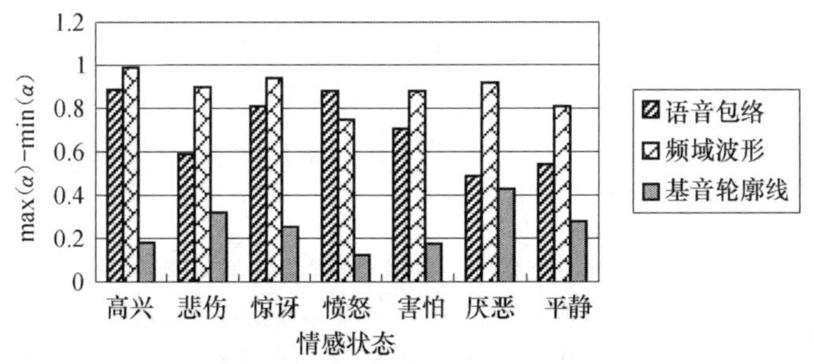

图 5.19　多重分形特征 $\max(\alpha)-\min(\alpha)$ 在 7 种情感状态下的分布图

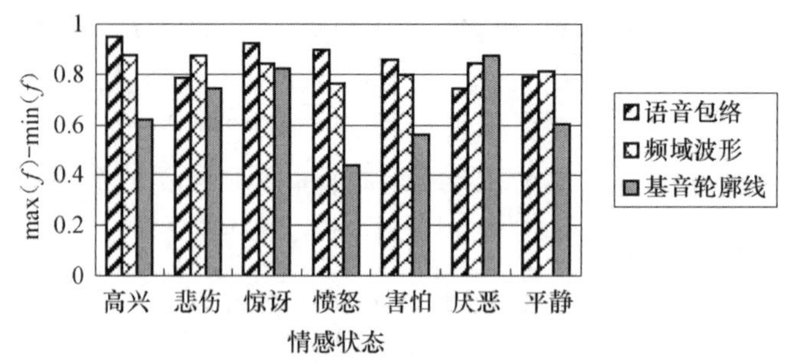

图 5.20 多重分形特征 max(f)−min(f)在 7 种情感状态下的分布图

4. 语音情感识别实验与分析

为了验证所提出的基于多重分形的语音情感特征对语音情感的识别效果，分别采用 2 组不同的情感特征在情感数据库 SED 和 AVED 上针对 7 种情感状态进行情感识别对比实验。

(1) 采用传统的基于声学的语音情感特征，这一组特征共有 101 个。

(2) 采用传统的声学语音情感特征和基于多重分形的语音情感特征，即前两组情感特征的综合，一共有 119 个情感特征。

识别时所采用的分类器为多类分类器 multi-SVM，其中 SVM 的实现使用 LIBSVM 和 SVM 的核函数为径向基函数。两组实验均采用第 4 章介绍的两级情感特征选择和分类器参数优化方法进行特征选择和分类器参数优化。

在特征选择和参数优化的过程中，所选择的神经网络和遗传算法参数如下所述。对于神经网络，隐层节点的个数为 20，传输函数选择为 logsig，训练函数为 trainlm，训练误差必须小于 0.1。对于遗传算法，其编码方式采用如图 5.22 所示的二进制编码方式，C 和 σ 的优化分别为 $C\in[2^{-5},500]$，$\sigma\in[2^{-10},10]$，群体大小为 300，选择概率为 0.9，交叉概率为 0.7，变异概率为 0.02，采用两点交叉的方式，个体选择中采用精英替代的方式。适应度函数如式(5-39)所示，其中，参数 W_r 和 W_n 分别选择为 0.8 和 0.2。此外，为了减少情感识别的误差，实验中采用五倍交叉验证法，5 次实验的平均识别率作为最后的识别率。两组实验所选择的特征个数、SVM 的优化参数如表 5.10 所示，所选择语音情感特征的平均识别率如表 5.11 所示。

表 5.10 特征个数和 SVM 优化参数对照表

语音情感特征	所选择的有效特征总数	所选择有效特征中多重分形特征的个数	C	σ
声学情感特征	27	0	392.4731	1.9550
多重分形＋声学情感特征	34	6	167.1554	0.5865

表 5.11　情感识别率对照表　　单位：%

数据库	语音情感特征	高兴	悲伤	惊奇	愤怒	害怕	厌恶	平静	平均
SED	声学特征	72	72	78	87.9	73.2	92	66	77.3
	多重分形＋声学特征	81.5	81	76.5	84.5	78	85.4	78	80.7
AVED	声学特征	70.5	69	75	86.2	74.4	84.4	62.4	74.6
	多重分形＋声学特征	76.3	75	78	81	75	82.5	77	77.8

由表 5.10 可以看出，经过特征选择以后，用于识别的情感特征有了大幅度的降低，这使情感识别的效率得到了极大的提高。除此以外，在最后一组多重分形特征与声学特征相结合的情感特征中，经过特征选择以后有 6 个多重分形特征被保留下来，它们分别是：语音包络线的 $\min(\alpha)$、$\max(\alpha)$、$\max(f)-\min(f)$、频域波形的 $\max(\alpha)-\min(\alpha)$、基频轮廓线的 $\min(\alpha)$ 和 $\max(f)-\min(f)$。多重分形特征在总体特征中占有较大的比重，其比例达到了 17.6%，这说明多重分形特征对语音情感识别有贡献。

从表 5.11 可以看出，在所采用的两组特征中，多重分形语音情感特征加上声学语音情感特征获得了最高的平均识别率，在 SED 和 AVED 两个数据库上对 7 种情感的平均识别率分别达到了 80.7%和 77.8%，与仅采用声学语音情感特征相比，在两个数据库上识别率分别提高了 3.4%和 3.2%，而所使用的特征个数仅增加了 7 个。从基于多重分形加声学特征的情感识别的具体识别率可以看出，加入多重分形特征以后，提高了中性和悲伤情感的识别率，缩小了情感之间识别率的差距，这说明多重分形特征和基于声学的语音情感特征对于情感的识别具有互补的作用，它可以作为传统的基于声学的语音情感特征有益的补充。

5. 相关工作比较

目前对于语音情感特征的相关研究中，对于语音信号中情感信息的变化主要是通过统计的方法反映出来，例如，文献[21～27]中对语音信号中情感信息变化的反应都是通过基频、能量以及共振峰频率等特征的变化范围、方差及变化率等统计特征反映出来，这种对特征变化情况的体现方法粒度比较粗，不能在更细微粒度上体现特征量在整个语音信号中的变化情况。文献[33]根据语音信号的混沌特性，提出了基于语音信号基频轮廓线的单一计盒维语音情感特征提取方法，但单一计盒维对分形体的体现比较单一、片面。

根据多重分形理论，利用语音信号的自相似特性，提出了语音信号包络、短时能量曲线和基频轮廓线的多重分形谱的计算方法，并提出了基于语音信号包络、短时能量曲线和基频轮廓线的多重分形谱的 18 个语音情感新特征提取方法。由多重分形理论可知，基于多重分形谱的语音情感特征能在更细的粒度上反映语音信号中情感信息的变化，捕捉情感信息的细微变化信息，从而为语音情感识别提供更丰富的信息。聚类性能分析以及情感识别实验也说明基于多重分形的语音情感特征聚类性能优于单一的计盒维特征，与声学语音情感特征在不同的情感状态上的聚类性能互补。基于多重分形的语音情感特征在悲伤、平静情感上识别效果优于传统的声学情感特征，与声学特征相结合，有效地提高了语音情感的总体识别率，可作为传统声学情感特征的补充。

5.4 语音情感特征选择方法

5.4.1 基于神经网络贡献分析的语音情感特征选择

设 u_{jk} 表示第 k 个输入情感特征对神经网络中隐含层节点 j 的贡献，v_j 表示神经网络中第 j 个隐含层节点对输出的贡献，fn 表示输入情感特征个数，cn 表示隐含层节点个数，则衡量第 k 个情感特征对某类情感（有 7 种情感状态）的贡献 con_k $(k=1,2,\cdots,\mathrm{fn})$，定义为

$$\mathrm{con}_k = \sum_{j=1}^{\mathrm{cn}} u_{jk} v_j, \quad k = 1,2,\cdots,\mathrm{fn}; j = 1,2,\cdots,\mathrm{cn} \tag{5-34}$$

$$u_{jk} = w_{jk} g(\boldsymbol{F}^{\mathrm{T}} \boldsymbol{w}_j) \mathrm{cov}(d, f_k) / \mathrm{var}(d), \quad v_j = \beta_j \tag{5-35}$$

$$\boldsymbol{w}_j = (w_{j0}, w_{j1}, \cdots, w_{jp})^{\mathrm{T}}, \quad w_{j0} \text{ 表示常数项} \tag{5-36}$$

式中，u_{jk}、v_j 由式(5-35)计算；式(5-35)中，$\boldsymbol{F}$ 为输入特征向量；f_k 为第 k 个特征分量；$\boldsymbol{w}_j$ 为输入到隐含层的权重向量；式(5-36)中，w_{jk} 为第 k 个输入特征节点到隐含层节点 j 的连接权重；$\boldsymbol{\beta}_j$ 为隐含层 j 到输出的连接权重；d 为输出与目标函数之间的距离。$g(\cdot)$函数约束为某类先验，如 logistic 函数。

在对某类情感状态的情感特征选取的过程中，删除贡献较小的情感特征，得到新的情感特征子集，对新的情感特征子集重新采用神经网络训练，并通过层次贡献分析法删除贡献小的情感特征。这样反复进行，直至余下的情感特征对该情感状态的贡献之和达到规定的阈值为止，余下的情感特征被认为是用于识别该类情感状态的重要情感特征。基于神经网络的某类情感状态的特征选择算法如表 5.12 所示。

表 5.12 基于神经网络的某类情感的语音情感特征选择算法

1. 设 fn 个语音情感特征组成语音情感特征集 $F=\{f_1, f_2, \cdots, f_{\mathrm{fn}}\}$，初始时 fn=101；
2. 将 F 中的语音情感特征所对应的样本值输入神经网络进行训练，分别计算出它们对输出的贡献 $\mathrm{con}_k(k=1,2,\cdots,\mathrm{fn})$；
3. 计算 $\sum_{k=1}^{\mathrm{fn}} \mathrm{con}_k$，若 $\sum_{k=1}^{\mathrm{fn}} \mathrm{con}_k > \mathrm{CA}$（CA 为要求最终选取的情感特征对该类情感的总体贡献，其值由实验确定），则去掉 con_k 中对输出贡献最小的分量所对应的情感特征 f_i，$F=F-f_i$，将 F 中剩下的情感特征作为下一轮的输入，fn=fn−1，转 2；若 $\sum_{k=1}^{\mathrm{fn}} \mathrm{con}_k \leqslant \mathrm{CA}$，转 4；
4. 结束

在对某类情感状态的情感特征参数选取的过程中，利用上述方法删除贡献较少的情感特征参数，得到新的情感特征子集，对新的情感特征子集重新采用神经网络训练，并通过层次贡献分析法删除贡献小的情感特征参数。这样反复进行，直至无情感特征参数可删除为止，余下的情感特征参数认为是用于识别该类情感状态的重要情感特征。

对于某种情感状态，不同的情感特征的贡献是不同的。因此，针对每种情感状态，所选择的情感特征集不同，设 $F=\{f_1,f_2,\cdots,f_{\mathrm{fn}}\}$ 表示特征选择前的情感特征集合，则情感状态 e_m 的有效特征子集 F_m 表示为

$$F_m=\{f_m^t \mid f_m^t\in F, t=1,2,\cdots,t_m\},\quad t_m\leqslant \mathrm{fn}; m=1,2,\cdots,7 \tag{5-37}$$

其中，t_m 为经过神经网络进行特征选择后第 m 类情感状态所选取的情感特征个数，则 7 种情感状态的总的情感特征集 F' 为 7 种情感状态的有效情感特征子集 F_m 的并集，其计算方法如下

$$F'=F_1\cup F_2\cup F_3\cup F_4\cup F_5\cup F_6\cup F_7 \tag{5-38}$$

5.4.2　基于遗传算法的语音情感特征选择和分类器参数优化方法

由于所使用的 SVM 核函数为径向基函数，径向基函数的惩罚系数 C 和宽度 σ 的取值直接影响 SVM 的分类效果。因此，采用遗传算法同时对径向基函数参数进行优化和对语音情感特征进行选择[41]。图 5.21 为采用遗传算法进行特征选择和参数优化的总体框架图，下面对图中几个重要的步骤进行说明。

1. 编码设计

在特征选择和参数优化的方法中，采用二进制的编码方式，每一个个体对应的染色体由三部分组成：代表参数 C 的染色体、代表参数 σ 的染色体以及代表特征的染色体。图 5.22 为一个完整的个体所对应的二进制表示。其中，$g_C^1\sim g_C^{\mathrm{nc}}$ 表示参数 C 所对应的染色体，$g_\sigma^1\sim g_\sigma^{\mathrm{n}\sigma}$ 表示参数 σ 所对应的染色体，$g_f^1\sim g_f^{\mathrm{nf}}$ 表示特征所对应的染色体。nc 和 nσ 分别表示代表参数 C 和参数 σ 的染色体的个数，nf 表示代表特征的染色体的个数。nc 和 nσ 主要根据参数 C 和参数 σ 的计算精度来确定，nf 等于待选择初始特征的个数。

2. 适应度函数

除了关注特征选择方法的时间复杂度以外，在语音情感识别领域，所选择的特征子集能够获得的识别率和所选择的特征的个数是大家关心的两个重要问题。总是希望在保持较高识别率的情况下所用的特征个数最少。因此，在适应度函数中，同时考虑了识别率和特征个数两个因素，适应度函数如式(5-39)所示，其中，SVM_

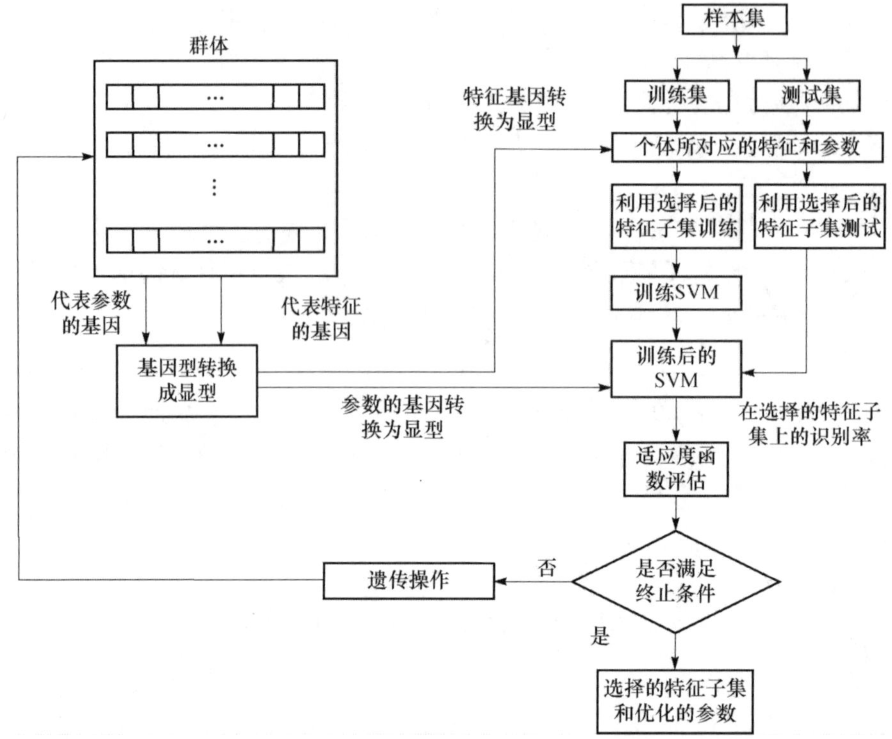

图 5.21　遗传算法进行特征选择和参数优化的总体框架图

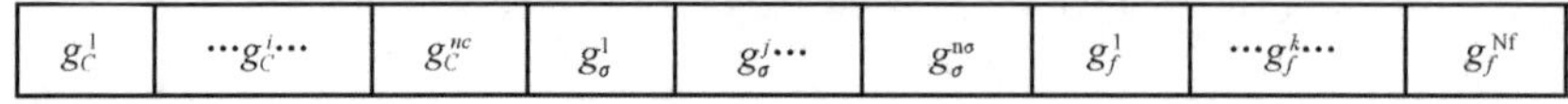

图 5.22　个体染色体组成示意图

accuracy 为个体所代表的分类器参数和情感特征所获得的识别率，features_num 为个体所对应的特征个数，在适应度函数中定义了两个权重：识别率的权重 w_r；所选择的特征个数的权重 w_n。式(5-39)的第二项中，系数 10 主要是为了平衡两个累加项的数量级，w_r 和 w_n 的具体值需根据实际情况通过实验来确定，w_r 和 w_n 之和等于 1。

$$\text{fitness} = w_r \text{SVM\_accuracy} + 10 w_n \text{features\_num}^{-1} \tag{5-39}$$

3. 基因型向显型的转换

由于本方法中采用的是二进制编码，必须在训练和识别过程之前，将参数由二进制表示转换成对应的十进制表示，其转换方式有很多种，可以根据实际的需要确定。特征的转换比较简单，若个体染色体中二进制位为“0”，则表示所对应的特征未被选中；反之，若二进制位为“1”，则表示所对应的特征被选中。

4. 适应度函数评估

每个个体对应的参数和特征由基因型转换为显型以后，分别输入分类器进行训练和识别，得到对应的识别率，然后将得到的识别率和所选择的特征个数代入适应度函数进行评估。

5. 遗传操作

遗传操作主要包括选择、交叉和变异。在这里，具体的选择、交叉和变异算子要根据具体应用的需要来确定。

5.4.3 基于类集/类对的两级语音情感特征选择方法

神经网络贡献分析法是按照特征贡献的大小筛选掉贡献较小的特征，实际上不同的特征在不同的特征组合中贡献的大小是不一样的。此外，基于神经网络贡献分析的特征选择方法每次只能针对某一类情感状态进行选择，而实际情况下是针对两类甚至更多的类别进行分类，且由于神经网络比较难收敛，因此，特征选择的准确性很难得到保证。而遗传算法可以针对待分类情感类别对特征子集进行优化组合，选择出在分类器上分类效果最好的特征子集，此外，在特征选择的同时，遗传算法还可以对分类器的参数进行优化，提高分类器的分类效果。

因此，提出了基于类集/类对的两级语音情感特征选择和分类器参数优化方法，该方法的整体流程图如图 5.23 所示，图中 en′表示待分类情感类别的个数。首

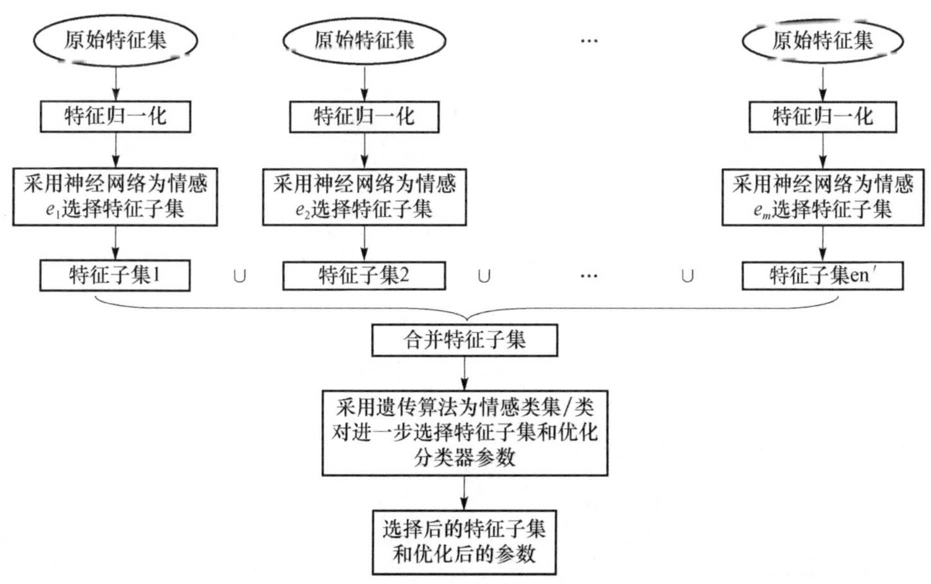

图 5.23　两级语音情感特征选择方法流程

先，所提取的原始语音情感特征经过归一化以后，针对即将分类的每一种情感类别，采用神经网络贡献分析法进行特征选择，删除贡献较小的特征，得到每一种情感的有效特征子集。然后将参与分类的情感类别的有效情感特征子集进行合并，将合并以后的情感特征子集输入遗传算法采用 5.4.2 节的方法进行进一步优化选择，与此同时，分类器的参数也进行优化。

5.4.4　基于扩展测地距离的语音情感特征有效性分析方法

从表 5.12 中基于神经网络贡献分析法的情感特征选择算法可看出，特征对情感的总体贡献阈值 CA 选取的大小，直接影响最终所选择的情感特征参数的个数和情感识别的效果。如果 CA 的值选取过小，则导致情感特征选取不足，不足以把各类情感区分开来，可能导致不同情感类别之间的误判；反之，则导致情感特征选取过多，会造成特征的冗余，增加情感识别的时间复杂度，而且加入过多的次要特征，反而会使重要特征在特征总和中的比重减少，各情感类域可能更复杂，对最终的识别效果产生一定的负面影响。因此，必须选取合适的方法来分析所选择的情感特征的有效性，从而确定总体贡献阈值 CA 的大小。

Minkowski 距离[42]是很常用的一种样本间的距离测度方式。对 s_1，s_2 两个样本，设 $\boldsymbol{F}$ 表示其特征向量，则两个样本点之间的 Minkowski 距离 $d_{\mathrm{m}}(s_1,s_2)$ 定义为

$$d_{\mathrm{m}}(s_1,s_2)=\Big(\sum_{i=1}^{\mathrm{fn}}\mid F_{1i}-F_{2i}\mid^{r}\Big)^{1/r}\tag{5-40}$$

式中，r 为 Minkowski 因子；当 $r=2$ 时，$d_{\mathrm{m}}(s_1,s_2)$ 为欧氏距离；fn 为特征向量的维数。

针对复杂流形上的数据，测地距离比 Minkowski 距离更适合用来表征它们之间的相互关系[43]。图 5.24 给出了两个样本点 s_1 和 s_2 间测地距离（实线）与欧式距离（虚线）的比较实例。测地曲率处处为 0 的曲线称为测地线。以曲面为例，一般情况下经过曲面上两点的测地线是这两点间的短程线，两点间的测地线长度为测地距离，测地距离反映了流形的内在几何结构，当一个弯折的曲面被展开成一个平面时，点与点之间的测地距离保持不变。因此，采用测地距离来分析所选择的情感特征的有效性。

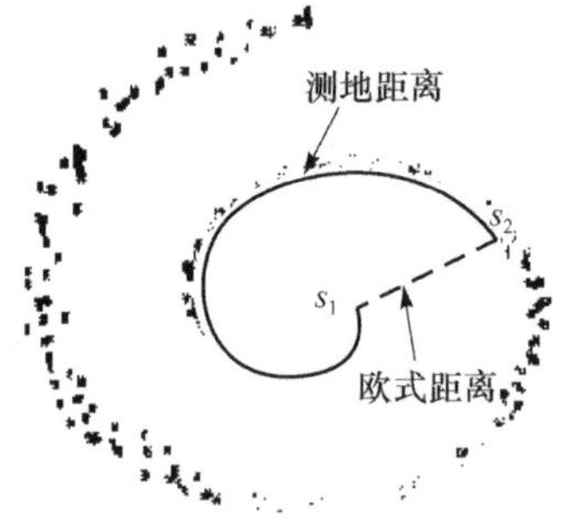

图 5.24　欧氏距离与测地距离示意图

1. 样本间测地距离估计方法

假设样本点 $(s_1,s_2,s_3,\cdots,s_{\mathrm{sn}})\in\mathbf{R}^{\mathrm{fn}}$，$\Omega(s_i)$ 表示样本点 s_i 的近邻点集合，其中包含了 s_i 的 k 个近邻样本。测地距离估计的流程如表 5.13 所示。

表 5.13 样本间测地距离估计流程

1. 计算每个样本之间的欧氏距离。
2. 寻找每个样本的 K 近邻，它们由与 s_i 的欧氏距离最小的 k 个样本点构成。
3. 由式(5-41)构建近邻矩阵 $\boldsymbol{G}$

$$G(i,j)=\begin{cases}d(s_i,s_j) & s_j\in\Omega(s_i)\\ \infty & s_j\notin\Omega(s_i)\end{cases} \tag{5-41}$$

其中，$G(i,j)$是矩阵 $\boldsymbol{G}$ 的第 i 行第 j 列的元素，$d(s_i,s_j)$是 s_i 与 s_j 之间的欧氏距离。

4. 采用式(5-42)所示的 Floyd 算法估算最短路径

$$d_G(s_i,s_j)=\min_k\{d_G(s_i,s_j),d_G(s_i,s_k)+d_G(s_k,s_j)\} \tag{5-42}$$

$d_G(s_i,s_j)$即为 s_i 与 s_j 之间的测地距离

2. 样本间扩展测地距离估计方法

表 5.13 所示的经典样本的测地距离估算方法要求流形上样本数据分布密度达到一定的程度。但是，当计算多类样本数据的测地距离时，由于不同类数据之间相距较远，会形成多个孤立子图。在如图 5.25 所示的情况下，点 i 与点 j 分属不同的类别，若仍然按照式(5-42)计算两点之间的测地距离，则对于其他任意一点 k，均有 $d_G(s_i,s_k)=\infty$或者 $d_G(s_k,s_j)=\infty$，则 $d_G(s_i,s_j)=\infty$。

针对这种情况，文献[44]提出了一种针对多类数据的新的测地距离估算方法。以二分类任务为例，类内测地距离采用表 5.13 中的经典测地距离估算方法进行计算，而类间测地距离则采用新的方法来估计。首先分别从点 i 和点 j 所属的类中选出距离最近的两个点 i'和 j'，即 i'和 j'必须满足

$$d(i',j')=\min_{i''\in e_1,j''\in e_2}d(i'',j'') \tag{5-43}$$

则点 i 和点 j 之间的测地距离为 $d_G(i,j)=d_G(i,i')+d(i',j')+d_G(j',j)$，其中，$e_1$ 和 e_2 分别为两个不同的情感类别，$d(i',j')$为 i'和 j'两点之间的欧氏距离。图 5.26 给出了样本间扩展测地距离估计的示意图。

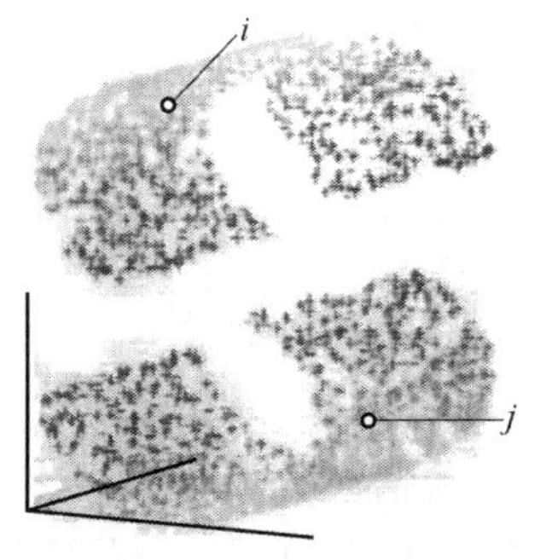

图 5.25 孤立子图

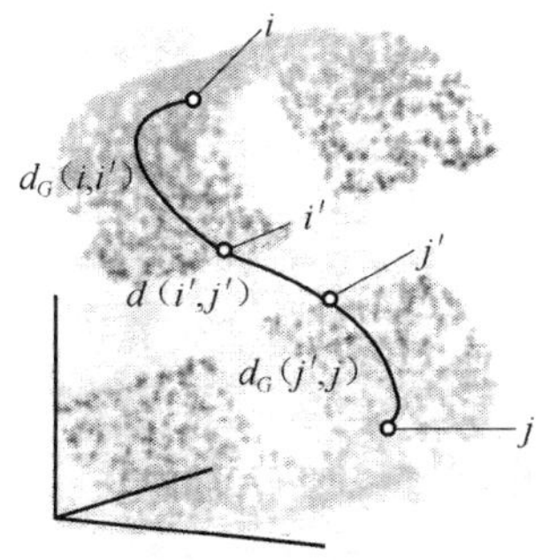

图 5.26 类间测地距离估计示意图

3. 语音情感特征有效性分析方法

在模式识别中,类别的可分性不仅取决于类间距离,还取决于各类样本围绕其中心的散布情况,即类内距离。希望所选择特征的聚类结果使类内距离越小,类间距离越大。故采用聚类性分析方法,通过计算所选择情感特征的聚类性参数来判断特征的有效性。

设所选择的情感特征构成一维特征向量 $\boldsymbol{F}'$,设 $\boldsymbol{F}_m'^i$($m=1,2,\cdots,\text{en}$;$i=1,2,\cdots,\text{sn}_m$)表示第 m 类情感状态的第 i 个语音样本的语音情感特征向量值,其中,en 表示情感状态总数,这里 en=7,sn_m 表示第 m 类情感状态的语音信号样本总数。第 m 类情感状态样本间总的类内测地距离 $d_G(m)$ 为第 m 类情感状态所有样本间情感特征向量测地距离之和的平均值,第 m 类情感状态与第 m' 类情感状态的类间测地距离 $d_G(m,m')$ 为第 m 类情感状态与第 m' 类情感状态所有样本间情感特征向量测地距离之和的平均值,其计算公式分别如式(5-44)和式(5-45)所示

$$d_G(m)=\frac{2}{\text{sn}_m(\text{sn}_m-1)}\sum_{i=1}^{\text{sn}_m}\sum_{i'=1,i\neq i'}^{\text{sn}_m}d_G(F_m'^i,F_m'^{i'}),\quad m=1,2,\cdots,\text{en} \tag{5-44}$$

$$d_G(m,m')=\frac{1}{\text{sn}_m\cdot\text{sn}_{m'}}\sum_{i=1}^{\text{sn}_m}\sum_{i'=1}^{\text{sn}_{m'}}d_G(F_m'^i,F_{m'}'^{i'}),\quad m=1,2,\cdots,\text{en};m'=1,2,\cdots,\text{en} \tag{5-45}$$

定义特征向量 $\boldsymbol{F}'$ 对第 m 类情感状态的聚类性参数如下

$$J_m=\frac{1}{\text{en}-1}\sum_{m'=1,m'\neq m}^{\text{en}-1}\{[d_G(m,m')]^{-1}d_G(m)\} \tag{5-46}$$

J_m 越小,说明所使用的特征越容易将第 m 类情感从别的情感中区分出来。特征向量 $\boldsymbol{F}'$ 对所有情感类别的总体聚类性能采用该特征向量的平均聚类性能参数 $\bar{J}$ 来衡量,其计算公式如下

$$\bar{J}=\frac{1}{\text{en}}\sum_{m=1}^{\text{en}}J_m \tag{5-47}$$

5.4.5 实验结果与分析

实验主要分为两部分,一部分是语音情感特征选择和分类器参数优化,另一部分是采用所选择的特征子集和优化的参数进行情感识别实验,若特征选择和情感识别实验在同一个数据集上进行,得出的识别结果可信度不高。由于情感数据库 SED 和 AVED 具有相同的情感类别,因此,在两个情感数据库上进行实验,将情感数据库 SED 分为两部分,特征的选择和参数的优化在 SED 的一部分数据集上进行,情感识别实验分别在 SED 的另一部分数据集和 AVED 上进行。

所采用的原始特征为 101 个特征，特别说明的是，为了消除语音情感特征量纲的差异和说话者个性化因素的影响，每个情感语音样本的情感特征均采用该说话者平静时的语音样本的对应特征进行归一化，归一化方法为

$$f' = \frac{f}{f_{\text{neu}}} \tag{5-48}$$

式中，f' 为归一化后的特征，f 为归一化前的特征，f_{neu} 为待处理情感语音样本说话者处于平静时的情感语音样本对应特征。

1. 基于神经网络贡献分析法的语音情感特征预选择

由前面分析可知：总体贡献阈值 CA 选取的大小，直接影响最终情感特征的个数和情感识别的效果。阈值 CA 选取过大或者过小都不利于提高语音情感识别的总体效果。通过实验的方法来确定 CA 的大小。对包含 7 种情感状态的 560 个语音样本（每种情感状态对应 80 个语音样本）通过神经网络贡献分析法进行训练，得到每种情感特征对情感状态的贡献，然后按照由大到小的次序选取不同的 CA 值对情感特征进行选择，不同的 CA 值对应不同的情感特征向量，并计算这些特征向量的平均聚类性能参数 $\overline{J}$ 来分析特征向量的聚类效果。另外，CA 取值不同，对应的情感特征向量所包含的情感特征个数 fn 也不同，表 5.14 为选择不同的贡献阈值 CA 时得到的情感特征的个数以及这些情感特征的平均聚类性参数。需要特别说明的是，这里的特征数量 fn 为 7 种情感经过神经网络贡献分析法选择以后所得到的有效特征的并集所包含的特征个数。神经网络采用的是 MATLAB 7.0 自带的 BP 神经网络工具箱，具体的参数：隐层节点数为 20，传递函数为 logsig，训练函数为 trainlm，误差要求为 0.01。

表 5.14　不同贡献阈值 CA 下选择的特征个数及特征向量聚类性能参数对照表

贡献阈值 CA	所选择的特征个数 fn	平均聚类参数 $\overline{J}$
1	101	0.9852
0.999	91	0.9776
0.99	79	0.8961
0.98	70	0.8462
0.97	61	0.8323
0.96	56	0.8235
0.95	44	0.8351
0.94	35	0.8421

从表 5.14 可以看出，当 CA 的值为 0.96 时，所选择的情感特征对情感类别的平均聚类参数最低，因此，CA 的值最终确定为 0.96，此时所选择的特征个数为 56。

2. 基于类对的两级语音情感特征选择和分类器参数优化

实验所采用的分类器为 multi-SVM，将经过神经网络贡献分析法选择后的所有情感状态的有效特征的并集再经过遗传算法进行进一步优化。实验中，C 和 σ 的优化分别为 $C\in[2^{-5},500]$，$\sigma\in[2^{-10},10]$，群体大小为 300，选择概率为 0.9，交叉概率为 0.7，变异概率为 0.02，采用两点交叉的方式，个体选择中采用精英替代的方式。在适应度函数中，识别率和特征数量的权重系数 w_r 和 w_n 的大小直接影响实验的结果，在本次实验中 w_r 和 w_n 的值主要通过实验的方法确定，实验所用特征为经过神将网络贡献分析法选择后的 56 个有效特征 w_r 的值分别从 0 变化到 1，步长为 0.1，w_r 和 w_n 之和等于 1。图 5.27 和图 5.28 分别为总体识别率和所选择的特征个数受 w_r 变化的影响情况。由图中可以看出，当 w_r 的值为 0.8 时，所

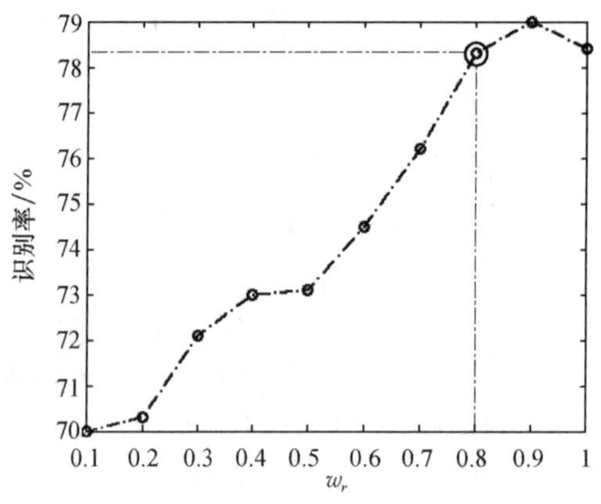

图 5.27 识别率受 w_r 的影响示意图

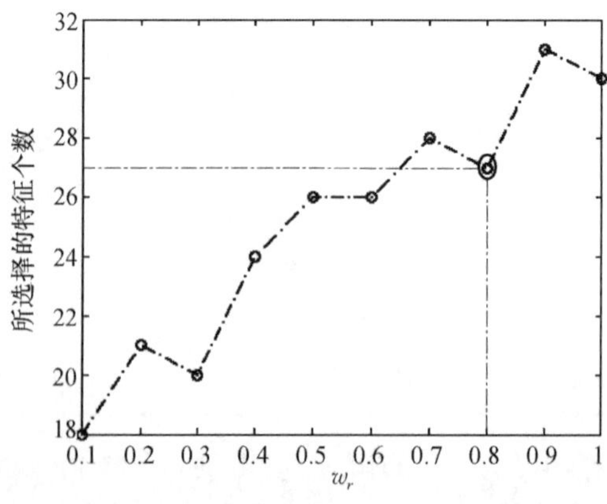

图 5.28 特征个数受 w_r 的影响示意图

得到的识别率最高且选择的特征数量也相对比较小，因此，实验中确定 $w_r=0.8$，$w_n=0.2$。所得最终有效特征子集的特征个数以及分类器的参数如表 5.15 所示，这里的特征数量和分类器参数为识别率最高的一次实验中所获得的特征数量和分类器参数值。

表 5.15　最终所优化的特征个数和分类器参数

所选择的特征个数	C	σ
27	392.4731	1.9550

3. 语音情感识别实验与实验结果讨论

为了验证两级特征选择和分类器参数优化方法的有效性，分别进行如下四组对比实验，实验中所采用的分类器为 multi-SVM。

(1) 采用全部声学语音情感特征进行语音情感识别。这组实验采用提取的 101 个声学语音情感特征进行识别，特征不经过选择，但 SVM 的参数采用遗传算法进行优化。

(2) 采用神经网络选择的 56 个语音情感特征进行语音情感识别，分类器的参数采用遗传算法进行优化。

(3) 采用遗传算法选择的语音情感特征进行语音情感识别。这组实验不采用神经网络贡献分析法，仅采用遗传算法进行特征选择，同时进行分类器参数的优化。

(4) 采用基于类集/类对的两级语音情感特征选择和分类器参数优化方法进行语音情感特征选择和分类器的参数优化。

表 5.16 为上述四种方法所选择的特征个数，所选特征对于 7 种情感的平均聚类性参数与平均识别率以及聚类性参数是抽取 SED 数据库的部分样本计算得来的。为了保证实验结果的可靠性，识别实验采用五倍交叉验证法。从表 5.16 中四组实验所得到特征的平均聚类性参数可以看出，未进行特征选择的全部特征的聚类性参数最高，而其余三组特征的聚类性参数相差不大，这说明特征选择后去除了冗余特征，改善了特征的聚类性能，有利于情感识别。从表中的平均识别率可以看出，采用全部特征进行识别所获得的情感识别率不如其余三组经过特征筛选后进行识别的识别率高。这充分说明特征向量中包含无效、冗余的情感特征，影响了情感识别的正确率。此外，由表中还可以看出，采用两级语音情感特征选择和分类器参数优化方法所选择的特征比单独采用神经网络所选择的特征减少了 28 个，而比单独采用遗传算法所选择的特征少了 19 个。针对神经网络贡献分析法，两级语音情感特征选择和分类器参数优化方法在 SED 和 AVED 两个数据库上的语音情感识别率没有下降，反而分别上升了 0.3%和 0.8%，这说明原来的 56 个特征中，还存在一定的冗余特征。而相对于遗传算法，在两个数据库上识别率的变化趋势出

现了不一致，在情感数据库SED上，识别率提高了0.5%，但在数据库AVED上，识别率则下降了0.4%，下降的幅度比较小。这说明所提出的特征选择和分类器参数优化方法能够在保证选择到有效语音情感特征的同时使得有效特征子集的规模最小，并能在特征选择的同时进行分类器的参数优化。

表5.16　选择特征个数、平均聚类性参数以及平均识别率对照表

特征选择方法	平均聚类性参数	所选择特征个数	平均识别率/%
全部特征	0.92	101	SED 72.3 AVED 69.2
神经网络贡献分析法	0.82	56	SED 77 AVED 73.8
遗传算法	0.81	46	SED 76.8 AVED 75
两级语音情感特征选择和分类器参数优化方法	0.78	27	SED 77.3 AVED 74.6

4. 相关工作比较

目前，已经有一些语音情感特征选择方法陆续被提出，并在特定的数据库上取得了一定的效果，这些特征选择方法可以分为基于随机搜索策略的特征选择方法和非随机搜索特征选择方法。基于随机搜索策略的特征选择算法采用带有一定智能的随机搜索策略，根据用户所定义的或自适应的阈值来对特征重要性进行评价，通常和模拟退火算法、禁忌算法和遗传算法等结合起来。例如，Tetsuya等[10]将遗传算法和基于Kullback Leibler分离度(KL-divergence)的特征子集评价标准结合起来进行语音情感特征选择。这类方法可以将特征的重要性评判标准和分类器可分性判据结合起来，所选择的特征在分类器上取得的识别效果较好，但当待选择的特征初始维数较高时，选择后的特征子集规模依然很大。非随机特征选择算法是按照某种原则增加或减少特征子集中的特征，直到满足终止条件为止，如Kwon[45]、Pao等[46]将序列前向和序列后向两种方法应用到了语音情感特征选择中，取得了一定的效果。特征重要性评价方法有模糊熵方法[47]和KL-divergence特征评价法[47]等，运算速度快，但无法保证选择出的特征子集与分类器的可分性判据吻合，且未考虑不同特征组合后特征的重要性会发生变化的情况。

基于类集/类对的两级语音情感特征选择和参数优化方法可针对待识别的情感类集/类对，将初始的所有情感特征经过神经网络贡献分析法进行预选择，删除对情感识别贡献特别小的特征。然后将剩下的特征输入遗传算法并结合分类器的识别效果进行进一步优化组合，得到识别效果最好的特征子集作为最后识别用的有效特征子集，在进行特征选择的同时，对分类器的参数进行优化。在该方法中，首先采用神经网络贡献分析法进行特征的预选择，从而降低了遗传算法选择的特征维数，有效地降低了最终所选择的特征子集的规模。此外，在基于遗传算法的特征选择算法中，特征的重要性评价方法为特征子集在分类器上的识别效果，因此，所选择的最终有效特征子集能够有效地提高分类器的识别率。虽然遗传算法和神经网络比较耗时，但由于语音情感特征的选择在分类器训练和情感识别之前完成，且特征的选择仅进行一次，所以耗时的缺点不影响该方法在语音情感特征选择中的效果。综合前面的分析可以看出：基于类集/类对的两级语音情感特征选择和参数优化方法能够有效提高语音情感识别率，同时使所选择的特征子集规模较小，且可以进行分类器参数的优化。表 5.16 中选择特征的聚类性参数和情感识别率也验证了前面的分析。

5.5　基于流形学习的语音情感特征降维

基于增量流形学习的特征降维方法将所提取的 101 个情感特征参数经过降维处理映射到低维子空间，以减少不相关和冗余特征的数量，从而减少情感分析的干扰因素，有效地减少学习算法的运算时间和分类器计算复杂度，提升识别性能，并通过实验对其效果进行验证。

传统的线性降维方法主要研究在高维空间中如何设计线性模型的特征向量，优点是运算简单，并能产生简单的变换函数，对线性结构效果较好。但是现实中高位数据大多是非线性的，这时线性方法很难发掘高维数据的几何结构和相关性，揭示其流形分布。针对高维数据的非线性特件，近年来提出了非线性降维方法。这些方法能够保持原始数据的拓扑结构不变，并能较好地解决数据处理中的“维数灾难”问题。

5.5.1　Isomap 算法描述

Isomap 是 Tenenbaum 等于 2000 年提出的一种非线性降维方法，它是对经典多维尺度分析(multi-dimensional scaling，MDS)的一种推广。但 MDS 是基于欧式距离的且没有考虑邻近数据点的分布。Isomap 的基本思想是首先使用最近邻图中的最短路径得到近似的测地线距离，代表不能表示内在流形结构的欧式距离，然后应用 MDS 算法，发现嵌入在高维空间的低维坐标。这里的测地线距离是两点之间沿着流形的距离。具体算法如下所述。

(1) 构造领域图 G：由点 i,j 之间的欧氏距离 $d(i,j)$ 定义，如果 j 在 i 的半径 ε 之内，或者 j 是 i 的 k 近邻点之一，则用边连接 i 和 j，该边的长度值等于 $d(i,j)$。

(2) 计算最短路径：在邻域图中，如果 i 和 j 有边连接，则 $d_G(i,j)=d(i,j)$；如果没有边连接，则 $d_G(i,j)=+\infty$。然后依次计算点 i 和 j 之间的最短路径

$$d_G(i,j) = \min\{d_G(i,j), d_G(i,k) + d_G(k,j)\}, \quad k = 1,2,\cdots,N \tag{5-49}$$

即使用 Floyd 算法计算任意两点 i 和 j 之间的最短路径 $d_G(i,j)$。

(3) 构造 d 维嵌入:在距离矩阵 $\boldsymbol{D}_G=\{d_G(i,j)\}$ 上,采用经典 MDS 方法构造能够保持拓扑空间本质结构的 d 维嵌入空间 Y,坐标向量 $\boldsymbol{y}_i$ 由最小化下列误差方程得到

$$E = || \tau(\boldsymbol{D}_G) - \tau(\boldsymbol{D}_Y) ||_{L^2} \tag{5-50}$$

使用 Isomap 进行维数约简,能够将流形上邻近的点映射到低维空间中邻近点,同时保证将流形上距离远的点映射到低维空间中远距离的点,较好地表达了数据的全局结构。但是 Isomap 存在一个和大多数非线性降维方法相同的缺点:没有给出降维前后数据之间的映射关系,即只能得出训练数据在低维空间的表示,新的测试数据并不能直接投影到低维空间。

5.5.2 ELE 算法描述

由于流形学习算法的非线性特点,即没有从高维到低维空间的解析映射关系,所以很难实现新样本在低维空间中的学习与重构。新样本出现后,领域距离需要重新计算,原来形成的局部领域图将被破坏,领域矩阵也将重新构建。也就是说,如果出现新样本,不管多少,只能将已有的工作舍弃而重新对新样本加入后的数据集进行计算。流形学习的程序就要从头运行。这样不仅浪费了资源、降低了计算效率,对于大样本数据的处理也很不现实。

文献[16]基于非线性降维算法 Lipschitz embedding[48-49]提出了一种新的特征降维算法 ELE(enhanced lipschitz embedding)。该方法在已构建距离矩阵 $\boldsymbol{M}$ 的基础上,直接计算测试点的投影坐标,不需要重新构建 $\boldsymbol{M}$。假设情感语料中包括情感,则将该情感语料库根据 6 种情感状态分为 6 个子集$\{A_1, A_2, \cdots, A_6\}$。某一个语音情感特征点 o 投影到六维空间中,投影坐标通过下面运算步骤得到。

1. 构造"邻居"图 G

训练样本点构成图 G 的顶点,图 G 的边连接样本点的 k 个近邻点,边的权重值为边所连两个顶点间的欧氏距离。从图 G 中构造出矩阵 $\boldsymbol{M}$,$\boldsymbol{M}$ 的元素 m_{ij} 表示为

$$m_{ij} = \begin{cases} \sqrt{\sum\limits_{\partial}^{101} (x_\partial - y_\partial)^2} & \forall\, i,j \in \text{KNN} \\ C & \text{其他} \end{cases} \tag{5-51}$$

其中,m_{ij} 为点 i 和 j 的欧式距离;$i,j \in \text{KNN}$ 表示 j 是点 i 的 k 个近邻点之一;i 和 j 为高维的特征点,$i=[x_1, x_2, \cdots, x_n]$,$j=[y_1, y_2, \cdots, y_n]$;$C$ 为一个非常大的常

数,表示点 i 和点 j 在“邻居”图 G 中不连通;矩阵 $\boldsymbol{M}$ 体现了图 G 的顶点和边的分布情况。

2. 重构矩阵 $\boldsymbol{M}$

用点 i 和点 j 的最短路径长度代替矩阵 $\boldsymbol{M}$ 的元素 m_{ij}。i 和 j 的路径由图 G 中仅连通邻近点的边连接而成。

$$m_{ij} = \min\{m_{ij}, m_{ik} + m_{kj}\} \tag{5-52}$$

矩阵 $\boldsymbol{M}$ 的元素 m_{ij} 表示图 G 中两点(i 和 j)之间的最短路径的长度。

3. 从矩阵 $\boldsymbol{M}$ 中读出任一点 o 的投影坐标$(o_1, o_2, \cdots, o_6)$

点 o 在坐标轴 A_i 上的投影值为 o 到子集 A_i 的距离,即到 A_i 中样本点的最短距离。

$$o_r = \min_{\mu \in A_i} m_{o\mu} \tag{5-53}$$

其中,$m_{o\mu}$ 为矩阵 $\boldsymbol{M}$ 的元素,点 o 投影到六维子空间,空间坐标轴为$\{A_1, A_2, \cdots, A_6\}$,$A_i$ 分别对应 6 种情感状态中的一种。

计算测试特征点 t 的坐标时,首先从训练样本中找出其 k 个近邻点 $n_1, n_2, \cdots, n_k$,并计算点 t 到它们的欧式距离 $d_1, d_2, \cdots, d_k$。然后从 $\boldsymbol{M}$ 中找出这 k 个近邻点的投影坐标$(o_1^n, o_2^n, \cdots, o_6^n)$,$n=1,2,\cdots,k$。最后利用下式计算点 t 的投影坐标

$$t_i = \frac{1}{k}\sum_{\partial=1}^{k}(d_\partial + o_\partial^i), \quad i = 1,2,\cdots,6 \tag{5-54}$$

该方法能够有效降低训练样本的特征维数,并以此估算出测试点的低维特征,而不用重新计算整个数据集。但不足之处是目标维数相对固定,即等于样本类别数。对于分类问题可能出现可用信息较少而导致最终的识别性能下降。

5.5.3　基于增量流形学习的情感特征降维方法

当已知样本外的新样本点输入时,增量流形学习的降维方法能最大限度地利用已有信息求出新样本点的低维信息,而不必对包含了新样本的数据集进行重新计算,大大节约了计算成本。

算法中,假设 $\boldsymbol{X}=[x_1, x_2, \cdots, x_n]$为训练集的输入样本点,通过利用 Isomap 算法求得相应的低维特征集为 $\boldsymbol{Y}=[y_1, y_2, \cdots, y_n]$。

当训练集中所有的样本点的低维坐标都求出后,利用这些低维信息进行情感模型的训练;当对测试样本进行测试时,根据增量学习的思想,利用已求出的训练集的低维信息直接计算测试样本的低维特征,而不需要对所有样本点(包括训练样

本和测试样本)重新进行降维。测试样本的低维特征计算如下所述。

(1) 假设测试样本点为 t,从训练样本点中找出 t 的 k 个近邻点 $\boldsymbol{X}_k=[\boldsymbol{x}_1,\boldsymbol{x}_2,\cdots,\boldsymbol{x}_k]$,计算测试样本点 t 到这些近邻点的欧氏距离 $d_1,d_2,\cdots,d_k$,生成测试点 t 与 $\boldsymbol{X}_k$ 中各点的权值向量 $\boldsymbol{W}$

$$w_i = \exp(-d), \quad i=1,2,\cdots,k \tag{5-55}$$

(2) 从训练样本对应的低维特征集中读出这 k 个近邻点的低维特征信息 $\boldsymbol{Y}_k=[\boldsymbol{y}_1,\boldsymbol{y}_2,\cdots,\boldsymbol{y}_k]$。

(3) 计算测试样本点 t 的投影坐标 y_t,其应满足

$$\sum_{i=1}^{k} ||\boldsymbol{y}_t-\boldsymbol{y}_i||^2\boldsymbol{W}=\sum_{i=1}^{k}(\boldsymbol{y}_t-\boldsymbol{y}_i)(\boldsymbol{y}_t-\boldsymbol{y}_i)^{\mathrm{T}}\boldsymbol{W} \tag{5-56}$$

将上式对 y_t 求导,得

$$-2\sum_{i=1}^{k}(\boldsymbol{y}_t-\boldsymbol{y}_i)\boldsymbol{W}=0 \tag{5-57}$$

即

$$(\boldsymbol{y}_t-\boldsymbol{y}_1,\boldsymbol{y}_t-\boldsymbol{y}_2,\cdots,\boldsymbol{y}_t-\boldsymbol{y}_k)\begin{pmatrix}w_1\\ \vdots\\ w_k\end{pmatrix}=0 \tag{5-58}$$

解之得

$$\boldsymbol{y}_t=\frac{(\boldsymbol{y}_1,\boldsymbol{y}_2,\cdots,\boldsymbol{y}_k)\begin{pmatrix}w_1\\ \vdots\\ w_k\end{pmatrix}}{\sum_{i=1}^{k}w_i} \tag{5-59}$$

从式(5-59)可以看出,测试样本点的低维特征是由其近邻点对应的降维后特征信息求得。各近邻点对该测试点的重要程度由式(5-55)计算出的权值 $w_i(0<w_i<1)$决定,距离越短,权值越大;距离越长,权值越小。当测试集的所有样本都经上述步骤计算完成后,将得到的相应低维特征集输入分类器进行分类测试。

5.5.4　实验结果比较与分析

为了验证增量流形学习降维方法在语音情感识别中的效果,本小节设计了基于增量流形学习特征降维的情感识别实验。实验中,对每种情感随机选取了 150 条情感语音作为样本,6 种情感共有 900 个情感语音样本,将其平均分成 3 份,采用三倍交叉验证的方法进行实验,即每次从 3 份样本集中选取一份作为测试集,剩余的 2 份作为训练集,如此重复实验 3 次,把 3 次实验得到的识别结果求取平均值作为最终识别率。实验中每句语料提取的初始特征集主要包括振幅、过零率、基音

及共振峰等特征的一些衍生特征，如过零率均值、短时振幅变化率均值、基音均值、变化率均值，第一、第二、第三共振峰变化率均值等，共计 101 个特征。

实验中，所有样本均提取上述 101 个特征，形成各自(训练样本和测试样本)初始特征集。训练样本的初始特征集用 Isomap 进行降维，将降维后得到的特征集输入 SVM 进行情感模型训练；测试样本的初始特征集则利用增量流形学习特征降维方法降至目标维数，得到的低维特征集由已训练的 SVM 情感模型进行情感识别。其中，选用的 SVM 核函数为径向基函数(RBF)，参数 $C=2$，$\sigma^2=10$，近邻点个数 k 的值通过实验结果确定，其值取 10。不同目标维数时语音情感的平均识别率如图 5.29 所示。

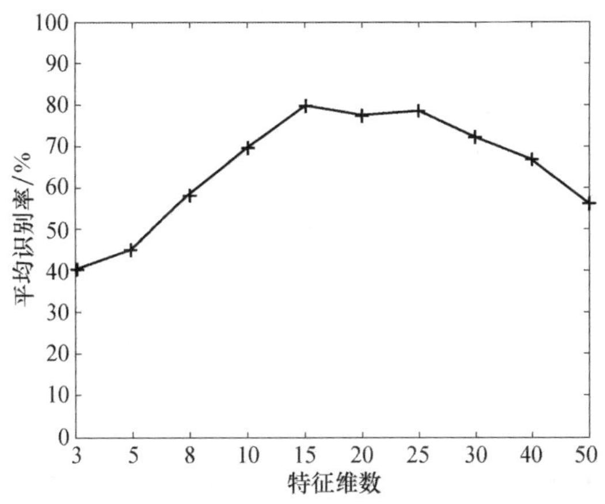

图 5.29　基于不同特征维数的系统情感识别率

从图 5.29 中可以看出，当目标维数取 15 时，系统能取得较好的识别性能。当目标维数 dim 减少或增加时，情感平均识别率都开始逐渐下降。当 dim 减少至 10 以下时，由于特征维数较低导致有用信息丢失，从而系统的识别性能较差；而当目标维数 dim 增加至 40 以上时，用于训练和识别的特征维数较多，特征中可能带有一些噪声信息，给分类器进行情感的分类带来了负面影响。

5.5.5　相关方法比较

文献[50]提出基于神经网络贡献分析的特征选择方法。该方法将某类情感状态的情感特征参数利用神经网络进行贡献分析，然后删除贡献较少的情感特征参数，得到新的情感特征子集，对新的情感特征子集重新采用神经网络训练，并通过层次贡献分析法删除贡献小的情感特征参数，这样反复进行，直至无情感特征参数可删除为止，余下的情感特征参数被认为是用于识别该类情感状态的重要情感特征。最后将每类剩余的情感特征的并集用于情感模型训练及情感种类识别。

表 5.17 为采用特征选择后的情感识别结果。采用的分类器为 SVM,经特征选择后的特征共有 24 个,包括短时平均过零率、短时能量变化率、基音的平均变化率、基音的均方差、基音的动态变化范围、第一共振峰的动态变化范围、第一共振峰的均方差、第二共振峰的动态变化范围以及第二共振峰的均方差等。

表 5.17　特征选择后的识别结果　单位:%

	高兴	悲伤	惊讶	愤怒	害怕	厌恶	平均识别率
女性	70.1	86.3	81.2	82.9	78.6	67.5	77.8
男性	71.8	85.5	80.3	88	76.1	74.4	79.4

还分别设计了基于等距映射特征降维以及基于 ELE 算法的语音情感识别实验与所提出方法进行比较,并对实验结果进行了比较和分析。将基于增量流形学习特征降维的实验称为实验一,基于等距映射和基于 ELE 算法的实验分别成为实验二和实验三。

实验二步骤如下所述。

(1) 将提取的训练样本初始特征集 D 输入 Isomap 进行降维,得到其对应的低维特征集 d。

(2) 建立 BP 神经网络,用训练样本的初始特征集 D 及对应的低维特征集 d 进行训练。从而用 Isomap 降维前后数据间的映射函数 $f:D \rightarrow d$ 可以用该神经网络拟合。

(3) 将测试样本的初始特征输入已训练的 BP 神经网络,求得测试样本的低维特征。

(4) 用训练样本低维特征集 d 训练 SVM 模型,并对测试样本低维特征集进行分类测试。

其中,目标维数取 10,近邻点数为 8,SVM 核函数选择 RBF,参数为 $C=6$, $\sigma^2=12$。

实验三则按照 5.5.2 节中所描述的 ELE 算法步骤进行特征降维,分类器同样选择 SVM,核函数为 RBF,参数为 $C=2$,$\sigma^2=10$,近邻点个数根据实验效果比较后选取 10。目标维数则由于算法特点而固定不变,其值等于需测试的样本的类别总数。本实验中,所选用的语音库包含 6 种情感类别,故目标维数等于 6。

实验二及实验三的平均情感识别率分别为 68%、62%,各类情感的识别结果如图 5.30 所示。从图中数据可以看出,采用等距映射降维及 BP 神经网络拟合的整体识别效果要优于基于 ELE 算法的识别效果,其主要原因可能在于基于 ELE 算法的情感识别实验中,用于训练及测试的情感特征的维数只有 6 维,用这 6 维特征信息来识别 6 类语音情感,可用信息相对较少,分类模型训练不充分。而基于等距映射特征降维的方法虽然能有效地降低特征信息维数,但由于借助了 BP 神经网络来拟合特征降维前后数据间映射关系函数 f,故拟合效果的好坏对后续的分类测试影响很大。当目标维数较小时,神经网络拟合效果较好,且速度较快,但是这也会带来可用信息匮乏而导致识别率下降的问题;当目标维数增大时,信息相对充分,但是会降低神经网络拟合的速度和准确度。该方法还存在另外一个不足之处,用 BP 神经网络进行拟合的稳定性较差。在实验中发现,即使选取相同的数据进行实验,BP 神经网络拟合的结果也不一定相同,最终导致了识别结果的差异。

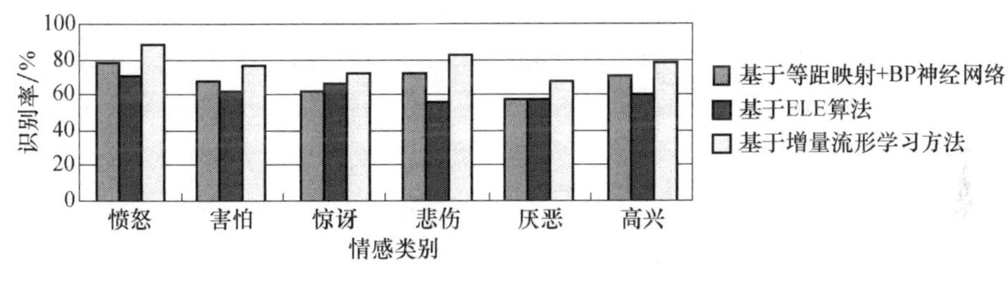

图 5.30 相关方法的实验结果

5.6 本章小结

语音情感特征提取是否准确直接影响语音情感的识别效果。本章详细介绍了情感语料库的录制,语音情感特征的提取方法,并分析了这些语音情感特征在情感空间的分布和随着说话者的变化而变化的情况,特别地,针对语音情感的表达容易受说话者个性特点影响的问题,提出了基于导数和多重分形的非个性化语音情感特征提取方法,加入这些非个性化语音情感特征后,语音情感识别的效果得到了改善。为了寻找对情感识别有贡献的语音情感特征、减少冗余的语音情感特征,提出了基于神经网络贡献分析和遗传算法的语音情感特征选择方法以及基于流形学习的语音情感特征降维方法。SED 和 AVED 情感语料库上的情感识别实验表明,特征选择或者降维以后,语音情感识别得到了提高。对语音情感特征在情感空间和说话者空间分布的分析以及所提出的基于导数和多重分形的非个性化语音情感特征提取方法对提高语音情感识别的鲁棒性具有很好的参考价值。所提出的特征选择和降维方法可适用于表情识别、人脸识别等模式别识别领域的特征选择和降维。

参考文献

[1] Zeng Z H, Pantic M J, Roisman G I, et al. A survey of affect recognition methods: audio, visual, and spontaneous expressions. IEEE Transactions on Pattern Analysis and Machine Intellegence, 2009, 31(1): 39-58.

[2] Xie B, Chen L, Chen G C, et al. Statistical feature selection for mandarin speech emotion recognition. International Conference on Intelligent Computing, 2005, 3644: 591-600.

[3] Anton B, Stefan S, Bjorn S, et al. Whodunnit-searching for the most important feature types signalling emotion-related user states in speech. Computer Speech and Language, 2011, 25(1): 4-28.

[4] 毛启容. 语音情感特征提取及识别方法研究[博士学位论文]. 镇江:江苏大学,2009.

[5] 赵力,王治平,卢韦,等. 全局和时序结构特征并用的语音信号情感特征识别方法. 自动化学报,2004,30(3):423-429.

[6] Mao Q R, Wang X J, Zhan Y Z, et al. Speech emotion recognition method based on selective features and decision binary tree. Journal of Computational Information Systems, 2008, 4(4): 1795-1801.

[7] Sethu V, Ambikairajah E, Epps J. Speaker normalization for speech-based emotion detection. 15th International Conference on Digital Signal Processing, 2007: 611-614.

[8] Scherer K. A cross-cultural investigation of emotion inferences from voice and speech: Implications for speech technology. Proceedings of the ICSLP, 2000: 379-382.

[9] Dellaert F, Polzin T, Waibel A. Recognizing emotion in speech. Proceedings of ICSLP, 1996: 1970-1973.

[10] Tetsuya N, Yoshikazu Y, Shinji D, et al. Adaptive emotion recognition in speech by feature selection based on KL-divergence. Proceedings of IEEE International Conference on Systems, Man, and Cybernetics, 2006, 3: 1921-1926.

[11] 王小佳. 基于特征选择的语音情感识别研究[博士学位论文]. 镇江:江苏大学,2007.

[12] Mao Q R, Zhan Y Z. Extraction and analysis of the speech emotion features based on multi-fractal spectrum. International Journal of Computer Applications in Technology, 2010, 38(1/2/3): 19-26.

[13] Mao Q R, Zhao X L, Zhan Y Z. Extraction and analysis for non-personalized emotion features of speech. Advances in Information Sciences and Service Sciences, 2011, 3(10): 255-263.

[14] Mao Q R, Wang X J, Zhan Y Z. Speech emotion recognition method based on improved decision tree and layered feature selection. International Journal of Humanoid Robotics, 2010, 7(2): 245-261.

[15] 陆捷荣. 基于流形学习与 D-S 证据理论的语音情感识别研究[博士学位论文]. 镇江:江苏大学,2010.

[16] 尤鸣宇. 语音情感识别关键技术研究[博士学位论文]. 杭州:浙江大学,2007.

[17] 易克初,等. 语音信号处理. 北京:国防工业出版社,2000:234-265.

[18] 赵立. 语音信号处理. 北京:机械工业出版社,2003:213-221.

[19] 成新民. 情感语音信息中共振峰参数的提取方法. 湖州师范学院学报,2003(12):157-161.

[20] Zhou C, Hansen J, Kaiser J F. Nonlinear feature based and classification of speech under

stress. IEEE Transactions on Speech and Audio Processing, 2001, 9(2): 201-216.

[21] Dimitrios V, Constantine K. Fast and accurate sequential floating forward feature selection with the Bayes classifier applied to speech emotion recognition. Signal Processing, 2008, 88: 2956-2970.

[22] Dimitrios V, Constantine K. Emotional speech recognition: resource, features, and methods. Speech Communication, 2006, 48: 1162-1181.

[23] Xie B, Chen L, Chen G C, et al. Statistical feature selection for mandarin speech emotion recognition. Proceedings of International Conference on Intelligent Computing, 2005: 591-600.

[24] 林奕琳. 基于语音信号的语音情感识别研究[博士学位论文]. 广州：华南理工大学，2006.

[25] 高慧，苏广川，陈善广. 基于Teager能量算子(TEO)非线性特征的语音情绪识别. 航天医学与医学工程，18(6)，2005：427-431.

[26] 林奕琳，韦岗. 基于短时和长时特征的语音情感识别研究. 科学技术与工程，2006，6(4)：1671-1815.

[27] 赵力，王治平，卢韦，等. 全局和时序结构特征并用的语音信号情感特征识别方法. 自动化学报，2004，30(3)：423-429.

[28] Chul M L, Shrikanth S N. Toward detecting emotions in spoken dialogs. IEEE Transactions on Speech and Audio Processing, 2005, 13(2): 293-303.

[29] Muraka S. Emotional Constituents in Text and Emotional Components in Speech. Kyoto: Kyoto Institute of Technology, 1998.

[30] Maragos P. Fractal aspects of speech signals: dimension and interpolation. Proceedings of IEEE ICASSP, 1991, 1: 417-420.

[31] Thompson C, Mulpur A, Mehta V. Transition to chaos in acoustically driven flow(acoustic streaming). Journal of the Acoustical Society of America, 1991, 90(4): 2097-2103.

[32] Wei G, Lu Y Q, Oyang J Z. Chaos and fractal theories for speech signals processing. Acta Electronica Sinica, 1996, 24(1): 34-42.

[33] 蔡莉莉. 基于数据融合的语音情感分析与识别[博士学位论文]. 南京：东南大学，2005.

[34] 韦岗，陆以勤，欧阳景正. 混沌、分形理论与语音信号处理. 电子学报，1996，24(1)：34-39.

[35] 陈国，胡修林，张蕴玉，等. 多标度分形理论及其在语音质量客观评价中的应用. 声学学报，2002，27(6)：531-535.

[36] Kammoun M, Ellouze N. Pitch and energy contribution in emotion and speaking styles recognition enhancement. Proceedings of IMACS: Multiconference on Computational Engineering in Systems Applications(CESA), 2006: 97-100.

[37] 孙霞，吴自勤. 分形原理及其应用. 合肥：中国科学技术大学出版社，2006.

[38] 雷涛，姚明海，马洪蕊. 基于MFCC与分形维数混合参数的语音识别. 控制工程，2005，12(5)：93-98.

[39] 陈国，胡修林，张蕴玉，等. 汉语普通话语音的分形特性及其盒维数的统计分析. 信号处理，2000，16(4)：297-301，296.

[40] Lv T,Guo S B,Xiao X C. Study on fractal features of modulation signals. Science in China (Series F),2001,44(2):152-158.

[41] Huang C H,Wang C J. A GA-based feature selection and parameters optimization for support vector machines. Expert Systems with Applications,2006,31(2):231-240.

[42] Batchelor B G. Pattern Recognition:Ideas in Practice. New York:Plenum Press,1978:71-72.

[43] Joshua B T,Silva V,et al. A global geometric framework for nonlinear dimensionality reduction. Science,2000,290(5500):2319-2323.

[44] 陈华杰. 非线性流形上多姿态人脸检测与识别[博士学位论文]. 杭州:浙江大学,2006.

[45] Kwon O W,Chan K,Hao J,et al. Emotion recognition by speech signals. Proceedings of EuroSpeech,2003:125-128.

[46] Pao T L,Chen Y T,Yeh J H,et al. Combining acoustic features for improved emotion recognition in mandarin speech. Proceedings of Lecture Notes in Computer Science,2005,3784:279-285.

[47] 王治平,赵力,邹采荣. 利用模糊熵进行参数有效性分析的语音情感识别. 电路与系统学报,2003,8(3):109-112.

[48] Bourgain J. On lipschitz embedding of finite metric spaces in Hilbert space. Israel Journal of Mathematics,1985,52(1/2):46-52.

[49] Johnson W B,Lindenstrauss J. Extension of Lipschitz mapping into a Hilbert space. Conference in Modern Analysis and Probability,1984,26:189-206.

[50] Wang X J,Mao Q R,Zhan Y Z. Speech emotion feature selection method based on contribution analysis algorithm of neural network. AIP Conference Proceedings,2007,1060(1):336.

第6章 语音情感识别方法

6.1 概　　述

语音情感识别方法是语音情感识别框架中的最后一个环节，也是非常重要的一个环节。虽然目前很多传统的模式识别方法已经被用于语音情感识别领域[1-7]，但是针对语音情感识别实际特点的识别方法还比较少。针对语音情感，部分情感状态容易混淆，语音情感状态之间可分性存在差异，且区分不同情感集合适合的情感特征不同的缺点，提出基于选择性特征的分层语音情感识别方法。其中，基于选择性特征的SVM决策树语音情感识别方法主要针对情感状态之间的混淆度构造识别语音情感状态的决策树，并为每一个待区分情感状态选择最合适的语音情感特征[8-10]。在此基础上，为了减少分层识别方法中的错分累积，提出基于改进有向无环图的分层语音情感识别方法。该方法针对易错分样本，提出基于测地距离的待识别样本鉴别度量算法，给易错分样本提供多次被正确识别的机会，从而提高易错分样本的识别率[11]。最后，在情感数据库SED和AVED上，分别采用multi-SVM、基于SVM的决策二叉树、传统的有向无环图、未采用鉴别度量算法的改进有向无环图、采用鉴别度量算法的改进有向无环图五种方法进行了情感识别实验，实验中的特征和SVM的参数分别采用遗传算法进行选择和优化。在语音情感数据库SED和AVED上的情感识别实验结果表明：选择性特征和分层识别的思想可提高语音情感识别率，而改进的有向无环图可在一定程度上减少分层识别方法的错分累积，从而达到提高识别率的结果。

6.2 基于选择性特征的SVM决策树的语音情感识别方法

6.2.1 情感混淆度

由于各情感状态间的某些情感状态较为相似，而某些情感状态之间差异性较大（例如，高兴与愤怒差异较大，高兴与惊讶较难区分），所以在分类识别时，可以先对各类情感状态进行粗分类，将较为相似的情感状态分为一组，然后对各类情感进行细分类，完成最终的情感分类识别。

为了对情感类别进行分组，提出了情感混淆度的概念。情感混淆度就是各类情感之间的相似程度，即表示情感状态之间容易混淆的程度。定义第 i 类情感 C_i 和第 j 类情感 C_j 间的混淆度为 I_{ij}，其表示第 i 类情感误判为第 j 类情感的概率与第 j 类情感误判为第 i 类情感的概率的平均值

$$I_{ij}=\frac{P(r=i\mid x\in C_j)+P(r=j\mid x\in C_i)}{2} \tag{6-1}$$

式中，r 为测试样本 x 所对应的分类结果。

类别间的混淆度越大，说明情感状态之间越容易出现误判，就越难区分；反之，混淆度越小，说明情感状态之间差别较大，容易区分。根据经验可知，当误识率超过 10%时，则认为这两类情感较为相似，难以区分；误识率低于 2%时，则认为这两类情感较容易区分。

根据类间混淆度，定义了组间混淆度。组间混淆度表示了组与组之间情感状态的混淆程度。对于分组后的情感状态，两组间的组间混淆度和多组间的组间混淆度定义如下所述。

定义 6.1 两组间的组间混淆度。

设已存在两组 z_1、z_2，分别有 m、n 类情感状态，表示为 $z_1=\{1,2,\cdots,m\}$，$z_2=\{1,2,\cdots,n\}$，则组 z_1 和组 z_2 的组间混淆率度，表示为 z_1 组内的所有情感状态和 z_2 组内的所有情感状态之间的两两类间混淆度的平均值，计算公式如下

$$I_{(z_1,z_2)}=\frac{\sum_{i=1}^{i=m}\sum_{j=1}^{j=n}I_{ij}}{mn} \tag{6-2}$$

两组间的组间混淆度越大，说明组与组的情感状态容易出现误判，组间混淆度越小，说明组与组的情感状态之间差别较大，较容易区分。

定义 6.2 $n(n\geqslant 3)$个组间的组间混淆度。

设已存在 n 个组 $z_1,z_2,\cdots,z_n$，则 n 个组 $z_1,z_2,\cdots,z_n$ 的组间混淆度就是所有的两组间组间混淆度的平均值，计算公式如下

$$I_{(z_1,z_2,\cdots,z_n)}=\frac{\sum_{i=1,j=1,j\neq i}^{n}I_{(z_i,z_j)}}{2n(n-1)} \tag{6-3}$$

n 个组的组间混淆度的大小反映了将这 n 个组作为一种分组划分方案时，该划分方案中分组间的平均混淆程度，主要用于多个分组方案之间的比较，分组方案的组间混淆度越小，表明该方案中的分组越容易区分。

6.2.2 基于 SVM 一对一算法的语音情感识别

为了对情感类别进行有效分组，结合情感混淆度的概念，首先要得到各类情感间的误识率，采用 SVM 一对一算法进行语音情感识别实验。

根据神经网络贡献分析和聚类性分析结果，从时间构造、振幅构造、基音构造、共振峰构造、MFCC 系数和 Mel 频谱动态能量系数等方面提取了 101 个特征，针对 6 种情感选出了 24 个情感特征用于情感识别。

在 Windows XP，MATLAB 7.0 的环境下实现了该语音情感识别方法，SVM 的实现使用 LIBSVM[12]。在 SVM 进行训练时，随机选择语音库中的 3 个男生和 2 个女生，每人每种情感随机选择 10 条情感语句，共 300 条情感语句作为训练集，语音库中剩下的情感语句作为测试集进行语音情感实验，训练语音库和测试语音库无重叠。同时，训练和识别均采用相对特征，以消除个人差异，相对特征是将语音样本所提取的特征与相应说话者平静语句所提取的对应特征的比值。

由以上 SVM 理论可知，SVM 识别的效果主要依赖于核函数 K 和惩罚系数 C 的选取，但是目前尚未找到有效的“学习”核函数及惩罚系数的方法，只能通过实验结果确定采用何种核函数以及惩罚系数。

1. 核函数对语音情感识别率的影响

实验中，首先考虑了不同的核函数对于情感识别的影响。实验中用 3 个核函数进行了测试，惩罚系数 C 和核函数参数的选择都使用默认值，实验结果如表 6.1 所示。

表 6.1　不同核函数下的语音情感识别率　　单位：%

核函数	核参数	识别率					
		高兴	悲伤	惊讶	愤怒	害怕	厌恶
多项式核函数	$d=1$	64.2	75.6	67.5	73.6	67.9	76.8
	$d=2$	63.8	74.0	69.6	75.7	68.6	78.1
	$d=3$	65.8	72.9	68.9	74.8	68.1	75.6
RBF 核函数	$\sigma=1$	68.2	78.6	70.0	76.1	70.8	80.1
Sigmond 核函数	$b=0.1, C=1$	65.4	74.1	64.5	75.1	67.5	77.3

从表中可以看出，采用 RBF 核函数的识别率最高，而且只需要确定一个参数 σ，比较简单，所以最终采用了 RBF 核函数。

2. 惩罚系数 C 和 RBF 核函数参数 σ 对语音情感识别率的影响

确定采用 RBF 核函数后，考虑惩罚系数 C 和参数 σ 对情感识别的影响，关于如何设置 SVM 的各个参数，理论上还没有统一的论述，往往要针对待解决的实际问题，具体选择。在 RBF 核函数中，σ 是感知变量，其数值可以自由选择，它决定了该 RBF 函数围绕中心点的宽度，σ 的选择对 SVM 的学习至关重要，其数值可以控制支持向量机的个数，当支持向量机个数太多时，可以适当减小 σ 的数值，反之亦然。由于目前还没有统一的方法来确定 σ 的数值，往往要根据特征数据分析的结果取经验数值。参数 C 的选择：$C(C>0)$ 为惩罚系数，它控制对错分样本的惩罚程度。C越大,等价于越小的分类间隔,但是训练时间将延长。目前还没有指导如何选择C的理论,只能折中考虑识别率和学习时间之间的矛盾,通过实验找到对特定训练集最好的C的数值。采用网格搜寻方法对参数进行优化,具体的做法是:将C和σ分别取N个值和M个值,用这$N\times M$个组合分别训练SVM,选择效果最好的一个组合作为最优参数。如果组合数过大,会浪费大量的时间,因此,将搜索范围分为两级,即先进行粗网格搜索,再进行细网格搜索,采用不断缩小参数递增步长的方式来实现。最后,采用RBF作为SVM的核函数,惩罚系数C和RBF核函数参数σ分别选取$C=2,\sigma^2=13$,针对360个测试语音样本,采用SVM一对一算法进行语音情感识别实验,统计它们的误识率。识别结果如表6.2所示。

表6.2　SVM一对一算法的识别结果

真实情感＼识别情感	高兴	悲伤	惊讶	愤怒	害怕	厌恶	正确识别率/%
高兴	43	2	6	4	2	3	71.7
悲伤	0	49	0	0	0	11	81.7
惊讶	0	0	44	0	16	0	73.3
愤怒	2	0	2	47	9	0	78.3
害怕	9	3	0	1	45	2	75
厌恶	0	10	0	0	0	50	83.3

6.2.3　基于SVM决策树和选择性特征的语音情感识别

由于6种情感类别中,某些情感状态比较相近,某些情感状态不容易区分,所以先把不容易区分的情感状态归为一类,进行粗分类,然后再对易混淆的情感进行细分类,最终实现对6种情感状态的分类。提出根据情感间的误识率来建立决策树,并将SVM和决策树结合起来,完成多类情感的分类。

由于不同的语音情感特征对于不同的语音情感类别的贡献存在差异。例如,无声部分时间比率对悲伤情感贡献比较大,因为人在悲伤的时候,有断断续续的抽泣声。基音频率对愤怒情感的贡献较大,因为人在愤怒的时候,比较激动,声带振动大。基于以上分析,提出了针对不同的情感状态,采用不同的情感特征来进行识别的方法。

1. 决策树的构造

SVM通过决策树来实现多类分类,就是给定一个语音样本,从根节点开始根据分类器的输出值决定其走左侧或者右侧,如此一直到叶子节点为止,得到样本所属的情感类别。该方法的优点是决策速度明显比一对一方法和一对多方法快,缺点是根节点的选择直接影响分类的结果。不同的分类器作为根节点,其分类结果可能会不同,从而产生分类结果的不确定性。即在某个节点发生分类错误,则会把分类错误延续到该节点的后续下一个节点上。所以决策树的构造是此方法成败的关键。

根据情感间的混淆度和组间混淆度来建立情感决策树。

算法 6.1　决策树构造算法

(1) 设决策树的层号为 i,第一层时 $i=1$,情感状态集合 $E=\{$害怕,高兴,厌恶,悲伤,愤怒,惊讶$\}$,E 中情感状态的个数 $q=6$。

(2) 对未分类的情感状态集合 E 中的 q 类情感状态,首先将混淆度超过 10%的情感状态归为一组,若情感状态不重复,则记为组 $z_1, z_2 \cdots z_i$,(i 的个数由具体的混淆度超过 10%的个数得出),若其中情感状态重复,则将其重复组的并集归为一组。即如果 6 类情感状态分别记为 a,b,c,d,e,f。若 $I_{ab}>10\%$,$I_{cd}>10\%$,则情感 a 和情感 b 归为一组,情感 c 和情感 d 归为一组。若 $I_{ab}>10\%$,$I_{ac}>10\%$,则将情感 a、情感 b 和情感 c 归为一组。

(3) 对未分组的情感状态,分别计算将其归入已有组或单独成组时的组间混淆度(组间混淆度的计算方法如定义 6.1 和定义 6.2 所示),选择其组间混淆度较小的分组方式。

(4) $i=i+1$,检测本层的每个节点所包含的情感个数,若大于 3,则大于 3 的节点转(2);若每个节点所包含的情感个数都小于 3,则转(5)。

(5) 结束。

根据算法 6.1,首先,根据类间混淆度计算式(6-5)和 SVM 一对一算法得出的测试样本间的误识情况(见表 6.2),计算出情感类别间的类间混淆度,如表 6.3 所示。

表 6.3　情感混淆度表

情感状态＼情感状态	高兴	悲伤	惊讶	愤怒	害怕
悲伤	0.0167				
惊讶	0.05	0			
愤怒	0.05	0	0.0083		
害怕	0.0912	0.025	0.1333	0.0833	
厌恶	0.025	0.175	0	0	0.0167

然后,根据表 6.3,将混淆度超过 10%的情感分为一组。由于 $I_{(厌恶,悲伤)}>10\%$,$I_{(惊讶,害怕)}>10\%$,则将厌恶和悲伤归为一组,惊讶和害怕归为一组,对未分组的愤怒和高兴。以高兴为例,根据式(6-2)和式(6-3),分别计算其加入已有组的组间混淆度和另外分为一组的组间混淆度。

若将高兴情感加入(厌恶、悲伤)组合,则组合(高兴、厌恶、悲伤)与组合(惊讶、害怕)之间的组间混淆度可由式(6-4)计算得到

$$\frac{I_{(厌恶,惊讶)}+I_{(厌恶,害怕)}+I_{(悲伤,惊讶)}+I_{(悲伤,害怕)}+I_{(高兴,惊讶)}+I_{(高兴,害怕)}}{6} \quad (6\text{-}4)$$

若将高兴情感加入(惊讶、害怕)组合,则组合(高兴、惊讶、害怕)与组合(厌恶、

悲伤)之间的组间混淆度可由式(6-5)计算得到

$$\frac{I_{(惊讶,厌恶)}+I_{(害怕,悲伤)}+I_{(高兴,厌恶)}+I_{(惊讶,悲伤)}+I_{(害怕,厌恶)}+I_{(高兴,悲伤)}}{6} \tag{6-5}$$

若将高兴情感另成一组,则 3 组间的组间混淆度可由式(6-6)计算得到

$$\left(\frac{I_{(厌恶,惊讶)}+I_{(悲伤,害怕)}+I_{(厌恶,惊讶)}+I_{(悲伤,害怕)}}{4}+\frac{I_{(高兴,厌恶)}+I_{(高兴,悲伤)}}{2}+\frac{I_{(高兴,害怕)}+I_{(高兴,惊讶)}}{2}\right)\Big/3 \tag{6-6}$$

通过上述计算,选择组间混淆度较小的方式,就完成了高兴的分组。

在决策树的第一层,通过对愤怒情感状态和高兴情感状态分别加入(厌恶、悲伤)、(惊讶、害怕)以及另成一组的组间混淆度进行计算,完成愤怒情感状态和高兴情感状态的分组,计算结果如表 6.4 所示。

表 6.4　平均混淆度

现有情感组 / 欲加入的情感状态	加入组(厌恶、悲伤)	加入组(惊讶、害怕)	另成一组
愤怒	0.0097	0.0070	0.0073
高兴	0.0305	0.0139	0.0281

由表 6.4 可以看出,将愤怒和高兴均归入(惊讶、害怕)组的平均混淆度较小,所以将厌恶和悲伤归为一组,将惊讶、害怕、愤怒和高兴归为另一组。

针对决策树的每层都进行以上计算,直到最后完成建树。最后的决策树表示为决策树 1,如图 6.1 所示。

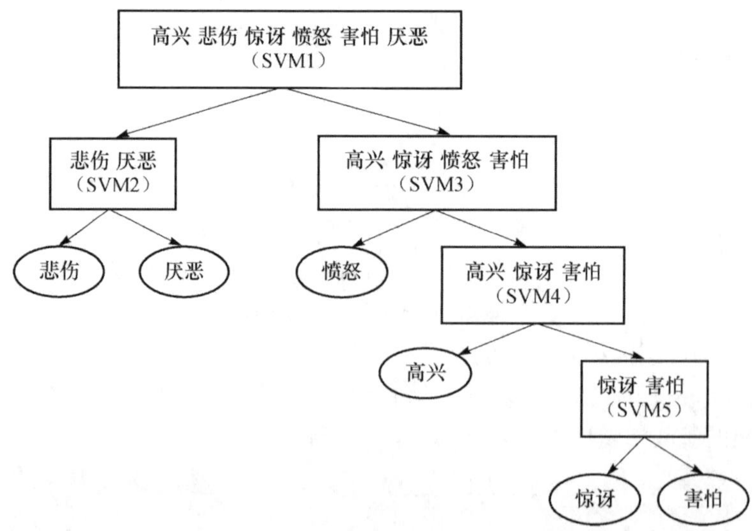

图 6.1　基于 SVM 的决策树 1 示意图

在决策树 1 中，通过 SVM 对 6 类情感进行分类。在第一层中，左节点为悲伤和厌恶，右节点为高兴、惊讶、愤怒和害怕。在第二层中，左节点通过 SVM2 对悲伤和厌恶进行分类，分离出了悲伤和厌恶两个叶子节点，右节点通过 SVM3 对其他 4 类情感进行分类，其中，左节点即为愤怒情感叶子节点，右节点为高兴、惊讶和害怕。在第三层中，通过 SVM4 对高兴、惊讶和害怕进行分类，其中左节点即为高兴情感叶子节点，右节点为惊讶和害怕。在最后一层，即第四层中，通过 SVM5 对惊讶和害怕进行分类，分出了惊讶和害怕两个叶子节点。

在建立决策树的过程中，根据表 6.4，将愤怒另成一组和加入(高兴、害怕)组的组间混淆度相近。若将其另成一组，能够降低累计错误识别，减少决策树的层数，有利于增加识别准确度。所以对决策树 1 进行了改进，建立如下的决策树 2，如图 6.2 所示。

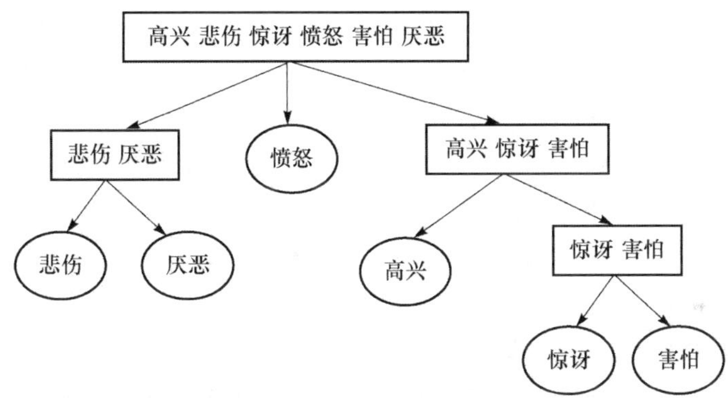

图 6.2　基于 SVM 的改进决策树 2 示意图

决策树 2 与决策树 1 相似，不同的是对于愤怒情感状态，决策树 2 是在第一层中将 6 类情感分为了 3 大类，分别是悲伤和厌恶子树，高兴、惊讶和害怕子树，还有愤怒叶子节点。即在第一层中，直接将愤怒情感分离出来。SVM 实现 3 类分类时，采用了 SVM 一对一分类算法。

2. 选择性特征的提取

在已有的方法中，都是用统一的情感特征对所有的情感类别进行识别[13]。但是每种情感状态有其各自的特点，例如，愤怒时的声音强度特别大，基音频率也较高。对应地，每个情感特征对不同情感状态的贡献也会有所不同。所以在利用决策树进行分类识别的同时，针对每种情感状态用其经过神经网络贡献分析法选择后的情感特征。

针对每一组情感状态，按照第 5 章的方法进行神经网络贡献分析选择其特征。值得注意的是，在神经网络进行训练时，将决策树中该情感状态/组合所包含的情感状态所对应的语音样本作为正样本进行训练，同一层中其余的情感状态/组合所包含的情感状态所对应的语音样本作为负样本进行训练。例如,在决策树 2 中,组合(悲伤、厌恶)情感状态的特征,就是在神经网络训练中,将悲伤、厌恶作为正样本进行训练,将同层的愤怒、高兴、惊讶、害怕作为负样本进行训练。

在神经网络训练过程中,所选择的特征的总体贡献值 a 是判断循环是否终止的条件,a 值的选取是特征选择好坏的关键,若 a 选取过大,则仍会有冗余特征存在,若 a 选取过小,很多有用特征会被删除,使得特征不足而引起识别效果差。所以根据计算每一类的聚类性参数 J_m 的大小来选择合适的 a 值。J_m 的定义如下

$$J_m = \frac{1}{c}\sum_{m'=1,m\neq m'}^{c}(S_m/S_{(m,m')}^{-1}) \tag{6-7}$$

其中,S_m 为第 m 类的类内距离;$S_{(m,m')}$ 为第 m 类和第 m' 类的类间距离。由聚类性分析原理可知,J_m 越小,第 m 类情感状态的聚类性能越好,越容易从别的情感中区分出来。因此,选取 J_m 较小时所对应的 a 值作为第 m 类情感状态的特征选择依据。

对决策树的每个叶子节点,即所分类的情感状态,计算该情感状态取不同的 a 值所对应的特征聚类性参数 J_m 的变化,选择 J_m 最小时所对应的情感特征作为该情感状态识别用的情感特征。

以决策树 1 为例,针对每个 SVM,通过神经网络贡献分析法进行训练,得到每种情感特征参数对情感状态的贡献,然后按照由大到小的次序选取不同的 a 值对情感特征参数进行选择,不同的 a 值对应不同的情感特征向量,并分别计算不同 a 值所对应的 6 种情感间参数 J_m 的大小,结果如表 6.5 所示,表中 p 表示特征的个数。

表 6.5　聚类性分析表

分类器	a	p/个	J_m
SVM2	0.9999	101	0.8756
	0.99	78	0.8756
	0.98	57	0.7835
	0.97	37	0.6706
	0.96	23	0.6408
	0.95	18	0.6984
	0.94	15	0.7158
	0.9	2	0.7429
SVM3	0.9999	101	0.8649
	0.99	49	0.7808
	0.98	29	0.6951
	0.97	22	0.6285
	0.96	17	0.6427
	0.95	15	0.6896
	0.94	13	0.7195
	0.9	9	0.8067

续表

分类器	a	p/个	J_m
SVM4	0.9999	101	0.8519
	0.99	54	0.7628
	0.98	34	0.7294
	0.97	27	0.6468
	0.96	18	0.6049
	0.95	14	0.6359
	0.94	12	0.6759
	0.9	10	0.7092
SVM5	0.9999	101	0.8489
	0.99	67	0.7539
	0.98	48	0.7168
	0.97	30	0.6428
	0.96	24	0.5968
	0.95	21	0.6369
	0.94	18	0.6924
	0.9	15	0.7139

在决策树 1 中，最终每个 SVM 分类器所选取情感特征个数、特征总体贡献 a 值以及特征的聚类性参数如表 6.6 所示。表 6.6 中，决策树的第一层 SVM1 用的情感特征参数是根据第 5 章所述的 24 个情感特征，决策树的第二层左节点划分的悲伤和厌恶，最后一层划分的害怕和惊讶，是两类情感状态，所采用的情感特征参数分别为悲伤和厌恶，害怕和惊讶两类情感状态所选择的情感特征参数的并集。

表 6.6　每个 SVM 分类器所分的情感状态、所选择的特征个数、特征总体贡献和聚类性参数

分类器	所分情感状态	a	J_m	所选择情感特征个数/个
SVM1	（悲伤、厌恶）、（高兴、惊讶、愤怒、害怕）	0.96	0.6019	24
SVM2	（悲伤）、（厌恶）	0.96	0.6408	23
SVM3	（愤怒）、（高兴、惊讶、害怕）	0.97	0.6285	22
SVM4	（高兴）、（惊讶、害怕）	0.96	0.6049	18
SVM5	（惊讶）、（害怕）	0.96	0.5968	24

所以在对每个 SVM 进行训练时，都采用上表对应的特征参数训练。在识别阶段，用决策树进行分类识别时，针对每个 SVM，也采用其相对应的特征进行识别。

3. 实验结果分析与比较

基于选择性特征的决策树语音情感识别实验和 6.2.2 节的基于 SVM 一对一算法的语音情感实验相似，SVM 的实现使用 LIBSVM，决策树中每一层 SVM 的核函数为 RBF。每一层 SVM 的参数通过实验逼近的方法确定，以决策树 1 为例，选择的参数如表 6.7 所示。

表 6.7　SVM 参数表

分类器	识别情感状态	惩罚系数 C	σ
SVM1		10	1
SVM2	悲伤、厌恶	150	1
SVM3	愤怒	6	1
SVM4	高兴	20	1
SVM5	害怕、惊讶	6	1

语音库中，除训练集的 300 条情感语句，其余的情感语句作为测试集进行语音情感识别实验，决策树 1 和决策树 2 的识别结果如表 6.8 所示。

表 6.8　基于特征差异的决策树识别率　　单位：%

决策树＼情感状态	高兴	悲伤	惊讶	愤怒	害怕	厌恶	平均识别率
基于选择性特征的决策树 1	72.4	86.7	73.3	88.2	75.1	90	80.9
基于选择性特征的决策树 2	73.5	86.7	74.1	91.1	77.2	90	82.1

由表 6.8 可以看出，基于选择性特征的决策树 2 要略优于基于选择性特征提取的决策树 1，这是由于决策树 2 减少了决策树的层次，减少了累积错误率，提高了最终的识别率。

为进一步验证识别方法的有效性，基于上述训练和测试语音库，分别采用基于相同特征的决策树 2，基于选择性特征的 SVM 一对一算法，未进行特征选择的 SVM 一对一算法进行语音情感识别实验。各种识别方法的识别结果如表 6.9 所示。基于相同特征的决策树 2，即决策树中每一层的情感状态均采用相同的情感特征参数进行识别，该情感特征参数集合为第 5 章所选择出的 24 个情感特征；基于选择性特征的 SVM 一对一算法，即由 15 个一对一的 SVM 分类器实现多个情感状态的分类，每个 SVM 分类器负责区分两类情感；未进行特征选择的 SVM 一对一算法与基于选择性特征的 SVM 一对一算法的分类器相同，只是每个 SVM 分类器所采用的情感特征为原始的 101 个情感特征，未进行特征筛选。

表 6.9　识别结果　　单位：%

识别方法＼情感状态	高兴	悲伤	惊讶	愤怒	害怕	厌恶	平均识别率
基于相同特征的决策树 2	66.7	84.5	70.2	89.4	72.2	87.2	78.4
基于选择性特征的 SVM 一对一算法	71.7	81.7	73.3	78.3	75	83.3	77.2
未进行特征选择的 SVM 一对一算法	58.2	71.1	59.4	64.2	61.8	76.2	65.2

由表 6.8 和表 6.9 可以看出，当采用选择性特征时，决策树 2 的识别率比采用

相同特征提高了 3.7%，且明显高于其他两种 SVM 一对一的情感识别方法。此外，无论是否进行特征选择，基于决策树的识别率均高于 SVM 一对一算法，因为决策树的识别方法根据误判率，首先对情感进行粗分类，将容易混淆的情感归为一类，降低了情感之间的混淆程度，从而改善了情感识别结果，表 6.9 的识别结果也证明了这一点，决策树越上层的情感状态的识别率越高。同时，对于同一种识别方法，特征筛选后较特征筛选前的识别率均有了较大的提高，进一步验证了不同的特征对不同的情感状态贡献存在差异的观点。

另外，在 Window XP，MATLAB 7.0 平台，计算机的配置为 CPU：Intel PD925、主频：2.2GHz、内存：1GB，对 300 个语音样本进行特征提取时间的实验，平均每个语音样本提取原始的 101 个特征需要 1.09s，而提取 33 个特征需要 0.71s，这 33 个特征为 6 种情感状态所选择的特征的并集。在采用基于选择性特征的 SVM 决策树进行语音情感识别时，预先提取识别语句的这 33 个特征，决策树中每一层的 SVM 分类器在识别时只需从中选择该 SVM 所分类的情感状态的特征即可，无需重复提取，从而减少了特征提取的时间，提高了语音情感识别速度。

6.3　基于改进有向无环图的分层语音情感识别方法

6.3.1　基于 SVM 的有向无环图

基于 SVM 的有向无环图是一种采用 SVM 构建的分层识别方法[14]。在有向无环图中，每个节点的分类器为 SVM 一对一分类器，图的根节点为所有类别组成的集合，每个节点从该集合中排除一个类别，当集合中只剩一个类别时，有向无环图的一条测试路径结束。从根节点出发穿过有向无环图中的节点到达叶子节点所经过的路径称为测试路径(evaluation path)，有向无环图由若干条测试路径组成，测试样本经过某一条测试路径到达叶子节点后，该路径的最后一个类别即为该样本所属的类别。一个 en 类分类问题的有向无环图具有 en 层，需要训练 en(en−1)/2 个 SVM 一对一分类器，每一条测试路径包含 en−1 个节点，一个 4 类分类问题的基于 SVM 的有向无环图如图 6.3 所示。文献[14]还指出，基于 SVM 的有向无环图的泛化误差是目前 SVM 多类分类方法中唯一从理论上得到证明的方法。但是在传统的有向无环图中，类别的排除顺序是任意的，每条测试路径的不可分区域被累积到叶子节点，从而造成所谓的错分累积，影响有向无环图的分类效果。文献[15]提出了一种改进的基于 SVM 的有向无环图，该方法将容易区分的类别放在图的上层进行划分，将难分的类别放到图的下层进行划分，从而降低有向无环图的泛化误差和错分累积。

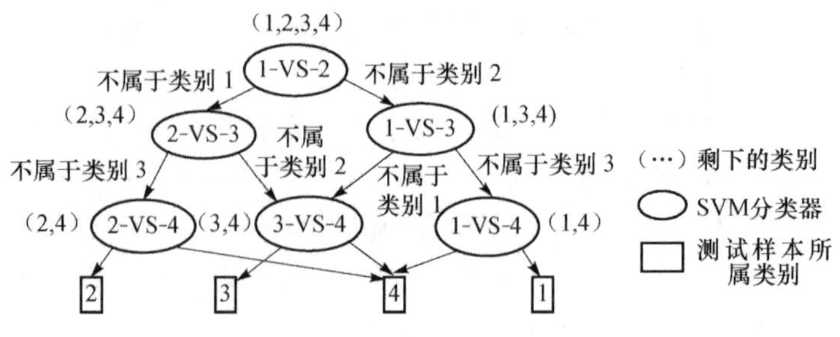

图 6.3　四类分类的有向无环图

如图 6.3 所示的传统有向无环图中，类别的分类顺序是任意的，如果一个测试样本在上层节点被错误分类，这种错误将被传递到下层的节点，这种现象被称为错分累积，如图 6.4 所示，一个属于类别 e_2 的测试样本 s 在根节点被错误地划分到右边的分支，这个错误被传递到下层的分类器，最终该样本 s 被错误地识别为类别 e_1。对于传统的有向无环图，错分累积是影响其泛化性能和分类正确率的重要因素之一。因此，提出基于 SVM 的改进有向无环图，与传统的有向无环图相比，新的有向无环图具有两方面的改进，一方面是基于情感混淆度的有向无环图的构建方法；另一方面是基于测地距离的难分样本鉴别度量算法。

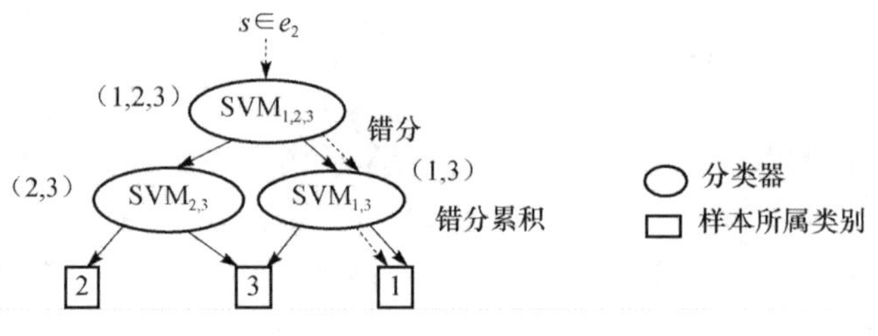

图 6.4　有向无环图的错分累积

6.3.2　改进有向无环图的构造算法

语音情感分层识别过程的有向无环图根据情感对之间的混淆度进行构造，对于每一条测试路径，混淆度小的情感对在图的上层节点被排除，而混淆度大的情感对在图的下层节点被排除。这种方法将不可分区域分配给难区分的情感类别，一定程度上改善了有向无环图的错分累积程度。

有向无环图由若干条测试路径组成，每一条测试路径体现了待识别样本在这种情况下被各个情感状态逐一排除的顺序，这些测试路径的构造方法基本类似。因此，下面的构造算法主要针对某一条测试路径进行描述。假设某一条测试路径为 EP_i，情感状态集合为 $ET=\{e_1,e_2,e_3,\cdots,e_{en}\}$，其中，$e_i$ 表示情感的类别，en 表示情感状态数，则有向无环图中某一条测试路径的构建算法如表 6.10 所示。

有向无环图由若干条测试路径组成，构建算法构建图中的每一条路径，则可构建出整个改进的有向无环图。当两条测试路径中出现节点区分的情感对相同时，将这两个节点合并成一个节点。

表 6.10　有向无环图中某一条测试路径的构建算法

1. 路径 EP_i 上的第 j 个节点，对情感状态集合 ET 中包含的情感状态进行两两组合，形成 en(en−1)/2 个情感对，选择情感混淆度最小的情感对放在节点 j 上进行识别。若存在具有相同情感混淆度的情感对，且这个混淆度最小，则在这些具有相同情感混淆度的情感对中随机选择一对。
2. 假设路径 EP_i 上的第 j 个节点排除了情感状态 e_i，则 $ET=ET-\{e_i\}$，$j=j+1$。
3. 若 ET 中只剩下一个情感状态，则该情感状态为该路径的最后一个节点，即为经过该测试路径的测试样本最终所属的类别，转步骤 4；若 ET 中剩下的情感类别多余一个，则转步骤 1。
4. 路径 EP_i 构建结束

6.3.3　基于测地距离的待识别样本鉴别度量算法

在构建的改进有向无环图中，提高难分测试样本的正确识别率是提高整体识别率的有效途径。由于有向无环图中，每个节点采用的分类器为一对一 SVM 分类器，因此，下面对一对一 SVM 分类器进行分析。

式(6-8)为一对一 SVM 分类器的超平面方程，当 $f(s)=0$ 时，两类间的间隔(margin)最大。

$$f(s)=\sum_{i=1}^{\text{fn}} y_i\alpha_i k(\boldsymbol{s}_i,s)+b \tag{6-8}$$

其中，$k(\boldsymbol{s}_i,s)$为核函数；$\boldsymbol{s}_i(i=1,2,3,\cdots,\text{fn})$为 fn 维的特征向量；$y_i$ 为类别标签；$y_i=1$ 为类别 1；$y_i=-1$ 为类别 2。其示意图如图 6.5 所示，H_0 表示超平面，与 H_0 平行的两个平面为类别 1 和类别 2 的分割平面，分别表示为 H_1 和 H_2，两个平面对应的方程分别为 $f(s)=1$ 和$f(s)=-1$。对任意一个待识别样本 s_0，在空间的位置具有如下三种情况。

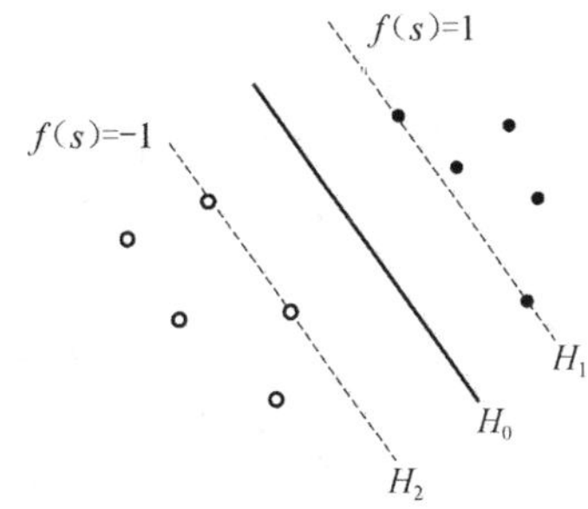

图 6.5　SVM 分类示意图

情况 1：待识别样本 s_0 位于分割平面 H_1 的上面或者上方，即 $f(s_0)\geqslant 1$。

情况 2：待识别样本 s_0 位于分割平面 H_2 的上面或者下方，即 $f(s_0)\leqslant -1$。

情况 3：待识别样本 s_0 位于分割平面 H_1 和 H_2 之间，即$-1<f(s_0)<1$。

当待识别样本的位置处于情况 1 和情况 2 时，一般认为待识别样本被正确分类的概率比较大，但是当待识别样本的位置处于情况 3 时，该待识别样本被错误分类的可能性比较大。因此，为了提高处于情况 3 的待识别样本的正确识别率，针对有向无环图每一个节点上处于情况 3 的待识别样本，提出基于测地距离的难分样本鉴别度量算法，给处于情况 3 的样本多次被正确识别的机会。假设每个节点的 SVM 分类器经过训练以后，得到两个类别的支持向量所组成的集合分别为 T_{sv1} 和 T_{sv2}，T_{sv1} 和 T_{sv2} 中的支持向量的个数分别为 vn_1 和 vn_2，s_0 表示某一个待识别样本，$f(s_0)$表示待识别样本 s_0 距离超平面 H_0 的距离。$d_G^1(s_0, v_i)$表示 s_0 与 T_{sv1} 中的支持向量 $\boldsymbol{v}_i$ 的测地距离，$d_G^2(s_0, v_i)$表示 s_0 与 T_{sv2} 中的支持向量 $\boldsymbol{v}_i$ 的测地距离。$\overline{d_G^1}$和$\overline{d_G^2}$分别表示 s_0 与类别 1 和类别 2 的支持向量的平均测地距离。基于测地距离的待识别样本鉴别度量算法如表 6.11 所示，该算法在有向无环图中除了叶子节点的每一个节点上运行。

表 6.11　基于测地距离的待识别样本鉴别度量算法

1. 待识别样本 s_0 通过训练过的 SVM 进行识别，得到 s_0 所属的类别 e 和距离超平面 H_0 的距离 $f(s_0)$。
2. 执行下列程序：

If($f(s_0)\leqslant -1$ or $f(s_0)\geqslant 1$)
{s_0 的类别为 SVM 识别的结果，即 s_0 所属的类别为 e；}
else if($-1<f(s_0)<1$)
{按照表 5.13 的测地距离估计流程计算 s_0 与 T_{sv1} 和 T_{sv2} 中的每一个支持向量的测地距离 $d_G^1(s_0, v_i)$和 $d_G^2(s_0, v_i)$；
按照式(6.9)和式(6.10)计算待识别样本 s_0 距离类别 1 和类别 2 的支持向量的平均测地距离 $\overline{d_G^1}$和$\overline{d_G^2}$：

$$\overline{d_G^1}=\frac{1}{vn_1}\sum_{i=1}^{vn_1}d_G^1(s_0, v_i) \tag{6-9}$$

$$\overline{d_G^2}=\frac{1}{vn_2}\sum_{i=1}^{vn_2}d_G^2(s_0, v_i) \tag{6-10}$$

If((($\overline{d_G^1}-\overline{d_G^2}$)<0)and($L_0$ is class 1))
{s_0 被识别为类别 1；}
else if((($\overline{d_G^1}-\overline{d_G^2}$)>0)and($L_0$ is class 2))
{s_0 被识别为类别 2；}
else if((($\overline{d_G^1}-\overline{d_G^2}$)<0)and($L_0$ is class 2))
{if($|\overline{d_G^1}-\overline{d_G^2}|>\Delta$)
{s_0 被识别为类别 1；}
else if($|\overline{d_G^1}-\overline{d_G^2}|<\Delta$)
{s_0 被同时送往左、右两条分枝进行进一步分类，所属的类别根据测试路径的隶属度序列来确定(见本节最后一自然段)}
}
else if((($\overline{d_G^1}-\overline{d_G^2}$)>0)and($L_0$ is class 1))
{if($|\overline{d_G^1}-\overline{d_G^2}|>\Delta$)
{s_0 被识别为类别 2；}
else if($|\overline{d_G^1}-\overline{d_G^2}|<\Delta$)
{s_0 被同时送往左、右两条分枝进行进一步分类；}
}
}

表 6.11 的待识别样本鉴别度量算法中，选择待识别样本与某类别的支持向量

的平均测地距离来衡量测试样本与该类别间的距离主要有两方面的原因：测地距离能反映样本间的实际距离[16]；某类别的支持向量为该类别离超平面最近的训练样本，如果待识别样本离这些支持向量距离较远，那该待识别样本离其他训练样本的距离更远，因此，支持向量可作为情感类别的代表样本。

表 6.11 的鉴别度量算法中，当待识别样本被同时送往左右两条分支进行进一步识别时，待识别样本会经历多条测试路径，那么到底哪条路径的识别结果是最可靠的呢？在这里，定义了测试路径的隶属度序列来判断测试路径识别结果的可靠性。假设某一待识别样本 s_0 在位于测试路径 EP_i 上的第 l 个节点上被同时送往左右两条分支去进一步识别。对于 s_0 在节点 l 以后经历的每一个节点，定义 s_0 不属于该节点判别的两个类别的隶属度。假设某节点上判别的两个类别分别为类别 1 和类别 2，在节点 m 上 s_0 不属于类别 1 和类别 2 的隶属度分别用 λ_m^1 和 λ_m^2 表示，它们的定义如式(6-11)和式(6-12)所示。

值得注意的是，当待识别样本经历每一条测试路径的最后一个分类器节点时，已经不再像前面的节点那样沿着不属于所判别类别的分支往下走，而是沿着所属判别类别的分支往下走，因此，对于测试路径的最后一个节点的隶属度应该定义待识别样本 s_0 属于类别 1 和类别 2 的隶属度，待识别样本 s_0 属于类别 1 和类别 2 的隶属度分别表示为 ω_m^1 和 ω_m^2，其定义如式(6-13)和式(6-14)所示。

$$\lambda_m^1=\begin{cases}0 & f(s_0)\geqslant 1\\ \dfrac{1}{d_G^2} & -1<f(s_0)<1\\ 1 & f(s_0)\leqslant -1\end{cases}\tag{6-11}$$

$$\lambda_m^2=\begin{cases}1 & f(s_0)\geqslant 1\\ \dfrac{1}{d_G^1} & -1<f(s_0)<1\\ 0 & f(s_0)\leqslant -1\end{cases}\tag{6-12}$$

$$\omega_m^1=\begin{cases}1 & f(s_0)\geqslant 1\\ \dfrac{1}{d_G^1} & -1<f(s_0)<1\\ 0 & f(s_0)\leqslant -1\end{cases}\tag{6-13}$$

$$\omega_m^2=\begin{cases}0 & f(s_0)\geqslant 1\\ \dfrac{1}{d_G^2} & 1<f(s_0)<1\\ 1 & f(s_0)\leqslant -1\end{cases}\tag{6-14}$$

获得待识别样本 s_0 在第 l 个节点后经历每个节点的隶属度后，s_0 所经历的每一条路径上节点的隶属度组成一个隶属度序列。假设待识别样本 s_0 经历了路径

EP_k 和 EP_j，它们分别对应的隶属度序列为 $SE_j=(\lambda^i_{(l+1,j)},\lambda^i_{(l+2,j)},\lambda^i_{(l+3,j)},\cdots,\omega^i_{(N-1,j)})$和 $SE_k=(\lambda^i_{(l+1,k)},\lambda^i_{(l+2,k)},\lambda^i_{(l+3,k)},\cdots,\omega^i_{(N-1,k)})(i\in\{e_1,e_2,\cdots,e_{en}\})$。这里，两个隶属度序列的比较采用字典序，当按照字典序 $SE_j>SE_k$ 时，测试样本 s_0 就属于路径 EP_j 的叶子节点所对应的类别。

6.3.4 基于 SVM 的改进有向无环图的构造

由 6.3.2 节介绍的改进有向无环图的构造方法可知，在构造有向无环图之前，必须获得情感之间的混淆度。由式(6-1)可知，情感对之间的混淆度需根据情感之间的混淆矩阵进行计算，因此，在计算情感对之间的混淆度之前，必须获得情感之间的混淆度矩阵。获得混淆度矩阵需要进行情感识别实验，这里，情感识别的分类器采用 multi-SVM。识别实验在情感数据库 SED 上进行。为了使识别的结果更准确，采用五倍交叉验证法进行语音情感识别实验，表 6.12 为五次识别的平均识别率。由表 6.12 和式(6-2)中对情感混淆度的定义，可得出 7 种情感之间的混淆度度，如表 6.13 所示。

表 6.12 7 种情感的混淆矩阵 单位：%

真实情感 \ 识别结果	高兴	悲伤	惊讶	愤怒	害怕	厌恶	中性
高兴	83.3	0	6.7	6.7	3.3	0	0
悲伤	0	80	0	0	0	13.3	6.7
惊讶	6.7	0	83.3	3.3	3.3	0	3.3
愤怒	0	0	10	90	0	0	0
害怕	0	3.3	0	0	86.7	3.3	6.7
厌恶	3.3	0	0	0	0	90	6.7
中性	3.3	6.7	0	0	3.3	20	66.7

表 6.13 7 种情感之间的混淆度

情感状态 \ 情感状态	高兴	悲伤	惊讶	愤怒	害怕	厌恶	中性
高兴							
悲伤	0						
惊讶	6.7	0					
愤怒	3.35	0	6.7				
害怕	1.7	1.7	1.7	0			
厌恶	1.7	6.7	0	0	1.7		
中性	1.7	6.7	1.7	0	5	13.4	

获得情感之间的混淆度以后，根据表 6.11 中介绍的改进有向无环图的构造方法即可构建基于 SVM 的改进有向无环图。图 6.6 为所构造的改进有向无环图的一部分。

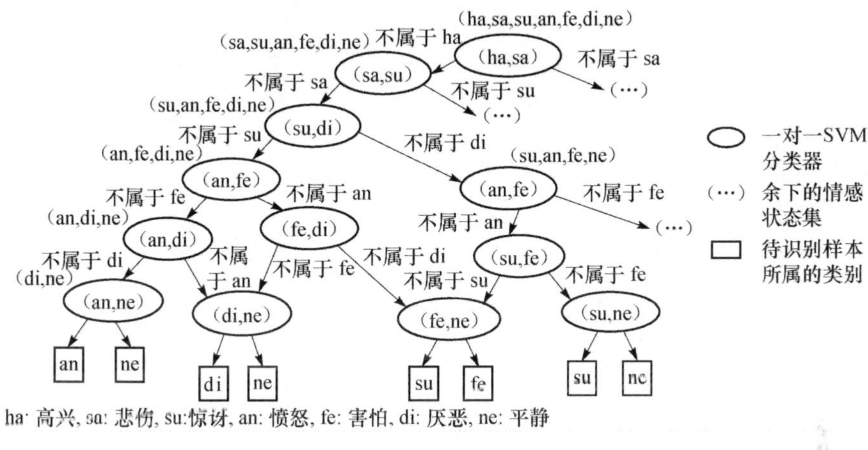

图 6.6　改进有向无环图的一部分

6.3.5　语音情感识别实验

表 6.11 提出的基于测地距离的鉴别度量算法中，有两个参数的确定非常重要，一个是待识别样本与两个类别的支持向量的平均测地距离之差的阈值 Δ，一个是待识别样本的 K 近邻中参数 k 的选择。Δ 的值越大，识别的效果越好，但需要进行多次识别的样本数量增大，使算法的时间开销增长很快。反之，若 Δ 的值太小，则需要多次识别的样本数量明显减少，降低了算法的时间开销，但算法的效果也得不到发挥，识别率基本得不到提高。因此，在识别率和时间开销之间进行折中考虑，通过实验确定 Δ 的取值。图 6.7 和图 6.8 分别为 Δ 的值对样本测试时间和识别率的影响示意图，从图中可以看出，当 Δ＝50 时，识别率已经接近最高识别率

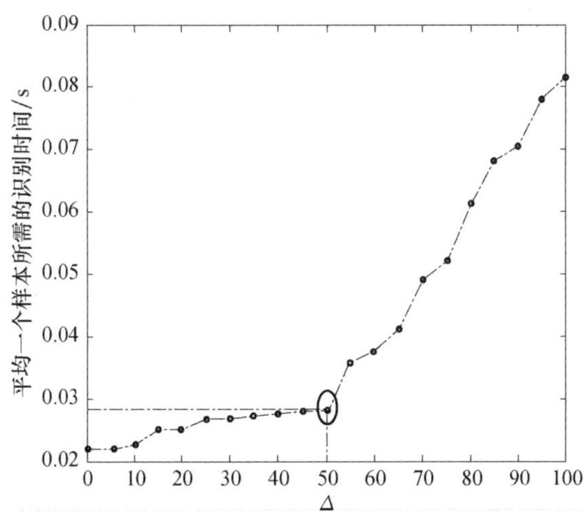

图 6.7　一个样本平均识别时间受 Δ 影响示意图

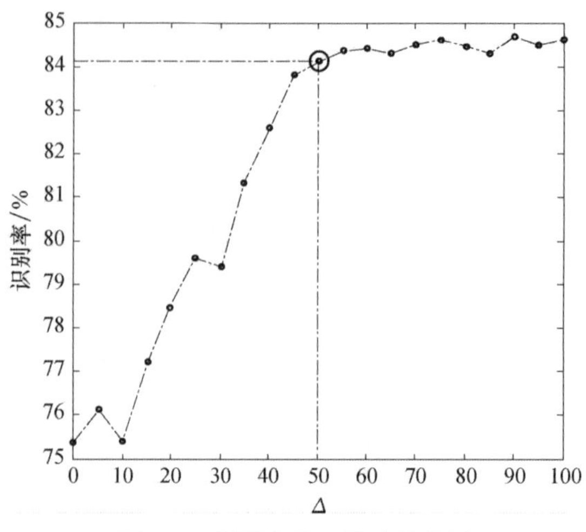

图 6.8 识别率受 Δ 影响示意图

84.7%，而此时一个样本的平均识别时间还比较短，当 $\Delta>50$ 时，一个样本的平均识别时间增长比较迅速，因此，Δ 的值最终确定为 50。此外，参数 k 的大小根据实验进行调整，最后确定 $k=6$。

为了验证基于 SVM 的改进有向无环图分层语音情感识别方法的有效性，采用 101 个声学情感特征，在情感数据库 SED 和 AVED 上针对 7 种情感对 6 种方法进行情感识别实验，这 6 种方法如下所述。

(1) 基于 SVM 的决策二叉树分层语音情感识别方法。这里，决策二叉树根据一种情感与其余情感状态之间的混淆度的大小进行构造，为了减少二叉树的错分累积，将混淆度小的情感放在二叉树的上层节点进行识别，而混淆度大的节点则在二叉树的下层节点被识别。根据式(6-2)和表 6.3 中情感对间的混淆度，可计算出每一种情感状态与其余情感状态之间的混淆度。在决策二叉树中，若上层节点识别的情感类别已经选出，则剩下情感之间的混淆度会发生变化，因此，在决策树的每一层都必须计算一种情感与剩下情感状态之间的混淆度，每一层识别情感的选择过程如表 6.14 所示。根据表中每一种情感状态与其余情感状态之间的混淆度的大小，可构建出如图 6.9 所示的基于 SVM 的决策二叉树。

表 6.14 每一种情感状态与其余情感状态之间的混淆度

层次＼情感状态	高兴	悲伤	惊讶	愤怒	害怕	厌恶	中性
第一层	<u>1.675</u>	2.8	2.525	1.967	2.516	3.916	4.75
第二层	—	<u>1.96</u>	2.36	2.36	3.02	3.36	5.7
第三层	—	—	<u>1.7</u>	2.525	3.78	5.875	6.7
第四层	—	—	—	<u>2.8</u>	5.03	7.27	8.37
第五层	—	—	—	—	<u>6.7</u>	10.05	10.05
第六层	—	—	—	—	—	13.4	13.4

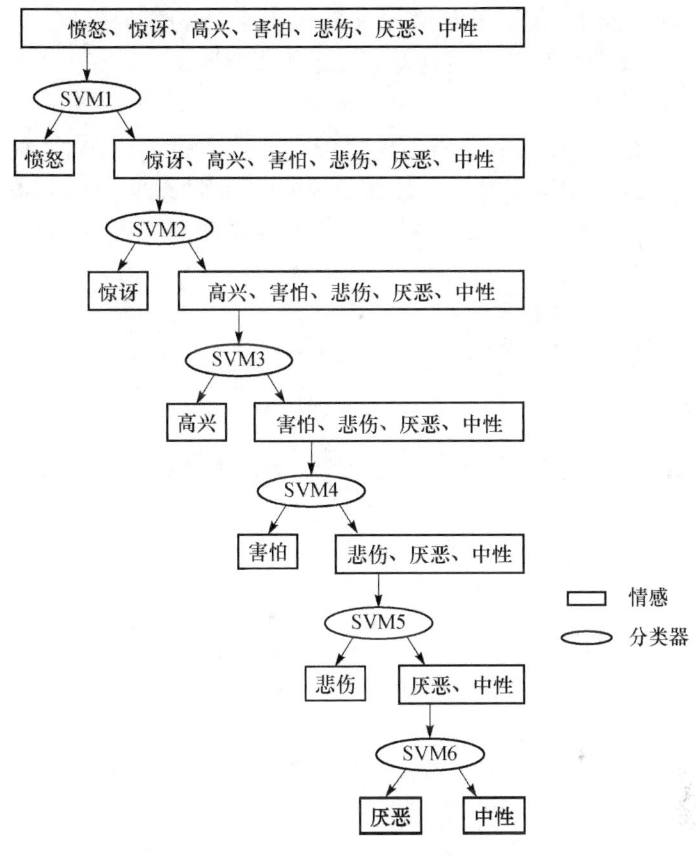

图 6.9　基于 SVM 的决策二叉树

(2) 隐马尔可夫模型。该方法是将归一化后的语音情感特征输入单一离散隐马尔可夫模型,最终得到识别结果。

(3) 基于 multi-SVM 的语音情感识别方法。该方法由 21 个一对一 SVM 分类器组成,这些一对一 SVM 分类器在同一层次上进行识别。

(4) 基于传统有向无环图的分层语音情感识别方法。该方法的示意图如图 6.3 所示,在传统的有向无环图中,情感状态的识别顺序是任意的,对于传统有向无环图中某一条测试路径上的任意一个节点所判别的情感对,是从剩余的类别组成的情感对中随机抽取的。

(5) 不采用鉴别度量算法的基于改进有向无环图的分层语音情感识别方法。该方法中,有向无环图采用表 6.10 中介绍的改进有向无环图构造算法进行构造,但是待识别样本在被识别时和传统的有向无环图中样本被识别的方法一样,只遍历一条测试路径,而不采用表 6.11 描述的基于测地距离的鉴别度量算法。

(6) 采用鉴别度量算法的基于改进有向无环图的分层语音情感识别方法。该方法中的有向无环图不仅采用表 6.10 中描述的算法根据情感状态间的混淆度进行构造，而且还采用表 6.11 描述的基于测地距离的鉴别度量算法给予难分样本多次被正确识别的机会。

值得说明的是，上述 6 种方法所使用的情感特征和 SVM 分类器的参数均采用第 4 章介绍的神经网络和遗传算法相结合的两级特征选择和分类器参数优化方法进行选择和优化。表 6.15 分别列出了 6 种方法在 SED 和 AVED 两个情感数据库上 7 种情感的平均识别率。表 6.16 列出了 6 种方法需要训练的 SVM 的个数、类型，一个待识别样本需要遍历的 SVM 的数量，训练所花的时间以及每一个待识别样本在识别过程中所需消耗的平均时间。其中，en 表示需要识别的情感状态个数。表 6.16 的数据是在情感数据库 SED 上的实验结果。

表 6.15　6 种识别方法的识别率

数据库	识别方法	平均识别率/%
SED	HMM	76.7
	multi-SVM	77.3
	基于 SVM 的决策二叉树	78.8
	传统的有向无环图	78.6
	不采用鉴别度量算法的改进有向无环图	79.8
	采用鉴别度量算法的改进有向无环图	82.4
AVED	HMM	74
	multi-SVM	74.6
	基于 SVM 的决策二叉树	76.3
	传统的有向无环图	76.5
	不采用鉴别度量算法的改进有向无环图	78.9
	采用鉴别度量算法的改进有向无环图	80.7

表 6.16　6 种方法训练和识别的时间开销

识别方法	需要训练的 SVM 的数目、类型	识别时需要遍历的 SVM 的数目	训练时间/s	平均每个样本识别所需时间/s
HMM			17.3	0.027
multi-SVM	en(en−1)/2 一对一	en(en−1)/2 一对一	14.8	0.033
基于 SVM 的决策二叉树	en−1 一对多	<(en−1) 一对多	26.4	0.028
传统的有向无环图	en(en−1)/2 一对一	en−1 一对一	14.8	0.024
不采用鉴别度量算法的改进有向无环图	en(en−1)/2 一对一	en−1 一对一	14.8	0.024
采用鉴别度量算法的改进有向无环图	en(en−1)/2 一对一	>en−1 一对一	14.8	0.03

从表 6.15 中的识别结果可以看出，在 SED 和 AVED 两个情感数据库上，按照情感状态间混淆度的大小进行分层识别的识别率均比在同一层次上进行识别的 multi-SVM 方法和 HMM 识别率高，这一结果说明按照情感状态间的混淆度大小进行分层识别的情感识别方法有助于提高语音情感的总体识别率。此外，和其他 5 种方法相比，采用鉴别度量算法的改进有向无环图分层语音情感识别方法具有最高的识别率，且不采用鉴别度量算法的改进有向无环图分层语音情感识别方法的识别率也比传统的有向无环图、基于 SVM 的决策二叉树、multi-SVM 和 HMM 四种方法的识别率高。这说明改进有向无环图的构造方法和基于测地距离的鉴别度量算法考虑了情感状态间混淆度大小，根据混淆度大小进行分层识别，并对难分样本给予多次被正确识别的机会，有助于提高语音情感的总体识别率。在时间开销方面，从表 6.16 的结果可以看出，基于 SVM 的决策二叉树的分层语音情感识别方法的训练时间最长，这主要是因为在决策二叉树中，除了最后一层的分类器以外，其余的分类器均为一对多 SVM 分类器，一对多 SVM 分类器的训练比一对一 SVM 分类器耗时。不采用鉴别度量算法的改进有向无环图平均一个测试样本识别所需要的时间和传统的有向无环图相同，但是采用鉴别度量算法的改进有向无环图平均一个待识别样本识别所需要的时间比较长。这主要是因为基于测地距离的鉴别度量算法中，当待识别样本属于难分样本时，测地距离的计算以及模糊隶属度序列的计算和比较需要花费一些时间。尽管如此，采用鉴别度量算法的改进有向无环图方法识别一个待识别样本增加的时间是有限的，因为处于所定义的难分样本的待识别样本数量比较少，与所需识别时间最低的 0.024s 相比，鉴别度量算法的改进有向无环图方法一个样本平均所需的识别时间仅增加了 0.006s，增长的时间在可以接受的范围内。

6.3.6　相关工作比较

目前，大部分传统的模式识别方法已经被应用到了语音情感识别领域，如人工神经网络[3]、隐马尔可夫模型[6,17-19]、高斯混合模型[20]、支持向量机[5]、最大似然贝叶斯网络、K 近邻法以及多种分类器的结合[21]等。这些方法在特定的语音情感数据库上都取得了较好的效果。但这些方法都是通用的模式识别方法，其具体的识别机理还是一个黑匣子。目前，基于语音情感识别具体特点的识别方法研究较少。根据语音情感状态之间混淆度不同的特点，提出了基于改进有向无环图的分层语音情感识别新方法，在该方法中，语音情感分层识别过程的有向无环图是根据情感之间的混淆度进行构造的，混淆度小的情感在上层节点被识别，从而有效地降低了剩余情感之间的混淆度，同时也减轻了有向无环图的错分累积效应。此外，在该方法中，针对易错分样本，提出了基于测地距离的难分样本鉴别度量算法，给易错分样本提供多次被正确识别的机会，有效地提高了语音情感的整体识别率。同时，分层的识别方法在每一层上区分一种情感，更有利于针对特定的情感采用最有效的语音情感特征进行识别。语音情感识别实验结果也证明了基于改进有向无环图的分层语音情感识别方法在识别时间增加不多的前提下，能够有效提高语音情感的识别率。

6.4 本章小结

本章主要介绍了基于选择性特征的分层语音情感识别思想，该思想主要是对情感状态进行分层识别，容易区分的情感状态集合先识别，容易混淆的情感状态后识别，并针对不同的待区分情感状态集合选择不同的效果较好的语音情感特征子集。针对分层识别思想容易造成错分累积的问题，提出的基于改进有向无环图的语音情感识别方法进一步提高了语音情感的识别率。基于选择性特征的分层语音情感识别思想，可推广到其他的模式识别应用中，如表情识别、人脸识别和姿态识别等。

参考文献

[1] You M Y, Chen C, Bu J J, et al. A hierarchical framework for speech emotion recognition. IEEE International Symposium on Industrial Electronics, 2006, 1: 515-519.

[2] Pao T L, Chen Y T, Yeh J H. Emotion recognition from mandarin speech signals. Proceedings of ISCSLP, 2004: 301-304.

[3] Hu H, Xu M X, Wu W. GMM supervector based SVM with spectral features for speech emotion recognition. Proceedings of ICASSP, 2007: 413-416.

[4] Chandaka S, Chatterjee A, Munshi S. Support vector machines employing cross-correlation for emotional speech recognition. Measurement, 2009, 42(4): 611-618.

[5] Shami M, Verhelst W. An evaluation of the robustness of existing supervised machine learning approaches to the classification of emotions in speech. Speech Communication, 2007, 49(3): 201-212.

[6] Kuhnlenz K, Buss M. Towards an emotion core based on a hidden Markov model. Proceedings of 13th IEEE International Workshop on Robot and Human Interactive Communication, 2004: 119-124.

[7] Inanoglu Z, Young S. Data-driven emotion conversion in spoken English. Speech Communication, 2009, 51(3): 268-283.

[8] Wang X J, Mao Q R, Zhan Y Z. Speech emotion feature selection method based on contribution analysis algorithm of neural network. AIP Conference Proceedings, 2007, 1060(1): 336.

[9] Mao Q R, Wang X J, Zhan Y Z, et al. Speech emotion recognition method based on selective features and decision binary tree. Journal of Computational Information Systems, 2008,

4(4):1795-1801.

[10] Mao Q R, Wang X J, Zhan Y Z. Speech emotion recognition method based on improved decision tree and layered feature selection. International Journal of Humanoid Robotics, 2010, 7(2):245-261.

[11] Mao Q R, Zhan Y Z. A novel hierarchical speech emotion recognition method based on improved DDAGSVM. Computer Science and Information Systems, 2010, 7(1):211-221.

[12] Chang C C, Lin C J. LIBSVM: a library for support vector machines. http://www.csie.ntu.edu.tw/~cjlin/libsvm[2006-5-21].

[13] Zeng Z H, Pantic M J, Roisman G I, et al. A survey of affect recognition methods: audio, visual, and spontaneous expressions. IEEE Transactions on Pattern Analysis and Machine Intellegence, 2009, 31(1):39-58.

[14] Platt J C, Cristianini N, Shawe-Taylor J. Large margin DAGs for multiclass classification. MIT Press, 2000, 12(3):547-553.

[15] Takahashi F, Abe S. Optimizing directed acyclic graph support vector machines. Proceedings of ANN in Pattern Recognition, 2003:166-170.

[16] You M Y, Chun C, Bu J J, et al. Analysis on nonlinear manifold. Proceedings of ICPR'06, 2006, 3:91-94.

[17] Bhatti M W, Wang Y, Guan L. A neural network approach for Human emotion recognition in speech. Conference ISCAS, 2004:181-184.

[18] Nwe T L, Foo S W, Silva L C D. Speech emotion recognition using hidden Markov models. Speech Communication, 2003, 41(4):603-623.

[19] Schuller B, Rigoll G, Lang M. Hidden Markov model based speech emotion recognition. Proceedings of IEEE International Conference ICASSP, 2003, 2:1-4.

[20] Moataz M H, Mohamed S, Fakhri K. Speech emotion recognition using gaussian mixture vector autoregressive models. IEEE International Conference Acoustics, Speech, and Signal Processing, 2007:957-960.

[21] Zeng Z H, Tu J L, Brian M P, et al. Audio-visual affective expression recognition through multistream fused HMM. IEEE Transaction on Multimedia, 2008, 10(4):570-577.

第 7 章　视觉语音融合情感识别方法

目前，情感识别已向多模态融合识别的方向发展。单一依靠表情或者语音进行情感识别的研究取得了一定的成果，但是如何将这些来自于视觉和语音通道以及来自于同一通道不同侧面的情感信号融合，达到信息上的互补，从而建立一个鲁棒性强、识别率高的系统也是情感识别领域的重要研究内容。本章主要针对视觉和语音通道不同侧面的信息，提出几种融合情感识别方法，这些方法包括：基于混合特征和多 HMM 融合的图像序列表情识别[1]、基于 D-S 证据理论的多粒度语段融合情感识别方法[2]、基于对象模糊密度赋值的决策级层次式融合算法[3]以及基于可分度和支持度的模糊密度赋值融合识别算法[4]，通过融合多个侧面的情感信息来提高情感的识别率。针对带标签情感样本录制比较困难，且缺乏泛化性能和真实度不高的问题，提出了具有噪声过滤功能的分类器协同训练半监督主动学习算法[5]，目的是采用尽量少的带标记样本获得较好的识别效果。

7.1　基于混合特征和多 HMM 融合的图像序列表情识别

基于人脸提取的混合特征包括针对眼睛及眉毛区域的基于 Gabor 小波变换的纹理变化特征，针对嘴巴区域的基于改进 AAM 的形状变化特征，针对鼻子区域的基于 2D-DCT 的纹理变化特征。具体提取方法在 4.3.1 节有详细的介绍。为了充分挖掘这三类表情特征对表情识别的贡献，提出并实现了基于多 HMM 融合的图像序列表情识别方法对这三类特征进行有效融合。

7.1.1　多 HMM 融合的图像序列表情识别方法

基于多 HMM 融合的图像序列的人脸表情识别的过程如图 7.1 所示，其中，所采用的模型为离散隐马尔可夫模型。首先，对每个表情特征区域分别进行各表情概率的计算，然后根据在训练阶段得到的各个表情区域的各个表情权值进行加权融合，选择融合后的表情概率最大者作为识别结果。假设每个表情区域计算得到的各个表情概率为 $P_{ij}(1\leqslant i\leqslant 2,1\leqslant j\leqslant 6)$，则对于 6 种表情分别计算融合概率 $P_j=\sum_{i=1}^{2}w_{ij}P_{ij}(1\leqslant j\leqslant 6)$，若 $P_j=\max(P_1,P_2,P_3,P_4,P_5,P_6)$，则该图像序列识别为第 j 种表情。

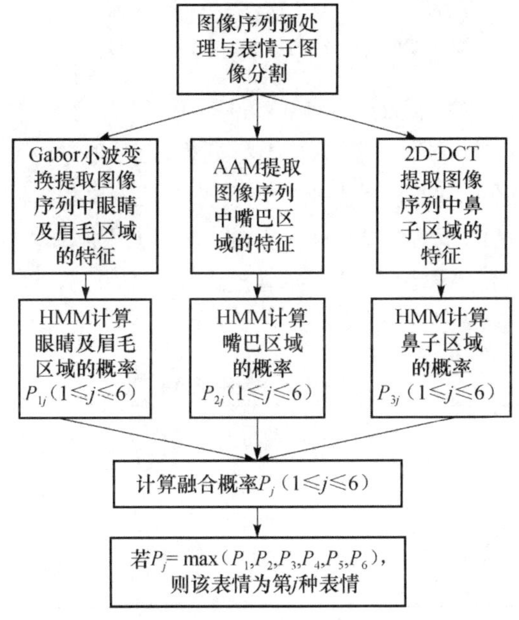

图 7.1　表情识别流程图

每个特征区域对各表情的贡献权值可在表情样本训练阶段采用贡献分析法确定[6]。这里每个区域对每一种表情的贡献权重值定义如下

$$
\begin{aligned}
w_j &= \frac{1}{n}\sum_{t=1}^{n}\frac{\operatorname{cov}[\hat{\theta}(y_t),\hat{\phi}_j(x_{tj})]}{\operatorname{var}\theta(y_t)}, \quad t=1,2,\cdots,n;j=1,2 \\
\theta(y_t) &= \sum_{j=1}^{2}\phi_j(x_{tj})+\varepsilon_t \\
\operatorname{var}\theta(y) &= E\{\theta(y)-E[\theta(y)]\}^2
\end{aligned}
\tag{7-1}
$$

其中，$\theta(y_t)$为第 t 个表情图像序列与模板之概率欧氏距离 y 的函数；$\phi_j(x_{tj})$为第 t 个表情图像序列在第 j 个特征区域呈现的概率 x_{tj} 的二次函数；ε_t 为随机误差；$\hat{\phi}_{tj}(x_{tj})$和$\hat{\theta}(y_t)$为通过修正条件期望算法迭代确定出的最佳函数。若采用 10 个模板来训练，则 n 取 10。通过计算得到每个特征区域对各个表情的贡献权值如表 7.1 所示。

表 7.1　表情区域的权重

权重＼情感状态	生气	厌恶	害怕	高兴	悲伤	惊讶
w_1	0.306	0.430	0.276	0.206	0.381	0.386
w_2	0.560	0.382	0.584	0.676	0.479	0.485
w_3	0.134	0.188	0.140	0.118	0.140	0.129

7.1.2　实验结果分析与比较

用于测试和实验的表情数据库是 Cohn-Kanade 人脸表情图像数据库。首先，对每一种表情选择 10 个图像序列进行模型训练，再从表情库中为每种表情随机选择 40 个不同人的图像序列进行识别测试，6 种表情一共 240 个图像序列。表 7.2 给出对 6 种基本表情的识别数据及识别结果，平均识别率大约为 90.83%。实验表明，基于混合特征和多离散 HMM 融合的人脸表情识别方法能够有效地识别图像序列的 6 种基本表情。

表 7.2　实验结果

真实情感＼识别结果	高兴/个	惊讶/个	悲伤/个	害怕/个	生气/个	厌恶/个	识别率/%
高兴	38	1	0	1	0	0	95
惊讶	1	39	0	0	0	0	97.5
悲伤	0	0	34	0	3	3	85
害怕	2	1	0	37	0	0	92.5
生气	0	0	2	2	35	1	87.5
厌恶	0	0	3	0	3	34	87.5

为了验证混合特征提取和采用多离散 HMM 融合的人脸表情识别方法的好处，使用相同的训练模板和测试样本选取，分别对单一特征和 HMM 识别，混合特征提取和单一 HMM 识别及上半脸采用 Gabor 特征、下半脸采用 AAM 特征，并用两个 HMM 融合识别进行了实验。实验结果如图 7.2 所示。从图 7.2 中可以看出，混合特征提取和采用多离散 HMM 融合的人脸表情识别方法总体识别率均

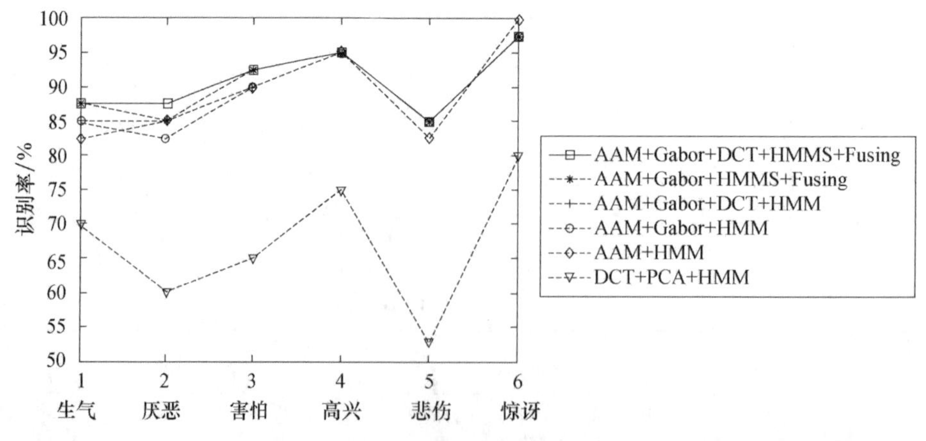

图 7.2　6 种方法的实验结果比较

高于其他 5 种方法。与 Gabor＋AAM＋HMM＋Fusing 方法相比，混合特征提取和采用多离散 HMM 融合的人脸表情识别方法在上半脸分眼睛区域采用 Gabor 特征提取、鼻了区域加入 DCT 特征提取，并分别采用 HMM 识别，对于厌恶和生气这些较易混淆的表情有更好的识别性能，同时也保持了 Gabor＋AAM＋HMM＋Fusing 方法相对于其他 4 种表情的较高的识别性能。

还进行了算法执行速度的测试，运行环境是 Windows XP，Visual C＋＋6.0 平台，计算机的配置为 CPU：Intel PD925、主频：3.0GHz、内存：1GB。从一个待测图像序列特征提取到最后识别来统计耗时，本方法平均耗时为 0.183s。这表明，本方法处理速度快，适合于实时图像序列的表情识别。

与文献[7]和文献[8]相比，本方法从人脸图像中分三个区域提取不同的特征，并采用贡献分析的方法确定各区域的表情贡献权重和多个 HMM 融合对图像序列进行表情识别，考虑了不同区域体现情感信息的主要特征形式，可更容易、准确地提取情感特征参数，获得了较满意的识别效果。

7.2 基于 D-S 证据理论的多粒度语段融合语音情感识别

7.2.1 D-S 证据理论简介

D-S 证据理论是贝叶斯理论的一种发展，是一种有效的决策级融合方法。D-S 证据理论是由 Dempster 于 1976 年提出来的用概率上下限来表示实际问题中的不确定性[9]，后又由其学生 Shafter 加以扩充和发展，使之成为符合有限离散领域中推理的形式的一种证据理论，在区分“不知道”和“不确定”以及精确反映证据收集方面显示出很大的灵活性[10]。D-S 证据结构的最大特点是在证据中引入了不确定信息，同时摆脱了先验概率的限制。而且，由于引入了不确定性推理，D-S 证据理论可以处理不同层次属性的合成问题，在数据融合和目标识别领域，D-S 证据理论得到了广泛应用[11]。

D-S 证据理论用“识别框架 Θ”表示所感兴趣的命题。假设 A 为识别框架 Θ 的一子集，它定义了一个集函数 $m:2^{\Theta}\rightarrow[0,1]$，满足如下两个条件

$$m(\varnothing)=0 \tag{7-2}$$

$$\sum_{A\subset\Theta} m(A)=1 \tag{7-3}$$

其中，m 为识别框架 Θ 上的概率赋值函数；$m(A)$ 称为命题 A 的基本概率赋值，表示对 A 的支持程度。称函数 $\mathrm{bel}:2^{\Theta}\rightarrow[0,1]$ 为识别框架 Θ 上的信任函数，其应满足

$$\mathrm{bel}(A)=\sum_{B\subset A} m(B),\quad \forall A\subset\Theta \tag{7-4}$$

若 $m(A)>0$，则称 A 为信任函数 bel 的焦元。

D-S 证据理论最早的合成法则是 Dempster 法则，该法则给出了组合两个证据的原则。设 bel_1 和 bel_2 是同一识别框架上的两个信任函数，m_1 和 m_2 分别是其对应的基本概率赋值函数，焦元分别为 $A_1,A_2,\cdots,A_k$ 和 $B_1,B_2,\cdots,B_l$，D-S 证据理论的组合规则定义为

$$m(P)=\frac{\sum_{A_i\cap B_j=P} m_1(A_i)m_2(B_j)}{1-\sum_{A_i\cap B_j=\varnothing} m_1(A_i)m_2(B_j)} \tag{7-5}$$

当需要组合多个证据时，可以通过式(7-5)将证据进行两两组合。该合成法则强调多种证据的协调性，抛弃所有冲突的证据。用 Dempster 公式合成高度冲突的证据时，合成的结果常有悖于常理，在极限情况下（即证据完全冲突时），$\sum_{A\cap B=\varnothing} m_1(A_i)m_2(B_j)=1$，则认为 m_1、m_2 矛盾，该公式无法对证据进行组合。因此，采用了文献[12]中提出的改进后的合成公式

$$m(\varnothing)=0$$

$$m(A)=\sum_{A_i\cap B_j\cap\cdots=A} m_1(A_i)m_2(B_j)\cdots m_n(A_i)m_n(B_j)+kq(A) \tag{7-6}$$

其中，$k=\sum_{A_i\cap B_j\cap\cdots=\varnothing} m_1(A_i)m_2(B_j)\cdots$，$q(A)=\frac{1}{n}\sum_{i=1}^{n} m_i(A)$。

式(7-6)把支持证据冲突的概率按各个命题的平均支持程度加权进行分配。改进的合成公式提高了合成结果的可靠性与合理性，即使对于高度冲突的证据，也能够取得较理想的合成结果。

7.2.2 多粒度情感语句分段方法

通常，长语句的语音情感分析是按固定帧数或长度比例划分语音段从而进行情感特征的提取和分析，这种分段方法对语音情感分析结果的融合实现较为简单，但未能充分考虑语音情感信息完整体现。因此，采用多粒度的情感语句语音分段方法，即按固定长度比例分段和按韵律结构分段的两种粒度分段方法进行情感语句语音分段，从而在这些分段的基础上进行语音情感分析和融合。该方法可获得更完整与更丰富的语音情感特征信息，更有利于提高决策融合结果的准确性。

1. 按固定长度比例分段

目前，情感语句语音划分的主要方法有按固定帧数划分和按固定长度比例划

分语段的方法。按固定帧数划分语音段，划分出的所有语段具有相同的帧数(如语段长度都为 30 帧)，而每条语句语音划分出的语段数不一定相同；按固定长度比例分段时，划分出的所有语段占其所属语句语音长度的比例相同(如语段长度为语句语音长度的 10%)，因此所有语句语音划分出的段数一样，而不同语句语音的语段段长不一定相等。这两种方法的实现相对比较简单，而且对语句语音所划分出的段数也容易统计。相比之下，每条样本语句按固定长度比例分段的方法划分后得到的语段数都相等，在融合语段结果时要比按固定帧数划分的方法稍简单，所以选用了按固定长度比例分段的方法划分情感语句语音。通过实验比较发现，段长为语句语音长度的 20%时取得最佳识别效果，故按语句语音长度的 20%进行分段，分段效果如图 7.3 所示。

2. 按韵律结构分段

现代心理认知学认为，人对话语的感知理解是对组块作出反应，而韵律短语则是人耳最敏感的组块。韵律短语跨越的音节个数根据语体和语速的不同而产生差异，语体和语速又会由于语种及情感状态的不同而发生变化。因此，采用第 2 种分段方法为按韵律分割语句。

通过实验发现，韵律短语间过渡部分的能量远低于短语部分的能量。因此，在对语音进行预处理后，利用式(7-7)计算每一帧的短时能量。

$$E_n = \sum_{m=-\infty}^{\infty}[x(m)w(n-m)]^2 = \sum_{m=n-N+1}^{n}[x(m)w(n-m)]^2 \qquad (7\text{-}7)$$

其中，$w(n)$为汉明窗函数；N 为窗长。通过比较，若某一帧的能量 E_i 满足 $E_{i+k}-E_i>\theta(k=1,2,\cdots,L)$，即连续几帧的能量都大于该帧能量，并且超过阈值 θ，则第 $i+1$ 帧为短语的起始帧。通过实验比较确定 $\theta=E_i/2$，分段效果如图 7.4 所示。该方法计算量小，且从图 7.4 中可以看出，韵律短语能基本准确地被划分出来，划

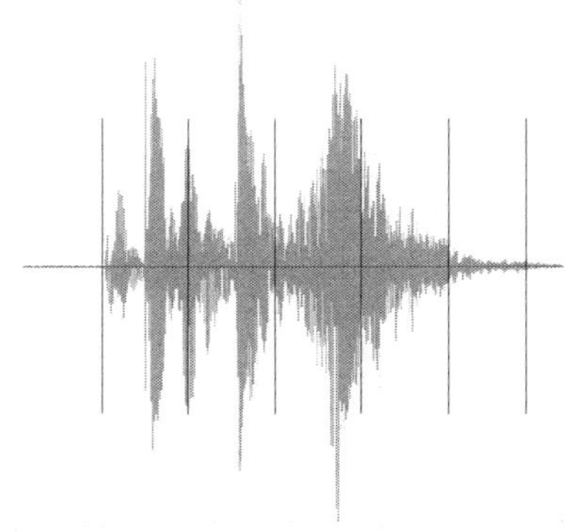

图 7.3　按固定长度比例分段效果

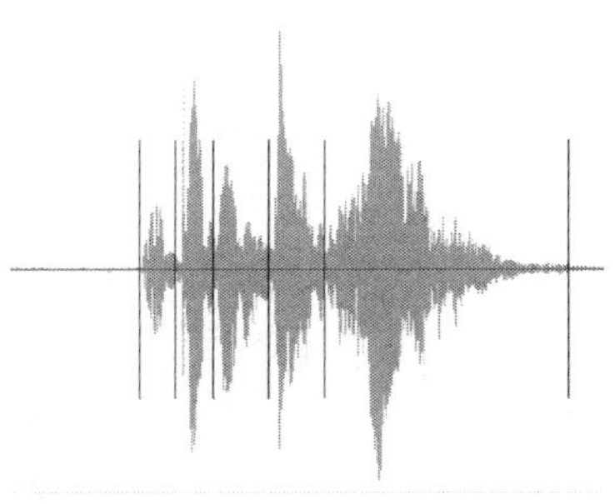

图 7.4　按韵律结构分段效果

分出的语段长度取决于相应韵律短语的长短。

7.2.3 多粒度语段融合情感识别算法描述

1. 语段融合识别算法

将情感语句语音分段后，得到的每个语段都被当成独立的样本来识别。原本的一条语句语音就会得到多个识别结果，这时需要利用信息融合技术将这多个结果组合成一个结果。语段融合识别算法结合了情感识别和信息融合技术，在对每个语段进行识别后，利用 D-S 证据理论将属于同一语句语音的多个语段识别结果进行合成，融合得到的结果即为该语句语音的识别结果。在构建 D-S 证据理论的基本概率赋值时，将 SVM 预测得到的每个类别得票数转换成的隶属度作为基本概率

$$m_i(A)=\frac{\mathrm{vote}_i}{C_N^2},\quad i=1,2,\cdots,N \tag{7-8}$$

其中，vote_i 为某语句的某个语音段被预测属于第 i 类的票数；N 为类别总数，这里 $N=6$。语段融合识别算法描述如下。

给定一个具有 N 类的已分段待测样本集 $L=\{x_{11},x_{12},\cdots,x_{1n_1},x_{21},x_{22},\cdots,x_{ij},\cdots\}$，以及每条语句语音分段数的集合 $\mathrm{Num}=\{n_1,n_2,\cdots,n_i,\cdots\}$，其中 x_{ij} 为第 i 条语句语音的第 j 个分段；n_i 为第 i 条语句语音一共划分为 n_i 个语段，$1\leqslant j\leqslant n_i$。当采用固定长度比例方法分段时，集合 Num 中的所有元素都相等，即 $n_1=n_2=\cdots$。用 $\mathrm{vote}_t(t=1,2,\cdots,N)$ 表示在用 SVM 识别时预测某语段属于第 t 类的得票数，通过式(7-8)定义的概率赋值函数将 vote_t 转换成该语段属于第 t 类的隶属度 m_t。M_t 表示语段的隶属度 m_t 依据 D-S 证据理论组合后得到的属于第 t 类的概率。算法执行步骤如下所述。

Input：已分段待测样本集 L；

样本分段数集合 Num。

Recognition：

1. 若 L 中语段都已识别，转至步骤 5；

2. 从 Num 中读入分段数 n_i，并令 $j=1$；

3. 若 $j\leqslant n_i$，执行步骤 3.1；否则转至步骤 4，说明第 i 条语句语音的所有分段都已识别；

3.1 从 L 中读入语段 x_{ij}，用 SVM 识别，得到 $\mathrm{vote}_1,\mathrm{vote}_2,\cdots,\mathrm{vote}_N$，根据式(7-8)计算 $m_1,m_2,\cdots,m_N$；

3.2 若 $j=1$，即 x_{ij} 为第 i 条语句语音的第一个分段，则 $M_t=m_t,t=1,2,\cdots,N$；

$j=j+1$;

转至步骤 3;

3.3 依据式(7-6)所示的组合规则,将 m_t 与前一次组合得到的证据 M_t 进行融合,结果赋给 M_t,$t=1,2,\cdots,N$;

$j=j+1$;

转至步骤 3;

4. 保存第 i 条语句语音的融合结果,

$i=i+1$;

转至步骤 1;

5. 识别结束。

2. 不同分段方法的融合及最终结果决策

每条语句语音按两种分段方法分段后进行语段融合识别,会得到两个不同的识别结果,需再次利用组合规则来合成一个识别结果。假设 $M_{11},M_{12},\cdots,M_{1N}$ 和 $M_{21},M_{22},\cdots,M_{2N}$ 分别表示第 i 条语句语音在两种分段方法下融合得到的属于各个类别的概率,则再次利用式(7-6)融合 $M_{11},M_{12},\cdots,M_{1N}$ 和 $M_{21},M_{22},\cdots,M_{2N}$,得到该语句语音最终的一组证据 $M_1,M_2,\cdots,M_N$。

在决策最终识别结果时,采用待测目标所属类别应具有最大基本概率赋值的方法进行决策,即

$$\text{target} = \arg\max_j\{M_i\}, \qquad j = 1,2,\cdots,N \tag{7-9}$$

其中,target 表示第 j 条语句所属的情感类别。依据式(7-9)所示的决策规则,从 $M_1,M_2,\cdots,M_N$ 这组证据中选择最大值,该值对应的下标即为第 i 条语句语音所属的类别。

7.2.4 实验结果分析与比较

实验中提取的情感初始特征主要为基音、共振峰等韵律特征的一些衍生特征,共计 101 个,然后再用第 6 章描述的情感特征降维方法进行降维。情感特征降维完成后,利用 LIBSVM 自带的数据归一化程序,将每类特征进行归一化,使所有的特征数据处于[−1,1]。

实验中,对每种情感随机选取了 150 条情感语音作为样本,6 种情感共有 900 个情感语音样本,将其平均分成 3 份,采用三倍交叉验证的方法进行实验,即每次从 3 份样本集中选取一份作为测试集,剩余的两份作为训练集,如此重复实验 3 次,把 3 次实验得到的识别结果求取平均值作为最终识别率。

为了与多粒度语段融合语音识别方法的识别效果进行比较,实验采用如下 4

种方法，并将其识别结果进行对比。

方法一 以整段语音为单位：该方法中将整段语音看成一个完整的样本，对整段语音提取情感特征，将其降维后用于模型训练和识别测试。

方法二 整段语音按固定长度比例分段后识别：先将整段语音按固定长度比例分段，对划分出的每个语段提取情感特征，降维后输入已训练好的 SVM 情感模型进行识别，用 D-S 证据理论融合语段识别结果，再由决策规则决策出整段语音的情感状态。

方法三 整段语音按韵律结构分段后识别：除分段方法外，其余同方法二。

方法四 整段语音分别按固定长度比例和按韵律结构分段后，用 SVM 对每个语音段进行情感识别，再利用 D-S 证据理论的合成法则对各语音段识别结果进行决策融合，得到两种分段方法下语句语音的情感识别结果，最后将这两个识别结果进行进一步融合得到最终识别结果。

以上 4 种实验方法均采用多类 SVM 作为分类器，选择 RBF 为核函数，参数 C 和 GAMMA 采用网格搜寻方法进行优化：将 C 和 GAMMA 分别取 N 个值和 M 个值，用这 $N\times M$ 个组合分别训练 SVM，选择识别效果最好的一个组合作为最优参数，最终选取的参数如表 7.3 所示。

表 7.3 SVM 参数设置

实验方法	C	GAMMA
方法一	16	0.0555556
方法二	16	0.0555556
方法三	11	0.055
方法四	11	0.0555556

采用以上四种方法对常见的 6 种情感进行识别实验，其具体识别结果如表 7.4所示。从表 7.4 中可以看出，方法二中的惊讶和厌恶的识别率与方法一相比有了明显提高，而方法三中的害怕和惊讶的识别率也比方法一中要高，方法四通过使用融合算法使得基于两种分段方法的识别效果相互弥补，从而害怕、惊讶和厌恶的识别率都得到了提高。从表 7.4 中还可以看出，将语音固定比例分段后的平均识别率比以整段语音为单位识别时有所提高，而按韵律分段后的正确识别率比以往基于整段语音提取全局特征的方法提高了 4.33%。方法四中将方法二和方法三的识别结果再次融合，同一语音段的两个结果相互补充、纠正，平均识别率比只用一种分段方法分段后的识别率要有所提高，比方法一提高了 5.37%。从实验结果可以看出，用语段进行识别更加符合人类识别语音情感的机理；结合语音分段识别和 D-S 证据理论的识别策略比原先单一的以整段语音为单位的识别方法具有更好的识别性能。

表 7.4 四种方法每种情感的识别率 单位:%

情感类别 / 实验方法	生气	害怕	惊讶	悲伤	厌恶	高兴	平均识别率
方法一	88	76	72	82	68	78	77.30
方法二	82	76	80	82	78	74	78.67
方法三	86	84	82	80	74	76	80.33
方法四	86	84	84	84	80	78	82.67

7.2.5 相关工作比较

由于选用的语音库以及情感类别和相关文献、方法不同,故只进行定性的比较。

文献[13]对特定说话人的 4 类情感语句进行识别。实验中,语句按固定帧数分段后,利用 ACON 神经网络模型对每个语段进行情感识别,最后采用投票制的方法进行语段识别结果的决策融合。但是由于投票法决策规则较简单,没有考虑不同语段间的相互影响,决策融合效果不是很明显。投票法实质上是经典可加性的 Lebesgue 积分模糊积分,该测度定义于各个分类器组成的离散空间上,并且各个分类器的权值为 1,假设各个分类器的作用相互独立。因而若干个分类器对分类任务所起的作用等于各个分类器所起作用的简单加权和。然而,在实际应用中,多个分类器的相互作用是不可忽视的。

文献[14]则对 7 种情感类别进行了识别测试,在对语音按固定长度比例分段后由 SVM 识别,再通过决策模板对整段语音的识别结果进行综合决策,取得了较高的平均识别率,但该方法需要为每种情感分别训练一个模板,测试时计算每个样本识别结果与各个模板的相似度,再根据决策规则得到最终识别结果,融合算法较复杂,且随情感类别数或语音分段数的改变需重新训练模板。

按实验得到的使所有情感整体识别效果最佳的段长固定划分语音段,并结合按韵律结构分段方法划分出符合人耳感知的韵律短语语音分段,充分利用了整个测试样本语音的情感信息进行识别,且引入了具有不确定性推理能力的 D-S 证据理论进行决策融合识别,决策融合算法复杂度相对较低,总体识别性能比以上方法有较好的提升。

7.3 基于对象模糊密度赋值的决策级层次式融合算法

7.3.1 模糊测度、模糊密度和模糊积分

定义 7.1 设 S 为任意集合,$P(S)$表示 S 的幂集,如果集合函数 g 满足:

(1) $g(\varnothing)=0, g(S)=1$

(2) $g(A)\leqslant g(B)$，若 $A\subset B$ 且 $A,B\in P(S)$

(3) $\lim\limits_{i\to\infty}g(A_i)=g(\lim\limits_{i\to\infty}A_i)$，若 $A_i\in P(S)$ 且 $\{A_i\}$ 是单调的

则称 g 是 $P(S)$ 上的一个模糊测度。

如果模糊测度满足 $g(A\cup B)=g(A)+g(B)+\lambda g(A)g(B)$，$\lambda>-1$ 且 $A,B\in P(S)$，$A\cap B=\varnothing$，则称为 Sugeno 测度，记为 g_λ。

定义 7.2 假设 S 是由有限个信息源组成的集合，$S=\{s_1,s_2,\cdots,s_n\}$，记 $g^i=g_\lambda(\{s_i\})$，则 $g^1,g^2,\cdots,g^n$ 的值被称为模糊密度。

定义 7.3 设 $h:S\to[0,1]$ 是定义在集合 S 上的函数，若集合 $S=\{s_1,s_2,\cdots,s_n\}$ 为一有限集，不妨设 $1\geqslant h(s_1)\geqslant h(s_2)\geqslant\cdots\geqslant h(s_n)\geqslant 0$，则函数 h 在集合 S 上关于模糊密度 g 的 Sugeno 模糊积为

$$\int h(s)\circ g(\cdot)=\bigvee_{i=1}^{N}\left[\wedge\ (h(s_i),g(A_i)\right] \tag{7-10}$$

其中，$A_i=\{s_1,s_2,\cdots,s_i\}$，则 $g(A_i)$ 可由式(7-11)和式(7-12)迭代求出

$$g(A_1)=g_\lambda(\{s_1\})=g^1 \tag{7-11}$$

$$g(A_i)=g^i+g(A_{i-1})+\lambda g^i g(A_{i-1}),\quad 1<i\leqslant N \tag{7-12}$$

当 $\lambda\neq 0$ 时，根据模糊测度的性质 i，λ 值可由下式确定

$$\lambda+1=\prod_{i=1}^{N}(1+\lambda g^i) \tag{7-13}$$

如果把模糊密度理解为每个分类器(信息源)对于整个决策的重要性，将函数 h 理解为由客观证据得到的分类器决策输出的可信度，则模糊积分的概念可理解为寻找客观证据与主观期望直接的最佳匹配，即模糊积分可得到对目标最近似的认识。

7.3.2 类模糊密度与混淆矩阵

设总共有 N 个分类器(信息源)$\{s_1,s_2,\cdots,s_N\}$，M 类目标 $\{c_1,c_2,\cdots,c_M\}$。7.3.1 节所说的模糊密度 g^i 是分类器层次上的模糊密度，反映的是每个分类器对整个决策的重要性，并不能体现同一分类器判决目标属于不同类别时重要性的不同，因此提出类模糊密度 g_j^i，其表示当判决属于类别 c_j 的目标时分类器 s_i 对整个决策的重要性。

采用混淆矩阵对模糊密度进行赋值。设分类器(信息源)s_i 的混淆矩阵 $\mathbf{CM}^i=(d_{kj}^i)_{M\times M}$，其中，$d_{kj}^i$ 表示分类器 s_i 将类别为 c_k 的目标识别为类别为 c_j 的目标的比率，则分类器级模糊密度 g^i 由混淆矩阵估计如下

$$g^i=\sum_{j=1}^{M}\left\{\left[\frac{1}{M-1}\sum_{\substack{k\neq j\\k=1}}^{M}(1-d_{kj}^i)\right]d_{jj}^i\right\} \tag{7-14}$$

在此,将分类器级模糊密度 g^i 改写为类模糊密度 g_j^i,g_j^i 用混淆矩阵估计如下

$$g_j^i = \left[\frac{1}{M-1}\sum_{\substack{k\neq j\\k=1}}^{M}(1-d_{kj}^i)\right]d_{jj}^i \tag{7-15}$$

相应地,式(7-10)～式(7-13)式分别改为

$$\int h(s)\circ g(\cdot) = \bigvee_{i=1}^{N}[\wedge(h_j(s_i), g_j(A_i)], \quad 1\leqslant j\leqslant M \tag{7-16}$$

$$g_j(A_1) = g_j^1, \quad 1\leqslant j\leqslant M \tag{7-17}$$

$$g_j(A_i) = g_j^i + g_j(A_{i-1}) + \lambda_j g_j^i g_j(A_{i-1}), \quad 1 < i\leqslant N; 1\leqslant j\leqslant M \tag{7-18}$$

$$\lambda_j + 1 = \prod_{i=1}^{N}(1+\lambda_j g_j^i), \quad 1\leqslant j\leqslant M \tag{7-19}$$

7.3.3　对象模糊密度

类模糊密度 g_j^i 和分类器级模糊密度 g^i 一样,都只是利用训练样本的先验静态信息,而没有利用各分类器识别具体对象后的结果所包含的动态信息进行动态调整。训练结束后,g_j^i 是固定不变的。然而,各分类器对识别同一类别中不同的具体对象的重要性也是不同的。类模糊密度 g_j^i 应能够根据具体目标的识别结果进行相应的修正。对一待识别目标 x,假设分类器 s_i 输出的识别结果 $P_i(x)=(P_{i1},P_{i2},\cdots,P_{iM})$ 是目标 x 属于各类别的可信度且满足 $P_{i1}\geqslant P_{i2}\geqslant\cdots\geqslant P_{iM}\geqslant 0$(若不满足则排序令其满足),则定义 P_{ij} 对类别 j 的隶属度 u_{ij} 为

$$u_{ij} = u_j(P_{ij}) = \frac{P_{ij}}{\sum_{k=1}^{M}P_{ik}} \tag{7-20}$$

显然有 $1\geqslant u_{i1}\geqslant u_{i2}\geqslant\cdots\geqslant u_{iM}\geqslant 0$。

当 s_i 判别具体对象 x 属于类别 c_k 的隶属度 u_{ik} 与判别 x 属于其他类别的隶属度相差不大,即判别结果比较模糊,很难区分时,则很容易将 x 识别错,因此对此具体对象进行融合识别时,该分类器 s_i 的重要性应比较低。定义理想期望输出 $E=\{1,0\}$,表示期望分类器能够输出具体对象 x 属于当前类别的隶属度最高,而属于离它最近的类别的隶属度最低。定义最近邻集 $U_j^i=\{U_{j1}^i,U_{j2}^i\}$,$0\leqslant U_{j2}^i\leqslant U_{j1}^i\leqslant 1$,其中

$$U_{j1}^i=\begin{cases}u_{ij} & j=1\text{ 或 }j\neq 1\text{ 且 }j\neq M\text{ 且 }\min(u_{ij-1}-u_{ij},u_{ij}-u_{ij+1})=u_{ij}-u_{ij+1}\\ u_{ij-1} & j=M\text{ 或 }j\neq 1\text{ 且 }j\neq M\text{ 且 }\min(u_{ij-1}-u_{ij},u_{ij}-u_{ij+1})=u_{ij-1}-u_{ij}\end{cases}$$

$$U_{j2}^i=\begin{cases}u_{ij+1} & j=1\text{ 或 }j\neq 1\text{ 且 }j\neq M\text{ 且 }\min(u_{ij-1}-u_{ij},u_{ij}-u_{ij+1})=u_{ij}-u_{ij+1}\\ u_{ij} & j=M\text{ 或 }j\neq 1\text{ 且 }j\neq M\text{ 且 }\min(u_{ij-1}-u_{ij},u_{ij}-u_{ij+1})=u_{ij-1}-u_{ij}\end{cases}$$

因此,定义区分度

$$D_j^i = 1 - || E\nabla U_j^i || \tag{7-21}$$

来实例化类模糊密度 g_j^i，其中，$E\nabla U_j^i$ 为 E 和 U_j^i 的差异性；$||E\nabla U_j^i||$ 为它们的差异程度；$||E\nabla U_j^i|| = \frac{1}{2}(|U_{j1}^i - 1| + |U_{j2}^i - 0|) = \frac{1}{2}(1 - U_{j1}^i + U_{j2}^i)$。对区分度 D_j^i 的性质进行一些必要的分析如下所述。

① D_j^i 的值域：$0.5 \leqslant D_j^i \leqslant 1$

$\because 1 \geqslant U_{j1}^i \geqslant U_{j2}^i \geqslant 0$（约束条件）

$\therefore 0 \leqslant ||E\nabla U_j^i|| = \frac{1}{2}(1 - U_{j1}^i + U_{j2}^i) \leqslant 0.5$

$\therefore 0.5 \leqslant D_j^i = 1 - ||E\nabla U_j^i|| \leqslant 1$

② $D_j^i = 0.5$ 时，$U_{j1}^i = U_{j2}^i$，即 $u_{ij} = u_{ij-1}$ 或 $u_{ij} = u_{ij+1}$，表示分类器 s_i 将当前对象识别为 c_j 类的模糊性最大，区分度最小，极容易将其识别为其他类别，因此分类器 s_i 在融合识别该对象为 c_j 类时的重要性就最小。

③ $D_j^i = 1$ 时，$U_{j1}^i = 1, U_{j2}^i = 0$，即 $u_{ij} = 1, u_{ij+1} = 0$ 或 $u_{ij} = 1, u_{ij-1} = 0$，表示分类器 s_i 将当前对象识别为 c_j 类的模糊性最小，区分度最大，极不容易将其识别为其他类别，因此，分类器 s_i 在融合识别该对象为 c_j 类时的重要性就最大。

④ $D_j^k \geqslant D_j^l$ 时，表示分类器 s_k 比分类器 s_l 将具体对象识别为 c_j 类的区分度大，因此分类器 s_k 在融合识别该对象为 c_j 类时的重要性比分类器 s_l 大。

由上可知，区分度 D_j^i 越大，识别结果越清晰，意味着分类器 s_i 越不容易将当前属于 c_j 类的具体对象识别为其他类别，因此分类器 s_i 在融合识别该对象属于 c_j 类时的重要性就越大。由此，定义对象模糊密度 G_j^i 代替类模糊密度 g_j^i，$G_j^i = g_j^i \cdot D_j^i$。对象模糊密度将对分类器的重要性估计一直下放到具体的识别对象，使模糊密度赋值更加接近现实情况。

7.3.4 基于对象模糊密度赋值的决策层融合识别算法

基于对象密度赋值的决策层融合具体算法如下所述。

假设有 M 类训练样本，每类有 R 个训练样本，每类训练样本被划分为 N 个信息源。

(1) 将所有训练样本中的每个信息源作为训练集训练出对应的分类器 s_i，用 s_i 对某一特定已知类别样本集进行识别，得出混淆矩阵 $\mathbf{CM}^i$。

(2) 根据 $\mathbf{CM}^i$ 计算得到类模糊密度 g_j^i。

(3) 根据 g_j^i 计算 λ_j。

(4) 若分类器 s_i 对一具体对象 x 的识别结果向量为 $P_i(x) = (P_{i1}, P_{i2}, \cdots, P_{iM})$，非递增排序 $P_i(x)$ 及对应的 g_j^i，用式(7-11)求出排序后的隶属度，则令 $h_j(s_i) = u_{ij}$。

(5) 由式(7-21)计算出区分度 D_j^i，将类模糊密度 g_j^i 替换为对象模糊密度

$G_j^i = g_j^i \cdot D_j^i$。

(6) 由对象模糊密度 G_j^i、式(7-17)和式(7-18)计算模糊测度 $g_j(A_i)$。

(7) 利用 Sugeno 模糊积分融合目标 x 属于类别 c_j 的可信度：$b_j(x) = \bigvee_{i=1}^{N}[\wedge(h_j(s_i), g_j(A_i))]$，最终识别的目标类别 $c = \underset{j \in \{c_1, c_2, \cdots, c_M\}}{\arg\max}\ b_j(x)$。

7.3.5　基于模糊密度的人脸表情融合识别

利用 Gabor 小波变换提取表情特征，因为 Gabor 小波变换能够有效地提取与表情变化有关的特征，这些特征对光照变化不敏感，且能屏蔽个人特征差异的影响，做到与人无关的表情特征提取。研究发现采用 5×5 像素的矩形网格对表情图像网格化时，所提取的特征细节足够表达表情信息，且不会产生很大的计算量，满足系统实时性的要求。将人脸表情图像归一化为 80×120 大小，然后进行网格化处理，对每一个网格作 Gabor 小波变换，变换后形成一个特征矢量，作为人脸表情图像在该网格处的表情特征。因此，每帧图像可提取 384 个表情特征参数。

采用模糊深隐马尔可夫模型[15]作为表情识别的分类器。FBMM 在深隐马尔可夫模型[16]的基础上，引入了基于云模型的状态、观测值模糊随机转移算法和基于最大互信息准则的参数优化算法，相比以往的模型，FBMM 模型考虑了模型状态，观察值之间的上下文相关性以及状态转移概率的动态性、可变性。

人脸表情主要分为愤怒、厌恶、害怕、悲伤、高兴和惊讶 6 类，但是人脸表情变化迅速，且某些表情较难以区分，类间间隔小，甚至还有重叠，使表情的识别具有不确定性。决策层融合识别实质上就是一个不确定性处理问题，由模糊集理论发展而来的模糊信息处理技术为不确定性处理问题提供了一种有效的手段，因此，用基于对象模糊密度赋值的模糊积分来对各分类器输出的客观结果进行融合从而得到最终的目标类别。

基于对象模糊密度赋值的决策层融合算法的人脸表情识别系统包括训练和识别两个阶段，其框图如图 7.5 所示，上半部分为训练阶段，下半部分为识别阶段。

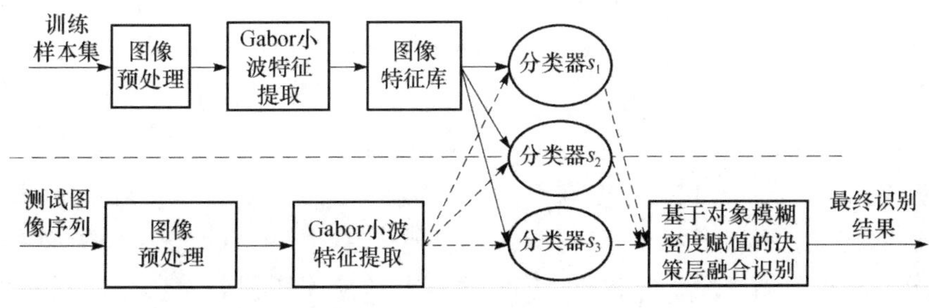

图 7.5　表情识别系统框图

设表情训练样本集为U,从U中选择3个表情训练样本子集$t_i(1\leqslant i\leqslant 3)$,使$t_1\cap t_2\cap t_3=\varnothing$,$t_1\cup t_2\cup t_3=U$,从而保证3个分类器训练的独立性,在融合识别时的互补性以及训练样本的充分利用。在训练阶段,对图像进行预处理(人脸检测、尺度归一化和灰度均衡化)后,用Gabor小波变换提取$t_i(1\leqslant i\leqslant 3)$中样本的特征形成图像特征库,输入到3个FBMM分类器中训练,从而得到3个FBMM型分类器$s_i(1\leqslant i\leqslant 3)$。在识别阶段,对待识别表情图像序列进行图像预处理和Gabor特征提取后,用这3个分类器分别进行识别得出各自的识别概率向量$\boldsymbol{P}_i(x)=(P_{i1},P_{i2},\cdots,P_{i6})$,然后用基于对象模糊密度赋值的决策层融合算法对3个识别结果向量进行融合,从而得出最终的识别结果。其中基于对象模糊密度赋值的决策层融合算法中的混淆矩阵$\mathbf{CM}^i$是用s_i去识别$t_j(i\neq j,1\leqslant i,j\leqslant 3)$来求得,这样,无需用额外的已知类别样本集来求解。

7.3.6 实验结果与分析

利用Cohn-Kanade人脸表情库进行表情识别实验。表情训练样本集中每类表情有60个样本,首先从中为3个FBMM的每种表情模型各选择20个不同的表情样本进行模型训练,再从表情库中为每种表情选择120个图像序列进行识别测试,6种表情一共720个图像序列,每个序列都有10帧。本实验在Windows XP环境下的Visual C++6.0平台上运行完成,实验结果如表7.5所示。其中,s_1,s_2、s_3列表示3个子分类器的识别率,g^i、g_j^i、G_j^i分别表示采用分类器级、类级和对象级模糊密度赋值的模糊积分决策层融合算法对3个子分类器的识别结果融合后的识别率。

表7.5 各分类器的识别率及采用各种模糊密度赋值的模糊积分融合后的识别率

单位:%

表情类别	s_1	s_2	s_3	g^i	g_j^i	G_j^i
愤怒	90.83	89.17	90.00	92.50	92.50	95.83
厌恶	88.33	90.00	89.17	91.67	91.67	92.50
害怕	89.17	87.50	89.17	90.00	93.33	93.33
悲伤	87.50	89.17	88.33	91.67	92.50	93.33
高兴	90.00	90.83	90.83	92.50	93.33	95.83
惊讶	91.67	91.67	91.67	92.50	94.17	96.67
平均	89.58	89.72	89.86	91.81	92.92	94.58

从表7.5可以看出,采用模糊积分对各分类器的识别结果进行融合后,与各子分类器相比识别率有了明显提高。从图7.6可以看出,采用基于对象模糊密度赋值比分类器级模糊密度赋值和类级模糊密度赋值的模糊积分融合效果更好,这是因为采用分类器级模糊密度赋值时,各子分类器对各类表情具有相同的模糊密度,

而实际上分类器对各类表情识别的重要性是不同的；而采用类级模糊密度赋值时，各子分类器对每类表情中的各个具体对象具有相同的模糊密度，实际情况并非如此，各子分类器对每类表情中的各个具体对象识别的重要性也是不同的。

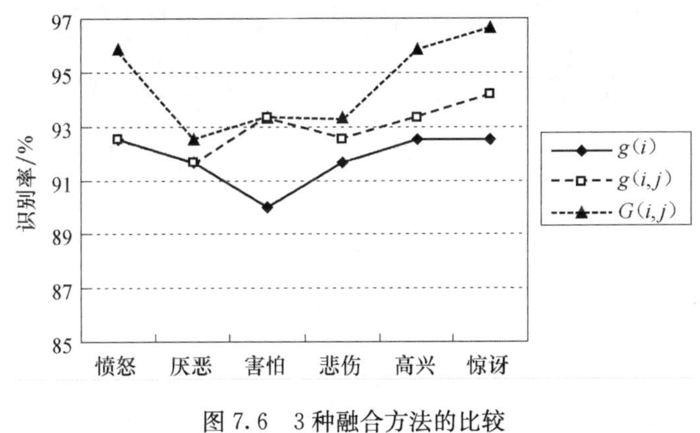

图 7.6　3 种融合方法的比较

7.4　具有噪声过滤功能的分类器协同训练半监督主动学习算法

7.4.1　具有噪声过滤功能的协同训练半监督主动学习算法

具有噪声过滤功能的协同训练半监督主动学习算法是结合机器学习领域中的协同训练、半监督学习和主动学习[17-19]而提出的一种新的学习算法。主动学习可以自主选择对学习过程最有用的未标记样本提交给用户标记，并将这些样本加入到已有的训练集中，加入的新样本能够最大程度地提高半监督学习对未标记样本软分类的正确性。

1. NF-CT-SSAL 算法框架

算法的基本原理是基于少量的已标记样本子集建立 3 个初始分类器进行协同训练，每次半监督学习过程中，分类器主动在未标记样本集里选择符合主动学习样本选择标准（最能体现分类器性能的样本）的样本提交给用户标记样本的类别，加入到训练样本集。不满足这种标准的由 3 个分类器协同判决后自动标记该样本类别，并进行噪声过滤再决定是否将该样本加入到训练样本集中，再增量训练分类器，如此循环进行直到未标记样本集为空。算法框架如图 7.7 所示。

2. 主动学习样本选择标准的确定方法

在增量训练的过程中，用主动学习思想来自主选择对学习过程最有用的未标

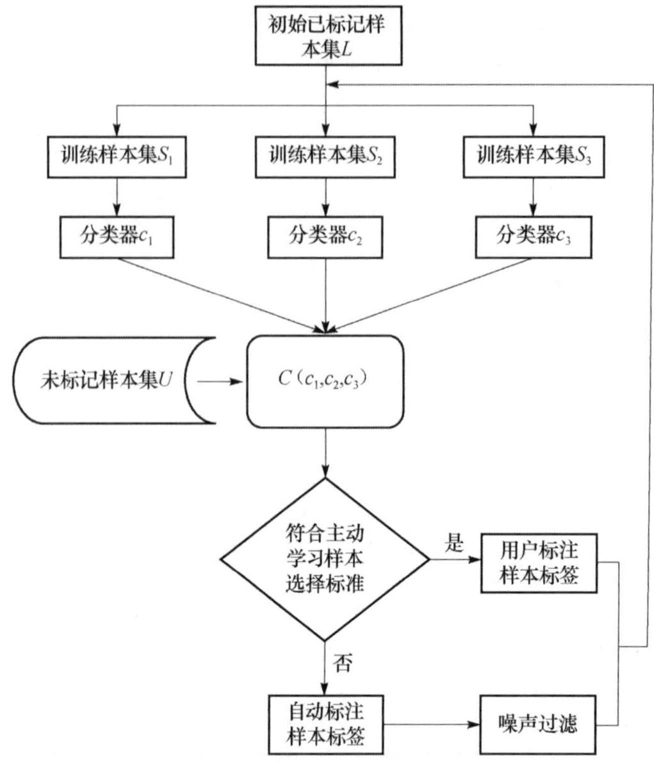

图 7.7　NF-CT-SSAL 算法的结构框图

记样本提交给用户标记的标准有两点。

标准一:将学习过程中最难确定类别的未标记样本提交给用户标记,避免了舍弃该未标记样本,提高了未标记样本的利用率。

熵是对随机变量不确定性的一种度量,随机变量 X 的熵越大,说明它的不确定性也越大,提供的信息量就越丰富。因此,类别难以确定的样本,其真实类别能提供的分类信息就越丰富,针对 M 类识别问题,重新定义熵为 $H(x,\text{label})$,其计算公式为

$$H(x,\text{label})=-\max_{1\leqslant j\leqslant M}\text{Agree}(x,j)\log\max_{1\leqslant j\leqslant M}\text{Agree}(x,j) \tag{7-22}$$

式中,$\text{Agree}(x,j)=\sum_{i=1}^{3}I_i(x,j)$为 3 个分类器对样本 x 属于第 j 类的同意程度,这里,$I_i(x,j)(1\leqslant i\leqslant 3)$的取值如下

$$I_i(x,j)=\begin{cases}1 & \text{如果分类器 } i \text{ 认为样本 } x \text{ 属于第 } j \text{ 类}\\ 0 & \text{其他}\end{cases} \tag{7-23}$$

且 $\text{label}=\begin{cases} j & \max\limits_{1\leqslant j\leqslant M}\text{Agree}(x,j)\geqslant 2 \\ -1 & \text{其他} \end{cases}$，表示两个或两个以上分类器认定样本 x 的类别为第 label 类。

因此，$H(x,\text{label})$的值域如下

$$H(x,\text{label})=\begin{cases} -3\log 3 & h_1、h_2、h_3\text{识别结果一致} \\ -2\log 2 & \text{有两个分类器的识别结果一致} \\ 0 & \text{三个分类器的识别结果均不相同} \end{cases} \tag{7-24}$$

$H(x,\text{label})$越大，样本的类别就越难以确定，因此，$H(x,\text{label})=0$ 时，提交给用户标记，其真实的类别就能提供丰富的分类信息。

标准二：将初始分类器比较弱时判决一致的未标记样本也提交给用户标记以减少噪声的引入。

由于初始已标记样本比较少，3 个初始训练集采用的是可重复采样，样本的重叠率比较高，在增量训练的初始阶段，3 个分类器还比较弱，可能会对未标记样本的类别做出一致的错误判决，从而给各分类器引入噪声。

判决一致时，需要控制提交给用户标记的次数。使用 3 个初始分类器分别对未标记样本集进行软分类，得到未标记样本集中样本类别的分布情况，用 $N_i(t)$表示第 i 个分类器对未标记样本集进行软分类得到的第 t 类样本的数目。将提交给用户标记的次数设为未标记样本集中第 t 类样本数目的$\alpha\%$，令

$$\theta_t=\begin{cases} \left[\dfrac{1}{3}\sum\limits_{i=1}^{3}N_i(t)\right]\cdot\alpha\% & \left[\dfrac{1}{3}\sum\limits_{i=1}^{3}N_i(t)\right]\cdot\alpha\%>1 \\ 1 & \text{其他} \end{cases} \tag{7-25}$$

表示判决一致时第 t 类样本需要交互的次数。这样，能保证初始时分类器能获得一定的精度。

3. 噪声过滤机制

机器自动去标记未标记样本的类别时，也可能会将样本标记错误，为了提高自动标记样本的正确性，引入噪声过滤机制。

用分类器 $c_i(1\leqslant i\leqslant 3)$对已标记训练样本集 S_i 进行识别，得到识别率 $R_i(1\leqslant i\leqslant 3)$，$R_i=\dfrac{\sum\limits_{k=1}^{c}O_i(k,k)}{N(S_i)}$，其中，$O_i(m,n)$为将样本集 S_i 中的第 m 类样本识别为第 n 类的样本数目；$N(S_i)$为训练样本集 S_i 的样本数目。对机器自动标定的样本进行噪声过滤机制如下：当 3 个分类器判决能力比较强，自动判决样本 x 的类别一致为 label 时，训练 3 个分类器中的第 label 类对象模型，得到 3 个新分类器；当分类器中有且只有两个判决该样本为 label 类，则只训练剩下的那个分类器的

label 类对象模型得到一个新分类器。如果用得到的新分类器对该分类器的原训练样本集 S_i 进行识别得到的新识别率 R_i' 不比原来的识别率 R_i 差，才将该样本加入到该分类器的训练样本集 S_i 中去，否则，恢复为原来的分类器，舍弃该样本。

接下来对未标记样本的贡献性进行分析。定义样本 x 的贡献性 $u=|S_i|(R_i'-R_i)$，当 $u<0$ 时，表明样本集 S_i 中能被正确识别的样本数在加入样本 x 后反而少于加入该样本前，则该样本对分类器没有贡献；当 $u>0$ 时，表明样本集 S_i 中能被正确识别的样本数在加入样本 x 后多于加入该样本前，那么该样本对分类器有贡献，可进化分类器；当 $u=0$ 时，表示虽然样本集 S_i 中能被正确识别的样本数没有增加，即没能提升分类器的识别能力，但却提高了分类器的泛化能力，因此，该样本也是有贡献的。在每一次碰到新未标记样本时都对该样本的贡献性进行如上分析，有贡献的加入 S_i，否则舍弃它，从而来避免误差累积。

通过噪声过滤机制，在未标记样本被自动标记后，就保留了对分类器的分类性能最有用的样本，去除了可能会干扰分类器分类性的噪声样本。

4. 算法描述

算法的基本设置是给定一个具有 M 类的初始已标记样本集 $L=\{(x_1 y_1),(x_2,y_2),\cdots,(x_{|L|},y_{|L|})\}$ 以及一个未标记样本集 $U=\{x_1,x_2,\cdots,x_{|U|}\}$，其中，$(x_i,y_i)$ 表示样本 x_i 属于 $y_i(1\leqslant y_i\leqslant M)$ 类。给定一个正确标记的样本集 L^+，它是初始已标记样本集 L 和提交给用户标记的样本的并集。使用训练样本集 $S_i(1\leqslant i\leqslant 3)$ 得到的 3 个分类器 $c_i(1\leqslant i\leqslant 3)$ 进行协同训练半监督主动学习。初始时 3 个分类器较弱，它们判别样本的类别均一致为 t 类时，还须将样本提交给用户进行交互标记。可设定阈值 θ_t 来控制这种交互次数。识别率矩阵 $\boldsymbol{W}_{ijk}$ 表示分类器 i 将 j 类样本识别为 k 类样本的概率，它在集成识别时使用。

一般地，分类器稳定或分类器的分类达到预定精度或未标记样本集为空可以作为半监督训练的结束条件。但是，要使分类器达到稳定，必须在未标记样本集里循环迭代，时间复杂度大。另外，由于没有一个大的已标记样本集来测试，分类器的精度很难确定。因此，本算法训练结束条件可定为未标记样本集 U 为空。

NF-CT-SSAL 算法执行的具体步骤如下所述。

输入：初始已标记样本集 L；

未标记样本集 U；

训练样本集 $S_i(1\leqslant i\leqslant 3)$；

正确标记样本集 $L^+\leftarrow L$；

初始阈值 $\theta_t(1\leqslant t\leqslant M)$。

输出：最终分类器 $C(c_1,c_2,c_3)$ 和用 C 在 L^+ 上识别得到的识别率矩阵 $\boldsymbol{W}_{ijk}$。

训练：

1. 从 L 中进行可重复采样获得 $S_i(1\leqslant i\leqslant 3)$，在其上训练 3 个初始分类器 $C(c_1, c_2, c_3)$；

2. 若 U 为空，转步骤 4；

3. $\forall x\in U$，用 C 对 x 进行软分类，得到分类熵 $H(x,\text{label})$ 和分类器 c_i 在样本集 S_i 上的识别率 $R_i(i=1,2,3)$；

3.1　若 $H(x,\text{label})=0$ 或 $H(x,\text{label})=-3\log 3$ 且 $\theta_{\text{label}}>0$（x 满足主动选择标准），则提交给用户标记为 y 类，$S_i\leftarrow S_i\cup\{(x,y)\}(i=1,2,3)$，$L^+\leftarrow L^+\cup\{(x,y)\}$，$U\leftarrow U-\{x\}$；

若 $H(x,\text{label})=-3\log 3$ 且 $\theta_{\text{label}}>0$，则 $\theta_y\leftarrow\theta_y-1$；

然后在 S_i 上只重新训练分类器 c_i 的 y 类模型$(i=1,2,3)$；

转步骤 2；

3.2　若 $H(x,\text{label})=-3\log 3$，则在 $S_i\cup\{(x,\text{label})\}$ 上只重新训练分类器 c_i 的 label 类模型而得到 3 个新分类器 $c_i'(i=1,2,3)$；

转步骤 3.4；

3.3　若 $H(x,\text{label})=-2\log 2$，则若 $I_{\text{left}}(x,\text{label})=0$，则找到判决不一致的分类器 c_{left}；

在 $S_{\text{left}}\cup\{(x,\text{label})\}$ 上只重新训练分类器 c_{left} 的 label 类模型，得到新分类器 c'_{left}；

3.4　若重新训练过后的分类器 c_i' 对 S_i 的识别率 $R_i'\geqslant R_i$，则 $S_i\leftarrow S_i\cup\{(x,\text{label})\}$，$c_i\leftarrow c_i'$（噪声过滤）；

$U\leftarrow U-\{x\}$；

转步骤 2；

4. 训练结束。

7.4.2　基于 NF-CT-SSAL 训练算法的半监督主动学习人脸表情识别

模式识别的主要内容就是模式分类，模式分类离不开分类器作为工具。和特征提取一样，对于特定的应用领域要用特定的分类器，才能真正发挥分类器的分类性能。因此，对于表情分类，也要选择合适的分类器，才能在正确选择表情特征的基础上，进一步提高表情识别率。所采用的识别模型为课题组提出的模糊深隐马尔可夫模型，其具体思想在 4.4 节有详细介绍。

表情特征的提取和分类器的选择方法与 7.3.5 节相同。设每个表情有 10 帧，则共有 3840 个特征参数。因此，该模型中，少量的已标记样本提供的信息量比在其他模型中更丰富。

当类间间隔比较大时，用少量有标记样本就能够获得一定的分类能力，从而从未标记样本中训练得到一个精度比较高的分类器。在人脸表情识别中，由于某些表情较难以区分，类间间隔小，甚至还有重叠，初始训练得到的分类器很难对未标记样本做出正确的判决，因此主动学习的引入能够减少对样本的误判和拒判。

将含有 6 类表情，每类表情有 5 个样本的样本集作为初始已标记样本集 L，将占有一定比例的没有类别标签的样本集作为未标记样本集 U，具有噪声过滤功能的协同训练半监督主动学习算法先从 L 中可重复选取 4 个样本作为 3 个 FBMM 模型的训练样本子集 S_i 训练得到 3 个初始弱分类器 h_i，然后用该算法的增量训练方法在 U 上进行半监督训练，最后得到 3 个 FBMM 型分类器 $c_i(1\leqslant i\leqslant 3)$ 和识别率矩阵 $\boldsymbol{W}_{ijk}(1\leqslant i\leqslant 3,1\leqslant j\leqslant 6,1\leqslant k\leqslant 6)$。

用 FBMM 分类器进行表情识别时，每个分类器有 6 个对象模型，每个对象模型对应一类表情。判别样本 x 属于 k 类表情的公式为 $k=\underset{j\in\{1,2,\cdots,6\}}{\operatorname{argmax}} P(\omega_j\mid x)$。用 NF-CT-SSAL 算法训练得到的 3 个分类器进行集成识别，当 $H(x,\text{label})$ 不为 0 时，则样本 x 属于第 label 类，否则假设 3 个分类器对样本 x 的识别结果分别是第 q、r、s 类，可认为该样本类别就在这 3 种类别中做出选择，取

$$t=\underset{j\in\{q,r,s\}}{\arg\max}\boldsymbol{W}_j$$

其中，$\boldsymbol{W}_q=\boldsymbol{W}_{1qq}-\boldsymbol{W}_{1rq}-\boldsymbol{W}_{1sq}$，$\boldsymbol{W}_r=\boldsymbol{W}_{2rr}-\boldsymbol{W}_{2qr}-\boldsymbol{W}_{2sr}$，$\boldsymbol{W}_s=\boldsymbol{W}_{3ss}-\boldsymbol{W}_{3qs}-\boldsymbol{W}_{3rs}$，则该样本可最终判定属于第 t 类。

7.4.3 实验结果与分析

本实验采用的是 Cohn-Kanade 人脸表情图像数据库。该数据库每个人脸表情图像序列都是从中性表情开始到表情的极大状态，在 Windows XP 环境下的 VC＋＋6.0 平台上运行完成。

该实验由单分类器半监督学习(self-training semi-supervised learning，ST-SSL)，一种基于协同训练的半监督学习 Tri-training 以及具有噪声过滤功能的协同训练半监督主动学习(NF-CT-SSAL)3 个半监督子实验组成，初始已标记样本集中有 6 种表情，每种表情有 5 个样本，每个样本有 10 个表情图像序列。初始训练时，ST-SSL 使用这 4 个样本作为初始训练集，Tri-training 和 NF-CT-SSAL 都是通过可重复采样，从已标记样本集中选取 4 个样本作为 3 个分类器的初始训练样本子集。测试集为每种表情 30 个样本，总共 180 个样本。

对于不同的未标记样本比例 α 值，NF-CT-SSAL 算法得到的正确识别率如图 7.8 所示。从图 7.8 可以看出，当 $\alpha=10$ 时，保证了初始时分类器具有一定的精度，从而获得了不错的正确识别率，并且使人机交互次数尽量少，因此，设定 α 值为 10。

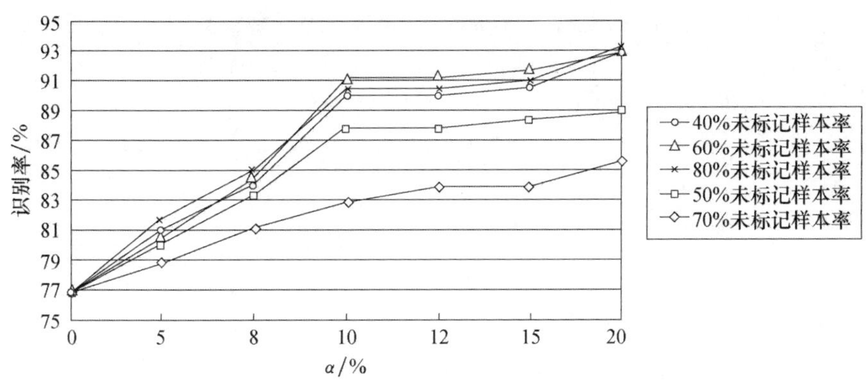

图 7.8　不同 α 下 NF-CT-SSAL 得到的正确识别率

对未标记样本占总样本的比例分别为 40%、50%、60%、70%及 80%的情况进行了以上 3 种算法的实验，各方法的初始识别错误率、最终识别错误率如表 7.6～表 7.10 所示，其直观对比如图 7.9 所示。同时，对未标记样本被抛弃的比例也进行统计，其结果如表 7.11 所示。

表 7.6　40%未标记样本时，各方法的初始识别错误率、最终识别错误率及相应的改进百分比

		愤怒	厌恶	害怕	高兴	悲伤	惊讶	平均
NF-CT-SSAL	初始误识率	0.067	0.2	0.4	0.033	0.533	0.167	0.233
	最终误识率	0.067	0.033	0.1	0.367	0.333	0.133	0.172
	改进的百分比	0%	83.50%	75.00%	−1012%	37.50%	20.40%	26.20%
Tri-training	初始误识率	0.067	0.2	0.4	0.033	0.533	0.167	0.233
	最终误识率	0.067	0.1	0.167	0.333	0.3	0.167	0.189
	改进的百分比	0%	50%	58.30%	−909%	25%	0%	18.90%
ST-SSL	初始误识率	0.333	0.067	0.4	0.333	0.367	0.2	0.283
	最终误识率	0.333	0.1	0.367	0.3	0.333	0.167	0.267
	改进的百分比	0%	−49.30%	8.25%	9.90%	25.20%	0%	5.65%

表 7.7　50%未标记样本时，各方法的初始识别错误率、最终识别错误率及相应的改进百分比

		愤怒	厌恶	害怕	高兴	悲伤	惊讶	平均
NF-CT-SSAL	初始误识率	0.067	0.2	0.4	0.033	0.533	0.167	0.233
	最终误识率	0.033	0.133	0.167	0.067	0.2	0.133	0.122
	改进的百分比	49.30%	33.50%	58.30%	−103%	62.50%	20.40%	47.60%
Tri-training	初始误识率	0.067	0.2	0.4	0.033	0.533	0.167	0.233
	最终误识率	0.067	0.133	0.267	0.067	0.367	0.033	0.145
	改进的百分比	0%	33.50%	33.30%	−103%	31.10%	80.20%	60.70%
ST-SSL	初始误识率	0.333	0.067	0.4	0.333	0.367	0.2	0.283
	最终误识率	0.067	0.067	0.333	0.367	0.333	0.2	0.228
	改进的百分比	79.90%	0%	16.80%	−10.20%	9.30%	0%	19.40%

表 7.8 60%未标记样本时，各方法的初始识别错误率、最终识别错误率及相应的改进百分比

		愤怒	厌恶	害怕	高兴	悲伤	惊讶	平均
NF-CT-SSAL	初始误识率	0.067	0.2	0.4	0.033	0.533	0.167	0.233
	最终误识率	0.067	0.067	0.1	0.033	0.167	0.1	0.089
	改进的百分比	0%	66.50%	75.00%	0%	68.70%	40.10%	61.80%
Tri-training	初始误识率	0.067	0.2	0.4	0.033	0.533	0.167	0.233
	最终误识率	0.067	0.067	0.367	0.033	0.367	0.067	0.161
	改进的百分比	0%	66.50%	8.25%	0%	31.10%	59.90%	30.90%
ST-SSL	初始误识率	0.333	0.067	0.4	0.333	0.367	0.2	0.283
	最终误识率	0.067	0.067	0.367	0.367	0.433	0.167	0.245
	改进的百分比	79.90%	0%	8.25%	−10.20%	−18%	16.50%	13.40%

表 7.9 70%未标记样本时，各方法的初始识别错误率、最终识别错误率及相应的改进百分比

		愤怒	厌恶	害怕	高兴	悲伤	惊讶	平均
NF-CT-SSAL	初始误识率	0.067	0.2	0.4	0.033	0.533	0.167	0.233
	最终误识率	0.1	0.067	0.133	0.067	0.167	0.067	0.1
	改进的百分比	−49.30%	66.50%	66.80%	−103%	68.70%	59.90%	57%
Tri-training	初始误识率	0.067	0.2	0.4	0.033	0.533	0.167	0.233
	最终误识率	0.033	0.1	0.333	0.033	0.333	0.067	0.15
	改进的百分比	50.70%	50%	16.80%	0%	37.50%	59.90%	35.60%
ST-SSL	初始误识率	0.333	0.067	0.4	0.333	0.367	0.2	0.283
	最终误识率	0.133	0.1	0.367	0.267	0.4	0.233	0.25
	改进的百分比	60.10%	−49.30%	8.25%	19.80%	−9%	−16.50%	11.70%

表 7.10 80%未标记样本时，各方法的初始识别错误率、最终识别错误率及相应的改进百分比

		愤怒	厌恶	害怕	高兴	悲伤	惊讶	平均
NF-CT-SSAL	初始误识率	0.067	0.2	0.4	0.033	0.533	0.167	0.233
	最终误识率	0.067	0.067	0.2	0.033	0.167	0.033	0.095
	改进的百分比	0%	66.50%	50%	0%	68.70%	80.20%	59.20%
Tri-training	初始误识率	0.067	0.2	0.4	0.033	0.533	0.167	0.233
	最终误识率	0.1	0.1	0.333	0.067	0.333	0.067	0.166
	改进的百分比	−49.30%	50%	16.80%	−103%	37.50%	59.90%	28.80%
ST-SSL	初始误识率	0.333	0.067	0.4	0.333	0.367	0.2	0.283
	最终误识率	0.1	0.133	0.333	0.367	0.433	0.2	0.261
	改进的百分比	70%	−99%	16.80%	−10.20%	−10.20%	0%	7.80%

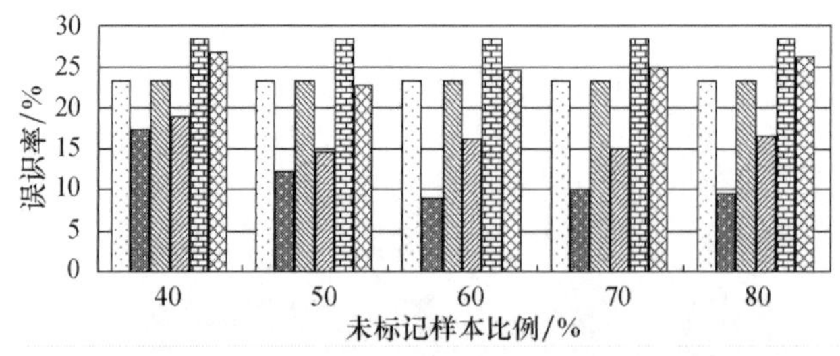

图 7.9 3 种算法在不同的未标记样本率下的初始和最终识别错误率对比图

表 7.11　各种实验中被抛弃的未标记样本率

未标记样本比例	未标记样本被抛弃的比例		
	NF-CT-SSAL	Tri-training	ST-SSL
40%	0%	6.25%	0%
50%	0%	8.34%	0%
60%	0%	8.57%	0%
70%	1.80%	5.40%	0%
80%	2%	4%	0%

从图 7.9 可以看出，单用单分类器的半监督学习的效果比较差，随着未标记样本数目增多，引入的噪声越多；而 Tri-training 方法，当分类器判决不一致的时候拒绝判决(即放弃该样本)，并且当初始分类器比较弱时，可能会对未标记样本做出一致的错误判决，从而给分类器引入噪声。从表 7.11 还可以看出本算法有效地提高了未标记样本的利用率，并在未标记样本数目比较大时，有效地过滤了噪声样本。也进行了未加入噪声过滤机制的实验，当未标记样本较多时，本算法在识别率可提高 3.3%左右。实验结果表明，本算法采用主动的方法减少了对未标记样本的拒判和分类器比较弱时的误判，从而提高了对未标记样本标记的正确性，并且通过过滤噪声尽量减少了噪声样本的引入。同时，基于具有噪声过滤功能的协同训练半监督主动学习算法的模糊深隐马尔可夫模型分类器，在原有模糊深隐马尔可夫模型能够容忍样本噪声和信息缺损的基础上，又进一步容忍了样本标签的缺损并且提高了表情识别的准确性。

7.5　基于可分度和支持度的模糊密度赋值融合识别算法

从多分类器融合的角度，设 $C=\{c_1,c_2,\cdots,c_M\}$ 为目标类别集，$S=\{s_1,s_2,\cdots,s_N\}$ 为分类器的集合，则模糊积分理论中的模糊测度[20]反映的是分类器集对于某目标类别的识别能力，模糊密度[17]反映的就是某个分类器对某目标类别的识别能力，则模糊测度可用如下公式迭代计算

$$\begin{cases} g_j(A_1)=g_j^1 \\ g_j(A_i)=g_j^i+g_j(A_{i-1})+\lambda_j g_j^i g_j(A_{i-1}) \end{cases} \quad 1\leqslant i\leqslant N, 1\leqslant j\leqslant M \tag{7-26}$$

其中，A_i 为 i 个分类器集，$A_i=\{s_1,s_2,\cdots,s_i\}$；模糊密度 g_j^i 为分类器 s_i 对类别 c_j 的识别能力；模糊测度 $g_j(A_i)$ 为分类器集 A_i 对类别 c_j 的识别能力，且各类别的 λ_j 值由 $\lambda_j+1=\prod_{i=1}^{N}(1+\lambda_j g_j^i)(1\leqslant j\leqslant M)$ 计算。

所以第 j 目标类别的 Sugeno 模糊积分计算公式如下

$$\int h(s) \circ g(\cdot) = \bigvee_{i=1}^{N} [\wedge (h_j(s_i), g_j(A_i))], \quad 1 \leqslant j \leqslant M \tag{7-27}$$

其中，函数 $h_j(s_i)$ 反映的是待识别样本被分类器 s_i 识别为 c_j 的可能性概率，通过“$\wedge$”算符计算模糊测度值和函数 $h_j(s_i)$ 值之间的最小值，可以理解为分类器对于某目标类别的识别能力和样本被识别为该类别的可能性概率之间的一致性，通过“$\bigvee_{i=1}^{N}$”算符是计算 N 个模糊值的最大值，则 Sugeno 模糊积分就是对待识别样本寻找最近似的分类。

基于可分度和支持度的模糊密度赋值融合识别算法的基本思想是，首先确定各个分类器的初始模糊密度，它是由混淆矩阵赋值的；然后根据各个分类器对待识别样本识别结果的可分性情况和各分类器对识别结果的支持程度对分类器的融合模糊密度进行自适应赋值；再根据模糊积分理论公式计算模糊测度以及样本被识别为目标类别的可能性概率，最终进行多分类器融合识别。

7.5.1 分类器的初始模糊密度

设 $C=\{c_1, c_2, \cdots, c_M\}$ 为目标类别集，$S=\{s_1, s_2, \cdots, s_N\}$ 为分类器的集合。每个分类器对已知类别样本进行识别，则分类器 s_i 的混淆矩阵是一个 $M \times M$ 的矩阵，记为 $\mathbf{CM}^i_{M\times M}$，表示如下

$$\mathbf{CM}^i_{M\times M} = \begin{bmatrix} n^i_{11} & n^i_{12} & \cdots & n^i_{1M} \\ n^i_{21} & n^i_{22} & \cdots & n^i_{2M} \\ \cdots & \cdots & \cdots & \cdots \\ n^i_{M1} & n^i_{M2} & \cdots & n^i_{MM} \end{bmatrix} \tag{7-28}$$

其中，$n^i_{jk}(1\leqslant i\leqslant N, 1\leqslant j, k\leqslant M)$ 为分类器 s_i 将已知类别样本中 c_j 类别识别为 c_k 类的样本个数。模糊密度 g^i_j 为分类器 s_i 对类别 c_j 的识别能力，则初始模糊密度的算式如下

$$g^i_j = \left[\frac{1}{M-1}\sum_{\substack{k=1\\k\neq j}}^{M}\left(1-\frac{n^i_{kj}}{\sum_{l=1}^{M} n^i_{kl}}\right)\right]\frac{n^i_{jj}}{\sum_{l=1}^{M} n^i_{jl}}, \qquad i=1,2,\cdots,N; j=1,2,\cdots,M \tag{7-29}$$

其中，$\frac{n^i_{jj}}{\sum_{l=1}^{M} n^i_{jl}}$ 为分类器 s_i 将 c_j 类别正确识别为 c_j 类的比率；$\frac{n^i_{kj}}{\sum_{l=1}^{M} n^i_{kl}}$ 为分类器 s_i 将 c_k 错误识别为 c_j 类的比率($k\neq j$)。$\frac{n^i_{jj}}{\sum_{l=1}^{M} n^i_{jl}}$ 的值越大，$\frac{n^i_{kj}}{\sum_{l=1}^{M} n^i_{kl}}$ 的值越小，所以 g^i_j 值

就越大,说明分类器 s_i 对类别 c_j 的识别能力越强。

7.5.2　分类器的自适应模糊密度赋值

设 $C=\{c_1,c_2,\cdots,c_M\}$ 为目标类别集,$S=\{s_1,s_2,\cdots,s_N\}$ 为分类器的集合,x 为待识别样本,则样本 x 经过每个分类器识别后,得到一个决策矩阵,记为 $\boldsymbol{J}_{N\times M}(x)$,表示如下

$$\boldsymbol{J}_{N\times M}(x)=\begin{bmatrix} P_{11}(x) & P_{12}(x) & \cdots & P_{1M}(x) \\ P_{21}(x) & P_{22}(x) & \cdots & P_{2M}(x) \\ \cdots & \cdots & \cdots & \cdots \\ P_{N1}(x) & P_{N1}(x) & \cdots & P_{NM}(x) \end{bmatrix} \tag{7-30}$$

其中,$P_{ij}(x)(1\leqslant i\leqslant N,1\leqslant j\leqslant M)$ 为分类器 s_i 将样本 x 识别为 c_j 类别的可能性概率。

从两方面对分类器的融合模糊密度进行自适应赋值,一方面是针对每个分类器识别结果中所属各类别的可能性概率的差别情况定义分类器的可分度;另一方面是针对各分类器识别结果之间的差异情况定义分类器的支持度,从而确定分类器的自适应模糊密度赋值。

1. 分类器的可分度

定义 7.4　分类器对待识别样本识别为所属各类别的可能性概率的可区分程度称为该分类器的可分度。

可采用人们对多类问题判断的肯定程度确定原理来建立分类器对待识别样本识别的可分度。一般情况下,当分类器 s_i 对待识别样本 x 的识别结果中所属各类别的可能性概率的差别越小,该分类器就越容易将样本 x 识别错误,则该分类器的可区分程度就较小;反之当分类器 s_i 对待识别样本 x 的识别结果中所属各类别的可能性概率的差别越大,该分类器的可区分程度就较大。故可定义可分度来衡量各个分类器识别结果中各分量间的差别程度,则分类器 s_i 的可分度 α_i 的算式如下

$$\alpha_i=1+\frac{1}{2\ln M}\sum_{j=1}^{M}P'_{ij}\ln P'_{ij},\qquad i=1,2,\cdots,N \tag{7-31}$$

其中,当 $P'_{ij}=0$ 时,定义 $P'_{ij}\ln P'_{ij}=0$,P_{ij} 是对 P_{ij} 的归一化结果,即 $P'_{ij}=\dfrac{P_{ij}}{\sum\limits_{j=1}^{M}P_{ij}}$,$(1\leqslant i\leqslant N,1\leqslant j\leqslant M)$。因为 $0\leqslant P'_{ij}\leqslant 1$,所以 $-\ln M\leqslant\sum\limits_{j=1}^{M}P'_{ij}\ln P'_{ij}\leqslant 0$,从而 $0.5\leqslant\alpha_i\leqslant 1$,

$i=1,2,\cdots,N$。

当 $P'_{i1}=P'_{i2}=\cdots=P'_{iM}=\dfrac{1}{M}$时，$\sum\limits_{j=1}^{M}P'_{ij}\ln P'_{ij}=-\ln M$，所以 $\alpha_i=0.5$，即分类器 s_i 的可分度最小，这表示分类器 s_i 将样本 x 识别错误的可能性最大，所以此时分类器 s_i 的重要程度应该是最小。

当 $P'_{ij}=1,j\in\{1,2,\cdots,M\}$ 且 $P'_{ik}=0,k\in\{1,2,\cdots,M\}$ 且 $k\neq j$ 时，$\sum\limits_{j=1}^{M}P'_{ij}\ln P'_{ij}=0$，所以 $\alpha_i=1$，即分类器 s_i 的可分度最大，这表示分类器 s_i 将样本 x 容易识别为正确类别，所以此时分类器 s_i 的重要程度应该最大。

2. 分类器的支持度

定义 7.5 当多个分类器共同进行数据类别分类识别时，能度量某个分类器分类识别结果在决策融合时影响程度的指标称为该分类器的支持度。

多个分类器对识别结果进行决策融合可采用人类对结果的综合决策原理进行决策融合，即若某个分类器的识别结果与其他分类器识别结果有较大的分歧，可以判定为该分类器分类识别结果的支持度较小；否则可以判定为该分类器分类识别结果的支持度较大。故一般情况下，当某个分类器的识别结果与其他分类器识别结果之间的差异性较大时，说明该分类器对最终融合结果的影响权值应该较小，则该分类器的支持度应该予以较小值；反之，与其他分类器识别结果之间的差异性较小，则该分类器的支持度应该较大。

采用概率欧氏距离来衡量分类器 s_i 与分类器 $s_{i'}$ 识别结果之间的差异性，其算式如下

$$d_{ii'}=\sqrt{\sum_{j=1}^{M}(P_{ij}-P_{ij})^2},\qquad 1\leqslant i,i'\leqslant N \tag{7-32}$$

因此，得到两两分类器识别结果之间差异程度的距离表示矩阵 $\mathrm{Dis}=\{d_{ii'}\}_{N\times N}$。由此定义总平均距离 TD_i，表示分类器 s_i 与其他分类器识别结果之间的总体平均差异程度，其定义公式如下

$$\mathrm{TD}_i=\frac{1}{2(N-1)}\sum_{i'=1}^{N}d_{ii'}^2,\qquad 1\leqslant i\leqslant N \tag{7-33}$$

式中，$\mathrm{TD}_i\in[0,1]$。

式(7-33)中 TD_i 反映的是分类器 s_i 与其他分类器识别结果之间的总体平均差异程度。TD_i 值越大，说明分类器 s_i 与其他分类器之间存在较大的差异，则分类器 s_i 的支持度应该较小；反之，分类器 s_i 的支持度应予以较大值。分类器 s_i 的支持度定义公式如下

$$\beta_i = 1 - \frac{1}{2}\mathrm{TD}_i, \quad 1 \leqslant i \leqslant N \tag{7-34}$$

式中，$\mathrm{TD}_i \in [0,1]$，所以 $0.5 \leqslant \beta_i \leqslant 1$。

当 $\mathrm{TD}_i = 0$ 时，$\beta_i = 1$，这表示分类器之间的识别结果没有差异，分类器最可能识别正确，所以分类器 s_i 的支持度最大。

当 $\mathrm{TD}_i = 1$ 时，$\beta_i = 0.5$，这表示分类器之间的识别结果差异最大，分类器最可能识别错误，所以分类器 s_i 的支持度最小。

3. 基于可分度和支持度的自适应模糊密度

由上可知，每个分类器识别结果的可分度越大以及分类器识别结果之间的支持度越大，就意味着分类器 s_i 将样本 x 识别为正确类别的可能性越大，在融合识别时该分类器的重要程度就越大；否则，分类器 s_i 将样本识别为正确类别的可能性较小，分类器的重要程度就越小。因此，自适应的模糊密度定义公式如下

$$G_j^i = g_j^i \frac{(\alpha_i + \beta_i)}{2}, \quad i = 1,2,\cdots,N; j = 1,2,\cdots,M \tag{7-35}$$

式中，$0.5 \leqslant \alpha_i \leqslant 1$，$0.5 \leqslant \beta_i \leqslant 1$，故 $0.5 \leqslant \frac{(\alpha_i + \beta_i)}{2} \leqslant 1$；$G_j^i$ 表示分类器 s_i 对目标类别 c_j 的识别能力，它不仅考虑了已知类别样本的静态信息，还考虑了每个分类器对待识别样本的识别结果的可分度以及分类器对识别结果的支持度情况，使得最终得到的模糊积分在融合识别中更为客观准确。

7.5.3　算法描述

设 $C = \{c_1, c_2, \cdots, c_M\}$ 为目标类别集，$S = \{s_1, s_2, \cdots, s_N\}$ 为分类器集合，待识别样本记为 x，则基于可分度和支持度的自适应模糊密度赋值的融合识别算法主要步骤如下所述。

(1) 根据已知类别样本计算分类器 s_i 的混淆矩阵，并根据已得到的混淆矩阵和式(7-29)计算分类器 s_i 的初始模糊密度 g_j^i。

(2) 根据各分类器对待识别样本的识别结果形成决策矩阵，并采用式(7-31)确定分类器 s_i 识别结果的可分度 α_i。

(3) 根据式(7-32)～式(7-34)确定分类器 s_i 对识别结果的支持度 β_i。

(4) 由初始模糊密度 g_j^i、可分度 α_i 以及支持度 β_i，利用式(7-35)计算融合的自适应模糊密度 G_j^i。

(5) 根据新的模糊密度 G_j^i 计算每个目标类别的 λ_j 值，并采用式(7-26)迭代计算模糊测度 $g_j(A_i)$。

(6) 根据分类器 s_i 的输出结果，计算模糊积分中表示类别可能性概率的

$h_j(s_i)$，其算式为 $h_j(s_i)=P_{ij}(x), i=1,2,\cdots,N; j=1,2,\cdots,M$。

(7) 根据模糊积分式(7-27)计算样本 x 最大模糊值对应的类别 c，c 即为融合识别结果，其算式为 $\mathrm{obj}_j(x)=\max\limits_{i=1,2,\cdots,N}[\min(h_j(s_i), g_j(A_i))], j=1,2,\cdots,M, c=\mathop{\mathrm{argmax}}\limits_{j}\{\mathrm{obj}_j(x)\mid j=1,2,\cdots,M\}$。

7.5.4 算法在人脸表情识别中的应用

将算法分别应用于自然交互下的人脸表情识别和 Cohn-Kanade 人脸表情识别，以验证本算法的有效性。

对人脸表情图像均分别采用 Gabor 小波变换[21]、主成分分析法[22]和稀疏表示[23]的方法进行表情特征提取。Gabor 小波变换对光照条件不敏感，且能容忍一定程度的图像旋转和变形，能够有效提取与表情变化有关的特征。将人脸表情灰度图像归一化为 120×90，并对其进行 5×5 网格化处理，再将网格化后的区域依次进行 Gabor 小波变换，形成一个表情特征向量作为该表情图像的特征。主成分分析法是一种基于正交变换的目标统计分析法，通过该变换可消除样本的类内散度矩阵和类间散度矩阵的零空间，从而实现对样本的降维效果。将得到的 Gabor 特征向量采用 PCA 进行降维，最后得到人脸表情图像的 PCA 特征。稀疏表示旨在寻找最稀疏解，从而使它能够提取表情图像中稀疏且有效描述情感状态视觉特征的内在结构及特征信息之间关联性的信息。将得到的 Gabor 小波特征向量进行稀疏表示，从而建立一个稀疏且能准确反映表情图像内容的稀疏表示特征向量。

人脸表情图像的训练和识别均采用支持向量机[24]作为分类器，分别使用 Gabor 特征、PCA 特征和稀疏表示特征对相同的各类表情训练样本集进行 3 种分类器训练，将得到的各分类器分别对相同各类表情测试样本集样本分类识别和融合识别。由于自然交互的表情视频段其表情体现是一个持续的过程，因此，在每一个视频段中对每一帧图像进行识别或融合识别，再采用简单投票法决定该视频段的表情类别。而对于 Cohn-Kanade 标准表情库，对每类表情分别构建表情图像训练集和测试集，识别或融合识别仅对测试集中每一幅图像进行即可。由于单个分类器都只从某一个层面去描述待识别样本的属性信息，所获得的信息具有一定程度的不完整性，所以识别结果有很大的不确定性，而模糊积分理论为不确定性信息处理提供了有效的手段，故采用基于可分度和支持度的模糊密度赋值融合识别算法对各分类器的识别结果进行融合识别，以期提高总体识别率。分类器 $N=3$，M 取 6 种基本表情类别。

7.5.5 实验结果与分析

自然交互环境的表情融合识别实验采用在自然交互环境下采集的人脸表情视

频段作为表情样本,该表情库是由多人在自然交互环境中伴随着说话的人脸表情视频段组成的,每个人演示了高兴、悲伤、惊讶、愤怒、害怕以及厌恶等 6 种典型表情,6 种典型表情视频片段如图 7.10 所示。每种表情均有 30 个表情视频段样本,采用了五倍交叉验证方法,每组中每类表情训练集都是随机地从表情库中选择 10 个样本,剩余 20 个样本作为测试集,这样每类表情有 100 个样本作为测试集。Cohn-Kanade 标准表情库也同样具有 6 种典型表情样本,每类表情选用 50 个表情图像样本,同样采用五倍交叉验证方法,每组每类表情训练集都是随机地从 50 个样本中选择 30 个样本,剩余 20 个样本作为测试集,每类表情共有 100 个样本作为测试集。

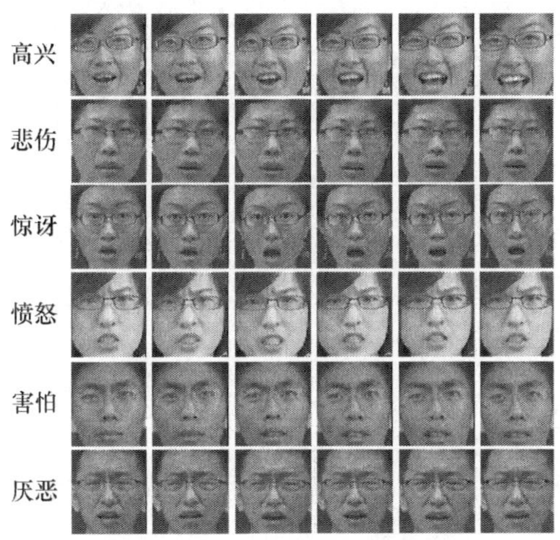

图 7.10　6 种人脸表情视频片段

分别采用 Gabor 特征、PCA 特征和稀疏表示特征进行表情图像的特征提取,并采用单分类器识别方法、基于模糊密度动态调节的融合目标识别法[25]、基于对象模糊密度赋值的决策层融合算法[3]以及基于可分度和支持度的模糊密度赋值融合识别算法进行了以上两种表情库下的识别实验。

图 7.11 给出了自然交互状况下的 3 种特征和 3 个单分类器的表情识别结果,Gabor 特征、PCA 特征和稀疏表示特征的 3 个单分类器的平均表情识别率分别达到 80.5%、81.0%和 81.3%。图 7.12 给出了自然交互状况下的 3 种特征的 3 个融合识别算法的表情识别结果,文献[25]、文献[3]和本算法的平均识别率分别达到 81.5%、81.8%和 82.5%,可看出这 3 种融合算法的识别率均有一定程度的提高,而本算法提高的识别率更加显著。

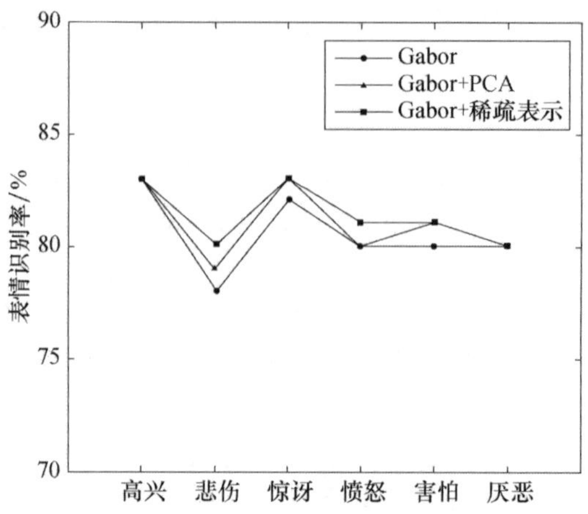

图 7.11 自然交互下的单分类器识别结果

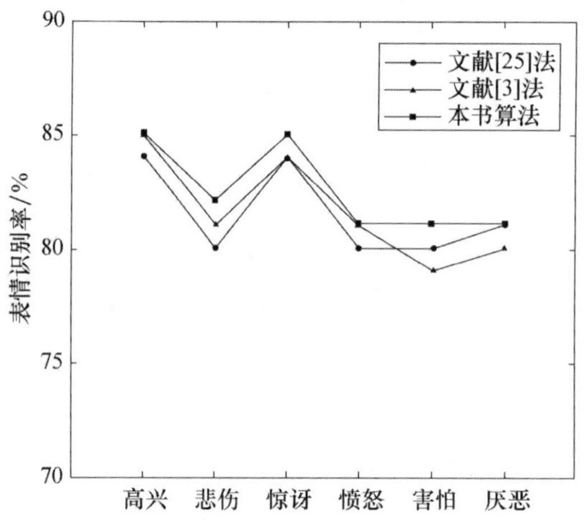

图 7.12 自然交互下的多分类器融合识别结果

图 7.13 给出了在 Cohn-Kanade 标准表情库中的 3 种特征和 3 个单分类器的表情识别结果，其表情平均识别率分别达到 80.5%、81.3%和 82.7%。图 7.14 给出了 Cohn-Kanade 标准人脸表情库中采用多分类器融合情况下的识别结果，文献[25]的平均识别率为 83.2%，文献[3]的平均识别率为 84.0%，本算法的平均识别率为 84.8%，同样表明这 3 种融合算法的识别率都有提高，而本算法提高的识别率更加明显，它比最好的特征单分类器的平均识别率提高了 2.1%。

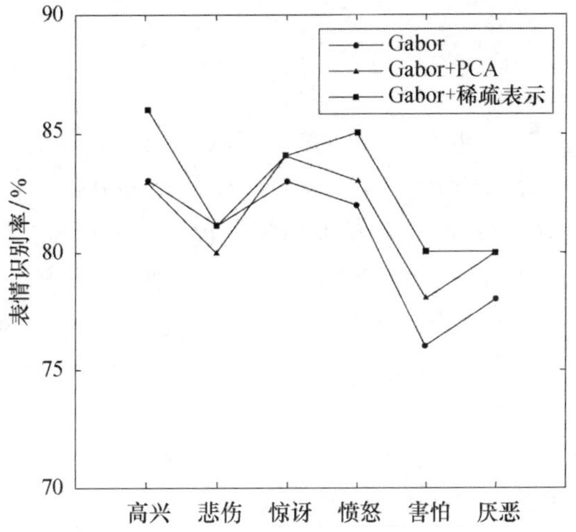

图 7.13　Cohn-Kanade 库中单分类器识别结果

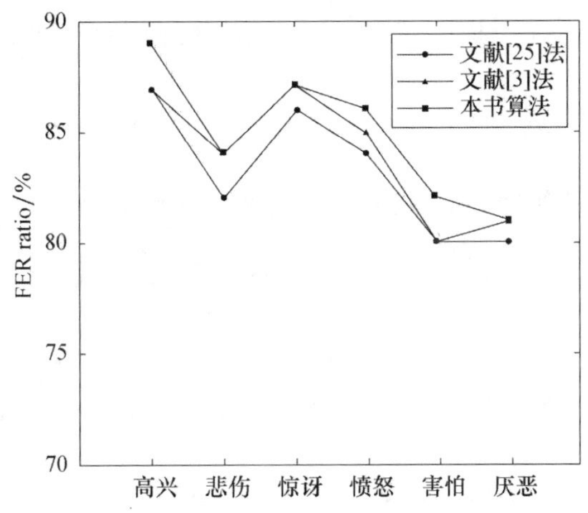

图 7.14　Cohn-Kanade 库中多分类器融合识别结果

综上所述,单个分类器都只从某一个层面去描述待识别样本的属性信息,其所获得的信息具有一定程度的不完整性,而多分类器融合有效地结合了各分类器的识别结果信息,克服了单一分类器识别结果的片面性,它将不同分类器识别结果进行有效的综合处理,融合识别得到的结果会更为准确。而且本融合算法不仅考虑了每个分类器识别结果的可分度,还考虑了各分类器对识别结果的支持度,对反映分类器重要程度的模糊密度进行更新赋值,使决策融合更全面更合理。

7.6 本章小结

本章主要介绍了基于混合特征和多 HMM 融合的图像序列表情识别方法、具有噪声过滤功能的分类器协同训练半监督主动学习算法、基于 D-S 证据理论的多粒度语段融合语音情感识别、基于对象模糊密度值的决策级层次式融合算法以及基于可分度和支持度的模糊密度赋值融合识别算法，这些方法能够融合来自不同侧面的情感信息，提高决策的准确性，改善视觉语音通道情感的整体识别率。这些方法还可以推广到其他模式识别领域的多通道信息决策级融合。

参考文献

[1] 詹永照，李婷，周庚涛. 基于混合特征和多 HMM 融合的图像序列表情识别. 计算机辅助设计与图形学学报，2008，20(7)：900-905.

[2] 陆捷荣，詹永照，毛启容. 基于 D-S 证据的多语段融合语音情感识别. 计算机工程，2010，36(18)：205-207.

[3] 陈亚必，朱勇，詹永照. 基于对象模糊密度赋值的决策层融合算法. 计算机应用，2010，30(4)：990-992.

[4] 詹永照，张娟，毛启容. 基于可分度和支持度的模糊密度赋值融合识别算法. 模式识别与人工智能，2012，25(2)：346-351.

[5] 詹永照，陈亚必. 具有噪声过滤功能的协同训练半监督主动学习算法. 模式识别与人工智能，2009，22(5)：750-755.

[6] 詹永照，曹鹏. 语音情感特征提取和识别的研究与实现. 江苏大学学报，2005，26(1)：72-75.

[7] Anderson K，McOwan P W. A real-time automated system for the recognition of human facial expressions. IEEE Transactions on Systems，Man，and Cybernetics，Part B，Cybernetics，2006，36(1)：96-105.

[8] Aleksic P S，Katsaggelos A K. Automatic facial expression recognition using facial animation parameters and multistream HMMs. IEEE Transactions on Information Forensics and Security，2006，1(1)：3-11.

[9] Dempster A P. Upper and lower probabilities induced by a multi-valued mapping. Ann Mathematical Statistics，1976，38(2)：325-339.

[10] Shafer G A. A Mathematical Theory of Evidence. New Jersey：Princeton University Press，1976.

[11] Zhang J，Wang G H，Liang F M，et al. Fusion recognition method of target's SAR images based on modified D-S evidence theory. Proceedings of the Sixth World Congress on Intelligent Control and Automation，2006：10280-10284.

[12] 李弼程，王波，魏俊. 一种有效的证据理论合成公式. 数据采集与处理，2002，17(1)：34-36.

[13] 韩文静,李海峰,韩纪庆. 基于长短时特征融合的语音情感识别方法. 清华大学学报(自然科学版),2008,48(S1):708-714.

[14] 谢波. 普通话语音情感识别关键技术研究. 杭州:浙江大学,2006.

[15] Zhan Y Z,Cheng K Y,Chen Y B,et al. A new classifier for facial expression recognition: fuzzy buried Markov model. Journal of Computer Science and Technology,2010,25(3):641-650.

[16] Bilmes J A. Buried Markov models for speech recognition. Proceedings of the IEEE International Conference on Acoustics,Speech,and Signal Processing,Piscataway,1999:713-716.

[17] Lewis D,Gale W. A sequential algorithm for training text classifier. Proceedings of 17th International Conference on Research and Development in Information Retrieval,1994:3-12.

[18] Kothari R,Jain V. Learning from labeled and unlabeled data using a minimal number of queries. IEEE Transations on Neural Networks,2003,14(6):1496-1505.

[19] 陈耀东,王挺,陈火旺. 半监督学习和主动学习相结合的浅层语义分析. 中文信息学报,2008,22(2):70-75.

[20] Tahani H,Keller J M. Information fusion in computer vision using the fuzzy integral. IEEE Transactions on Systems,Man and Cybernetics,1990,20(3):733-741.

[21] Zhan Y Z,Ye J F,Niu D J. Facial expression recognition based on Gabor wavelet transformation and elastic templates matching. International Journal of Image and Graphics 2006,6(1):125-138.

[22] 王进军,王汇源,吴晓娟. 基于环形对称 Gabor 变换和 PCA 加权的人脸识别算法. 模式识别与人工智能,2009,22(4):635-638.

[23] Wright J,Yang A,Ganesh A,et al. Robust face recognition via sparse representation. IEEE Transactions on Pattern Analysis and Machine Intelligence,2009,31(2):210-227.

[24] Kotsia I,Pitas I. Facial expression recognition in image sequences using geometric deformation features and support vector machines. IEEE Transactions on Image Processing,2007,16(1):172-187.

[25] 邢清华,刘付显. 一种基于模糊密度动态调节的融合目标识别方法. 控制与决策,2009,24(5):777-780.

第 8 章　情感分析的应用

8.1　概　　述

情感分析具有广泛的应用前景。计算机对人类的情感进行获取、分类、识别和响应，使用者可获得亲切的感觉，并能减轻人们使用计算机的挫败感，甚至帮助人们理解自己和他人的情感世界。

计算机的情感化设计能帮助增加使用设备的安全性和娱乐性(如情感鼠标)，使经验人性化，同时使计算机作为媒介进行学习的功能最佳化。在多媒体课件(特别是网络课件)设计中，通过情感分析的概念解析功能，可以提高学习者的学习兴趣和效率。多模式的情感交互技术能构筑更贴近生活的智能空间或虚拟场景，而机器人、智能玩具和游戏产业等则能构筑出更加人性化的风格和更加逼真的场景。

本章主要介绍课题组将情感分析方法应用到人脸动画和 E-learning 中所取得的成果[1-3]，着重介绍人脸表情的重构方法以及 E-learning 环境下的情感推理方法。

8.2　人脸表情动画中的逼真人脸重构

创建逼真的三维人脸动画主要包括三大步骤:一般人脸模型的建立、特定人脸模型的重构、人脸表情动画的设计和驱动。当然，为了表现真实感的人脸表情动画，逼真人脸的纹理生成是必不可少的一部分，并贯穿人脸动画的制作过程，其影响着人脸动画制作的成败。在介绍逼真人脸表情动画生成技术之前，先介绍由一般人脸模型到特定人脸模型的重构。

8.2.1　一般人脸模型

采用文献[1]的方法，首先获取了一个一般人脸模型，此人脸模型采用以行列的顶点组织方式进行三维人脸模型拓扑结构的设计，其可使用具体操作定位和控制三维人脸模型中具体的行和列以及相应的数据点，以便交互地设计调整人脸模型形状。一般人脸模型如图 8.1 所示，此模型共有 36 行和 30 列，共 1080 个数据点。以行列的形式组织拓扑关系有利于整个模型进行特定人脸重构以及人脸动画控制。

8.2.2　特定人脸模型重构

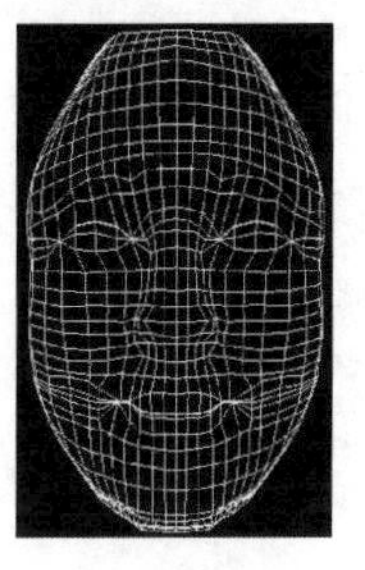

（a）网格模型

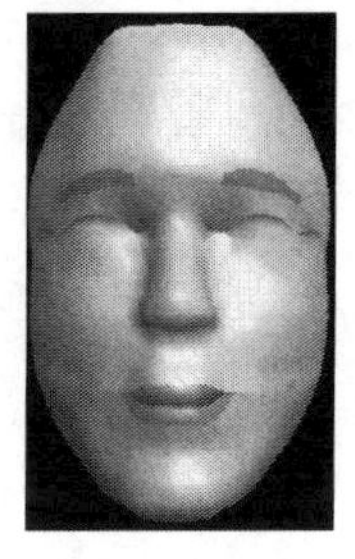

（b）实体模型

图 8.1　一般人脸模型

采用两张正交化的人脸正侧面照片来重构三维人脸模型。基于正交人脸图像合成虚拟人脸的一般方法是给定人脸正面和侧面的正交图像与预定义的一般人脸模型，从正交图像中抽取出反映人脸形状信息的特征点，再将这些特征点代入统一的约束方程求出非特征点的位置，进而获得适配后的脸型，最后对几何适配后的脸型进行纹理映射，使其具有较高的视觉真实感。

通常，特定人脸构造方法是把所有人脸特征点和一般人脸模型代入统一的约束方程进行求解得到特定人脸模型。由于特征点的分布情况和约束方程的特性，约束方程将各个特征点的约束泛化到整个人脸，导致人脸某些部位的数据异常，未能精确地刻画这些人脸部位。此外，定义整个人脸需要大量的特征点，随着特征点数目增加，重构整个人脸的算法在时间复杂度和空间复杂度上迅速增加。因此，采用基于径向基函数的分层分部位的特定人脸重构方法，把人脸的各个部位从整个人脸中分离出来，组成第一层；再把除去各人脸部位的剩余人脸作为第二层。分别对第一层中各人脸部位和第二层人脸进行重构，然后根据径向基函数的特性，计算影响因子，将第一层中各部件和第二层进行融合，构成一个完整的三维特定人脸模型。下面介绍该方法的实现过程。

1. 特定人脸特征信息提取

从正侧面人脸照片中获取人脸特征信息是整个人脸建模过程中最为基础也是最关键的一步。目前已经提出了很多从人脸照片中获取人脸特征信息进而获取三维人脸特征点的方法，主要可以分为两大类：一类是采用复杂的算法和辅助设备来计算三维人脸特征点；另一类则直接采用人工交互方式在人脸照片上标注特征点，直接通过对人脸图像中特征点位置关系的计算获得三维人脸特征点。根据人脸正侧面照片设计了各自的人脸特征点模板，通过交互，修改特征点模板来获取正侧面人脸照片中人脸的特征信息。

1）人脸正侧面照片预处理

给定的人脸正侧面照片可能焦距差距比较大，照片中人脸的大小不一致，因此，需要对人脸进行尺寸归一化预处理。

由于眼角与嘴角的位置在正侧面照片中很容易准确定位，且不受发型等因素的影响，故选择它们之间的高度差作为基准距离，对正侧面人脸照片进行归一化处理。设从正面照片获取眼角到嘴角的垂直距离为 h_1，从侧面照片获得眼角到嘴角的垂直距离为 h_2，则两者相除为正侧面照片的缩放因子，即 $\text{scale}=h_1/h_2$，用缩放因子 scale 来缩放侧面照片的整个人脸，使其和正面照片中的人脸高度大致相同，最后得到人脸的正侧面正交化的人脸，如图 8.2 所示。

(a) 正面照片

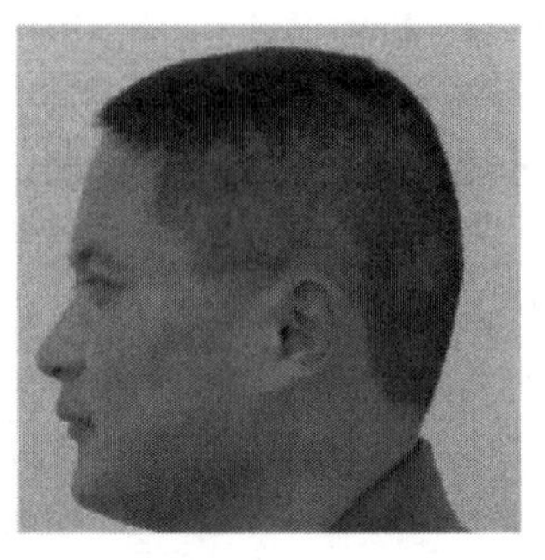

(b) 侧面照片

图 8.2　人脸正侧面正交照片

2) 人脸特征点模板与人脸特征信息提取

目前主要有自动提取和交互提取两种方式从照片中获取人脸特征信息。自动和手动提取人脸特征点都有一个从二维恢复到三维的过程，这也是特征点提取的困难所在。自动提取特征方法主要利用计算机视觉和图像识别方面的技术，识别出照片中的人脸轮廓并分辨出人脸各个部位的确切位置。该方法主要用在提取正面人脸特征信息上。对于侧面人脸图像，要准确定位并提取特征仍较为困难。若照片中人脸的背景复杂，则会导致提取特征信息的算法难以执行或降低准确率，无法保证提取的特征正确有效。此外，此类算法还存在计算复杂度高，需要摄像机参数等缺点[4]。由于方法便捷，且提取特征点可操作性良好，利用交互提取特征点方法仍为目前不少研究者采用作为从人脸图像上获取人脸特征信息的方法。

首先，预定义两组人脸特征点，用这两组特征点分别组建正侧面人脸的初始人脸特征点模板，然后采用这个模板和人脸照片交互，调整适配模板和照片中的人脸，从而获取人脸特征点。通常，这些定义好的特征点模板中的特征点都是三维的，在与正面人脸照片交互时，除了某个特征点因位置被调整而改变其 (x,y) 分量值外，模板中与此特征点相关联的其余特征点的 (x,y) 分量值也会随交互而发生改变；而当与侧面人脸照片交互时，整个人脸特征点模板先作一定程度旋转（绕 y 轴，旋转 90°），模板中的特征点与侧面照片中的人脸对应起来，此时的交互，除了某个特征点因位置被调整而改变其 (y,z) 分量值外，模板中与此特征点相关联的其余特征点的 (y,z) 分量值也应随交互而发生改变。这样，整个交互过程结束后，整个模板特征点的(x,y,z)分量都得到了调整，获取调整后的人脸特征点模板数据便可直接得到与照片中人脸相适应的全部三维特征点。但该方法要求设计的特征点模板合理，交互调整时在特征点密集处需精确操作，同时需设计合理的变化关系以达到有对应关系的特征点的相应变化。

采用正侧面特征点模板分别与其对应的正侧面人脸照片交互，获取正侧面照片中人脸的特征信息。正面特征点模板包含49个特征点，标识正面的人脸特征信息；侧面特征点模板包含20个特征点，标识人脸侧面的特征信息。这两个相互独立的特征点模板各自展示正面人脸和侧面人脸的特征信息，便于在人脸照片上操作；另外两者共有若干特征点，可以选择其中几个共有的特征点，作为恢复整个三维特征点时的参考特征点。经过特征点模板编辑，模板中的特征点和照片中人脸的特征相对应，特征模板适配结果如图8.3所示。

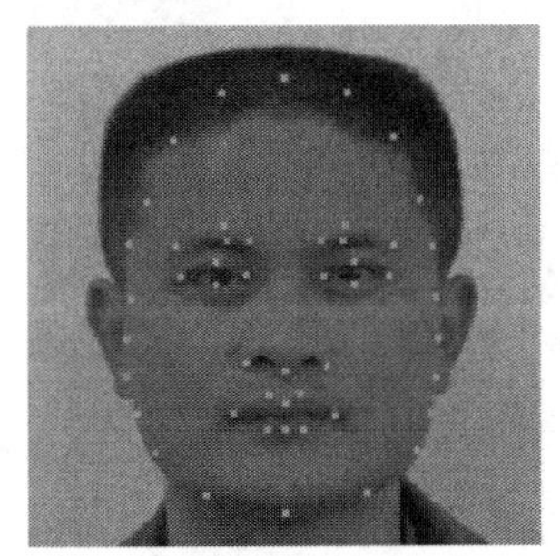

(a) 正面特征点模板

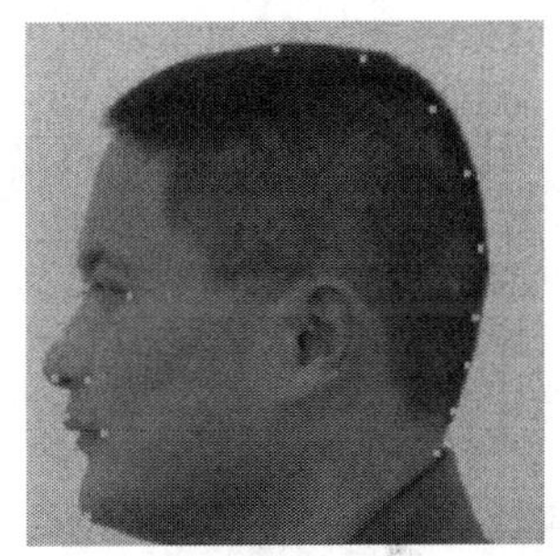

(b) 侧面特征点模板

图8.3　正侧面人脸照片的特征信息适配和提取

2. 基于径向基函数的三维人脸重构

径向基函数[5]具有强大的插值能力，已被广泛应用于人脸变形中。采用径向基函数进行人脸模型的重构，就是将人脸变形问题转化为多变量散乱数据插值问题：已知三维网格模型的所有网格点和n个特征点的位置，当特征点从原来位置$p_i(1\leqslant i\leqslant n)$移动到新位置$p_i'$时，如何求出非特征点$p$的新位置$p'$。可采用径向基函数计算$p'$相对于$p$的位移，其计算式为

$$f(p)=\sum_{i=1}^{n}c_i\Phi(\|p-p_i\|)+\boldsymbol{M}p+\boldsymbol{t} \tag{8-1}$$

式中，n为人脸模型总的特征点个数；c_i为基函数对应的系数；$p_i(1\leqslant i\leqslant n)$为模型中第$i$个特征点；$\|p-p_i\|$为$p$与$p_i$之间的欧氏距离；$\Phi(\|p-p_i\|)$为基函数；$\boldsymbol{M}p+\boldsymbol{t}$为仿射部分，表示整体变换，在三维人脸重构中，由于特征点都是三维的，因此仿射分量$\boldsymbol{M}$和$\boldsymbol{t}$分别是3×3矩阵和3×1向量。这样非特征点p的新位置p'为$p+f(p)$。

基函数的选取是径向基函数重构特定人脸模型中的重要一步。不同的基函数具有不同特性，在特定人脸模型重构中较为常用的有高斯函数、二次多项和逆二次多项等。在人脸重构中，不同的基函数由于不同的特性，重构的效果各异，选择 $\Phi(r)=\mathrm{e}^{\frac{-r}{R}}$ 作为基函数，其中，R 控制变形范围，根据 r 的变化域取相应的值，这是经实践证明有最好插值效果的选择。

特征点变化前后的位移为 $\Delta p_i(1\leqslant i\leqslant n)$，令 $\Delta p_i=p_i-p_i'=f(p_i)(1\leqslant i\leqslant n)$，将 n 个特征点代入式(8-1)可得

$$\Delta p_i=\sum_{j=1}^{n}c_j\Phi(\|p_i-p_j\|)+\boldsymbol{M}p_i+\boldsymbol{t},\quad 1\leqslant i\leqslant n \tag{8-2}$$

设仿射变换约束条件为

$$\begin{cases}\displaystyle\sum_{j=1}^{n}c_j=0\\ \displaystyle\sum_{j=1}^{n}c_jp_j=0\end{cases} \tag{8-3}$$

其作用是为了消除径向基函数中仿射分量的影响。将式(8-2)和式(8-3)联立得线性方程组

$$\begin{bmatrix}\phi_{11}&\phi_{12}&\cdots&\phi_{1n}&P_{1x}&P_{1y}&P_{1z}&1\\ \phi_{21}&\phi_{22}&\cdots&\phi_{2n}&P_{2x}&P_{2y}&P_{2z}&1\\ \cdots&\cdots&\cdots&\cdots&\cdots&\cdots&\cdots&\cdots\\ \phi_{n1}&\phi_{n2}&\cdots&\phi_{nn}&P_{nx}&P_{ny}&P_{nz}&1\\ P_{1x}&P_{2x}&\cdots&P_{nx}&0&0&0&0\\ P_{1y}&P_{2y}&\cdots&P_{ny}&0&0&0&0\\ P_{1z}&P_{2z}&\cdots&P_{nz}&0&0&0&0\\ 1&1&\cdots&1&0&0&0&0\end{bmatrix}\begin{bmatrix}c_1\\ c_2\\ \vdots\\ c_n\\ \boldsymbol{M}\\ \boldsymbol{t}\end{bmatrix}=\begin{bmatrix}\Delta p_1\\ \Delta p_2\\ \vdots\\ \Delta p_n\\ 0\\ 0\\ 0\\ 0\end{bmatrix} \tag{8-4}$$

式中，$\phi_{ij}=\Phi(\|p_i-p_j\|)(1\leqslant i,j\leqslant n)$；$(P_{ix},P_{iy},P_{iz})(1\leqslant i\leqslant n)$为特征点 p_i 的坐标。解线性方程组(8-4)可得式(8-1)中基函数的系数 c_i 和仿射分量 $\boldsymbol{M}$ 和 $\boldsymbol{t}$。

人脸结构上的个性特征主要反映在人脸部件和人脸轮廓上。在重构时，人脸的各器官部位特征点较多，且分布特点各异。因此，将单独对各个人脸部件进行重构，对不同部位分别采用符合部位特征曲面的约束方程进行重构，以期更精确地描述人脸部位特征。将去除部件后的人脸组成第二层，该层的曲面较为平滑，可使用相对平滑的径向基函数进行合理重构。然后将重构后第一层和第二层融合，达到重构整个人脸曲面的目标。第一层的主要器官部件为左眼、右眼、鼻子和嘴巴部件。部件特征点集的选取应尽量能刻画部件的个性化特点，这些特征点集包括：左眼(包括左眉毛)部位的 8 个特征点集合、右眼(包括右眉毛)部位的 8 个特征点的

集合、鼻子部位的 3 个特征点集合和嘴巴部位的 8 个特征点集合。将除去以上 4 个人脸部件后的人脸曲面组成第二层(包括上述 4 个部件的边缘轮廓)。对第一层中的各人脸部位和第二层人脸曲面,均采用径向基函数进行重构,但它们分别取不同 R 值的基函数。

对于人脸部件特征点分布较为密集的情况,采用突出特征点及周围的基函数,R 的取值一般较小,如眼睛、鼻子及嘴巴部件 R 取 0.6。第二层则以一些稀疏的面部特征点为主,主要反映人脸轮廓和面部曲面状况,选用平滑性好的基函数更为合理,一般 R 的取值较大,如书中 R 取 64。分层分部位避免了第二层中的特征点对第一层中各人脸部件的重构产生影响,使各人脸部件按其部件特点重构;同样,第一层中各部件特征点主要用于重构本部件,对第二层和第一层中其他部件也不产生影响。这样把各部件和面部曲面分离开来重构,可达到部件特征更分明、脸部曲线更光滑的效果。

将人脸模型进行分层、分部位划分后,然后根据人脸部位的特征点在整个人脸特征点分布情况,来获得该人脸部位中非特征点的在第一层和第二层曲面中各自的影响因子,某个区域的影响因子大小取决于该区域中特征点在整个人脸中的分布以及其特征点的数目。区域中特征点分布越广,对交界处非特征点的影响越小,影响因子也小;特征点数目越多,对交界处的非特征点影响越大,影响因子也大。影响因子的值可以按照以下方法进行计算。

设第一层人脸的某五官部位曲面为 f_i,第二层的轮廓曲面为 pf,其相应的影响因子 α_i 和 α_{0i} 可取

$$\begin{cases}\alpha_i = n_i R_0/(n_0 R_i + n_i R_0) \\ \alpha_{0i} = n_0 R_i/(n_0 R_i + n_i R_0)\end{cases} \tag{8-5}$$

式中,n_i 为 f_i 的特征点个数,n_0 为 pf 的特征点个数,R_0 为 pf 各特征点到其特征点中心的平均距离,R_i 为 f_i 各特征点到其特征点中心的平均距离。某人脸五官部位曲面 f_i 和第二层的轮廓曲面 pf 的交界处所有非特征点 p 的新位置 p' 融合为

$$p' = \alpha_i p_1 + \alpha_{0i} p_2 \tag{8-6}$$

式中,p_1、p_2 分别为 f_i 和 pf 重构的交界处对应的非特征点。

根据式(8-6)重新计算第一层 4 个人脸部件和第二层中人脸部分交界处的非特征点的位置,使各人脸部位和第二层人脸部分光顺地融合,最终形成特定三维人脸曲面。

3. 近似人脸全视角图生成算法

基于正侧面照片进行三维人脸模型重构的研究中关于人脸纹理图的处理,国内外学者都进行了广泛的研究,并取得了一定的研究成果。实验者先将正面和侧

面照片中的人脸按各自的特征折线变形，然后进行多分辨率图像拼接。这种方法得到的结果真实感较强，且眼角外角点在正面和侧面照片中的人脸中较易定位，但就如何定义一条合理的特征折线仍未有定论。故有些研究者为了简化操作将特征折线换成直线[6]，这能近似达到目的，但最终人脸纹理合成及映射效果欠佳。有的采用多方向纹理映射方法[7]，该方法的正侧面照片在所取纹理的交接处色彩过渡平滑时，效果良好；若色彩过渡不均匀，则纹理映射将不太自然，且需要估计各面片的法向量，计算量较大。

全视角纹理图反映了在三维场景中多视角的纹理状况，但计算较复杂，实际操作不便。实际上，人脸正面照片纹理图反映了包括正面轮廓和五官部位的纹理状况，人脸的侧面照片纹理图反映了包括耳朵和后脑勺部位的纹理状况，在三维人脸真实感图形生成时，生成正面面片的真实感纹理可采用正面照片的相应纹理映射，生成侧面照片的真实感纹理可采用侧面照片的相应纹理进行映射，但人脸照片映射纹理不易合理界定，特别是所选的正侧面中纹理的交接处光照条件不尽相同，生成的三维真实感纹理图过渡不平滑、不自然。结合全视角纹理图拼接特点，提出近似人脸全视角图生成的方法，同时设计相应的纹理映射方案，实现特定人脸的真实感图形生成。

定义 8.1 将人脸左侧面照片纹理图、正面照片纹理图和右侧面照片纹理图在左、右外眼角处进行融合拼接所得的纹理图称为近似人脸全视角纹理图。

图像处理的塔形方法(也称为图像金字塔法)是由 Burt 和 Adelson 首先提出的，其早期主要用于图像的压缩处理及人或机器的视觉特性/模型研究[8]。图像的金字塔方法也可以用于计算机/机器视觉的多分辨率分析。利用图像的金字塔分解，能分析图像中不同大小的物体，例如，高分辨率层(下层)可用于分析细节，低分辨率层(上层)可用于分析较大的物体。同时，通过对低分辨率、尺寸较小的上层进行分析所得到的信息还能用来指导对高分辨率、尺度较大的下层进行分析，从而大大简化分析和计算。图像的塔形分解提供了一种方便、灵活的图像多分辨率分析方法，图像的拉普拉斯塔形分解[8-10]可以将图像的重要特性按不同的尺度分解到不同的塔形分解层上。拉普拉斯金字塔算法也是一种多分辨率的图像融合算法，可以将多幅图像平滑地融合在一起。图像拼接是不重叠或部分重叠的图像融合的特例，因此图像融合的技术可以用于图像拼接。但是仅使用金字塔算法进行图像拼接，得到的结果还不是很理想，于是在金字塔融合的基础上提出了拼接图像交接处色彩融合近似人脸全视角图生成算法。近似人脸全视角图生成方法是将人脸正侧面照片进行高斯金字塔分解并进一步构造拉普拉斯金字塔，然后在拉普拉斯的每一层沿左右外眼角点进行图像拼接并采用一定的算法进行边界色彩融合，最后对拼接后的拉普拉斯金字塔进行重构，即可得到近似人脸全视角的纹理图。

近似人脸全视角纹理图在纹理映射时,应以纹理拼接处为界,分别采用相应的纹理映射方法进行纹理映射,从而得到多视角的三维真实感人脸。

拉普拉斯金字塔的构造

由于人脸具有对称性,人脸的左侧面照片采用给定的右侧面照片进行像素翻转即可,这样人脸纹理图的生成就变成了 3 张照片的拼接融合问题。于是在本次实验中,要分别对 3 张人脸照片进行拉普拉斯分解。图像的拉普拉斯金字塔分解主要包括建立高斯金字塔和拉普拉斯金字塔的两个图像运算过程,分别表述如下。

1) 图像的高斯金字塔分解

高斯金字塔的构造过程是对图像进行一系列的 Reduce 运算,即将一幅图像进行高斯低通滤波分解为一个图像序列。设原图像为 G_0,以 G_0 作为高斯金字塔的零层(底层),高斯金字塔的第 k 层图像为 G_k,高斯金字塔构造方法如下所述。

先将第 $k-1$ 层图像 G_{k-1} 和一个具有低通特性的窗口函数 $\boldsymbol{w}(m,n)$ 进行卷积,再把卷积结果进行隔行隔列的降采样,即

$$G_k(i,j)=\sum_{m=-2}^{2}\sum_{n=-2}^{2}\boldsymbol{w}(m,n)G_{k-1}(2i+m,2j+n)$$
$$0<k\leqslant N;0<i\leqslant C_k;0<j\leqslant R_k \tag{8-7}$$

其中,N 为高斯金字塔顶层的层号;C_k 为高斯金字塔第 K 层图像的列数;R_k 为高斯金字塔第 k 层图像的行数;$\boldsymbol{w}(m,n)$ 为 5×5 的窗口函数,有些文献中也称为权函数、生成核,定义为

$$\boldsymbol{w}=\frac{1}{256}\begin{bmatrix}1&4&6&4&1\\4&16&24&16&4\\6&24&36&24&6\\4&16&24&16&4\\1&4&6&4&1\end{bmatrix} \tag{8-8}$$

于是,式(8-7)可简记为

$$G_k=\text{Reduce}(G_{k-1}) \tag{8-9}$$

这样,由 $G_0,G_1,\cdots,G_N$ 就构成了高斯金字塔,其中,G_0 为金字塔的底层;G_N 为金字塔的顶层;高斯金字塔的总层数为 $N+1$。可见,图像的高斯金字塔分解是通过依次对低层图像与具有低通特性的窗口函数 $\boldsymbol{w}(m,n)$ 进行卷积(此过程相当于对图像进行低通滤波),再把卷积结果进行隔行隔列的降 2 采样来实现的。

2) 拉普拉斯金字塔的建立

拉普拉斯金字塔的构造是建立在高斯金字塔基础上的操作,是利用一幅图像的高斯金字塔而建立同一图像的拉普拉斯金字塔。拉普拉斯金字塔的构造过程主

要是进行一系列的 Expand 运算,Expand 是 Reduce 的逆运算,先将 G_k 内插放大,得到放大图像 G_k^*,使 G_k^* 的尺寸与 G_{k-1} 的尺寸相同,即

$$G_k^* = \text{Expand}(G_k) \tag{8-10}$$

与式(8-7)相对应,Expand 运算定义为

$$G_k^*(i,j) = \sum_{m=-2}^{2}\sum_{n=-2}^{2}\boldsymbol{w}(m,n)G_{k-1}\left(\frac{i+m}{2},\frac{j+n}{2}\right)$$
$$0 < k \leqslant N; 0 < i \leqslant C_k; 0 < j \leqslant R_k \tag{8-11}$$

其中

$$G_k'\left(\frac{i+m}{2},\frac{j+n}{2}\right)=\begin{cases}G_k\left(\dfrac{i+m}{2},\dfrac{j+n}{2}\right) & \text{当}\dfrac{i+m}{2},\dfrac{j+n}{2}\text{为整数时}\\ 0 & \text{其他}\end{cases} \tag{8-12}$$

G_k^* 的尺寸与 G_{k-1} 相同,但 G_k^* 并不等于 G_{k-1}。从式(8-12)可以看出,在原有像素间内插的新像素的颜色值是通过对原有像素颜色值的加权平均确定的。由于 G_k^* 是对 G_{k-1} 进行低通滤波得到的,即 G_k^* 是模糊化、降采样的 G_{k-1},所以,G_k^* 所包含的细节信息少于 G_{k-1}。于是,可以构造拉普拉斯金字塔,表示为

$$\begin{cases}L_k = G_k - \text{Expand}(G_{k+1}) & 0 \leqslant k < N\\ L_N = G_N & k = N\end{cases} \tag{8-13}$$

由 $L_0, L_1, \cdots, L_N$ 构成的图像金字塔即为拉普拉斯金字塔,它的每一层图像是高斯金字塔的该层图像与其上一层图像经过 Expand 运算后图像的差,此过程相当于带通滤波。可以看出,图像的拉普拉斯金字塔分解与高斯金字塔分解一样,均为图像的多尺度、多分辨率分解。同时还可以看到,拉普拉斯金字塔的各层(顶层除外)均保留和突出了图像的重要特征信息(如边缘信息),这些信息被按照不同尺度分别分离在不同分解层上。为了消除人脸照片拼接处的接缝,提高生成的人脸近似全视角纹理图的逼真度,在分别构造正侧面人脸图像的拉普拉斯金字塔后,设计了一种边界色彩融合算法来融合拼接的边缘,使最后拼接生成的纹理图更加自然。拼接边界色彩融合算法具体实现过程见 8.2.2 节。

4. 边界色彩融合算法及近似全视角纹理图重构

生成人脸近似全视角纹理图需要人脸正面照片与侧面照片沿人脸的外眼角点进行拼接,正侧面照片的外眼角点位置通过正、侧面特征点模板分别与正、侧面照片进行调整适配过程得到。

每进行一次人脸纹理图的合成都有两次拼接过程:第一次是左侧面照片跟正面照片左侧拼接,第二次是正面照片右侧跟右侧面照片右侧拼接。得到图像的拼

接位置后，即可进行拼接过程。但是如果直接将左侧面照片、正面照片和右侧面照片在各自的外眼角位置进行拼接融合，则得到的纹理图在拼接处的肤色过渡不自然，会出现明显的色彩跳跃。于是在拼接时，将正、侧面照片沿外眼角位置各往外拓宽几个像素值，使之有部分重叠，而后再进行色彩融合拼接。边界色彩融合和最后的图像重建的方法表述如下。

1）拼接边界处色彩融合

假设拉普拉斯金字塔的某一层的正、侧面照片分别为 $L_1(x,y)$ 和 $L_2(x,y)$，且 $L_1(x,y)$ 的右侧跟 $L_2(x,y)$ 的左侧进行拼接，在两幅图像的外眼角位置同时往外侧拓宽 r 个像素值，拼接得到的拼接处结果图像为 $L(x,y)$，则 $L(x,y)$ 可以由下式得到

$$L(x,y)=C(x)L_1(x,y)+[1-C(x)]L_2(x,y),\quad x\in(w_1-r,w_1) \tag{8-14}$$

式中，w_1 是左部图像 $L_1(x,y)$ 的宽度，且权函数 $C(x)$ 遵循下面的规则

$$C(x)=\begin{cases}0.5 & x=x_0\\ \dfrac{(x-x_0)^2}{2r^2}+0.5 & w_l-r<x<x_0\\ 1-\left[\dfrac{(x-x_0)^2}{2r^2}+0.5\right] & x_0<x\leqslant w_1\end{cases} \tag{8-15}$$

式中，x_0 为重叠部分横坐标的中心位置。式(8-15)可以使拼接在一起的两幅图像在拼接处更平稳地过渡，增强合成的人脸纹理的真实感效果。

2）图像重建

图像的重建过程是上述高斯金字塔和拉普拉斯金字塔分解的逆过程。为了推导图像的重建公式，进行如下定义：在高斯金字塔的每层按照边界色彩融合算法拼接 3 幅图像，结果图像设为 $G'_k(0\leqslant k\leqslant n)$，称为拼接图像高斯金字塔；同理，在图像拉普拉斯金字塔的每层按照边界色彩融合算法拼接 3 幅图像，得到的结果图像设为 $P_k(0\leqslant k\leqslant n)$，称为拼接图像拉普拉斯金字塔；同时，定义在金字塔的每层进行重建后的结果图像为 $S_k(0\leqslant k\leqslant n)$。于是在拼接图像高斯金字塔的顶层即第 N 层开始预测拼接图像高斯金字塔的第 $N-1$ 层，即对拼接图像高斯金字塔的第 N 层执行 Expand 运算，然后再加上第 $N-1$ 层的预测残差（拼接图像拉普拉斯金字塔的第 $N-1$ 层），得到第 $N-1$ 层的重建图像，作为拼接图像高斯金字塔新的第 $N-1$ 层。这个过程被重复迭代计算，直到生成第 0 层图像，即为所求的拼接融合结果图像。递推公式可以推导如下所述。

由式(8-13)可得

$$\begin{cases}G_k=L_k+\mathrm{Expand}(G_{k+1}) & 0\leqslant k<N\\ G_N=L_N & k=N\end{cases} \tag{8-16}$$

式(8-16)是对于两幅单个图像拉普拉斯金字塔重建融合后图像的公式,但是对于拼接图像的拉普拉斯金字塔图像重建,可以把式(8-17)修改为

$$\begin{cases} S_k = P_k + \text{Expand}(S_{k+1}) & 0 \leqslant k < N \\ S_N = G'_N & k = N \end{cases} \tag{8-17}$$

式(8-17)即为拉普拉斯金字塔拼接图像重建公式,其中,S_k 表示重建恢复出的每层图像,S_0 即为最终得到的拼接融合图像的结果图。采用图像金字塔分解进行人脸近似全视角图的合成过程如图 8.4 所示。

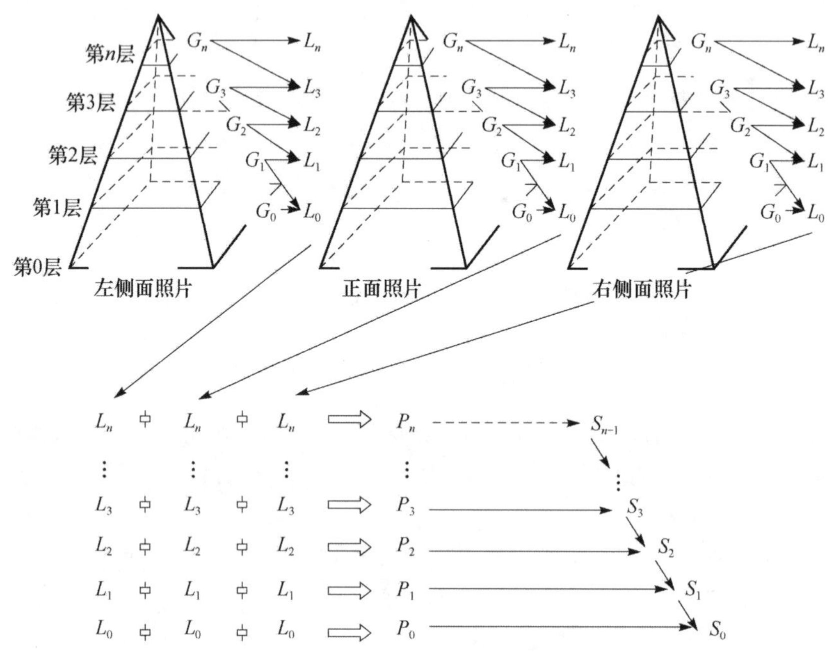

图 8.4 采用金字塔算法进行图像拼接的示意图

5. 纹理坐标的计算

重构后的特定人脸模型已经完全和照片中的人脸对应,因此模型上的点都和照片中的人脸相对应。接下来,采用近似全视角图对特定人脸模型进行纹理映射,近似全视角图在纹理映射时,应以纹理拼接处即眼睛外角点为界分别采用相应的纹理映射方法进行纹理映射。针对整个三维人脸模型,以过左右眼角点的两列顶点作为人脸模型的轮廓线,将整个人脸分成三个区域:左侧面、正面和右侧面。从后脑勺正中线开始到左轮廓线内区域为左侧面,左轮廓线到右轮廓线内区域为正面,从右轮廓线到后脑勺正中线内区域为右侧面。三个区域内的点按各自的区域

分别计算其对应的纹理坐标。

为了简便计算，在近似人脸全视角纹理图上定义如下 4 个点：左后脑勺点，左眼角点、右眼角点、右后脑勺点，分别记为 $T_1(u_1,v_1)$、$T_2(u_2,v_2)$、$T_3(u_3,v_3)$、$T_4(u_4,v_4)$；与此 4 个点相对应的特定人脸模型上的点分别记为 $P_1(x_1,y_1,z_1)$、$P_2(x_2,y_2,z_2)$、$P_3(x_3,y_3,z_3)$、$P_4(x_4,y_4,z_4)$。由于近似人脸全视角图生成和三维人脸模型重构都是使用同样的正侧面照片，因此近似全视角图和特定三维人脸模型以及其特征点都存在着对应关系。对于特定三维人脸模型，$P_1(x_1,y_1,z_1)$、$P_2(x_2,y_2,z_2)$、$P_3(x_3,y_3,z_3)$、$P_4(x_4,y_4,z_4)$四点的坐标可以直接由特征点得到。对于近似全视角图，左后脑勺点、左眼角点的纹理坐标 $T_1(u_1,v_1)$和 $T_2(u_2,v_2)$可直接取自左侧面照片中原来的值。设正面照片中原左、右眼角点坐标分别为(u_2^0,v_2^0)和(u_3^0,v_3^0)，则近似人脸全视角图的左眼角点的纹理坐标 $T_3(u_3,v_3)$为

$$\begin{cases} u_3 = u_2 + u_3^0 - u_2^0 \\ v_3 = v_3^0 \end{cases} \tag{8-18}$$

设右侧面照片中原右眼角点、右后脑勺点纹理坐标分别为(u_3^1,v_3^1)、(u_4^0,v_4^0)，则近似人脸全视角图中右脑勺点的纹理坐标 $T_4(u_4,v_4)$为

$$\begin{cases} u_4 = u_3 + u_4^0 - u_3^1 \\ v_4 = v_4^0 \end{cases} \tag{8-19}$$

两组点坐标计算完成，就可以计算任一点的纹理坐标。

对于左侧面特定人脸模型中的任一点 $P(x,y,z)$，其纹理坐标 $T(u,v)$为

$$\begin{cases} u = [(z_2 - z_1)/(z - z_1)](u_2 - u_1) + u_1 \\ v = [(y_2 - y_1)/(y - y_1)](v_2 - v_1) + v_1 \end{cases} \tag{8-20}$$

对于正面特定人脸模型中的任一点 $P(x,y,z)$，其纹理坐标 $T(u,v)$为

$$\begin{cases} u = [(x_3 - x_2)/(x - x_2)](u_3 - u_2) + u_2 \\ v = [(y_3 - y_2)/(y - y_2)](v_3 - v_2) + v_2 \end{cases} \tag{8-21}$$

对于右侧面特定人脸模型中的任一点 $P(x,y,z)$，其纹理坐标 $T(u,v)$为

$$\begin{cases} u = [(z_4 - z_3)/(z - z_3)](u_4 - u_3) + u_3 \\ v = [(y_4 - y_3)/(y - y_3)](v_4 - v_3) + v_3 \end{cases} \tag{8-22}$$

对特定人脸模型的任意点按区域划分并应用上面三式之一可得其纹理坐标，将近似全视角纹理图映射到重构的特定人脸模型，即可得到真实感的特定人脸模型。

8.2.3　实验结果与分析

人脸近似全视角纹理图在特定人脸模型的真实感表现中起着关键的作用，而实验方法的选取也影响着合成纹理图的效果。选用金字塔分解的拼接融合方法并

且在拼接的过程中采用拼接处边界色彩融合算法进行人脸正侧面的拼接。对于图 8.2给定的人脸正侧面照片，按照上述方法进行拼接，得到如图 8.5 所示的近似人脸全视角纹理图。

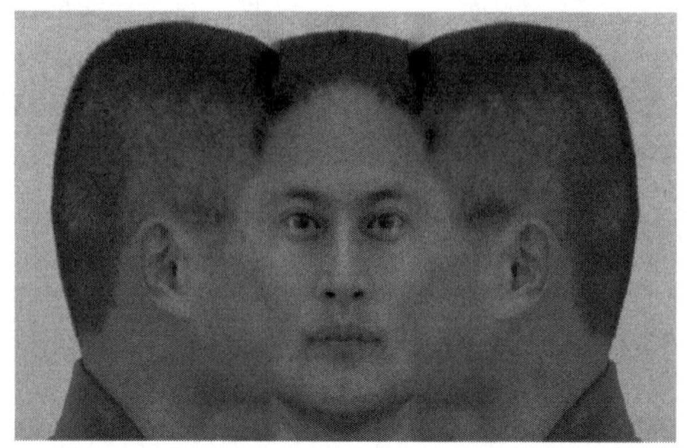

图 8.5　采用边界色彩融合处理的金字塔拼接融合结果

作为对比实验，图 8.6 是仅进行多分辨率分解重构拼接，但没有进行拼接图像交接处色彩融合拼接的结果。可以看出，采用边界色彩融合算法得到的纹理图的拼接处没有明显的接缝，肤色过渡自然，而图 8.6 在拼接处有明显的拼接缝存在。因此采用边界色彩融合算法得到的近似人脸全视角纹理图肤色过渡自然，图像融合效果较好。

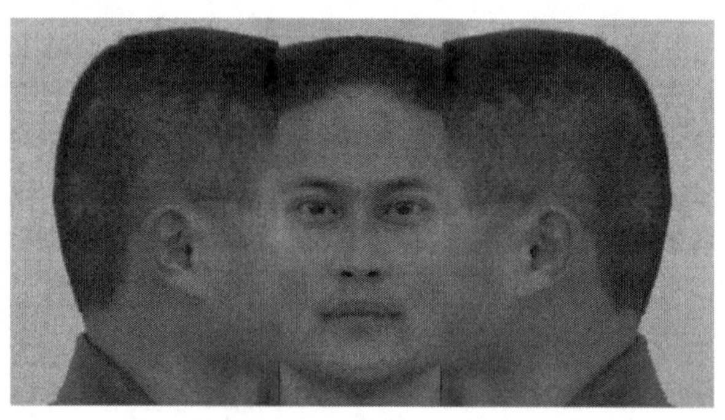

图 8.6　未经边界色彩融合处理的金字塔拼接融合结果

将采用边界色彩融合算法得到的近似人脸全视角纹理图映射到 8.2.2 节中重构的三维人脸模型，最后得到真实感人脸模型，如图 8.7 所示。图 8.8 是采用图 8.6的未经边界色彩融合处理的金字塔拼接图像进行纹理映射的结果。可以看出，图 8.7 中正、侧面人脸的交接处肤色过渡自然，生成的三维人脸真实感较强，而图 8.8 中人脸正面与侧面的交接处有明显的灰度跳跃，且颧骨处出现高光现象，这与真实的照片效果相比差异较大。图 8.9 是采用边界色彩融合算法对其他两个人的人脸正侧面照片进行建模的示例。因此,可以看出,采用边界色彩融合算法生成三维特定人脸模型效果逼真。

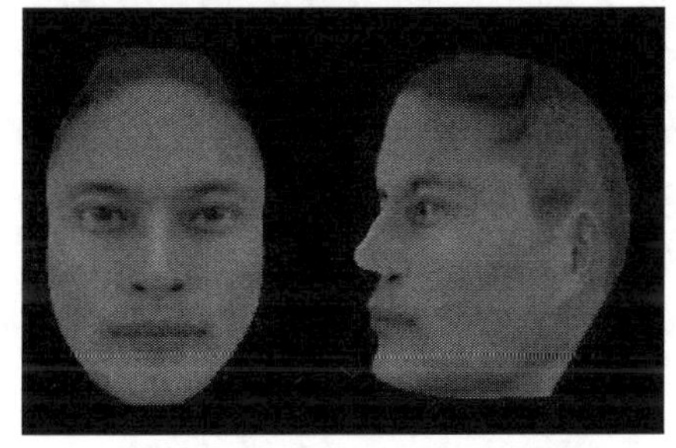

(a) 正面视角　(b) 左侧面视角

图 8.7 色彩融合近似全视角图生成的三维人脸模型

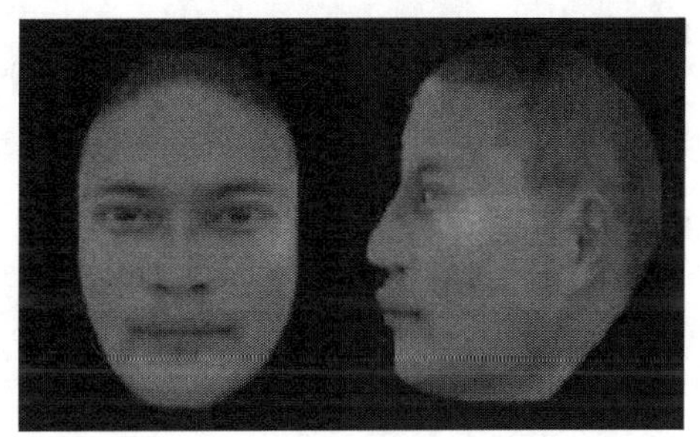

(a) 正面视角　(b) 左侧面视角

图 8.8 色彩未融合近似全视角图生成的三维人脸模型

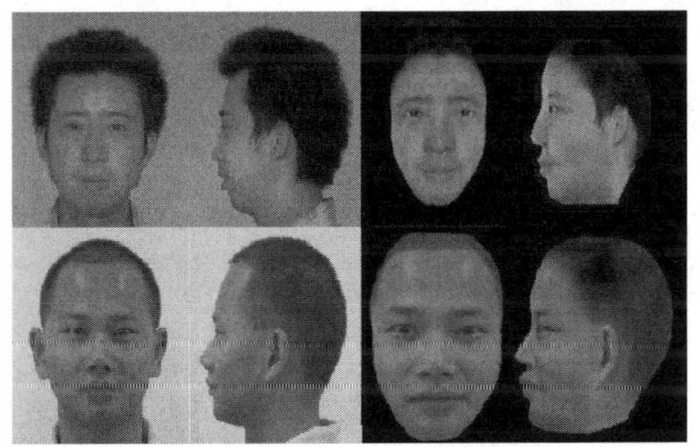

图 8.9 其他特定人脸建模示例

8.3 基于表情动作单元参数的逼真表情动画方法

在人脸表情动画的研究中,对于人脸在不同表情下皮肤的变化处理,一般是对人脸几何曲面进行变形来实现,而且在纹理上,一般只使用一张中性表情的人脸纹理图像进行贴图[11-16]。把中性人脸纹理映射到网格上,网格的变形带动人脸纹理的拉伸。但是,人脸具有复杂的组织结构且具有丰富的面部表情,因此皮肤的褶皱变化细微且复杂多变,使用简单的几何曲面变形远远达不到生成真实感人脸表情的效果。虽然传统的方法也能生成各种表情,但缺乏细微表情特征的动画显得不够真实和生动,如何表现出表情的细微特征是实现逼真三维人脸动画研究中一个亟待解决的问题。

课题组在表情比率图思想的基础上，设计实现了一种基于人脸表情动作单元参数的三维人脸动画中实时产生面部细微表情纹理的方法。该方法首先采集包括中性表情的一系列人脸表情照片，然后采用基于提取人脸特征信息的方法建立局部表情比率图库。最后，利用人脸动画中动作单元的参数控制人脸面部细微纹理的可见性，实现具有人脸细微表情纹理特征的三维人脸表情动画。

8.3.1 ERI 介绍

ERI(expression ratio image)的方法是 Liu 等[17]于 2001 年在 SIGGRAPH 大会上提出的，主要原理为设 p 为人脸上的一点，由朗伯模型可以知道 p 的光亮度为

$$I = \rho \sum_{i=1}^{m} I_i \boldsymbol{n} l_i \tag{8-23}$$

式中，ρ 为 p 点的反射系数，I_i 为第 i 个光源的强度，$\boldsymbol{n}$ 为 p 点的法向量，l_i 是 p 到第 i 个光源的方向。因此，表情人脸的光亮度可表示为

$$I' = \rho \sum_{i=1}^{m} I_i \boldsymbol{n}' l'_i \tag{8-24}$$

则表情人脸和中性人脸上对应点的光亮度之比为

$$\Re = \frac{I'}{I} = \frac{\sum_{i=1}^{m} I_i \boldsymbol{n}' l'_i}{\sum_{i=1}^{m} I_i \boldsymbol{n} l_i} \tag{8-25}$$

假设不同的人在同一种表情下，脸部对应点的法向 $\boldsymbol{n}$ 是一致的，那么对于不同人脸，只要表情相同，即可认为 $\Re$ 是相同的，对于两个人的面部图像 A 和 B 有

$$\frac{I_A}{I_B} = \frac{I'_B}{I_B} \tag{8-26}$$

在图像对齐的情况下有

$$\frac{B'(u,v)}{B(u,v)} = \frac{A'(u,v)}{A(u,v)} = \Re(u,v) \tag{8-27}$$

式中，(u,v)是图像上的坐标，$A(u,v)$、$A'(u,v)$、$B(u,v)$、$B'(u,v)$为图像中点(u,v)的像素值。从式(8-27)可得

$$B'(u,v) = B(u,v)\Re(u,v) \tag{8-28}$$

$$\Re(u,v) = \frac{A'(u,v)}{A(u,v)} \tag{8-29}$$

式中，$\Re(u,v)$就是该表情的 ERI。图 8.10 所示为文献[17]中的 ERI 的具体例子，其中(a)是中性表情，(b)是皱眉表情，(c)是皱眉表情的 ERI。为了将运算得到的 ERI 显示为图像，图 8.10(c)把 ERI 各点亮度的比率值转化成灰度值。

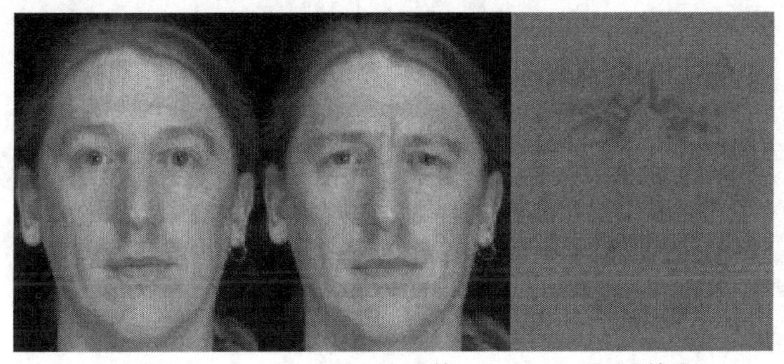

(a) 中性表情　(b) 皱眉表情　(c) 皱眉表情的ERI

图 8.10　ERI 的具体例子

图 8.11(c)是对另外一个人的中性人脸表情与图 8.10(c)进行比率图映射运算而得到的思考表情，可见这种方法产生的人脸效果逼真，也可用于不同光照的细微表情合成。

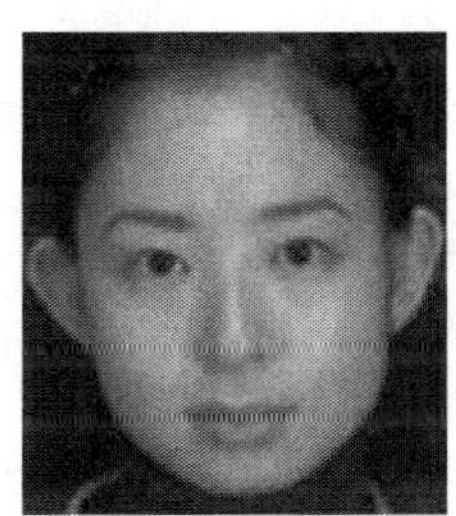

(a) 中性表情

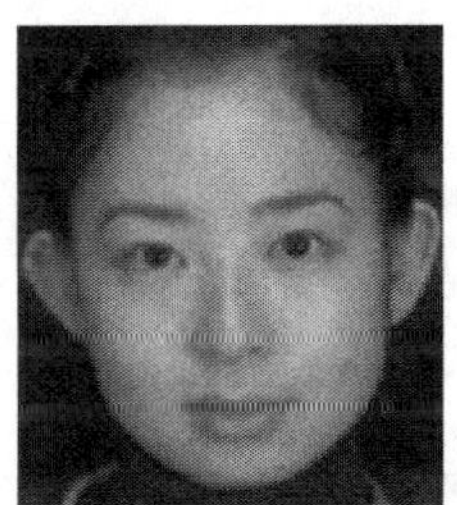

(b) 由(a)几何形变得到

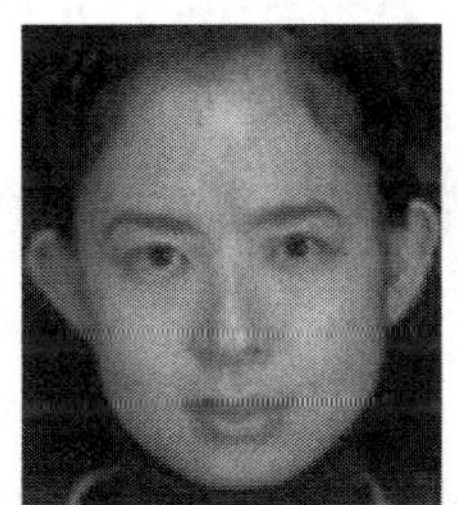

(c) 由(a)和本例的ERI运算而得

图 8.11　思考表情的映射

ERI 是用整张人脸的图片来描述局部皱纹，而不同人脸的五官形状和布局总有所差异，即使人脸完全对齐也会使 ERI 存储大量的非褶皱信息。因此，以 ERI 方法为基础的提出自己的分部位表情比率图的细微纹理映射方法，取得了很好的实验效果。

8.3.2　图像的对准方法及分部位表情比率图库的建立

采用基于提取人脸特征信息的方法半自动地建立分部位表情比率图库，给定同一个人的中性人脸和各种表情的人脸照片，采用文献[2]的人脸特征信息提取方法可以确定人脸五官的轮廓及角点位置，然后根据这些特征信息来选定某一纹理区域以及其对应的中性人脸上的区域进行比率图的计算，从而建立分部位表情比率图库。

宽泛一点划分，人脸主要有 6 种表情：生气、厌恶、害怕、高兴、悲伤和吃惊。图 8.12中的图像为标准人脸表情库中的人脸照片，从左到右分别对应上述 6 种表情。由图 8.12 可知，每种表情人脸除了眼睛、眉毛和嘴巴有开、合和拉伸形变之外，在人脸的眉心、下颌、嘴角、额头和眼角处的皮肤也会出现不同程度的褶皱。因此，建立人脸 5 个部位的表情比率图库。

图 8.12　6 种表情的人脸图像

采用基于提取人脸特征信息的方法建立分部位表情比率图库。由文献[2]的特定人脸特征信息提取部分可知，给定人脸正面照片，可以提取正面人脸的特征信息。以人脸的下颌部位的皱纹为例，根据下唇最低点和脸部轮廓的两个次最低点为界限选取两部分相同面积区域的人脸进行比率图的计算，如图 8.13 所示，三角点为人脸的特征点，方形点为人脸的特征点中用于选定褶皱区域的点，矩形框为根据特征点的信息而选取的下颌褶皱部位。

其他部位，如眉心皱纹，左右以两边眉毛内侧点为界限，上下限可以根据人脸的实际比例各往上下选择一定的像素。人脸 5 个区域的褶皱部位的选取如图 8.14 所示。

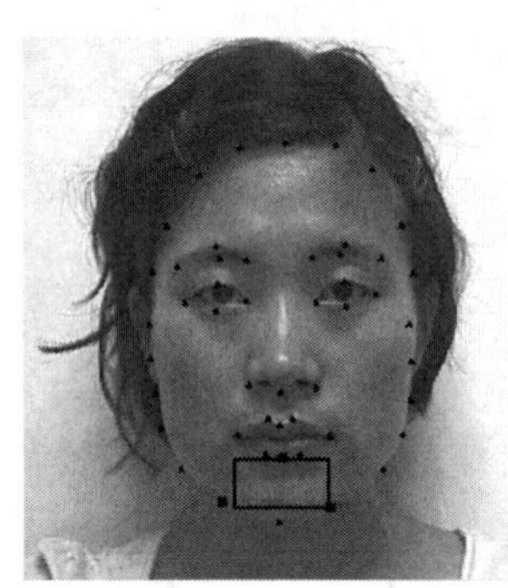

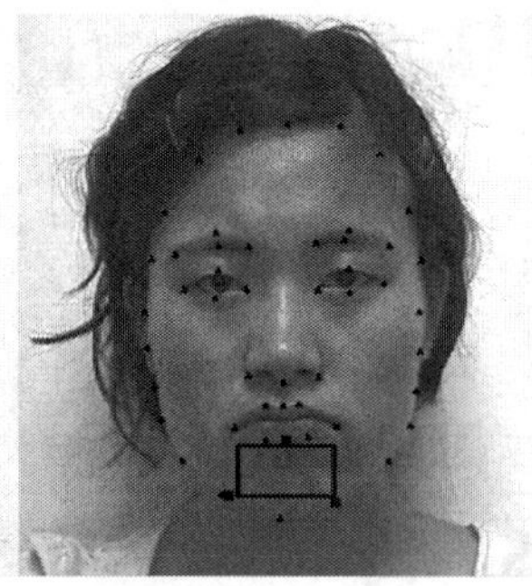

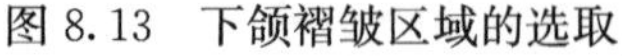

图 8.13　下颌褶皱区域的选取

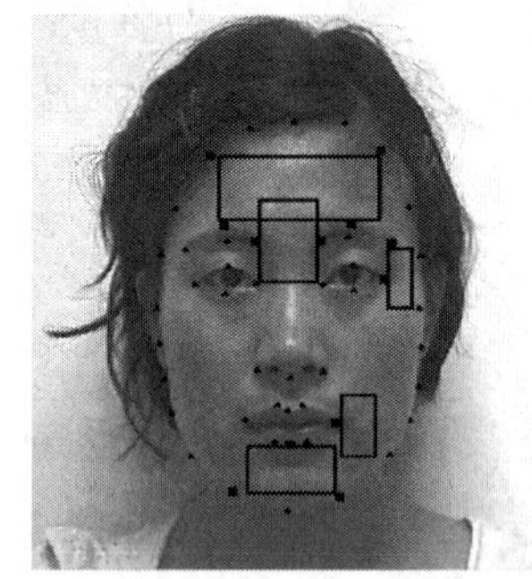

图 8.14　人脸 5 个褶皱部位的选取

利用基于提取人脸特征信息的褶皱区域选择方法，再根据 8.3.1 节中表情比率图的计算方法，可以得到人脸 5 个褶皱部位的表情比率图的结果如图 8.15 所示。为了对比，每个部位的表示图由表情区域、中性区域和对应的 ERI 组成。

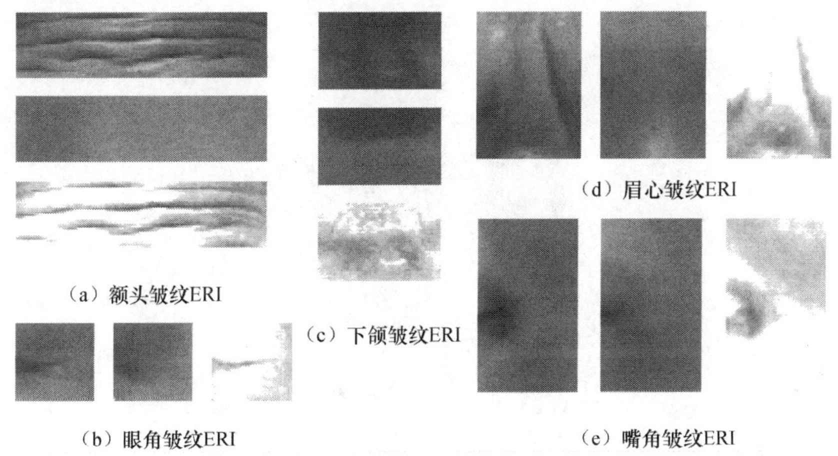

（a）额头皱纹ERI

（b）眼角皱纹ERI

（c）下颌皱纹ERI

（d）眉心皱纹ERI

（e）嘴角皱纹ERI

图 8.15　脸部 5 处皱纹的表情比率图

8.3.3　表情动画中细微纹理生成

在人脸表情动画过程中，人脸部位所产生的细微纹理应该是不断变化的，因为人脸的表情就是一个渐进的变化过程。一般情况下，皱纹的可见度与表情的运动程度有一定的相关性，运动程度越大皱纹越明显。脸部运动编码系统（facial action coding system，FACS）[18]中的每个面部动作单元都有控制面部表情改变的动作单元参数，利用它们作为表情比率图可见度的参数，实现了人脸表情动画中细微表情纹理的参数化表示。

1. 表情动作单元分析

美国心理学家 Ekman 和 Friesen 较早地对脸部肌肉群的运动及其对表情的控制作用进行了深入的研究，开发了脸部动作编码系统[18]来描述面部表情。他们根据人脸的解剖学特点，将其划分成若干个既相互独立又相互联系的动作单元（action unit，AU），并分析了这些动作单元的运动特征及其所控制的主要区域以及与之相关的表情，并给出了大量的照片说明。许多人脸动画系统都基于脸部动作编码系统。

FACS 将面部分为 44 个独立运动的面部动作单元，与导致面部表情改变的肌肉结构紧密相连。人脸表情被分为 6 种基本表情，即生气、厌恶、害怕、高兴、悲伤和吃惊，每个表情由若干个 AU 组合而成。采用基本表情合成衍生出 66 种复杂面部动作。肌肉模型以面部真实的组织结构为基础设计，引入了面部表情行为的内在变形机制，使模型的真实感得到很大提高。人脸面部与表情有关的主要肌肉分布如图 8.16 所示。

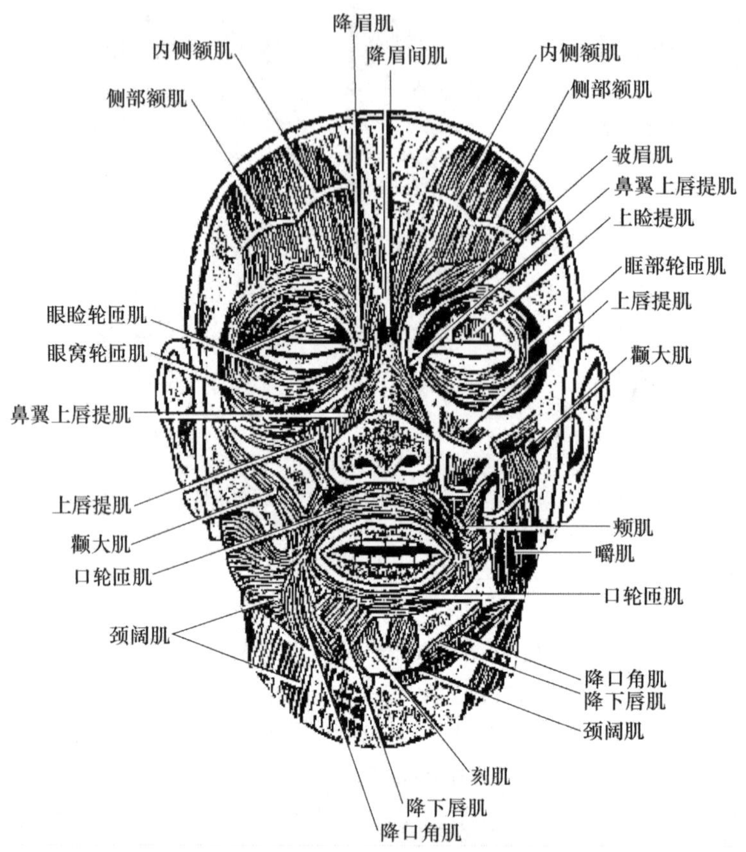

图 8.16　人脸面部与表情有关的主要肌肉分布图

从 FACS 角度分析，人脸典型的 6 种表情彼此有重叠的地方，每个典型的表情动画往往是几个动作单元共同作用的效果。表 8.1 给出了典型表情动画对应的主要动作单元。但是每种典型的人脸表情动画都有自己特有的动作单元，这些特有的动作单元是表情动画分类的主要依据。表 8.2 给出了典型的人脸表情动画特有的动作单元及其描述，另外，6 种表情表征图像可以参照图 8.12。

表 8.1　典型表情动画及其对应的动作单元

典型表情	包含的主要动作单元
生气	4+7+(23 或 24 带有或无 17)+(16+25 或 26)
厌恶	(10 带有或无 17)或(9 带有或无 17)+(25 或 26)
害怕	(1+4)+(5+7)+20+(25 或 26)
高兴	6+12+16+(25 或 26)
悲伤	1+4+(6 或 7)+15+17+(25 或 26)
吃惊	(1+2)+(5 没有 7)+(25 或 26)+27

表 8.2　典型表情动画及其特有的动作单元分析

典型表情	包含独特的动作单元	描　述
生气	4,7,23,24	嘴唇紧闭;嘴角拉直或向下;下颌皮肤出现褶皱;眼皮拉紧,眼睛可能瞪大;眉毛皱在一起,压低,在眉毛之间出现褶皱
厌恶	7,9,17,25	嘴唇闭合;上唇抬起;鼻子皱起;下眼皮下部出现横纹;脸颊推动其向上;眉毛压低,两眉间出现明显皱纹
害怕	20,25	嘴张程度中等,嘴角向后拉;上眼睑抬起,下眼皮拉紧;眉毛抬起并皱在一起;额头皱纹集中在中部
高兴	6,12,25	唇角向后拉并抬高;下眼睑下边有皱纹,可能鼓起,鱼尾纹从外眼角向外扩展;眉毛稍微下弯;脸颊被抬起,皱纹从鼻子延伸到嘴角外部
悲伤	15,17	嘴角下拉,可能鼓起;眼内角的上眼皮抬高;眉毛内角皱在一起,抬高
吃惊	25,27	下颌下落,嘴张大,唇齿分开;眼睛睁大,上眼皮抬高,下眼皮下落;眉毛抬起,变高变弯,眉毛下的皮肤被拉直

2. 参数化的细微纹理生成

式(8-28)用于静态人脸图像上叠加最大化的人脸局部皱纹,但是人脸的表情动画不是只有开始和结束两个状态,它是一个渐进的变化过程。考虑到在人脸动画的过程中要实现人脸皱纹的可见度即表现渐进式的表情纹理,就要对式(8-28)进行改进。由于每个 AU 都有参数来控制人脸表情动作的幅度,所以可以考虑采用 AU 的参数来控制表情比率图的可见度。设某 AU 的动画变化帧数为 P_{max},而 AU 的动画序列帧号为 P,记 AU 的动画序列帧的细微纹理映射参数为 c,由该纹理映射参数 c 实现 AU 的纹理变迁,则 $c=\frac{P}{P_{max}}$,$(0\leqslant c\leqslant 1)$。这样将 AU 的最大化纹理比率图按细微纹理映射参数 c 进行线性插值得到带参数的 AU 动画序列帧纹理比率图,其计算公式为

$$\Re'(u,v)=\Re(u,v)+(1-c)[1-\Re(u,v)] \tag{8-30}$$

于是按式(8-30),AU 动画序列帧纹理图 $B'(u,v)$ 可表示为

$$\begin{aligned}B'(u,v)&=B(u,v)\Re'(u,v)\\&=B(u,v)\{\Re(u,v)+(1-c)[1-\Re(u,v)]\}\end{aligned} \tag{8-31}$$

其中,$\Re(u,v)$ 为 AU 的最大化纹理比率图,$B(u,v)$ 是 AU 的中性纹理图。

式(8-31)满足如下条件:当 $c=0$,即 $P=0$ 时,$B'(u,v)=B(u,v)$,即中性表情时,表情比率图对纹理没有影响;当 $c=1$,即 $P=P_{max}$ 时,$B'(u,v)=B(u,v)\Re(u,v)$,得到最大化的表情细微纹理;当 $0<c<1$,即 $0<P<P_{max}$ 时,是介于无细微纹理和最大化细微纹理之间的表情纹理,c 值越大,细微纹理越深。

同理,其他部位皱纹的可见性也可以用其对应的引起肌肉运动的 AU 参数来控制。此外,将分部位的表情比率图映射到人脸的纹理图像,还要考虑映射的位置问题。前面的生成部位表情比率图是基于提取人脸特征信息的生成方法,但是,它采用的是中性人脸正面照片和表情人脸正面照片,而部位表情比率图的映射目标是人脸近似全视角纹理图,不能完全依靠人脸正面照片的特征信息。但是由 8.2.2 节可知,可以获取人脸近似全视角纹理图中正面特征点的位置,从而可以获取部位表情比率图的映射位置,然后根据映射位置的大小对部位表情比率图进行缩放,即可进行局部人脸皱纹的映射。最后对映射的边缘采用 3×3 的高斯模板进行滤波即可得到有局部皱纹的真实感的人脸近似全视角纹理图。

8.3.4 实验结果与分析

以上提出了人脸表情动画中基于表情动作单元参数的人脸细微纹理的生成方法,为了验证基于表情动作单元参数的逼真表情动画算法的有效性,选择两种表情进行如下生成实验。

1) 吃惊

对于吃惊表情,额头皱纹主要是由内端眉毛上抬产生。由文献[18]可知,AU1 控制内端眉毛的上抬。于是选择 AU1 的动作单元变化帧数控制额头皱纹的可见性。在吃惊表情的实现上,AU1 的动作单元变化帧数最大值为 10,最小值为 0,即 $P_{\max}=10$。在人脸表情动画实验中,采用式(8-31)控制额头皱纹比率图生成近似人脸全视角图,并生成了一个吃惊表情的动画序列。

图 8.17(a)是实验中吃惊动画序列的第 4、6、8、10 帧,也即当控制内端眉毛上抬的动作单元参数 P 的值分别取 4、6、8、10 时的吃惊表情动画序列。由图 8.17(a)可以看出,随着内端眉毛上抬的程度变大,人脸额头的皱纹也逐渐加深。图 8.17(b)是作为对比实验,没有加入细微皱纹的吃惊表情序列的第 4、6、8、10 帧。由于在实际生活中大部分人在非常吃惊的时候都会有额头皱纹,因此在吃惊表情中加入额头皱纹,更能表现吃惊表情的真实感。

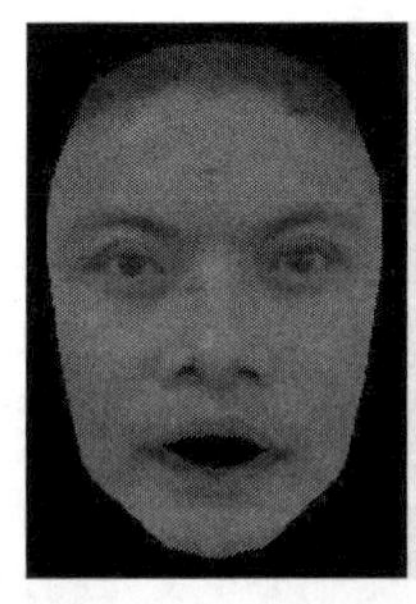 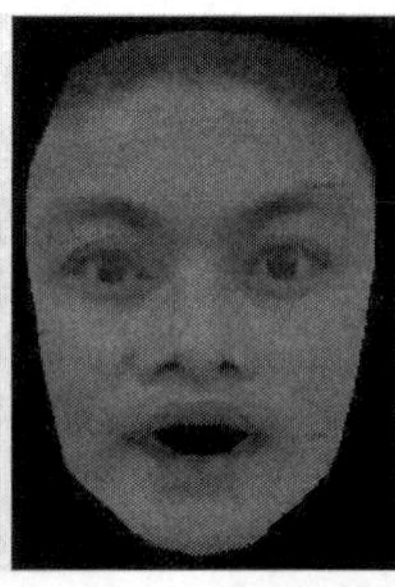 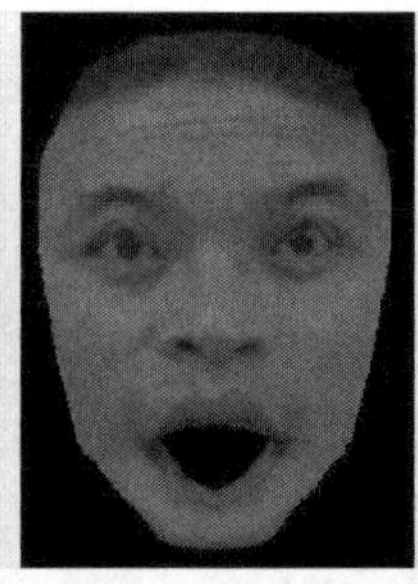 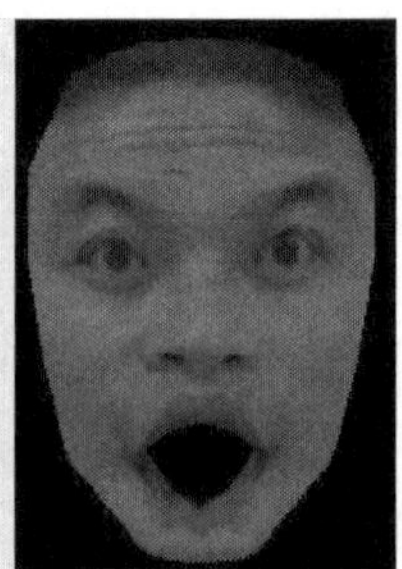

(a) 叠加了额头皱纹的实验结果

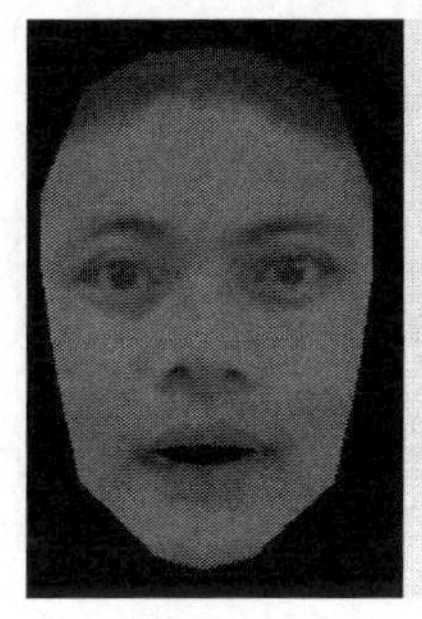
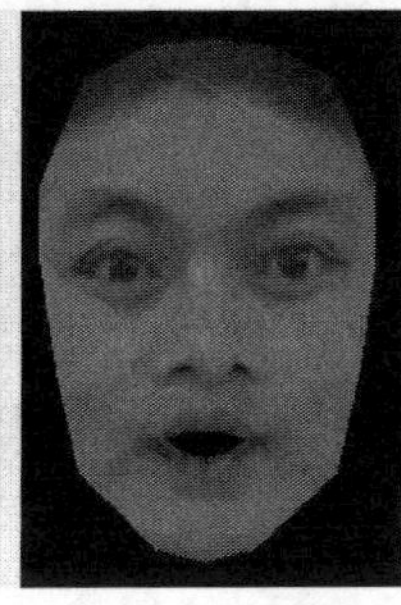
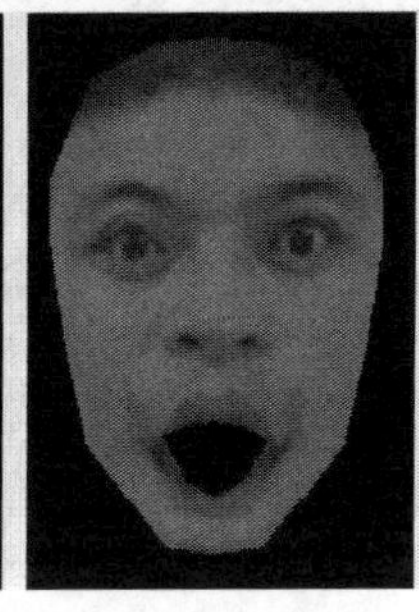
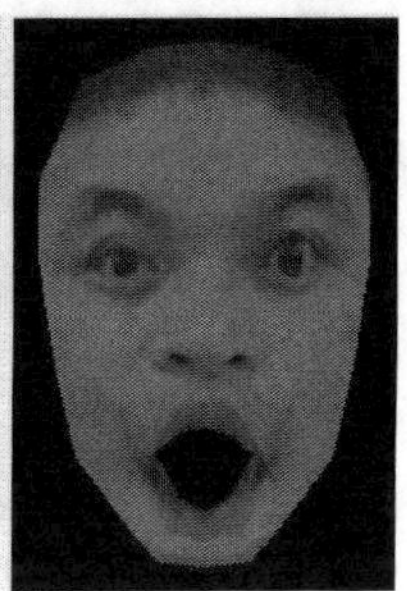

（b）未叠加额头皱纹的实验结果

图 8.17　吃惊表情的人脸动画序列

2) 厌恶

对于厌恶表情，在人脸的眉心和下颌两个部位都会产生明显皱纹。眉心的皱纹通过压低眉毛实现。由文献[18]可知，AU4 控制眉毛的压低。而对于下颌的皱纹，因为厌恶表情有下颌上抬的过程，于是选择控制下颌上抬的动作单元 AU17 的参数控制下颌皱纹。

在厌恶表情的实现中，AU4 和 AU17 的动作单元变化帧数最大值均为 10，最小值为 0。可以在厌恶表情的实现时，采用统一的动作单元变化参数同时控制两部位皱纹的显示，做到两部位表情动作与表情细微纹理生成同步。同样，在实验中采用式(8-31)，由眉心和下颌的皱纹比率图生成其近似人脸全视角图，并生成了一个厌恶表情的动画序列。

图 8.18(a)是厌恶表情动画序列的第 4、6、8、10 帧，即控制两部位的动作单元参数 P 的值分别取 4、6、8、10 时的厌恶表情动画序列。由图 8.18(a)可以看出随着眉毛的逐渐压低和下颌的逐渐上抬，人脸的眉心皱纹和下颌皱纹都逐渐加深。图 8.18(b)是作为对比实验，没有加入细微皱纹的厌恶表情序列的第 4、6、8、10 帧，可以看出，虽然由于人脸网格上的拉伸，在厌恶表情的第 10 帧有眉心皱纹的出现，但是不明显，跟真实的人脸眉心皱纹有很大差距。而图 8.18(a)的人脸眉心皱纹比较明显，而且呈现真实感的效果，并且跟下颌皱纹配合在一起，更能表现人脸厌恶表情的真实状态。

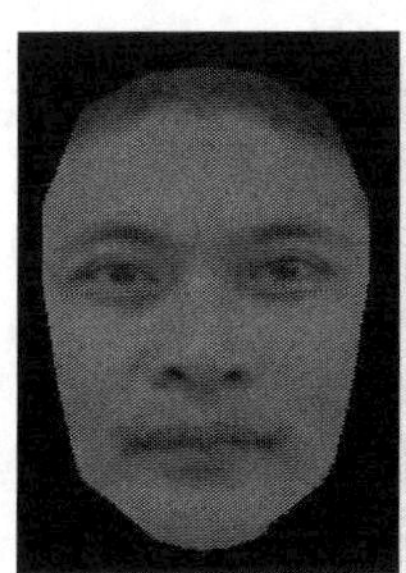
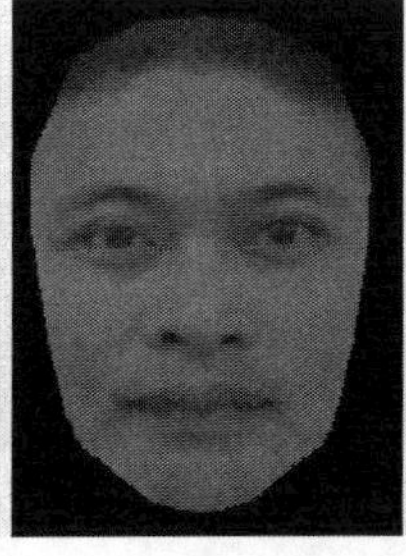
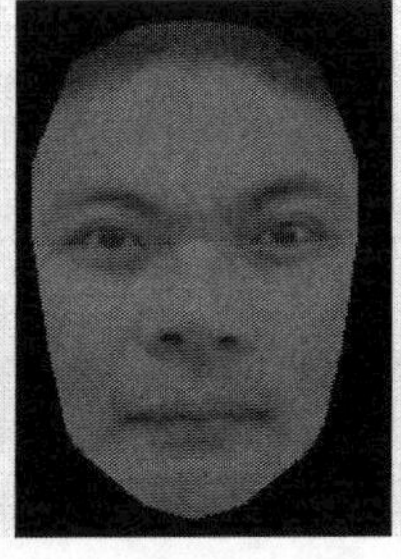
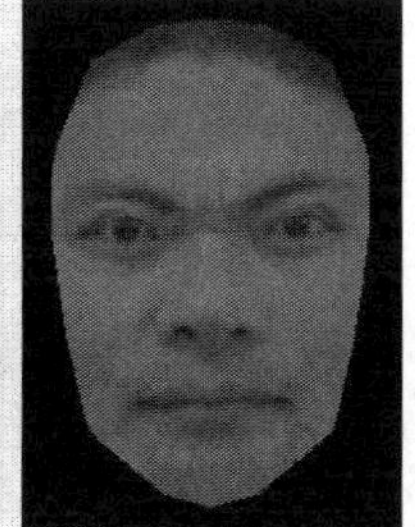

（a）叠加了眉心和下颌皱纹的实验结果

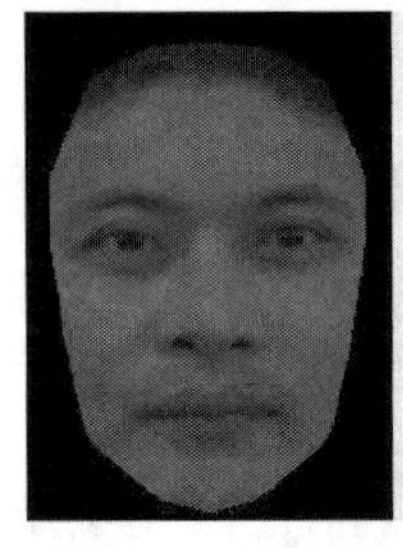
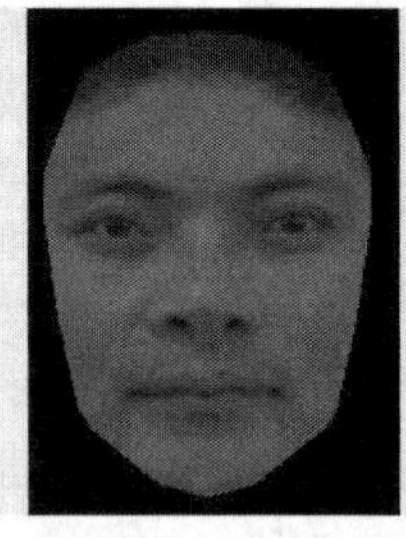
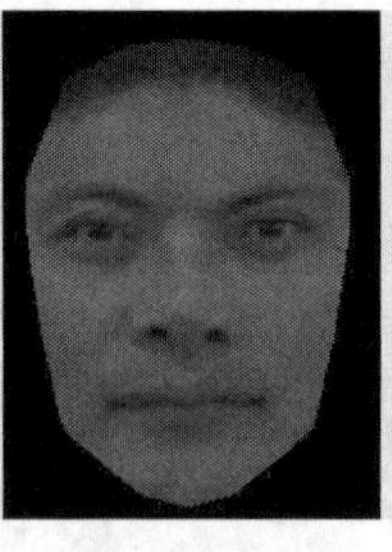
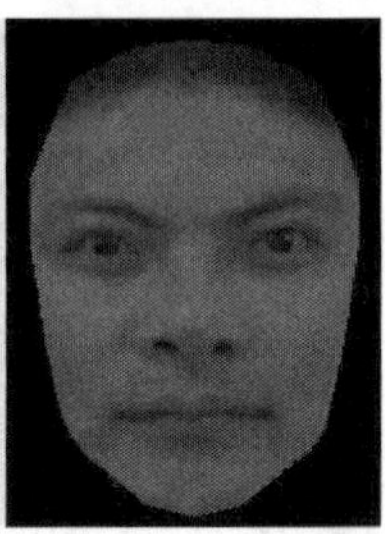

（b）未叠加眉心和下颌皱纹的实验结果

图 8.18 厌恶表情的人脸动画序列

根据以上人脸表情动画的细微纹理产生的实验，可以证明采用基于人脸动画动作单元参数的表情比率图控制人脸细微纹理的方法是可行的，可以生成真实感的特定三维人脸表情动画。

8.4 情感分析在 E-learning 环境中应用

E-learning 是指通过因特网或其他数字化内容进行学习与教学的活动。它充分利用现代信息技术所提供的具有全新沟通机制与丰富资源的学习环境，实现一种全新的学习方式。这种学习方式改变传统教学中教师的作用和师生之间的关系从而根本改变了教学结构和教育本质，使原本生动、活泼的课堂教学在现代 E-learning 环境中很难得到体现，学习者往往是孤独地进行学习，得不到及时的鼓励和表扬，容易失去学习的兴趣。因此，情感分析成为 E-learning 的研究热点之一。

在 E-learning 系统中，学习者的学习过程、学习内容等情形信息纷繁复杂，将这些信息组织好之后，该如何进行分析，如何及时得到准确的学习者的学习状态，对分析学习者的学习情绪，给出恰当的情感激励和有效的导航有很重要的作用。如何对组织好的情形信息进行推理，这就是情形分析。若情形分析不力，情形信息组织得再好，也无法发挥其应有的作用。只有将情形分析正确了，才能准确分析学习者的情绪，才能提供有针对性的激励和指导。

采用 E-learning 环境中情形信息构建本体[20]，并利用本体推理来实现灵活、智能的情形分析，并在此基础上，进一步推理学习者的学习情绪，以提供相应的激励。

8.4.1 基于规则的本体推理

对信息构建本体的最终目的是让机器真正的读懂信息进而采取相应的行动，而非对字符串的简单处理。这就需要推理理论的支持，在这里定义本体推理为利用已有的本体信息，并根据一定的规则，推导出本体中隐含的信息。

由情形本体模型里定义的所有相关概念及关系，可以分析出学习者在学习过程不同情形下的情绪。例如，某个学习者合理完成了学习任务，且对应的 TestMark 个体及相应的 AverageGrade 个体有 hasProgress 的关系，则可以推理出该学习者此时的情绪为积极。具体推理规则如下所述。

为了方便表述，记 Person 个体为 p，KnowledgeDomain 的个体为 k，k 相应的 Test 的个体为 t，p 对应于 t 的 TestMark 的个体为 tm，t 相应的 TestStandard 的个体为 ts，p 相应的 AverageGrade 的个体为 ag，k 的 StudyTime 的个体为 st，p 的 PersonStudyTime 的个体为 pest，p 关于 k 的 PStudyTime 的个体为 pst。

1. 对于学习活动合理性的推理规则

$\forall m(\langle m,k\rangle \in \text{hassequence} \rightarrow \langle p,m\rangle \in \text{hasstudied}) \mapsto p$ 可以学习 k。

此规则所表达的具体语义是对于任意的知识域 m，如果知识域 m 是知识域 k 的前序知识域(知识域 m 和知识域 k 有 hassequence 关系)，都有学习者 p 已学习完知识域 m(学习者 p 和知识域 m 有 hasstudied 关系)，则可以推理出学习者 p 可以学习知识域 k。也表示若该知识域的所有前序知识域已全部学完，则学习者可以学习该知识域，即学习者学习该知识域的活动是合理的。因为所谓前序知识域，就是必须在学习本知识域前必须学习完成的知识域。只有当前序知识域全部学完了，再学习本知识域的学习过程才能被认为是合理的。

2. 完成知识域学习目标出色的推理规则

$(\langle \text{pst},\text{st},\text{pest}\rangle \in \text{hasInTime} \vee \langle \text{pst},\text{st},\text{pest}\rangle \in \text{hasLessTime}) \wedge \langle \text{tm},\text{ts}\rangle \in \text{hasGoodMark} \mapsto p$ 完成知识域 k 学习目标出色。

此规则所表达的具体语义是学习者 p 学习知识域 k 所花时间 pst，知识域 k 规定学习时间域 st，以及学习者 p 平时学习所需时间与知识域规定学习时间域的比例 pest 满足 hasInTime 或者 hasLessTime 关系时(学习者 p 按时完成知识域 k 的学习，或者完成知识域 k 的学习时间较短)，同时，学习者 p 完成知识域 k 对应测试的成绩 tm 与知识域 k 对应测试的成绩评定标准满足 hasGoodMark 关系(学习者 p 在知识域 k 的对应测试中取得了好成绩)，则可以推理出学习者 p 完成知识域 k 学习目标出色。也表示若学习者 p 通过短时间的学习或者按时完成了学习任务，并且取得理想的测试成绩，则学习者 p 完成该知识域的学习目标的情况是出色的。当学习者用规定的学习时间甚至更短的时间来完成了知识域的学习，并且还在相应测试中得到优秀的成绩，有理由认为，该学习者完成该知识域的学习目标是出色的。

3. 完成知识域学习目标一般的推理规则

$(\langle \text{pst},\text{st},\text{pest}\rangle \in \text{hasInTime} \wedge \langle \text{tm},\text{ts}\rangle \in \text{hasNormalMark}) \vee (\langle \text{pst},\text{st},\text{pest}\rangle \in$

hasMoreTime ∧⟨tm,ts⟩∈hasGoodMark)↦ p 完成知识域 k 学习目标一般。

此规则所表达的具体语义是学习者 p 学习知识域 k 所花时间 pst，知识域 k 规定学习时间域 st，以及学习者 p 平时学习所需时间与知识域规定学习时间域的比例 pest 满足 hasInTime（学习者 p 按时完成知识域 k 的学习），同时，学习者 p 完成知识域 k 对应侧试的成绩 tm 与知识域 k 对应测试的成绩评定标准满足 hasNormalMark 关系（学习者 p 在知识域 k 的对应测试中取得了一般的成绩）；或者，学习者 p 学习知识域 k 所花时间 pst，知识域 k 规定学习时间域 st，以及学习者 p 平时学习所需时间与知识域规定学习时间域的比例 pest 满足 hasMoreTim（学习者 p 完成知识域 k 的学习时间较多），同时，学习者 p 完成知识域 k 对应测试的成绩 tm 与知识域 k 对应测试的成绩评定标准满足 hasGoodMark 关系（学习者 p 在知识域 k 的对应测试中取得了好成绩），则可以推理出学习者 p 完成知识域 k 的学习目标一般。也表示若学习者 p 能够按时完成学习内容，并且测试成绩一般，或者学习时间超长，但测试成绩理想，则认为学习者 p 完成该知识域的学习目标情况一般。当在规定时间内获得一般的成绩，或者要通过长时间的学习才能获得较好的成绩，则只能认定为完成学习目标一般。

4. 完成知识域学习目标较差的推理规则

⟨tm, ts⟩ ∈ hasBadMark ∨ (⟨pst, st, Pest⟩ ∈ hasMoreTime ∧ ⟨tm, ts⟩ ∈ has NormalMark)↦ p 完成知识域 k 学习目标较差。

此规则所表达的具体语义是学习者 p 完成知识域 k 对应测试的成绩 tm 与知识域 k 对应测试的成绩评定标准满足 hasBadMark 关系（学习者 p 在知识域 k 的对应测试中成绩较差）；或者，学习者 p 学习知识域 k 所花时间 pst，知识域 k 规定学习时间域 st，以及学习者 p 平时学习所需时间与知识域规定学习时间域的比例 pest 满足 hasMoreTime（学习者 p 完成知识域 k 的学习时间较多），同时，学习者 p 完成知识域 k 对应测试的成绩 tm 与知识域 k 对应测试的成绩评定标准满足 hasNormalMark 关系（学习者 p 在知识域 k 的对应测试中取得的成绩一般），则可以推理出学习者 p 完成知识域 k 学习目标较差。也表示若 p 测试成绩不理想，或者测试成绩中等但学习时间过长，则认为学习者 p 完成知识域 k 学习目标较差。当测试成绩较差，或者通过长时间的学习也只能获得一般的测试成绩，则只能认定为完成学习目标较差。

5. 学习知识域有进步的推理规则

(⟨pst, st, pest⟩ ∈ hasInTime ∨ ⟨pst, st, Pest⟩ ∈ hasLessTime) ∧ ⟨tm, ag⟩ ∈ hasFrogress ↦ p 学习知识域 k 有进步。

学习者 p 学习知识域 k 所花时间 pst，知识域 k 规定学习时间域 st，以及学习者 p 平时学习所需时间与知识域规定学习时间域的比例 pest 满足 hasInTime 或者 hasLessTime 关系（学习者 p 按时完成知识域 k 的学习，或者完成知识域 k 的学习时间较短），同时，学习者 p 完成知识域 k 对应测试的成绩 tm 与学习者个人测试成绩标准 ag 满足 hasProgress 关系（学习者 p 在知识域 k 的对应测试中的测试成绩有所提高），则可以推理出学习者 p 学习知识域 k 有进步。也表示若 p 在学习时间不超长的情况下测试成绩有进步，则认为学习者 p 学习知识域有进步。

利用上述本体推理规则，可以将各种学习情形信息综合考虑，进行学习情形的分析和推理，以及时获得较为准确的学习者的学习状态。

8.4.2　E-learning 环境中的本体规则推理情感激励

根据上面的情形推理规则，判定了学习者的学习情形后，还可以进一步分析推理，以获得学习者的情绪状态。具体的推理规则如下所述。

1. 积极学习情绪的推理规则

p 学习知识域合理 $\wedge$（p 完成学习目标出色 $\vee$（p 完成学习目标一般 $\wedge$ p 有进步））$\mapsto$ p 有积极学习情绪。

表示当 p 进行了合理的学习活动，并且出色地完成了知识域学习目标或者完成该知识域学习目标的情况一般且取得了进步，则认为 p 现在的学习情绪为积极。

2. 消极学习情绪的推理规则

p 学习知识域不合理的次数超过 N 次 $\vee$ p 完成知识域学习目标较差 $\mapsto$ p 有消极学习情绪。

表示 p 学习知识域不合理的次数累加超过了专家规定的 N 次，或者 p 完成知识域学习目标的情况较差，则认为 p 现在的学习情绪为消极。

3. 趣味性的激励

根据学习者不同情形产生的不同情绪，应给予实时的反馈，以促进学习者的学习。同时，富有趣味性的激励更能激发学习者的学习兴趣，提高其学习效率。

当分析出情绪为“积极”时，给予赞美文字（如对于成年学习者可以给出“好棒，继续加油”，对于幼年学习者可以给出“真聪明啊”等）、画面（如对于成年学习者可以给出鲜花、烟火，笑脸等，对于幼年学习者可以给出苹果、小红星等），并播放相应的欢快的歌曲。当分析出情绪为“消极”时，给予激励文字（如“不要气馁，继续加油，你一定会成功的”）、画面（如登山），并播放励志类歌曲。

8.4.3 情形分析及情感激励实例

根据以上对 E-learning 环境中情形、情绪本体的定义，利用 Stanford 大学提供的 Protégé 本体建模工具[19]，对文献[20]知识域的概念、属性和它们之间的相互关系进行建模，最终生成 Semantic Web 的 OWL 语言文档，同时还利用惠普公司提供的 JENA[21]推理机进一步开发基于本体的 E-learning 原型系统。

图 8.19 是利用 Protégé 构建的情形分析本体，为了简化举例说明，简单地定义了 3 类个体：一个 Person 个体：p(040401，Letitia，21，female，ltt@163. com)；一个 AverageGrade 个体：AG1(040401，5，90)；一个 TestMark 个体：TM1(040401，T06，96)。

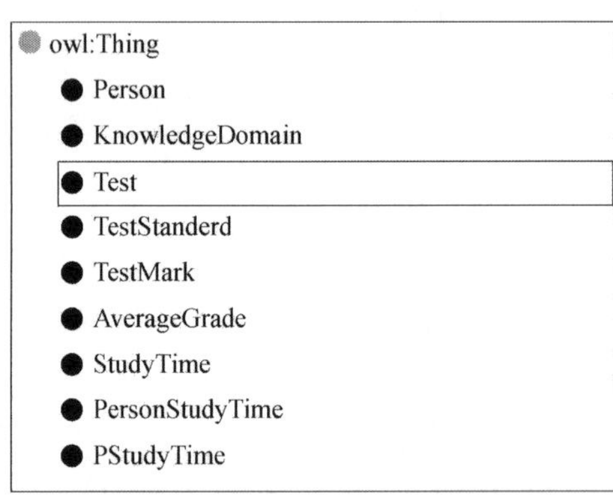

图 8.19 情形分析本体模型

如果学习者学习相应知识域的活动是合理的，完成知识域学习目标出色，那么根据积极情绪推理规则，将得出其现在测试完后的情绪状态为积极；同时，可以根据个人成绩标准修正算法将 AG1 的 Mark 的值修正为 91。对于学习者现在的积极的情绪状态，给出相应的积极激励。

8.4.4 相关工作比较

情形分析处理的目的是取得目前环境中的学习者的各种学习情形信息，以便分析出学习者所处的学习情形状态，并据此判定学习者的学习情绪，以便提供相应的情感激励以及有效的指导。不过之前的系统都无法很好地组织这些纷繁复杂的学习情形信息，也无法综合考虑这些信息，做出及时有效的情形分析及推导。引入了本体论之后，很好地解决了错综复杂的情形信息的组织问题，并且通过本体推理规则，学习者的学习情形可以得到有效及时的判定，为提供情感激励和实时性导航提供了很大支持。现有的一些 E-learning 系统在进行了学习情形状态分析后，仅是运用于提供学习指导，却没有用来判定学习者的情绪及导航。而现有的

E-learning 环境中学习者的情绪则一般是通过语音、脸部表情等特征来判定的。这里，通过合理的情形分析及推理，为判定学习者的学习情绪提供了有效的支持。

8.5 本章小结

本章主要介绍了情感分析在人脸表情重构和 E-learning 中的应用。在人脸表情重构方面，介绍了特定人脸模型重构的方法，选用金字塔分解的拼接融合方法并且在拼接的过程中采用拼接处边界色彩融合算法进行人脸正侧面的拼接，得到近似人脸全视角纹理融合效果图。在此基础上，介绍了基于表情动作单元参数的细微表情动画纹理生成方法，该方法可较逼真实现特定人脸的表情动画显示。在 E-learning 环境的情感推理方面，主要介绍了如何根据情形本体进一步推测学习者的学习情绪，以提供相应的激励，减轻学习者的孤独感，提高 E-learning 环境中学习者的学习效率。情感分析在许多领域都有很好的应用，如情感机器人、儿童心理探测、测谎等。有了情感分析理论工作者和应用开发者的共同努力，情感分析成果将在更多的领域得到广泛应用，并产生重大的经济效益和社会效益。

参考文献

[1] Zhan Y Z, Shen R R, Zhang J M. 3-D Personalized Face Reconstruction Based on Multi-layer and Multi-region with RBFs. Berlin: Springer Press, 2006: 775-784.

[2] 詹永照，胡灵敏，沈荣荣. 近似人脸全视角图生成及在特定人脸模型映射. 系统仿真学报，2009，21(3)：784-788.

[3] Zhan Y Z, Xu L T, Mao Q R. Ontology based situation analysis and encouragement in E-learning system. Lecture Notes in Computer Science, 2007, 4469: 401-410.

[4] Pighin F, Heeker J, Lischinski D, et al. Synthesizing realistic facial expressions from photographs. Proceedings of the 25th Annual Conference on Computer Graphics and Interactive, 1998: 75-84.

[5] Yin B, Gao W. Radial Basis Function Interpolation Surface on Space Mesh. New York: ACM Press, 1997: 150.

[6] 王琨，郑南宁. 基于 SFM 算法的三维人脸模型重建. 计算机学报，2005，28(6)：1048-1053.

[7] 梁荻，苏志勋. 基于正交照片的人脸重建技术. 系统仿真学报，2003，15(11)：1646-1650.

[8] Burt P J, Adelson E H. A multiresolution spline with application to image mosaics. ACM Transactions on Graphics (S0730-0301), 1983, 2(4): 217-236.

[9] Lee W S, Thalmann N M. Fast head modeling for animation. Image and Vision Computing (S0262-8856), 2000, 18(18): 355-364.

[10] Lee W S, Thalmann N M. Head Modeling from Pictures and Morphing in 3D with Image Metamorphosis based on Triangulation. Berlin: Springer, 1998: 254-267.

[11] Yau J F S. A texture mapping approach to 3-D facial image synthesis. Computer Graphics

Forum,1988,7(2),129-134.

[12] Koch R M,Gross M H,Carls F R,et al. Simulating facial surgery using finite element models. ACM SIGGRAPH 96 Conference Proceedings,1996:421-428.

[13] 晏洁,高文,尹宝才. 具有真实感的三维虚拟特定人脸生成方法. 计算机学报,1999,22(2):147-153.

[14] 梅丽,鲍虎军,郑文庭,等. 基于实拍图象的人脸真实感重建. 计算机学报,2000,23(9):996-1002.

[15] 张青山,陈国良. 具有真实感的三维人脸动画. 软件学报,2003,14(3):643-650.

[16] 张翔宇,华蓓,陈意云. 人脸建模和动画的基本技术. 计算机辅助设计与图形学学报,2001,13(4):343-347.

[17] Liu Z,Shan Y,Zhang Z. Expressive expression mapping with ratio images. SIGGRAPH on Computer Graphics,2001:271-276.

[18] Ekman P,Friesen W V. Facial Action Coding System. California:Consulting Psycho Logists Press,1978.

[19] Protégé. http://protege. stanford. edu[2007-6-15].

[20] 徐莉婷. 基于本体的 E-learning 环境中情形分析、情感激励和导航[博士学位论文]. 镇江:江苏大学,2007.

[21] JENA. http://jena. sourceforge. net[2007-8-20].